「大東亜共栄圏」と幻のスマトラ鉄道

玉音放送の日に完成した第二の泰緬鉄道

江澤 誠

彩流社

スマトラ横断鉄道 蒸気機関車の残骸(リパカイン)

アジア・太平洋戦争中、日本が東南アジア占領地において建設した鉄道
（泰緬連接鉄道、クラ地峡横断鉄道、スマトラ横断鉄道、バヤ鉄道）

目次　「大東亜共栄圏」と幻のスマトラ鉄道
——玉音放送の日に完成した第二の泰緬鉄道

第Ⅱ部 スマトラ横断鉄道

凡例

1．引用文に関して、

(1) 旧字体・旧仮名遣いを新字体・新仮名遣いに直したところがある。また、難解な旧字体にルビを振った場合がある。原則、改行は無視した。

(2) 実際は同一でも表記が異なる人名や地名があるが、原文に従った。その場合注釈を加えたところがある。

(3) 戦友会誌には誤字や脱字などが多く見受けられるが、その都度注釈を加えるとかなり煩雑になるため、原文どおりにしたところがほとんどである。

(4) □は判読不能文字、○は伏せ字である（それぞれ文字数分）。

(5) 「中略」は示すが、原則「前略」と「後略」は省いている。

(6) 今日から見て不適切な用語あるいは表現があるが、史料的価値に鑑み原文どおり使用した。

2．傀儡国家や植民地、占領地において強制的に改称した地名など「」をつけるべきところ、煩雑になるので省略した。

3．人名・年齢・肩書・地名は原則事象当時のものである。軍階級の肩書きで日本陸軍の場合は、「陸軍大尉」を「大尉」のように「陸軍」を省略した。

4．「俘虜」と「捕虜」の使い分けは、戦前の公文書や機関名は「俘虜」を、その他は「捕虜」とした。

5．年号は西暦を用い、必要に応じて元号を付した。

6．鉄道第八連隊第一大隊第一中隊の陣中日誌には『』をつけ、一般名詞として使用する場合は何もつけていない。

7．掲載の写真は特に断りがない限り筆者の撮影であり、図表に出典が示していないものは筆者の作成である。

8．「謝辞」を除いて敬称は省かせていただいた。

まえがき

赤道直下、スマトラ島は大きな島である。

日本占領期の昭南港（シンガポール港から改称）とスマトラ島パカンバル間には、定期船が運航されていた。昭南港を発ちマラッカ海峡を横切ると、紺碧だった海はやがて茶色がかってくる。それもすぐに褐色となり、船はたしかにスマトラ島に入りシアク河を遡行しているものの、海か沼か川か判然としない水面を進み、見渡す限り果てしなく広がるマングローブの湿地帯はパカンバル河港に行き着くまで丸一日続く。

スマトラ島のマラッカ海峡側は、海岸線から一七〇キロメートル内部に入ったリアウ州の州都パカンバルでさえ標高は六メートルである。逆にインド洋側には三〇〇〇メートル級の山々が連なる急峻なバリサン山脈が走っている。峰々への雨はジャングルを流れ落ち、平地に入ってからは水深を大きくしてマラッカ海峡へと注ぐいくつもの大河となる。

日本軍はスマトラ島のインド洋側から二〇〇キロメートルほど延びてきている鉄道の終点ムアロとパカンバル間に鉄道を建設し、マレー半島、マラッカ海峡、パカンバル、ムアロ、インド洋を結ぶ構想を立てた。パカンバルからムアロまで二二〇キロメートル（支線三五キロメートルを含めると二五五キロメートル）の鉄路がスマトラ横断鉄道であり、マレー半島先端のシンガポール島からマレー、タイ、仏印、華南〜華北、南満洲、朝鮮を経て東京につながることになっていた。

それは「大東亜縦貫鉄道」構想と呼ばれ、鉄道輸送の強化と海上輸送の代替として考えられたものだった（南端は正式には「昭南島線」のシンガポール止まり）[1]。特に、一九四二年六月のミッドウェー海戦の敗北以来、制空権・制海権を脅かされ海上輸送が危機にさらされると、代替輸送としての比重が増した。しかし、それらの調査・計画が対米英蘭戦争勃発以前に開始されている点からすれば、代替手段にとどまらず「大東亜共栄圏」を鉄道で貫くという戦略性を持ち合わせており、鉄道権益とともに朝鮮、中国へ侵略していった明治期以降の鉄路への執着のあらわれであった。

日本軍を突き動かしたその妄執は、泰緬《たいめん》連接鉄道（以下、人口に膾炙した「泰緬鉄道」という）やスマトラ横断鉄道の建設など熱帯雨林のジャングルの中に阿鼻叫喚の建設現場を出現させ、おびただしい数のロームシャ（労務者）や捕虜の生命を奪ったが、戦後鉄路のほとんどは撤去されたりジャングルに埋もれたりして、使用されることはなかった。その虚妄性は「大東亜共栄圏」の虚妄性そのものであった。

本書はこれまで歴史の闇に埋もれていたスマトラ横断鉄道建設について述べていく。スマトラ横断鉄道がどういう鉄道であったかを示すためには、その前提として近代国家の体制を整えたとされる明治維新以降に日本が侵略した朝鮮や中国などの鉄道権益に触れ、東南アジアの鉄道とどのように関わっていたかを、戦史のなかに位置づけなければならない。

それには陸海軍による北進論や南進論、そしてアジア・太平洋戦争期の「大東亜共栄圏」を俎上に載せ、スマトラ横断鉄道を「大東亜縦貫鉄道」構想において最も南に建設された鉄道として位置づけることが求められる。それは、自ずと日本の「生存圏」構想を明らかにすることにつながるであろう。

スマトラ横断鉄道の建設より一年一〇か月ほど前にタイとビルマ（現ミャンマー）間に日本軍が建設した泰緬鉄道は、「死の鉄道」と言われるように、人間のものとも思えない粗末な衣・食・住環境と過酷な労働、蔓延する熱帯性疫病、そしてロームシャや捕虜への虐待のなかで完成した。また泰緬鉄道建設が困難をきわめたため、輸送能力を縮小させて完成させざるを得なかったことから、それを補う意図でマレー半島最狭部のクラ地峡に鉄道を建設し、タイランド湾とアンダマン海を結ぶ計画も進行していた。

しかし先に述べたように、鉄道建設は代替手段にとどまらない戦略性を持ち合わせていた。南方総軍（以下、「南方軍」という）鉄道隊参謀長として泰緬鉄道建設に関わった広池俊雄中佐は、泰緬鉄道建設の着想が対米英蘭戦争前であったことを具体的な年月日で記している。

「ではいつこの鉄道の建設を思いついたか、ということになる。われわれがこの鉄道の建設を思い立ったのは、昭和十六年十月十八日の夜だった。これはちょうど、建設着手の約九か月前に当たる。所は、南支那海、北ベトナム・ハイフォン港上陸の前夜で、船は甲南丸といった。[2]」

一九四二（昭和一七）年六月二〇日、大本営は南方軍に泰緬鉄道建設要綱を示達し、建設準備を下命した。[3]正式に測量が開始された（六月二八日）のは、ミッドウェー海戦の後とはいえ、制空権・制海権が同海戦後すぐに失われたわけではない。同じ六月には、スマトラ横断鉄道建設のきっかけとなった鉄道省の増永元也軍政顧問を団長とするスマトラ視察が行われている。これらは、制空権・制海権の喪失に先行して鉄道建設が考えられていた例証である（泰緬鉄道は一九四二年七月着工、一九四三年一〇月完成。スマトラ横断鉄道の測量は一九四三年一月、工事は一九四四年一月にそれぞれ開始）。

極東国際軍事裁判（以下、「東京裁判」という）でも追及された泰緬鉄道やスマトラ横断鉄道建設での捕虜使役は、軍事行動に捕虜を使用することを禁止した「俘虜の待遇に関する条約」（ジュネーブ条約）に違反していることは明らかだった。イギリスやオランダが断念した泰緬鉄道やスマトラ横断鉄道を日本軍が建設し得たのは、何万の捕虜、何十万のロームシャの命の価値をほぼゼロとした極めて特殊な条件があってのことである。本書ではスマトラ横断鉄道建設工事とロームシャや捕虜の使役の実相に迫り、犠牲となったロームシャや捕虜の人数を可能な限りつまびらかにしたい。

また、スマトラ横断鉄道は石炭やコークスをマレー半島へ搬送し、本格的な製鉄所を建設する目的も有していた。その点では産業振興の役割を持っているようでありながら、実態は正常な海上輸送が途絶え「内地」（日本本土を「内地」、それ以外の占領地などを「外地」と呼ぶこととする）と分断されつつあった東南アジアにおいて製鉄所を立ち上げ、軍需物資の製造を目指す軍事鉄道だった。ロームシャや捕虜の多大な犠牲のもと、一九四五年八月一五日、奇しくも日本の敗戦を知らせる「玉音放送」の日に完成したスマトラ横断鉄道建設の目的は、単なる代替鉄道としての役割だけではなかった。

従って、二部構成とした第Ⅰ部（第一章〜第三章）においては、明治維新以降特に「十五年戦争」期における日本軍と鉄道の理解に資することを目的として「大東亜共栄圏」や「生存圏」について俯瞰的に述べ、日本軍占領下の鉄道建設で使役されたロームシャや捕虜など労働力の略奪に言及する。

スマトラ横断鉄道建設の目的を述べるくだりでは、アジア・太平洋戦争中に建設された泰緬鉄道、クラ地峡横断鉄道、バヤ鉄道、大陸打通作戦などの概要を示し、軍用鉄道と民用鉄道（産業振興鉄道）との問題や東南アジアにおける製鉄業の実態も述べる。製鉄所をマレー半島で興そうとした意図には、開戦当初は日満支「自存圏」に資源を供給する「資源圏」ないし「補給圏」としての東南アジア、という「生存圏」の構図が考えられたが、戦局の悪化により内地と東南アジアは分断され、東南アジアは内地との分断状態で戦ういわば「自給自戦圏」の存在に変化した。

第二部（第四章〜第十一章）ではスマトラ横断鉄道建設現場での人々の動きを細部にわたって記すことになるが、同じ軍政下の泰緬鉄道建設におけるロームシャや捕虜の過酷な体験が知られているにもかかわらず、スマトラ横断鉄道の場合はこれまでほとんどわかっていなかった。

スマトラ横断鉄道建設現場でロームシャや捕虜が、また軍隊内ロームシャとも言える兵補などがどのように使役されていたか、強制労働の実態を明らかにすることは本書の重要テーマの一つである。それらの解明に伴い、対米英蘭戦争開戦前から政策とされていた東南アジア各地の天然資源の略奪とともに、労働力の略奪も視野に入れていたことが具体的に明らかになるであろう。日本軍はスマトラ横断鉄道建設において、ロームシャ、兵補、朝鮮人軍属、連合国軍捕虜、「慰安婦」など、労務形態や呼称は異なってはいるが、労働力を大日本帝国に捧げることを強要していたのである。

一九四五年八月一四日頃から、敗戦国日本ではさまざまな場所で軍人や役人が昼夜を問わず書類の焼却にあたっていた。書類はもちろんどんなモノでも手当たり次第に焼き、証拠隠滅の炎と煙が立ち昇った。灰も原形をとどめていると文字が読めることから、元の形が無くなるまでつぶしたのである。

その目的はポツダム宣言第10項の「俘虜を虐待せる者を含む一切の戦争犯罪人に対しては厳重なる処罰を加えらるべし」に対処し、不利になるものを残さないことにあったが、これほどまでに徹底的に証拠を隠滅したとなると、ただならぬ隠し事があったと見なければならない。

〈国内〉①

「「とにかく、この通信隊のいっさいの書類を焼却する必要がある。直ちに各隊作業にかかりたまえ。絞首刑の話が本当なら、いっさいの書類焼却後、隊は直ちに解散する」（中略）その夜から大和田通信隊（現埼玉県新座市にあった海軍通信基地・筆者注）は、どこの部隊でも起こったような無秩序の世界が支配した。万一に備えて貯蓄した缶詰や酒は、士官室といわず兵員室といわず放出され、将来に備えて飼育していた、牛、豚、鶏、家鴨などの家畜は、すべて殺されてしまった。自暴自棄の酒宴が狂ったように続けられる中に、通信諜報の資料を焼くボイラー室の煙突は、星の輝く夜空に白煙と火の粉を吐き続けた。翌朝それは褐色に変わり、なおたえまなく吹き上がっていた。私は碧く澄み渡った夏空に昇って行く煙突の煙から、火葬場を連想し、ようやく行く末の不安が現実となってくるのを感じ始めていた。(4)」

〈国内〉②

「文書を全部焼く――大山正（当時　官房文書課事務官）１０６

内務省の文書を全部焼くようにという命令が出まして、後になってどういう人にどういう迷惑がかかるか分からないから、選択なしに全部燃やせということで、内務省の裏庭で、三日三晩、炎々と夜空を焦がして燃やしました。棒を持ってきて、よく焼けるように書類の山を引っかき回したという記憶があります。(5)」

証拠隠滅のための焼却は、侵略先の「大東亜共栄圏」各地においても行われ、スマトラ横断鉄道建設地においても同様であった。以下は、鉄道第九連隊第四大隊戦友会誌の記録である。

「八月十七日、インドネシヤ独立宣言。（略）この間指令により、軍事書類の焼却処分が行なわれた。作戦行動の一切、経理関係全般に亘るのみならず、戦時名簿、軍隊手牒に至るまで、大きな穴を掘って次々に焼かれ、将兵足かけ四年に亘る行動は一片の煙と化し去ったのである。(6)」

このように証拠隠滅は徹底的に行われたが、泰緬鉄道建設に関しては、発覚すれば厳しい制裁を免れないことを覚悟で英、豪、蘭、米軍などの捕虜が鉄道建設現場の生き地獄を記録している。また戦後ロームシャに対してのヒアリングなどのルポルタージュが日本人を含めた多くの人たちによって情報発信され、文字にして残す術を持たない者が多かったロームシャの中からは、のちにビルマ人作家リンヨン・ティッルウィンが現れ、ロームシャの立場から泰緬鉄道建設を記録し文献として残している。(7)さらに、一九四三年八月一日に傀儡国家として独立したビルマの国家元首兼首相バー・モウは、戦後泰緬鉄道を使ってタイから日本に亡命したが、一九六八年に回想録を著し、微温的な表現ではあるものの泰緬鉄道建設でのロームシャの境遇には凄惨な面があったと述べている。(8)

一方、スマトラ横断鉄道建設の子細を明かすことのできる突出した資料は見当たらないが、残存している資料の分析とスマトラ現地の古老などに対するインタビューをとおして鉄道建設の全体像を探った。それら手がかりの一つは焼却・散逸を免れた鉄道連隊の陣中日誌である。陣中日誌が残されていること自体稀有なことであり、泰緬鉄道建設に関しては現存していない。

また、日本政府が連合国に提出した連合国軍（日本軍管轄下）死亡者捕虜名簿も存在している。加えて、建設にあたった日本軍将兵・軍属による戦友会誌や証言、フィールドワークで得られた現地の状況とインドネシア人の元ロームシャ家族、二世・三世、元義勇軍などの証言、戦後行われた東京裁判やオランダ裁判メダン法廷などで起訴されたBC級戦犯（戦争犯罪人）裁判なども検証した。オランダの捕虜関係団体やオランダ軍捕虜の関係者が日本軍の虐待を追及しており、それらオランダの情報も活用した。

インドネシア内で建設されたバヤ鉄道やインドネシア人ロームシャが使役されたバヤ炭鉱、そして鉄道連隊によって建設されたという点で共通性を持つ泰緬鉄道やクラ地峡横断鉄道との比較・分析も行った。それらの考察を通してスマトラ横断鉄道建設の実態は次第に明らかになっていった。

本書で示すのは、スマトラ横断鉄道建設の実態、なかんずく内地と東南アジアが分断されるなか「大東亜共栄圏」という虚妄の舞台の上で、鉄道建設作業に駆り立てられたロームシャや兵補、オランダ軍など連合国軍捕虜、抑留所に囚われたオランダ民間人抑留者、「慰安婦」、そして「体制の捕虜」であった日本軍将兵・軍属、企業社員、朝鮮人軍属たちの実態の解明とその記録である。

まえがき注

（1）原田勝正編・解説『十五年戦争極秘資料集　第七集　大東亜縦貫鉄道関係書類』不二出版、一九八八、一〇二〜一〇四頁。
（2）広池俊雄『泰緬鉄道――戦場に残る橋』読売新聞社、一九七一、四〇〜四一頁。
（3）防衛庁防衛研修所戦史室『戦史叢書59　大本営陸軍部〈4〉昭和十七年八月まで』朝雲新聞社、一九七二、三一六〜三一九頁。『戦史叢書』全一〇二巻は、戦後一九七〇年代に防衛庁防衛研修所戦史室が中心になって編纂したものである。
（4）中牟田研市『情報士官の回想』朝日ソノラマ、一九八五、三四五〜三四六頁。
（5）大山正「文書を全部焼く」大霞会編『続　内務省　外史』地方財務教会、一九八七、三〇七〜三〇八頁。
（6）九四会記念文集編集委員会編『光と影　鉄九・四大隊記念文集』九四会、一九六九、三六〜三七頁。
（7）リンヨン・ティッルウィン『死の鉄路　泰緬鉄道ビルマ人労務者の記録』田辺寿夫訳、毎日新聞社、一九八一。原著は一九六八。
（8）バー・モウ『ビルマの夜明け』横堀洋一訳、太陽出版、一九七三、三〇〇〜三〇六頁。

第Ⅰ部　「大東亜共栄圏」と鉄道

第一章　「皇国の大東亜新秩序建設の為の生存圏」

「先の戦争」の呼称

一九四五年の夏に日本の敗戦によって終結した「先の戦争」を、当事国たる日本がどのように呼称すべきかについてはいくつかの異説が存在する。相戦った国が異なった呼称を用いる例はあるが、国内において戦争の呼称が分かれている例はほとんど存在しない。(1) それほどに日本人の歴史認識は分裂しており、「先の戦争」がいかに巨大なものだったかということである。

日本は一九三九年に第二次世界大戦（欧州戦線）が勃発した時にはすでに中国と戦っており、かつ米・英・蘭とはいまだ戦端は開かれていなかったので、重なる時期があっても「先の戦争」を第二次世界大戦として括ることには無理がある。戦時中おおやけに言われていた「大東亜戦争」は、一九四一年一二月一〇日に大本営政府連絡会議が次のように決定したものである。

「今次の対米英戦争及今後情勢の推移に伴い生起することあるべき戦争は支那事変をも含め大東亜戦争と呼称す」

しかし、連合国軍総司令部（ＧＨＱ）は一九四五年一二月一五日、これを戦時用語であるとして使用を禁止し、「先の戦争」の呼称は「太平洋戦争」へと変わっていった。そもそも戦闘は「大東亜」でのみ戦われたのではなく、一九四一年一二月一二日に情報局は大東亜戦争の「大東亜」とは戦域ではなく「大東亜新秩序」の意味であるとの声明を発表しており、それであればなおさら大東亜戦争という呼称を支えていた理念が瓦解してしまった点からしても、大東亜戦争は歴史呼称にはそぐわない。

「先の戦争」が当時おおやけに大東亜戦争と呼称されていたという理由で、その侵略性を肯定するかしないかにかかわらず、大東亜戦争という呼称に固執する立場がある。しかし、歴史事象の呼称は事実の発見が重なり真実が明らかになれば、呼称も変えるのが科学的な進歩であり、今日大東亜戦争という呼称は科学的進歩に応えうる呼称ではない(2)。

大東亜戦争同様に、定着したかに見える「太平洋戦争」の呼称は、「先の戦争」の戦域が中国大陸、東南アジア、太平洋と多方面にわたっていたので正確性を欠く。また、日本が敗北した主要な相手国は抗戦意欲にとどめを刺したソ連であり、原爆を使用したアメリカであるのは確かだが、百数十万の軍隊を常時中国に展開しなければならなかったことからくる国力の損耗を考慮すれば、一〇〇〇万人以上に及ぶ犠牲者(3)を出しながらも侵略に抵抗し続けた中国が最大の勝者であるという見方もできる。

期間を見ても、日ソ戦争は一か月、日米戦争は三年半であったのに対し、日中戦争は一五年間も継続し、アメリカなど連合国は中国を援助したが、中国の長期にわたる抵抗がなければ連合国の勝利もなかった。また「太平洋戦争」の呼称には、戦後顕在化した東西冷戦構造に導かれた、日米間の歪んだ関係性と日中戦争の等閑視とがうかがえ、太平洋戦争と呼称するのはアメリカ偏重を助長する歴史的誤謬である。

日本は明治維新以降一九四五年の敗戦まで、戦争状態や軍事的行動のなかにあった。実際、明治維新からわずか六年後一八七四年の台湾出兵以来一九四五年まで絶え間なく世界の多くの国々と戦火を交え(4)、丸山静雄の主張する「七〇年戦争」という呼称に理があると考えられるほど好戦的な国であった[5]。同様に連続性という点から、日清戦争（一八九四〜一八九五年）以来の日中間の戦争を、藤村道生は「日中五〇年戦争」と呼称している[6]。

一九五二年のサンフランシスコ条約発効後、それまで敷かれていた「プレスコード」解除に伴い「先の戦争」の客観的な研究が進み、戦争の呼称面に関し満洲事変（一九三一年）から敗戦までの連続性に注目して「十五年戦争」などが主張されるようになった[7]。

一九八〇年代になると、「先の戦争」は中国との戦争から拡大したものであり、中国（アジア）への視点を取り入れた呼称が適切であるとして「アジア・太平洋戦争」の表記が提唱された[8]。日本が蘭領東インド（蘭印＝今日のインドネシア）の石油など東南アジアの資源を求めて侵略していったのは事実であるが、当時日本は石油の約八割をアメリカから輸入しており、アメリカの要求する中国からの撤兵に応じていれば石油は確保できた。従って、中国からの撤兵には応じられないということに、アメリカ等との戦争の主要な原因が存在していた[9]。

一九四一年一二月八日に勃発した対米英蘭戦争は歴史の画期には違いないが、日本はそれ以前から一九四五年まで昭和期をとおして対外戦争のなかにあり、一連の戦争と解したうえで呼称を考えるべきである。一二月八日の画期よりも、戦争の連続性のほうがまさっている。

以上の知見に従い、本書ではまず「先の戦争」の呼称としては第二次世界大戦と大東亜戦争、太平洋戦争を除外する。そして、中国等アジアとの関連や戦域を強調する場合には「アジア・太平洋戦争」（期間は一九四一年一二月八日〜一九四五年九月）、連続性を強調する場合は「十五年戦争」（期間は一九三一年九月一八日〜一九四五年九月）と呼称する。また、「十五年戦争」期間内で日本の中国侵略を強調する場合は「日中戦争」で表すこととし[10]、一九四一年一二月八日に新たな戦争が始まったことも事実なので、当日に生じた戦いを文脈によっては対米英蘭戦争の勃発などと表現する。一つの呼称に収斂させることが困難なほど「先の戦争」は巨大かつ複雑であり、状況にあわせて適切な呼称を使用することが求められる。

一方、戦争の終結日は関係国間において戦争終結が合意され、また正式に調印された時であり、具体的には日本がポツダム宣言を受諾した一九四五年八月一四日や降伏文書に署名した九月二日が該当する。従って、八月一五日はいずれの日でもないが、多くの国民にとってはまさしく「終戦の日」であった。

その日、沖縄では組織的抵抗はほぼ終わっていたがいまだ散発的な戦いが続き、中国各地やサハリン・千島列島では戦闘が継続しており、南方第七方面軍はポツダム宣言受諾の発表を八月二〇日まで禁じていたことなど、戦いがすべて終わっていたとは言えない。しかし、「玉音放送」が終戦感覚をもたらしたのは明らかであり、同時に「国体」が敗戦後も存続するであろう感覚が国民に共有されることに影響を与えた。本書では八月一五日を「玉音放送の日」と呼称する。

南進と北進

日本列島に住んでいた人々が好奇心や野心を持って南方や北方へと渡海していったことと、侵略の思想や帝国主義的軍事行動とは同列には論じられない。本書では前者を「南方への関心」「北方への関心」、後者を「南進論」「北進論」として区別する。それらの境界線上の事象も存在する。そして南進論や北進論は時々の情勢に影響され決して一様ではなく、大きな振幅を持っていた。

南進論と北進論は明治維新以降併存しており、「台湾出兵」は「琉球処分」（一八七二～一八七九年）と関連し、日本の南進論の初期の犠牲となったのは琉球（沖縄）や台湾である。これに対し、最も早く後者の対象になったのは「征韓論」として顕現した朝鮮だった。

近代になり日本が国境を接しかつ軍事的脅威になり得るロシアは北進論の主たる対象であり、仮想敵国の筆頭もロシアだった。ロシアとは日露戦争（一九〇四～一九〇五年）を戦ったが、主な戦場は朝鮮と遼東半島などの南満洲であった（日本がロシア領に攻め入ったのはサハリンのみ）。これは日露戦争が朝鮮の支配を巡っての争いであり、歴史学者原朗は同様の戦いであった日清戦争を第一次朝鮮戦争、日露戦争を第二次朝鮮戦争と呼称している。[11] 北進論は陸軍によって主導され、その後ソ連領内や国境ではシベリア干渉戦争（一九一八～一九二二年）、張鼓峰事件（一九三八年）、ノモンハン事件（一九三九年）など大規模な戦闘が勃発している。

また、北進論により中国へ侵略し歴史を大きく変えた事件としては、関東軍によって引き起こされた一九三一年九月の満洲事変があり、一九三二年には傀儡の「満洲国」が建国された。しかし、中国への侵略は陸軍のみによって行われたのではない。海軍航空隊は盧溝橋事件後一九三七年八月に宣戦布告なしに長崎から首都南京を渡洋爆撃し、戦闘を日中全面戦争へと拡大させた。その後一二月には「南京大虐殺」が起きている。

「東亜」という言葉は純粋に東アジアの意味で使用される場合があるとしても、「大東亜」や「東亜新秩序」というような使用法は思想性を帯びることになる。「東亜」が国策と不可分に使用された嚆矢は、広田弘毅内閣時[12]の「国策の基準」であった。南進論が国策の上にはっきりとした形で現れており、その後の日本の方向を決定づけた。

「「国策の基準」

一九三六年八月七日（五相会議）

一、（略）帝国内外の情勢に鑑み當《まさ》に帝国として確立すへき根本国策は外交国防相俟って東亜大陸に於ける帝国の地歩を確保すると共に南方海洋に進出発展するに在りて其の基準大綱は左記に據《よ》る（略）（四）南方海洋殊に外南洋方面に対し我民族的経済的発展を策し努めて他国に対する刺激を避けつつ漸進的和平的手段により我勢力の進出を計り以て満州国の完成と相俟って国力の充実強化を期す[13]」

日本軍はノモンハン事件後、北部仏印へ進駐するなど南進論に舵を切ったが、そもそも政策決定の主体がどこにあるのか曖昧であった。従って示される政策は依然として南進論、北進論の両論併存とならざるを得ず、一九四一年七月二日に行われた御前会議では「情勢の推移に伴う帝国国策要綱」において、六月二二日に勃発した独ソ戦の戦況如何によってはソ連に宣戦布告すること、東南アジアの資源獲得のためには対米英蘭戦争も辞さないことを併記する以上の決定は行われなかった。

この時、関東軍兵力を八〇万に増強し、対ソ戦を準備したのが関東軍特種演習（関特演）である。また、北部仏印に続き七月二八日には南部仏印進駐を強行する。対ソ政策では日ソ中立条約を締結し、アジア・太平洋戦争の最終盤で和平への模索はソ連に頼ることになる。

南進論の主張する版図がオーストラリア大陸までの八〇〇〇キロメートルを射程に入れているのに比べれば、ロシア（ソ連）への侵攻範囲は四〇〇〇キロメートルであり、北進論は実質的にはロシアに加え中国大陸への侵略に重きをおく対外膨張政策であった。（日本の膨張政策に「西進論」や「東進論」という概念が存在しないのに対し、ドイツには「東方生存圏思想」や「東方への衝動」が存在した）。

本章後段で「南方共栄圏」という言葉を検証するが、「北方共栄圏」という表現は存在していない。当時からシベリアの天然資源への関心は存在したが、潜在的な資源であり広大な凍土の開発に触手を動かすほどではなかった。ドイツのソ連侵略に呼応してシベリアを手中にし、極東、モンゴルを加え、「満洲国」の広さどころではない正真正銘の大陸国家をめざすというのが「北進論」を押しすすめていた陸軍の戦略であったが、張鼓峰事件やノモンハン事件等で示されたソ連軍の実力を前にして躊躇・断念せざるを得なかった。

従って、「北進論」においては、ロシアの何の資源をどこから何トン略奪するなどという具体的な方針は示されていない。それに比べ、南進論は日中戦争が打開できずに資源を南方に求めたことから力を増した軍事政策であり、日本は積極的に南方を侵略し、支配し、搾取することをきわめて具体的に志向するようになった。たとえば、大本営陸軍部は一九四一年一一月二五日に「南方作戦に伴う占領地統治要綱」を示達し、「南洋各地域別重要資源開発取得基準表」において、東南アジア各地における石油を初めとする資源獲得目標を具体的な数値で表している[14]。

「大東亜共栄圏」構想

第二次世界大戦の欧州戦線において、東南アジアに植民地を持つオランダとフランスがそれぞれ一九四〇年五月と六月にナチス・ドイツに敗北し、イギリスもドイツ軍の激しい爆撃に遭い、遠方のアジア植民地を顧みる余裕がなくなった。

「国策の基準」や一九三八年一一月三日に第一次近衛文麿内閣によって発せられた「東亜新秩序に関する声明」においては、「東亜」が用いられていた。しかし、一九四〇年七月二二日に成立した第二次近衛内閣は二六日に「基本国策要綱」を閣議決定し（図表1－1）、このなかで「大東亜」を初めて使用しており、「大東亜の新秩序」建設は「大東亜共栄圏」建設の謂であった。

「　基本国策要綱

昭和十五年七月二十六日閣議決定

図表 1-1「大東亜」に関わる言葉の主な現れ方

年　月　日	機　関	内　容
1940年7月26日	閣議	「大東亜」という言葉が政府文書のなか（「基本国策要綱」）に初めて公式に現れる
8月1日	「基本国策要綱」の公表の際	「大東亜共栄圏」という言葉が松岡洋右外相によって初めて使用され、南方諸地域や日満支が圏域としてあげられる
9月6日 9月16日	四相会議 大本営政府連絡会議	「生存圏」の呼称で「大東亜」の具体的な国・地域が示される
9月27日	日独伊三国同盟締結	
1941年12月8日	対英米蘭戦争勃発	
12月10日	大本営政府連絡会議	今次戦争を「大東亜戦争」と呼称する
1942年2月10日	閣議	「大東亜建設審議会」を設置
2月28日	大本営政府連絡会議	「大東亜」の範囲を経緯度をもって「概定」

基本国策要綱
一、根本方針
皇国の国是は八紘を一宇とする肇国の大精神に基き世界平和の確立を招来することを以て根本とし先つ皇国を核心とし日満支の強固なる結合を根幹とする大東亜の新秩序を建設するに在り之か為皇国自ら速かに新事態に即応する不抜の国家態勢を確立し国家の総力を挙けて右国是の具現に邁進す[15]」

翌二七日には「世界情勢の推移に伴う時局処理要綱」（大本営政府連絡会議）において、「基本国策要綱」を具体化し、「情勢」によって南方に武力を行使すること、戦争相手国としてイギリスを想定し、対米戦の準備もする、としている。そして、六日後の八月一日に松岡洋右外相が「大東亜共栄圏」という言葉を初めて使用したが、その圏域については南方諸地域や日満支が包含されると述べるにとどめている。

南進論に拠った一九四〇年九月二三日の北部仏印進駐は、東南アジアへの侵略の始まりであったが、いまだ援蔣ルート（連合国による中国国民政府への物資支援ルート）の遮断に比重が置かれていた。泥沼の日中戦争にいかに早く決着をつけたかったかがうかがえる。こうして日本軍は東南アジアに南進し、「大東亜共栄圏」の認知と拡張を着々と進めていった。同時に、フランス・オランダが支配していた仏印（仏領インドシナ＝今日のベトナム・カンボジア・ラオス）・蘭印などにドイツやアメリカが後釜として収まることを警戒し、「大東亜共栄圏」の表現を用いて、東南アジアなど南方を日本の勢力範囲として囲い込もうとした。これらの時点で南進論は海軍を中心とした戦略から陸軍も含めた日本軍の戦略となり、質的変化と勢いを得た。

この後一九四一年七月二八日の南部仏印進駐を経て、対米英蘭戦争へと突入していく。一一月五日の御前会議で「対英米蘭戦は不可避」と決定し、それを受け大本営政府連絡会議が一一月一五日と二〇日に開かれた。一五日の会議では「対英米蘭蔣戦争終末促進に関する腹案[16]」が、二〇日には「南方占領地行政実施要領」が決定された。一二月八日の陸軍によるマレー半島コタバルへの敵前上陸、海軍航空隊による真珠湾奇襲攻撃に先立つこと半月前のことである。しかし、それらにはアジア解放の隻句さえ見当たらないばかりか、独立を抑圧することが記されている。

「南方占領地行政実施要領

昭和十六年十一月二十日
大本営政府連絡会議決定

第一　方針

占領地に対しては差し当り軍政を実施し治安の恢復《かいふく》、重要国防資源の急速獲得及作戦軍の自活確保に資す　占領地領域の最終的帰属並に将来に対する処理に関しては別に之を定むるものとす

第二　要領

八　現住土民に対しては皇軍に対する信倚観念を助長せしむる如く指導し其の独立運動は過早に誘発せしむることを避くるものとす[17]」

このように、東南アジアの資源特に石油を求めて南進していくことが強調されるものの、「大東亜共栄圏」構想がどのようなものであるかは曖昧で、アジアを西洋の支配から解放するという言葉とは裏腹に戦争の目的は定まらなかった。

一二月八日の対米英戦「宣戦の詔書」では戦争目的を「自存自衛」としていたが、同日夕刻には「アジアの解放」を追加し、一二月一〇日の大本営政府連絡会議において「今次の大戦を大東亜戦争と称すること」を決めた際には「自存自衛」の強調に戻り、一二日の「情報局発表」では「大東亜新秩序建設」を宣言するなど目まぐるし

く変化しているのは、アジアの解放など眼中になく無定見に戦争に突入していったことを示している。
本来理念が曖昧なまま戦争を遂行していくことは難しい（中国に対しては理念の無い、従って宣戦布告も無い戦争だった）。そこで政府は「大東亜共栄圏」構想を明らかにし、かつ「大東亜共栄圏」建設のための重要事項の調査と審議に取りかかる目的で、一九四二年二月一〇日の閣議で「大東亜建設審議会」の設置を決定した。「大東亜共栄圏」構想を取り込んだ「基本国策要綱」の閣議決定から一年半が経過しており、開戦後にこのような審議会を立ち上げたところにも泥縄的な様子が見て取れる。大東亜建設審議会には当初「政治」「教育」「人口」「経済」の四部会が設置され、後に「鉱工業および電力」「農林水産」「金融および財政」「交通」の四部会が追加された(19)。

「生存圏」の主張

「大東亜共栄圏」の圏域は、松岡外相の「南方諸地域や日満支」という曖昧な表現からほぼ一か月して、「生存圏」の呼称で具体的になる。以下は、一九四〇年九月六日の四相会議と一六日の大本営政府連絡会議の決定事項である。

「日獨伊枢軸強化に関する件

一九四〇年九月六日、（四相会議）、

一九四〇年九月十六日、（連絡会議）、

別紙第一　日獨伊提携強化ノ基本トナルヘキ政治的了解事項

一、日本及独伊両国ハ現在其ノ実現ニ努力シツツアル世界ノ新秩序建設ニ関シ共通ノ立場ニ在ルコトヲ確認シ南洋ヲ含ム東亜ニ於ケル日本ノ生存圏並欧州及阿弗利加《アフリカ》ニ於ケル独伊ノ生存圏ヲ相互ニ尊重シ右地域

ニ於ケル新秩序建設ニ付凡有ル方法ヲ以テ協力ス

　備考　本了解ハ秘密トス

別紙第二（略）

　備考　本了解ハ秘密トス

別紙第三　日獨伊提携強化ニ対処スル基礎要件

一、皇國ノ大東亜新秩序建設ノ為の生存圏ニ就テ

（イ）獨伊トノ交渉ニ於テ皇國ノ大東亜新秩序建設ノ為ノ生存圏トシテ考慮スヘキ範囲ハ日満支ヲ根幹トシ旧獨領委任統治諸島、沸領印度及同太平洋島嶼、秦国《タイ》、英領馬来《マライ》、英領「ボルネオ」、蘭領東印度、「ビルマ」、（濠洲、新西蘭《ニュージーランド》）竝ニ印度等トス　但シ交渉上我方カ提示スル南洋地域ハ「ビルマ」以東蘭印、「ニユーカレドニア」以北トス尚印度ハ之ヲ一応「ソ」聯ノ生存圏内ニ置クヲ認ムルコトアルヘシ

（略）

別紙第四[20]（略）」

四相会議は九月二七日の日独伊三国同盟締結前の慌ただしい時期に開かれ、決定内容には「別紙第一」から「別紙第四」までが添付されている。「別紙第一」には日独伊がそれぞれの「生存圏」を尊重することが謳われ、「別紙第三」において日本の「生存圏」すなわち「大東亜共栄圏」の圏域が示されている。

ここにおける「生存圏」構想とは、世界を「東亜圏」「欧州圏」「米州圏」「ソ連圏」の四大圏に分割し、「東亜圏」は日本の、アフリカを含む欧州圏はドイツとイタリアの「生存圏」として相互に認めるというものであり、日独伊による世界分割案を盛った三国同盟であった[21]。

「別紙第一」と「別紙第二」のみ「本了解は秘密とす」となっており、「別紙第三」と「別紙第四」がそうでな

いのは、前二者が日独伊三国同盟締結上の要請で秘密扱いにしたと考えられるものの、「別紙第三」も秘密扱いにするに足る重要性を有している。

注目点は、八月一日に松岡外相が「大東亜共栄圏」「南方諸地域」と表現していたところを、四相会議では「生存圏」という表現を用い「大東亜共栄圏」の圏域を明らかにしていることである。その範囲にはオーストラリアやニュージーランド、インド亜大陸を含めており、この時点で北アジアの満洲・モンゴル、中国、朝鮮、東南アジア（仏印、タイ、マレー、英領ボルネオ、蘭印、ビルマ、）、インド、オーストラリア、ニュージーランド、旧独領委任統治諸島までが「大東亜共栄圏」に組み込まれることが明らかにされた。

東南アジアでは例外的にフィリピンを日本の「生存圏」から外している。日本より西側（中国大陸側）に位置するフィリピンを日本の「生存圏」に取り込まずアメリカに譲ったのは、一九〇五年の日米間「桂・タフト協定」により、フィリピンはアメリカの、朝鮮は日本の「生存圏」とする密約を結んでいたからである。また、オーストラリアやニュージーランドについては松岡外相が（濠洲、新西蘭）のように赤色で（　）を付している[22]もののそれ以上の言及、注釈はなく、イギリスを排除して日本の「生存圏」内に取り組むことの宣言であった。

インドをソ連の「生存圏」に譲る用意のあることを明記した理由も記されており、歴史学者信夫清三郎は次のように述べている。

「日本の政府と大本営は、（略）旧来の東北アジアに新たに東南アジアを加えて日本の〈生存圏〉とし、世界の強固と勢力圏を分けあおうとした。（略）その場合の重大関心の一つは、共産主義ソ連の脅威をどう解決しておくかであった。（略）ソ連に膨張の出口をあたえておくことが必要ではないか？――かくして政府と大本営はソ連をインドに利導する余地を残しておくことにした[23]」

「生存圏」と言えば、欧州において第二次世界大戦前からヒトラーが民族の生存を確保するためと称し、オーストリア、チェコスロバキア、ポーランドを支配下に置き、大戦勃発後は北・西欧諸国を蹂躙し、ソ連へ侵略していったことが想起される。日本軍が東南アジアを分割統治したように、ヒトラーは「東方への衝動」により「ソビエト連邦分割計画」を作成していた。[24]「生存圏」とは何かに関連して、ヒトラーは次のように述べている。

「民族が生存していくのに必要とするパンは、その民族が自由に使うことができる生存圏の大きさによって決められてしまう。少なくとも健全なる民族たるものは、必要なものは、自らが所有する自らの土地で調達しようとたえず試みるものだ。それ以外の方法などは、いくらそれで民族の食糧が何世紀にわたって確保されるとしても、不健全でまた危険である。国際貿易、国際経済、他国との交易その他もろもろのものは全て、所詮《しょせん》民族の食糧調達のための暫定的手段である。これらの手段は、ある面では予測不可能な要因に、またある面ではその民族の力のおよぶ範囲外にある要因に左右される。民族が生存していくための最も確実な土台は、とにかくいつの時代でも、自ら所有する土地なのである。[25]」

四相会議の決定事項のなかでは、「日獨伊提携強化に対処スル基礎要件」として「生存圏」が主張され、また「皇国と独伊とは世界新秩序建設に対し共通的立場に在ることを確認し各自の生存圏の確立及経綸に対する支持及対英、対蘇、対米政策に関する協力に付き相互に了解を遂く」と述べている。[26]これは、ヒトラーの戦略と雁行し、「自ら所有する土地」を求めて傀儡の満洲国を立ち上げて移民政策を推進した（49頁）のに続き、世界分割の了解のもと資源豊かな東南アジアへ侵略し、さらに南のオーストラリアやニュージーランドをも窺《うかが》おうとしたことの表明である。

次ページの地図1‐1は、戦時中の地理学者藤田元春による「大東亜共栄圏」を示す地図である。これより一〇年早く、実業家石原廣一郎は『新日本建設』のなかで同様の地図を示している[27]。石原産業を興した石原廣一郎は「南進論」者であり、二・二六事件の際には（今日の価値で）数十億円の資金を反乱軍に提供した政商として知られている。日本軍の主張する「生存圏」と石原が喧伝していた南進論は、ともにオーストラリアやニュージーランド、インドを含んでいるという点で重なり合う。

「大東亜共栄圏」の圏域に関しての次の重要表明は、図表1－1に示したとおり、経緯度をもって明らかにした大本営政府連絡会議決定の決定（開戦三か月後の一九四二年二月二八日）である。

「　帝国領導下に新秩序を建設すへき大東亜の地域

地図 1-1　大東亜共栄圏総図

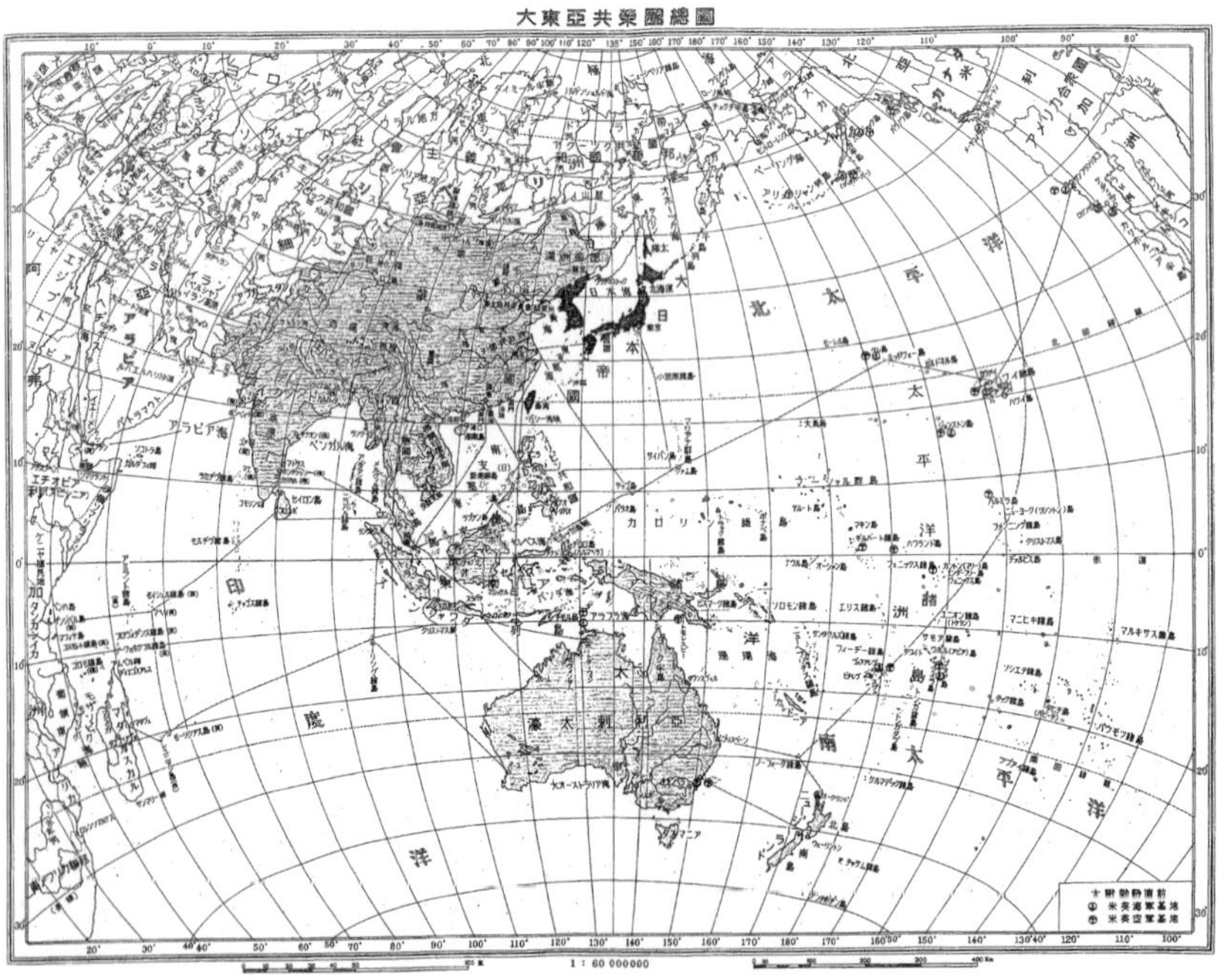

（出典）藤田元春『大東亜南方圏地図帳 附・地誌解説』日本統制地図株式会社、1944

昭和十七年二月二十八日
大本営政府連絡会議決定

（略）

近き将来に於ける情勢に対処し大東亜戦争目的達成の為軍事、政治、経済、文化等各般に亘り日満支を中枢とし帝国指導下に把握し新秩序を建設すべき大東亜の地域を左の如く概定す　日満支及東経九十度より東経百八十度迄の間に於ける南緯十度以北の南方諸地域、其他の諸地域に関しては情勢の推移に応じ決定す[28]」

ここに経緯度をもって示された範囲は今日の東南アジアや太平洋の島々であり、インドやオーストラリアは含まれていない。しかし、「生存圏」で示された「大東亜共栄圏」にはオーストラリアなどが含まれており、「大東亜共栄圏」を示すもろもろの地図を見ても、「日満支及東経九十度より東経百八十度迄の間に於ける南緯十度以北の南方諸地域」には含まれていないインドやオーストラリアが入っている。

なかにはアメリカ大陸西海岸やアフリカ大陸東海岸が示されているものもある。これらの理由は、「其他の諸地域に関しては情勢の推移に応し決定す」によるものと考えられ、その際の「情勢」にはさまざまな因子があり、実際日本軍はアメリカ大陸西海岸に攻撃を加え、アフリカのマダガスカルでの戦闘（インド洋の航行上、重要な位置にあるマダガスカル島の支配をめぐっての、ヴィシー政権と日本対イギリスと南アフリカ軍の戦い）にも加わっている。

重要なのは一九四〇年九月六日と一六日の四相会議と大本営政府連絡会議決定にあらわれているように、「生存圏」構想に影響を受けていることである。「生存圏」構想は「大東亜共栄圏」構想には違いないが、日独伊三国同盟によって担保された「世界四分割」であり、「大東亜共栄圏」構想を包含する上位概念とも言い得るものであったと考えられる。

しかし、日独伊三国同盟によって世界分割を画策し、四大圏のうちの「東亜圏」を日本の「生存圏」とし、満洲など従来の北方圏に加え、東南アジア占領地などを「生存圏」に組み入れようとした構想は、独ソ戦の勃発（一九四一年）などで立ち行かなくなる。

その後は、アメリカやソ連と棲み分けする構想を棄て、フィリピンやインドも「大東亜共栄圏」すなわち日本版「生存圏」に組み入れていくことになる（一九四一年一一月二六日に陸海軍間において成立した「占領地軍政実施ニ関スル陸海軍中央協定」（45頁）では、当然フィリピンは占領され、「大東亜共栄圏」に組み込まれるべき対象となる）。

「大東亜共栄圏」の圏域は「其他の諸地域に関しては情勢の推移に応し決定す」となっていたとおり、戦局が悪化してくるとインドやオーストラリアを含むどころではなく、太平洋の島々や東南アジアの占領地の放棄はもとより、日本本土さえ危うくなってくる。従って、「大東亜共栄圏」については最後まで「正確で確定」した圏域が存在したとは言えない。「生存圏」についても然りである。

なお、「自ら所有する土地」への執着は領土問題として二一世紀の今日でも見られ、資源や食糧確保を目的として実際他国に土地を求める「現代版ランドラッシュ」というような現象も存在する。しかし、グローバルな金融システムの支配力が強まるとともに、小面積でも繁栄するシンガポールなどの都市国家が出現している。

「大東亜共栄圏」「生存圏」と外邦図

「外邦図」は陸軍参謀本部陸地測量部（一部は海軍）が作成していたものであり、国内地図である「内国図」に対比される言葉である。これら外邦図は日本軍が新たに作成した場合と、該当国が作成したものをそっくり複製したものとの二とおりがある。

前者の場合、売薬行商人の格好で「北はシベリア・バイカル湖近辺から南は広東省の朝陽、香港まで」を歩いて測量した陸軍部参謀部陸地測量部の測量手村上千代吉の例[29]など、スパイ活動をとおして作られたものが多い。一体に日本人で戦前海外に在住していた商人、写真業、床屋、「からゆきさん」などは、生活しつつ現地の情報を日本に通報する役割を帯びていたケースが多々見受けられる。

外邦図は軍事行動の必要上作られたものであり、「七〇年戦争」の呼称が示すように明治期から一九四五年の敗戦まで作成され続け、次第にその範囲は広がり、精度も増してきた。具体的には、初期の台湾や朝鮮、満洲、樺太、千島、中国に始まり、東南アジア、オーストラリア、太平洋諸島などへ拡大し、版図に組み込まれたことのないシベリアなどにも及んでいる。

なかでも中国では都市部を中心にかなり詳細な外邦図が作成された。一方、ニューギニアの戦闘ではオーエンスタンレー山脈（四〇〇〇メートル級）越えのポートモレスビー攻略を強行し、食料の欠乏でおびただしい餓死者を出したが、地図の無い地での山越えがそもそも無謀な作戦であった。外邦図はおおむね「大東亜共栄圏」の圏域と重なるが、オーストラリア、インドなどが含まれていることは、日本がそれらの地域を「生存圏」として認識していた証左である。

スマトラ島の場合は一九三二年にオランダが測量して作った地図をそのまま複製し、参謀本部陸地測量部の名前で発行している。スマトラ横断鉄道建設ルートのうち、河港の町パカンバルから南下して行くあたりや炭鉱のあったサワルント近辺はオランダが既に測量した地図が存在していたが、最難関工区であったクワンタン渓谷付近は一部未測量でオランダの地図がなく、外邦図も欠けている。従って、一九四三年に始まった特設鉄道隊（98頁）による測量は、頼りになる既存の地図が無い状態で行われた地域もあったと考えられる。

まえがきにも記したように、一九四五年八月の敗戦前後にはおびただしい量の書類が焼却され、外邦図も例外ではなかった（陸軍参謀本部陸地測量部も解散した）。かろうじて焼却を免れ四散した外邦図は、戦後占領軍によってアメリカに渡ったものを含めて、一九九〇年代にようやく本格的な研究が始まり、今日国会図書館や所蔵大学図書館で閲覧が可能になっているものもある。

オーストラリアへの侵略

南進論のたかまりにともない、オーストラリアは多様な層から関心と野心を持たれていたが、「生存圏」にオーストラリアが含まれたことでその先鋭化に拍車をかけた。先の石原廣一郎はその一人であり、政治家・軍人・実業家などを会員とし、太平洋に関する調査・研究にあたる「太平洋協会」も組織されていた。当協会によって一九三八年に創刊された月刊誌『太平洋』はオーストラリアに対する直截的な野心を隠すことなく示しており、一九四二年には朝日新聞社出版局長の鈴木文史郎と太平洋協会専務理事の鶴見祐輔が、それぞれ次のように述べている。両名の筆致からは、オーストラリア（濠洲）こそ日本の理想の「生存圏」であるとの感情がほとばしり出ている。

「濠洲対策私見

濠洲は今や全く太平洋の〝捨子〟となった。（略）濠洲が日本の占領下に来ることが可能性の問題でなくて時日の問題或は日本の意志の問題になっている事は、大東亜戦争といふよりも世界史上の一大雄篇章である。従って濠洲の問題は、われわれ日本人として総ゆる角度から検討するのが焦眉の急である。それには先づ、濠洲に関する事実を知らねばならない。濠洲の歴史、国民、政治、外交、産業、経済、資源に就いて出来るだけ正確に知らねばならない。それを基礎として始めて、日本のこれからの対濠洲政策が樹立さる可きである。(30)」

「濠洲大陸の暗示

世界歴史はいま急ぎ足に、太平洋上の孤児濠洲に向って歩み寄りつつある。（略）濠洲の興味は、過去にあるのではない。その魅力のすべては、輝ける未来にあるのである。日本内地に二十倍する尨然たる大地。人口僅かに七百万弱にして、今後無限の包擁力を示唆する大地。天然資源豊かにして、気候快適なる大地。太平洋上の軍事的要地として、民族闘争の壮快なる未来を暗示する大地。英本国と称する一万二千浬の遠距離より守護さるる不自然なる太平洋上の孤児。その一切は、濠洲に、他の如何なる国家にも、大陸にも見ざる、不可思議なる魅力を提示する。それは碧い南の海の懐ろに抱かれて、すや〳〵と眠りつづけてゐる嬰児である。[31]」

アジア・太平洋戦争中日本軍の侵略を宣撫してきた新聞や放送などメディアの発信内容を見ても、オーストラリアは攻め落とさるべき対象であった。以下に記すのは、ラジオ東京（日本放送協会）の一九四二年三月時の会議録である。

「これより前の五日（一九四二年三月・筆者注）、日本放送協会放送司令部の会議で、頼母木国際部長が報告している。「情報局との連絡会議に於て海外放送の重点を濠州、北米、印度に置くことに付指示あり、今後番組編輯に関し相当再考する積りなり[32]」」

第二次世界大戦が始まった時点（一九三九年）で英連邦軍の一翼を担っていたオーストラリア軍は中東などに派遣され、広大なオーストラリア大陸は無防備状態になっていた。これを一挙に占領する作戦が海軍将校らによって主張された。一九四二年四月一五日の大本営第二段作戦帝国海軍作戦計画は、次のように規定している。

「十二　作戦要領左の如し　1（略）　2　濠州に対しては米英との遮断作戦を強化すると共に濠洲方面敵艦隊を撃滅し其の屈伏を促進す　之が為左の作戦を実施す　（一）基地航空部隊並に機動部隊を以て濠洲東

岸及北岸要地に在る敵兵力軍事諸施設を撃摧《げきさい》し敵の反撃作戦を封ず（二）（略）（三）（略）支那事変解決するか又は対蘇関係緩和せる情勢となりたる後諸般の情勢之を許せば濠州攻略作戦を企図することあり」[33]

海軍が広大なオーストラリアを侵略し、日本領土にしようともくろんでいたなどとは今日では絵空事としか思えないが、対米英蘭戦争の緒戦においては現実的なことであった。[34] 東南アジアの占領が一段落したあとの作戦計画の見直しにおいては、東南アジアの占領でとどまり次は中国との戦いに本腰を入れるべきであるとする陸軍の戦略に集約されたが、海軍がオーストラリア大陸侵攻を想定していたことは確かなことである（地図１－２）。

対するオーストラリアも、日露戦争後ロシアの南下が食い止められた安堵感と引き替えに日本の南進を恐怖し、日本を最大の仮想敵国とみなすようになっていた。

南方から見た「大東亜共栄圏」

黄色人種が白人社会に脅威を与えるという「黄禍論」の源流は、モンゴル帝国による欧州征服などに触発されて古くから存在しており、欧州、北米、オーストラリアなどで見られた。アジア太平洋地域に位置するオーストラリアは周りを非白人

地図 1-2　陸軍と海軍が構想した戦線の範囲

（出典）NHK取材班編著『NHKスペシャル 日本人はなぜ戦争へと向かったのか 戦中編』NHK出版、2011、20頁。

国家に囲まれていることもあり、一九世紀から黄色人種である中国や日本の危険性が流布されていた。「白豪主義」はその危機感を拠り所に白人だけの社会を維持するとした移民政策であり、「黄禍論」や「白豪主義」の対象は日露戦争後の一九〇五年以降、日本に集中することとなった。二〇世紀になって日本が帝国主義膨張政策を益々露わにすると、北から攻めてくるのではないかといった恐怖が広がっていった。アジア・太平洋戦争中は自国が日本の唱道している「大東亜共栄圏」に組み込まれているという意識が頭から離れることはなく、日本の侵略に怯えてきた。国際関係史家の永野隆行は次のように述べている。

「「北からの脅威」はオーストラリアの安全保障を考える際のキーワードである。20世紀初頭においてこの言葉は、北半球に位置する日本が南下してオーストラリアを軍事的に占領するのではないかという恐怖感を示している。第2次世界大戦では、この日本の脅威が現実のものとなる。(35)」

事実、日本とオーストラリアは交戦国となり、日本軍は同大陸北部準州の州都ダーウィン、北西部のブルーム、北東部のダウンズビルを爆撃し多くの損害を与えている。ダーウィン、ブルームは蘭印に近く戦略的に重要な港町であったし、東海岸に沿ったダウンズビルやさらに南下してシドニー湾にも潜水艦で乗り入れ攻撃している。

加えて、「生存圏」構想のもと欧州周辺諸国へ侵略するヒトラーと軍事同盟を結んだ日本が、インド亜大陸では同じ英連邦セイロンを含む東海岸を攻撃し、また太平洋の島々を占領していくのを見るにつけ、日本の抱く「生存圏」構想の対象が決してアジアにとどまるものではないことに行き着き、オーストラリアは強い脅威を受け続けた。

日本軍にはダーウィンからアリススプリングまで鉄道を建設する案まで存在し、スマトラ横断鉄道建設にあたった大井彰三中尉（鉄道第八連隊第一大隊第一中隊長 一九二〇年生まれ）は、当時オーストラリアへの攻略を強く意識していたことを筆者によるインタビューで語っている。[36] また、同じく鉄道建設に従事した第九連隊第四大隊には、同鉄道がオーストラリア侵略への「足がかり」であると考える者がいたことは次の回想からもうかがえる（鉄道第九連隊第四大隊の戦友会誌『残照 鉄九・四大隊記念文集』（以下、『残照』という））。

「昭和十六年九月、私は男盛り三十五才で現役二年を過した懐しい津田沼鉄道第二連隊に入隊した。（略）大した悲壮感もなく、二年位で帰れると思ったが、結果的には五年になった。この間に全く大勢の有為の人が死んだのによく生き延びたものだと思う。五年間を振返えると存分に働けたのはスマトラへ渡ってからだ。泰緬鉄道にチャオして、マラッカ海峡を越えたわが部隊がパカンバルに上陸したのは昭和十九年四月十七日頃で、パダンまでの横断鉄道を作り、豪州へ進出するという夢のような話だった。[37]」

スマトラ島のパダン（現西スマトラ州、当時西海岸州の州都）とオーストラリア間にはかなりの距離があり、両地を結びつけて考える人は少ないだろう。しかし日本軍が蘭印攻略にあたった一九四二年、北から迫ってきている日本軍によって囚われの身（捕虜や抑留者）にならないため、スマトラのオランダ軍将兵や民間人は救助船の待っているパダンを目指し、そこから何千人もが海路オーストラリアへ逃れた。[38] また、オランダは南スマトラのベンクーレンに幽閉していたスカルノが日本軍に捕らわれ利用されることを避けるため、パダン経由で海路オーストラリアへ送る計画をたてたことからも、インド洋に開けたパダンはオーストラリアと距離以上の近い関係にあったことがうかがえる。[39]

一方、同じ南方のインドネシアには古代の王ジョヨボヨが遺した予言があり、苦難の時代の後にチュボル王（チュボルとは背の低いという意味）がやって来て繁栄と正義の黄金時代をもたらすというものであった。苦難の時代はオランダによる支配に、チュボル王は背の低い日本人に符合したことで、石油などの資源を求めて蘭印に侵略して行った日本軍がインドネシアのオランダからの「解放者」であるとして、多くの民衆によって受け入れられる現象が起こった[40]。

これはオーストラリアが北方の日本を仮想敵国としていたことと全く逆の現象であり、日本軍もこの伝承を利用しラジオ放送などで「アジアの解放」を信じ込ませたことにより、少なからぬ人々が日本の「侵略」に好意的反応を示した。日の丸の小旗を振って日本軍を歓迎している各地群衆の写真が残されており、日本が支配者の白人を追い出してくれるという幻想は他の東南アジアにおいても見られた。それだけオランダなど欧米帝国主義諸国の東南アジアにおける植民地支配が苛烈であったことを示している。

「南方共栄圏」

陸軍が「南進論」に与することで一時的に「南進論」と「北進論」の併存を後景に追いやり、日本軍は南進し成算のない対米英蘭戦に突き進んだ。対外的には「大東亜共栄圏」というアジア解放のプロパガンダを発しつつも、実際は資源と資源を生み出す土地を求めて侵略していく「生存圏」構想に執着していた。「南方共栄圏」という表現は「大東亜共栄圏」のうちのおおむね東南アジアを指すが、「生存圏」の観点からはまぎれもなくオーストラリアやインドなどを含んで用いられてきた[41]。

東京商科大学教授佐藤弘によって編まれた、『南方共栄圏の全貌』(一九四二年一一月)の第一篇「総論―南方共栄圏の地政学的展望―」の章立ては、図表1-2のようになっており、オーストラリアやインドにも言及している。また、巻頭の「南方共栄圏全図」はオーストラリアやインドはもとよりニュージーランドや太平洋の島々を含んでいる。従っ

図表 1-2 『南方共栄圏の全貌』の章立て

第一章	総論
第二章	南方
第三章	太洋洲
第四章	印度

て佐藤の著作における「南方共栄圏」は、東南アジアまでの「大東亜共栄圏」を指しているようでありながら、「生存圏」志向を強く保持している。そして該書には南方への逬るような熱い「思い」が次のように記されている。

「南洋は熱帯地方である。（略）熱帯なるがゆえに、高い気温と湿度は、先住民族個人及び民族全体の想像力並びに意志力を委縮せしめた。そしてそこに南洋の悲劇が生まれる必然性がある。即ちこれら民族は強大なる政治国家を建設し得ずして、欧米から移住してきた征服者や植民開拓者の手に握られたのである。だが、それは昭和十六年十二月八日以前の南洋の姿であった。（略）昭和十七年一月廿一日、第七十九議会再開劈頭、東條首相は一億国民の万雷の歓呼のうちに雄渾壮絶の大東亜宣言を発表した。それこそは、明治維新以来、我が国民が抱いていた勇奮の発露であり、我が肇国の大精神の顕示でもある。これによって我が国の行手は決定され、南洋諸民族解放の烽火は高らかに打ち上げられたのである[42]。」

日本軍は「大東亜共栄圏」内において多くの鉄道を建設したが、そのうちインドネシアで既設の鉄道と連結され、インド洋へ到達したのがスマトラ横断鉄道であった。大日本帝国の帝都東京を発した列車が、朝鮮半島を通り、中国大陸を打通して南下し、マレー半島からスマトラに及んでついにインド洋へ到達したのである。「生存圏」に組み入れたものの侵略の足跡を印することがなかったオーストラリアを除けば、スマトラ横断鉄道は「生存圏」の最も南に建設した鉄道であったが、完成したのは一九四五年八月一五日「玉音放送の日」であった。

第一章注

（1）庄司潤一郎「日本における戦争呼称に関する問題の一考察」『防衛研究所紀要』第13巻第3号、二〇一一年三月、四三頁。

（2）「 」付きで「大東亜戦争」とすることは誤解を与えるのみで、歴史科学の進歩に応えていない。
（3）笠原十九司『南京事件と三光作戦　未来に生かす戦争の記憶』大月書店、一九九九、七三～二一四頁。ソ連の犠牲者も二〇〇〇～三〇〇〇万人と甚大であるが、主に欧州戦線におけるドイツとの戦闘での死者であり、日本軍の犠牲になった人数では中国が突出している。
（4）大正デモクラシー期には戦争から遠のいていたという反論や、同時期の「嫌軍」や「軍人蔑視」の風潮を強調して明治維新以降絶え間なく戦争に明け暮れていたということに異を唱える考えもありうる。しかし、これらは日本国内や主に欧米において現れた現象であり、朝鮮や中国、東南アジアの国々との関係においては「絶え間なく」侵略していったというのが大日本帝国の実態であった。「軍人蔑視」の風潮として、「頑是ない小児がいふ事をきかぬ場合、親がこれを叱るに、『今に軍人にしてやるぞ』と怒鳴り立てる」などの例が、岡義武『日本近代史大系　第5巻　転換期の大正』東京大学出版会、一九六九、一九六～一九八頁に紹介されている。
（5）丸山静雄『日本の「七〇年戦争」』新日本出版社、一九九五。
（6）藤村道生『日清戦争』岩波書店、一九七三。
（7）「十五年戦争」の呼称を最初に使用したのは、鶴見俊輔「知識人の戦争責任」『中央公論』一九五六、五七頁においてである。
（8）「アジア太平洋戦争」の呼称は、副島昭一による一九八四年一二月の学会報告と「日中戦争とアジア太平洋戦争」『歴史科学』１０２号、一九八五、一二一～一三三頁をはじめとする。のち「アジア・太平洋戦争」の表記も用いられるようになった。
（9）東京裁判において被告側は、石油の輸出禁止など連合国側の経済封鎖がアジア・太平洋戦争の原因であったと主張したが、判決は、日本の中国に対する侵略行為が先行し、かつ固執したことに戦争の原因があったとしている。http://dl.ndl.go.jp/info:ndljp/pid/1276125　コマ番号１４０　最終確認日　二〇一八年七月一日。『東京裁判判決　極東國際軍事裁判所判決文』毎日新聞社、一九四九、二五五頁。
（10）日中戦争は局面により次のように呼称される。
1．日中戦争（a　一九三一年九月一八日～一九四五年九月）（b　一九三七年七月七日～一九四五年九月）
2．日中全面戦争（一九三七年七月七日～一九四五年九月）
3．満州事変（a　一九三一年九月一八日～一九三三年五月三一日）（b　一九三一年九月一八日～一九三七年七月六日）
4．華北分離工作（一九三三年六月一日～一九三七年七月六日）
日中戦争の期間をbとした場合は日中全面戦争とも称し、b以前は満州事変bとなる。塘沽（タンクー）停戦協定の成立（一九三三年五月三一日）によって、それ以前を狭義の満州事変a、以後を華北分離工作と称す。アジア・太平洋戦争と日中戦争は一九四一年一二月八日～一九四五年九月の間同時に戦われており、これが「アジア・太平洋戦争における中国戦線」である。

(11) 原朗『日清・日露戦争をどう見るか　近代日本と朝鮮半島・中国』ＮＨＫ出版、二〇一四。また、日清戦争の中国での呼称は「中日甲午戦争」である。

(12) 東京裁判において、文官で唯一死刑を執行された。

(13) 外務省編纂『日本外交年表竝主要文書　下』原書房、一九六五、三四四頁。

(14) 防衛庁防衛研究所戦史部編著『史料集　南方の軍政』朝雲新聞社、一九八五、九三～九五頁。

(15) 外務省編纂『日本外交年表竝主要文書　下』原書房、一九六五、四三六頁。

(16) 方針として、「速に極東に於ける米英蘭の根拠を覆滅して自存自衛を確立するとともに、更に積極的措置に依り蒋政権の屈服を促進し、独伊と提携して先づ英の屈服を図り、米の継戦意志を喪失せしむるに勉む。」とするなど、根拠のない甘い憶測で知られている。

(17) 防衛庁防衛研究所戦史部編著『史料集　南方の軍政』朝雲新聞社、一九八五、九一～九二頁。

(18) 吉田裕『アジア・太平洋戦争』岩波書店、二〇〇七、二七～二九頁。

(19) 原田勝正「解説」原田勝正編・解説『十五年戦争極秘資料集　第七集　大東亜縦貫鉄道関係書類』不二出版、一九八八、解説の六頁。

(20) 外務省編纂『日本外交年表竝主要文書　下』原書房、一九六五、四四八～四五二頁。外務省編纂『日本外交文書　日独伊三国同盟関係調書集』外務省、二〇〇四、二一～四四頁。アジア歴史資料センター　レファレンスコード B04013490200。防衛庁防衛研修所戦史室『戦史叢書68　大本営陸軍部　大東亜戦争開戦経緯〈2〉』朝雲新聞社、一九七三、一八五～一九〇頁、五〇一～五〇四頁。史料によって表現や字句に差異があるが、本書では外務省編纂『日本外交年表竝主要文書　下』に拠った。

(21) 外務省編纂『日本外交文書　日独伊三国同盟関係調書集』外務省、二〇〇四、二一～四四頁。信夫清三郎『「太平洋戦争」と「もう一つの太平洋戦争」』勁草書房、一九八八、六二頁。

(22) 外務省編纂『日本外交文書　日独伊三国同盟関係調書集』外務省、二〇〇四、三五頁。

(23) 信夫清三郎『「太平洋戦争」と「もう一つの太平洋戦争」』勁草書房、一九八八、二五～二六頁。

(24) 中村平治・桐山昇編『アジア１９４５年　「大東亜共栄圏」潰滅のとき』青木書店、一九八五、一〇八～一一二頁。

(25) アドルフ・ヒトラー『続・わが闘争　生存圏と領土問題』平野一郎訳、角川書店、二〇〇四、三四～三五頁。
(26) 外務省編纂『日本外交年表竝主要文書　下』原書房、一九六五、四四九頁。
(27) 石原廣一郎『新日本建設』立命館出版部、一九三四。
(28) 防衛庁防衛研究所戦史部編著『史料集　南方の軍政』朝雲新聞社、一九八五、四〇～四一頁。
(29) 牛越国昭（李国昭）『対外軍用秘密地図のための潜入盗測―外邦測量・村上手帳の研究　第一編～第四編』同時代社、二〇〇九～二〇一五。
(30) 鈴木文史朗「濠洲対策私見」西方秀男編『太平洋』一九四二年四月号、太平洋協会、七～八頁。
(31) 鶴見祐輔「濠洲大陸の暗示」西方秀男編『太平洋』一九四二年四月号、太平洋協会、二～三頁。
(32) 北山節郎『ラジオ・トウキョウ　Ⅱ「大東亜」への道』田畑書店、一九八八、一二一頁。
(33) 防衛庁防衛研修所戦史室『戦史叢書26　蘭印ベンガル湾方面海軍侵攻作戦』朝雲新聞社、一九六九、六七八頁。
(34) 中央アメリカを占領のうえ中央アメリカ総督府を、ハワイなどを占領のうえ東太平洋総督府を設置するなどとした「大東亜共栄圏における土地処分案」が陸軍に残っており、東京裁判に書証として提出されている（新田満夫編『極東国際軍事裁判速記録　第二巻』雄松堂書店、一九六八、第八十六号、四一七頁、検察側文書一九八七号、法廷証六七九号）。
(35) 永野隆行「戦争と国家・国民意識の形成」竹田いさみ・森健・永野隆行編『オーストラリア入門　第2版』東京大学出版会、二〇〇七、二七頁。
(36) 二〇一五年四月五日（日曜日）のインタビュー。
(37) 石井勇吉「パカンバルからルバンパンジャンへ」九四会記念文集編集委員編『残照　鉄九・四大隊記念文集』九四会、一九八三、一六五頁。
(38)『スカルノ自伝――シンディ・アダムスに口述』、黒田春海訳、角川文庫、一九六九、一九五～二〇四頁。
(39) スカルノは結局日本軍によりパダンから海路バタビアへ移された。「うなばら」一九四二年七月一一日、二頁。
(40) ブディ・ハルトノ／ダダン・ジュリアンタラ『インドネシア従軍慰安婦の記録　現地からのメッセージ』宮本謙介訳、かもがわ出版、二〇〇一、三八頁など。
(41) 疋田康行編著『「南方共栄圏」』多賀出版、一九九五、四頁では、「南方共栄圏という用語は、ほぼ同意語の「南方圏」という用語と殆ど同時に出現し、「東亜共栄圏」の語が現れてからの用語であった」と述べている。
(42) 佐藤弘編『南方共栄圏の全貌』旺文社、一九四二、八八五～八八七頁。

第二章　東南アジア占領地における日本軍政

陸海軍による東南アジアの分割統治

一九四一年一二月八日、英米に対し戦端を開いた日本軍は、一九四二年二月一五日には英国の東洋における要衝シンガポールを陥落させるなど、破竹の勢いで東南アジア・太平洋を占領していった。

蘭印攻略作戦ではボルネオ島北東部のタラカンを一九四二年一月一三日に攻略したのを始め、バリクパパン、パンジェルマシンなどを制圧した。また、セレベス（現スラウェシ）島メナドには海軍落下傘部隊を降下させ、二月一〇日までに現インドネシア東部の石油地帯の占領に成功する。蘭印最大の石油基地スマトラ島のパレンバンは、二月一四日の陸軍落下傘部隊と海路からの陸海軍の攻撃によって占拠し、ジャワ島には三月一日に上陸、九日に制圧した。スマトラ島メダンは三月一三日、パダンは一七日に攻略、三月中に全島を支配下に置いた。

日本軍は東南アジアを占領すると、独立国のタイ及び親独ヴィシー仏政府と共同統治した仏印（両地は「乙地域」と呼称）を除いた地域に軍政を敷いた。それらは旧英・米・蘭領植民地（それぞれ今日のミャンマー・マレーシア・シンガポール、フィリピン、インドネシア：これらは「甲地域」と呼称）であり、一九四一年一一月二六日に陸海軍間において成立した「占領地軍政実施ニ関スル陸海軍中央協定」によって、バリ島以東（英領ボルネオを除く）は海軍、ジャワ島以西は陸軍が担任した。

「占領地軍政実施ニ関スル陸海軍中央協定
第一　方針
四（一）陸軍ノ主担任区域（海軍ハ副担任トス）
香港　比島　英領馬来　スマトラ　ジャワ　英領ボルネオ　ビルマ
（二）海軍ノ主担任区域（陸軍ハ副担任トス）
蘭領ボルネオ　セレベス　モルッカ群島　小スンダ列島
ニューギニヤ　ビスマルク諸島　ガム島」[1]

ボルネオ島は従来支配国がイギリスとオランダに分かれていたことを受け陸海軍で分割しているが、マレー（「マレー」が単独で使用される場合は今日のマレーシアとシンガポールからなる「英領マレー」を指す）とスマトラはイギリスとオランダの二国が支配していたにもかかわらず同じ陸軍の統治下に置いている（地図2－1）。これらのことからは、旧宗主国や経済・社会体制とは関わりなく、従前中国等でみられた両軍間の確執の再来を避けるため、現実的な上陸戦力に応じて分割統治の形態を東南アジア占領前から協議していたものと考えられる。石油に関して言えば、陸軍はスマトラの、海軍は蘭領ボルネオのそれぞれ油田を確保することで双方が

地図 2-1　陸海軍によるインドネシアの分割統治

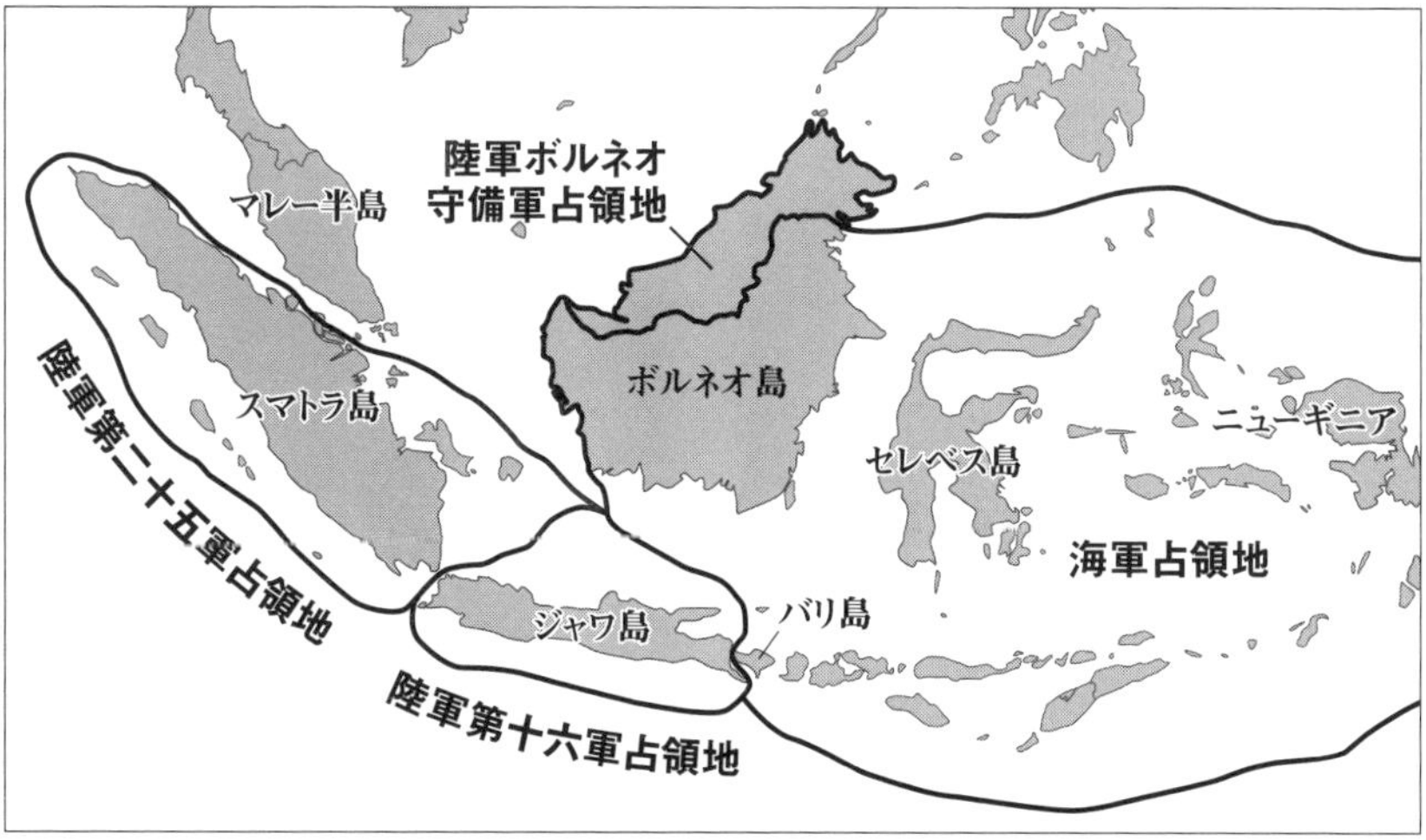

折り合った。

しかし、ボルネオの油田はスマトラ油田に劣り蘭印全体の約二〇％しか産出せず、海軍は陸軍の三倍の石油を必要としていたので常に石油不足に悩まされることになった。また油槽船は海軍が陸軍の一二倍保有しており[2]、南方石油資源の八〇％を陸軍がそのまま使用するのではなく民需も含めて配分は協議されたのであるが、調整機能を担っていた企画院がその役割を果たしえず、陸海軍の確執も絡んで「石油」は常に頭の痛い問題であった。そして後段述べるように連合国軍による輸送船撃沈が急増し、船舶不足によって石油の輸送そのものが途絶していくことになる。

今日インドネシアは東西五〇〇〇、南北一六〇〇キロメートルにわたり、大小一万数千の島々に世界第四位の二億六〇〇〇万の人口を擁している。それは、民族・社会・文化の多様性を示しており、アジア・太平洋戦争当時はジャワ、スマトラ、ボルネオ、セレベス、ニューギニアなどに分かれ、日本軍が支配していたのはインドネシアという国民国家ではなかった。全体としては陸海軍による「分割」統治であったが、ボルネオ、セレベス、ニューギニアという多様性に富んだ地域の海軍による統治は、逆に「一体」統治の側面もあった。

マレーとスマトラの「一体統治」

このように陸海軍は東南アジアばかりか今日のインドネシアをも分割統治することになり、同じ陸軍内においても軍政担任地域が分かれ、ジャワ島は第十六軍、スマトラ（とマレー）は第二十五軍が統治することとなった。

インドネシアが第二十五軍、第十六軍、海軍によって三分割統治されたのとは逆に、「一体統治」されたのがマレーとスマトラである。両地が同じ第二十五軍によって統治されたことの背景には、マラッカ海峡を隔ててはいるが「一衣帯水」でもある歴史が関わっている。すなわちマラッカ海峡を挟んだ両地には、七世紀から一四世紀に仏教のシュリービジャヤ王国、一四世紀末から一六世紀まではイスラム教のマラッカ王国が興り、交易を中心にして繁栄した歴史があった。マラッカ海峡はマレー半島とスマトラをつなぐ役目をこそすれ、分離する作用を及ぼしてはこなかったのである。

その後マレー半島はポルトガルやオランダの支配を経てイギリスが、スマトラ島はオランダがそれぞれ支配していたので、陸軍第二十五軍によるスマトラとマレーの「一体統治」は以前の姿に戻った感があった。

今日日本からスマトラ島へは直行便がないので、クアラルンプールやジャカルタなどで乗り換えることになる。また、マレーシア各地やシンガポールとスマトラ島間にはフライトやフェリー便が行き来している。オランダ支配の頃から日本軍政期にかけてはシンガポール港とスマトラ島パカンバル間には定期便が就航し、マレー半島マラッカ、バトパハ、イポーなどからも海路メダンへ渡る便は頻繁にでていた。

マレーとスマトラは「指呼の間」にあり（最も近くて六五キロメートル）、海上交通も発達し、経済的な結びつきが強かったのである。従って、日本陸軍が両地を同じ第二十五軍にその支配を委ねたのは特段奇異な政策ではなかった。

以下、マレー半島とスマトラとの人の往来が繁く、「一体」であった二事例を示す。

①国外から革命運動を指導していたインドネシアの民族主義革命家タン・マラカは一九四二年四月末、日本軍の支配下に置かれたバタビアに二〇年ぶりに帰国する。この時のルートはシンガポール、マレー半島ペナン、スマトラ島メダンの外港ベラワン、西海岸州パダン、パレンバンを経由しての帰国であった[3]。

②対米英蘭戦争勃発当時シンガポールで華字紙『星洲日報』の編集などをとおして幅広い抗日活動をしていた中国人作家郁達夫《いくたっぷ》は、迫り来る日本軍から逃れ、身分を隠しマラッカ海峡のいくつかの島を経てシアク河を遡りパカンバルへ向かう。後年スマトラ横断鉄道建設のために日本陸軍鉄道連隊が、そして工事で使役されたロームシャや捕虜がたどったルートである。パカンバルからインド洋側へ向かい、華僑商人としてパヤクンブに住み、

ブキティンギやパダンなども生活の範囲としていた[4]。

アジア・太平洋戦争中に南方軍総司令部将校であった榊原政春中尉の日記（一九四二年四月二日）に、スマトラ攻略作戦とその後の統治に関して次のような記載がある。

「スマトラ作戦は東半は十六軍により、西半は二十五軍により遂行せらる。当初スマトラは何れの軍政下に置かるるかの確たる決定なかりしため、（略）その後［三月九日］、スマトラは二十五軍の管下に軍政をしかれる事になり[5]、（後略）」

つまり、スマトラ攻略作戦が三月八日までは第十六軍と二十五軍によって行われ、その後全島が二十五軍の作戦地域に組み込まれ、パダンが三月一七日に攻略されるなど三月中には全島が統治下に入ったのである。その三か月後にはスマトラ横断鉄道建設につながることになる鉄道省の調査が行われることになる（93頁）。

占領政策としての分断統治

陸海軍による蘭印の分割統治は、両軍の確執と力関係から導き出された軍政であることを、インドネシアの歴史も踏まえて見てきた。そしてオランダと日本の統治に違いがあるとは言え、民族主義の台頭を摘み取り現地人の反乱を未然に防止するという点で両国は同様の政策をとっており、陸海軍による分断統治もその役割を担った。

スマトラを支配していたオランダは、農・鉱産物の輸送用道路や避暑地としてのフォルト・デ・コック（日本軍はブキティンギに改称）などの町を造りはしたが、スマトラの人々を分断する意図から大きな河川に橋を架けなかった（スマトラ横断鉄道建設では、カンパルカナン河やカンパルキリ河などでの架橋が難題となった）。

マレー半島の支配者であった英国は、ゴム栽培やスズなどの鉱山労働に就かせるために中国人やインド人（その多くは南インドのタミール人）を移住させて意図的に多民族社会にし、結束して手向かうことを防いだ。フランスは仏印の北部、中部、南部において異なった政治制度を敷き、反乱を防ぐ民族分断政策をとった。

このように帝国主義国家は植民地支配に際し人や物、制度を分断して反乱を防止してきた。東南アジアを占領した日本軍もマレーにおいては華僑を虐殺し徹底的に弾圧する一方、マレー系やインド系を優遇・懐柔して英国の政策を踏襲した。インドネシアではロームシャの「調達」や使役において旧宗主国オランダの政策を受け継ぎ、陸海軍による分割統治はフランスが仏印において採用した方法と同じく異なった軍政下で人々を支配し、一体感の醸成を阻害する意図を持っていた。しかし陸海軍による分断統治は、東南アジアに激しい経済混乱を招くこととなり、後に述べるように各地で反乱を誘発したばかりか、「大東亜共栄圏」崩壊の一因となった。

労働力の略奪

日本は明治期以降「産めよ増やせよ」を国策として掲げ、人口増を積極的に推進した。これは一九四〇年七月の「基本国策要綱」にも掲げられた政策であり、傀儡の「満洲国」では半ば強制的に現地人所有の農地を取り上げ、移民は武装訓練のうえ渡満して行った。これらの武装した集団移民は「生存圏」を北方に拡大し、人口増に見合う食料供給としての耕作地を確保することが目的の一つであった。

ここではまず、東南アジア占領地における労働力の略奪の前例となった朝鮮や台湾での実態から記す。

日本軍は朝鮮総督府に内地の「資源局」にならい「資源課」を設け（のち企画部に、さらに総務局企画室に拡充）、人間を「人員資源」という表現を用いて管理していた。[6] 朝鮮人や台湾人、中国人の男性は労働力として日本国内や中国大陸、東南アジアの占領地などへ、女性も「慰安婦」として日本軍占領各地や日本国内へ送り込まれた。

対米英蘭戦開戦一か月半後、一九四二年一月二〇日付で陸軍省兵備課が作成した「大東亜戦争に伴ふ我か人的国力の検討」は次のように述べている。

「兵力保持の困難と之に伴ふ民族の払ふへき犠牲とを考察するときは外地民族を兵力として活用するは今や議論の時機にあらす焦眉の急務なり」[7]

不足する兵力は現地の人を活用するとしており、朝鮮では陸軍特別志願兵制度が一九三八年四月に、徴兵制が一九四四年に課され、日本軍に組み込まれた兵士の多くは関東軍へ配属された。また、軍属（雇員・傭人）としてはスマトラ横断鉄道建設地など、蘭印やマレーで連合国軍捕虜の監視にあたった。同じ軍属でも一九四四年六月の「応徴士徴発《おうちょうしちょうはつ》」によって「軍夫」となった多くの朝鮮人[8]は、沖縄戦において陣地構築や弾薬運搬などの軍隊内労働力、「弾よけ」の役目を強いられた。軍夫や「慰安婦」が朝鮮から沖縄に送り込まれたのは、沖縄が「内地」としては位置づけられない差別を受けていたからであり、内地―沖縄―朝鮮という階層は歴然としていた。[9]

台湾では特別志願制度が一九四二年四月に、徴兵制は一九四五年にはじまり、軍属（雇員・傭人）はおもにフィリピンやボルネオで捕虜監視に当たった。軍属としての軍夫も徴傭され、中国大陸へ送られた。[10]

南進していった東南アジア占領地では、当時日本の六五〇〇万と同規模の人口を擁する蘭印ジャワ島は極めて魅力的な「ヒト資源」の供給地だった。日本軍が軍政を敷いた当時、約八〇〇〇万人だった蘭印人口の七五％にあたる約六〇〇〇万人[11]は面積一三万平方キロメートル（インドネシア全体の七％）のジャワ島に住んでいた。

一方、スマトラ島は日本の約一・三倍（本州の二倍）、四七万平方キロメートルの面積を有する世界で六番目に大きな島であるが、人口は約八〇〇万人[12]で、ボルネオ、セレベス、ニューギニアなどと同様ジャワ島に比べると極端に少なかった。

これらの人口構成が悲劇の元凶だった。オランダはジャワ島の人たちを生活の場から引き離し、他の島々（ジャワ島に対して「外島」や「外領」と称した）で使役した。日本軍も石油などの鉱物資源とともに豊富な労働力に眼を付け、ジャワ島人を強制労働に駆り立てた。

ジャワ島人ロームシャを効率よく使役するため軍政初期から陸海軍間で協議の場が持たれていたが、戦況の悪化に伴いさらなる効率性を求め、一九四三年七月一〇日にインドネシア現地の陸海軍間で「労務供給に関する陸海軍現地細目協定」が結ばれた。これは、ジャワ島を支配する陸軍が対価を受け取って海軍地域に労働力を供給する協定で、無尽蔵とも言える資源としての「ヒト」を、「モノ」を動かすかのような使役態勢を整えた。(13)

日本軍は行政組織と一体となった労務供出のための「労務協会」を設置し、「ジャワ奉公会（一種の大衆組織）」や「隣組」などの相互監視機能も働かせ、ロームシャを強制徴募した。しかし、ロームシャとしての労働実態がわかってくると、割り当てに応じる人は少なくなっていった。あとは甘言によって、あるいは拉致して、島内や外島ばかりか何百キロメートルも離れた東南アジアの占領地に連れて行き酷使した。

一九五一年九月に開催されたサンフランシスコ会議でインドネシア代表のアーマド・スバルジョ外務大臣は、「日本人による占領期間中にインドネシアが被った損害は二重であります。第一に、約四百万人の人命の損失がありあます。第二には数十億ドルの物質的損害があります」と述べ、ロームシャとして徴発され、犠牲になった人数が全体で四〇〇万人であるとの見解を示した。(14) ロームシャは鉄道、道路、空港、港湾、要塞などの建設、鉱山や工場での労働に使役させられ、働き手を連れ去られた後に残された女性や高齢者、年少者だけでは生活を維持することが困難となり貧困が加速した。

ロームシャは原則として無給ということではないが（勧誘に際し無給であると告げるとは考えられない）、実態として賃金が支払われないことは少なくなかった。インドネシアなどの占領地に「徴用令」は適用されなかったが、強制徴用が常態化した。生きていくための食べ物にさえ事欠き、赤道直下の炎天のもと半裸どころか全裸での作業を強いられると、賃金の有無や多寡の重要性は低下し、生きるか死ぬかの問題となった。

実際、スマトラ横断鉄道建設現場でも病気やケガで命を落とす者が続出し、多数使役されていたジャワ島人は、ジャングルの中や湿地帯で野垂れ死にし、生きながらえたとしても多くの者が戦後故郷に帰れずとり残された。

賃金を家族に送金するといった約束が履行されず、送られたとしても全額ではなかったり、強制させられた天引貯金が戻ってこなかったりと、実質ただ働きであった事例も多い。このような問題は、補助兵力として日本軍に組み込まれた兵補の場合にも同様に起きている。このように朝鮮、台湾などでの「ヒト資源」の使役実績を踏まえて、東南アジア占領地ジャワからは「ロームシャ」や「兵補」、「慰安婦」が徴発され、他の「大東亜共栄圏」内の人々も同様の苦難に遭ったのである。[15] こうして見てくると、大本営政府連絡会議で決定した「南方占領地行政実施要領」で「重要国防資源の獲得」を目ざすとしたのは、石油、ゴム、スズ、ボーキサイトなどの戦略物資のみならず、人間の労働力も含まれていたことは明らかである。

また、『十五年戦争極秘資料集　第一集　大東亜戦争に伴ふ我か人的国力の検討他』の編者高崎隆治は、「解説」において概略次のように述べている。

戦局が抜き差しならぬ状況に追い込まれた段階で大学生の繰り上げ卒業と学徒出陣、徴兵年齢の引き下げや朝鮮人の兵役義務化などが行われたといわれているが、日本軍が仮に終始優勢に戦いを進めていたとしても、人口構成や兵役期間の点からすると早晩これらの方策は採らざるを得なかった。[16]

こうした背景があってこそ、「外地民族を兵力として活用するは今や議論の時機にあらす焦眉の急務」であり、「大東亜共栄圏」内の人間は「ヒト」にあって人にあらず、呼称こそ違え日本の「ヒト資源」として捉えられていたのである。

そして「ヒト資源」として使役されたのは植民地や占領地などの人々ばかりでなく、日本人も同様であった。

それは、典型的には「特攻」「肉攻」「斬込」などの人間の命の価値を貶めた行為で知られてきたが、戦場で傷病にかかった兵士の処遇にも現れている。

戦場での重篤な傷病者は「癈兵」と言われていたが、「傷病兵」（一九一七年〜）を経て「傷痍軍人」（一九三一年〜）と称されるようになり、軍事扶助法などの法的援護が行われた。しかし、「傷痍軍人五訓」が設けられ、第二にある「再起奉公」という言葉が如実に示すように、傷痍軍人を再教育して「第二のご奉公」、すなわち再び労働力として活用する政策が強圧的に行われたのは、歪んだ「ヒト資源」政策であった。

『軍政手簿』に見る「ヒト資源」

「ヒト資源」のうち東南アジア占領地での兵力については第六章「兵補（ヘイホ）」で詳述するが、日本軍の考え出した「ロームシャ」や「兵補」などは呼称こそ異なっているものの、実際は全て「ヒト資源」略奪の異なった形態である。そのことを図表２‐１の「労務者調査表」は端的に表しており、先に見た「労務供給に関する陸海軍現地細目協定」の反映された結果でもある。

図表 2-1 労務者調査表（昭 19 年 11 月）

区分		陸軍	海軍	軍政	合計
兵補	男	14,394	877		15,271
義勇軍	男	36,067			36,067
常傭労務者	男	38,370	27,832	839,071	905,273
	女	4,862		446,136	450,998
臨時労務者	男	112,980	6,990	549,529	669,499
	女	7,675		61,670	69,345
技能者	男	49,909	30,600	184,039	264,548
	女	1,795	1,400	9,410	12,605
勤労奉仕	男女	50,000		150,095	200,085
総数		316,052	67,699	2,239,940	2,623,691

（出典）森文雄『軍政手帳』1571頁。
（注）『軍政手簿』はA4大の紙を横長左綴じ、2つ折りにして使用している。インク書きの細かい字で記され、頁は1512に始まり1572まで61頁の冊子である。本表「軍政」の「総数」が計算間違いで10人少なくなっているが、原典のまま掲載した。原典では「ジャワ」とは明記されていないが、ジャワに関する統計にはさまれており、これだけ多くの人数はジャワしか考えられない。空欄は0と解される。

この調査票の載っている『軍政手簿』(防衛省防衛研究所所蔵)は第七方面軍参謀を務めた森文雄中佐の書いたもので、手帳(備忘録)としてアジア・太平洋戦争中から一部敗戦後にかけて作成したものである。第七方面軍のもとにはマレー、スマトラ、ジャワ、ボルネオを治める陸軍第二十九、二十五、十六、ボルネオ守備軍があった。

森参謀は労務者を「兵補」「義勇軍」「労務者」「技能者」「勤労奉仕」の五形態に分けており、「兵補」と「義勇軍」は男性で武器を扱う。労務者(男女)は常備と臨時に区別して統計をとっている。「勤労奉仕」については後述する(211頁)こととし、ここでは二点について述べる。

一つは、森が労務者はもちろん技能者や兵補、義勇軍(ジャワの義勇軍は「ペタ」、スマトラの義勇軍は「スマトラ義勇軍」または「ラスカル・ラヤット」と言われた)も労務者として統計に含めていることである(『軍政手簿』の「労務者調査票」に子供まで計上されている件は212頁の図表6-17)。まず、兵補は日本軍の中にあってロームシャのような役割を果たし、また実戦では危険な役割も担い、所属した部隊とともにインドネシア内、マレー、フィリピン、ビルマなどで多くの青年が命を落とした。特にニューギニアに送り込まれた兵補の多くは、壮絶な最期を遂げている(338頁)。

義勇軍についてもインドネシア人で構成されている民族軍とはいえ、インドネシア独立ではなく日本軍のために戦うことを強いられた軍組織であり、森文雄の本表作成における義勇軍の扱いには日本軍の補完に過ぎないという認識が直裁に表れている。

二つ目は、総数にして二六二万人もの労務者の存在についてであるが、これは「昭19年11月」時点のものであり延べ人数を示したものではないので、ロームシャが総体としてどの程度の規模で徴発・使役されていたかはこの表からは具体的に明らかにはならない。はっきりしているのは、ここに記された人数よりはるかに多いロームシャが存在していたことであり、インドネシア外相アーマド・スバルジョは四〇〇万という人数を示していた

(51頁)。後段スマトラ横断鉄道建設で使役されたロームシャ数を示す際の根拠として、本表の人数を援用した。

次に、革命家タン・マラカが日本軍政下一時職員として身を寄せていたところがジャワ島のバヤ炭鉱であり、ロームシャの実態について書いた部分を引用する。条件はあるものの三〇〇〜四〇〇万人が犠牲になったとしている。これは、一九五一年から行われた日本とインドネシア間の戦争賠償交渉の際にインドネシア側が主張した人的損害の四〇〇万人と大きな違いはない。

「バヤ鉱山に住み込んで働いている一万五〇〇〇人のロームシャのうち、死亡する者、行方不明になる者、からだを完全にダメにする者が、八〇パーセントに達するとなれば、そうはいかない。しかも、控え目に見て、各地方とバヤを往復するロームシャは、一年間でおよそ五万人にのぼるのである。この八〇パーセントと五万人という数字を掛け合わせれば、三年間でその数はいくらになるか、我々は重大な関心を払わざるをえないのである。さらにもし、この問題を拡大して、道路、日本軍の要塞、飛行場の建設のために東南アジアで働かされている、全インドネシアのロームシャに適用するならば、日本占領期間中のロームシャの損失は、三〇〇万人から四〇〇万人と見積もられる。[17]」

オランダも日本もジャワ島の人々を島外に連れ出して使役したが、その労働現場はオランダの場合は蘭印内だったのに対し、日本の場合はジャワ島以外の「大東亜共栄圏」各地に及んだ。今日インドネシア語には「ロームシャ」という言葉が、「重労働に強制的に従事させられる者」といった意味で残っているが、インドネシアを三〇〇年余支配し[18]同様の労務政策を採っていたオランダ語からではなく、日本語からロームシャという言葉が残ったことに、日本の蘭印支配三年五か月がオランダ統治の三〇〇年余にも増して過酷であったことの一端が示されている。

スマトラ横断鉄道建設に駆り出されたロームシャには現地スマトラ島の人々とジャワ島からの人々がいたが、ジャワ島人ロームシャが逃亡を企てたとしても成功することは難しかった。炎熱のなかジャングルや大河を越え海を渡り、生きてジャワ島に行き着くことは乏しい食料で体力も衰えた身では不可能に近いことだった。スマトラ島とジャワ島間は最短二〇余キロメートルしかなく、今日フェリーが頻繁に行き来しているが、戦時下では当然監視が厳しく、闇ジャンク船に乗れるほど所持金のあるロームシャはいなかった。

オーストラリアをも窺おうとしていた「熱い視線」との関わりで見れば、かの広大な大地を開拓していく際に必要な「ヒト資源」はジャワ島人をおいては考えられなかった。実際はオーストラリア大陸まで侵略することはなかったが、ジャワ島人は安価であるいはタダ同然でいつでもどこへでも連れて行って使役することができた。

マレーとスマトラとの分離統治へ

マレーがイギリスの、スマトラがオランダの植民地であったということから、両者の経済実態には相違があった。たとえば、前者においての貨幣単位は海峡ドルであり、後者はギルダーである。その両地を陸軍第二十五軍が一体統治し、マレーでは海峡ドル表示軍票を、スマトラではギルダー表示軍票を発行し円貨と同価としたことで混乱が生じ（言わば一国内に単位の異なった二通貨が流通することとなった）、マレーとスマトラとの分離統治論に影響を与えた(19)。

このように異なる両地を「人為的に」統治することには問題があり、軍政開始約一年後の一九四三年四月以降第二十五軍の管轄はスマトラだけとなった（マレー半島は後に陸軍第二十九軍の統治となった）。

赤道が中央部を貫いているスマトラ島は炎暑の地であり、第二十五軍は司令部と軍政監部の所在地を中部スマトラ・インド洋側の標高一〇〇〇メートル近い高原の町ブキティンギに置いた。インド洋に面した西スマトラの港市パダンからはパダンパンジャンを経由してブキティンギへは鉄道の便があり、パダンパンジャンとムアロ間にも鉄道が通じていた。インド洋側からの既設鉄道の終点ムアロとマラッカ海峡側を鉄道で結べば、マラッカ海峡側とインド洋側が一本の鉄道でつながることになる。この構想がスマトラ横断鉄道となったのである（地図7－1　229頁参照）。

今日ブキティンギは観光都市として知られており、赤道直下ではあっても冷涼な過ごしやすいところである。日本軍政下西スマトラの政治・行政の中心都市となったが、そこに集まる軍人などを目当ての「慰安所」や娯楽施設のある歓楽の町でもあった。

「大東亜共栄圏」内の経済的混乱

今日東南アジアといわれる国々は欧米帝国主義国家の支配下において、一次産品である農産物や鉱物資源を宗主国に輸出し、先進国である宗主国からは繊維製品などの工業生産物を輸入していた。また、植民地各国間には農産物などの輸出入があった。これらの流通・貿易システムの中で英・蘭・仏・米各国は植民地の富を吸いあげていたのであり、経済権益を持つ欧米帝国主義各国にとってはうまみのある体制であった。

日本軍は東南アジアを占領し、植民地（朝鮮、台湾など）、傀儡政権（満洲、蒙疆など）、占領地（東南アジア）など支配形態は異なるものの、それらの地域を「大東亜共栄圏」と呼称した。経済的に見れば、「大東亜共栄圏」は経済的繁栄（共栄）を標榜するブロック経済圏構想であり、東南アジアなどの「周縁」を「大東亜共栄圏」の「資源圏」、日本をその盟主である「自存圏」と位置づけ、「大東亜共栄圏」内で自給し（自給圏）、自戦と生存を可能にする（「自戦圏」「生存圏」）構想であった。

しかし、日本軍は東南アジアを陸海軍で分割統治し、極端な軍事統制経済のもと占領地間の物流を制限した。従来農産物を栽培していた農家は軍事用麻袋の原料となる黄麻（ジュート）への作付け転換など軍需物資の栽培・生産を強制され、コメなど食糧の供出も苛烈であった。

また、インドネシアでは従来一ギルダーが二・五円前後であったが、円と等価の軍票を多量に発行した結果、日本人の軍人や民間人は一時の物価安の恩恵を受けたものの、やがて激しいインフレーションに見舞われるようになり、経済は混乱し、疲弊した。このような現象は東南アジアの他の占領地でも同様であった。

一次産品の統制では、ある地域では不足している農産物が他の地域では過剰で、場合によっては廃棄処分されるという極端な偏在が出来し、日本軍が連合国に制空権・制海権を脅かされると船舶の撃沈によって経済的混乱はますます激しくなった。

代表的な例はコメであり、ベトナム南部メコンデルタ地帯は本来豊かなコメの産地であるが、日本軍が黄麻への作付け転換を強要し、南部から北部への移送も陸路・海路ともに断絶した。天候不順もあいまって一九四四年から一九四五年にかけベトナム中北部で起こった大飢饉ではおよそ二〇〇万人が餓死し、偏在の例はビルマやフィリピン、ジャワなどの米どころでも見られた。

異なった軍政下にあることから第二十五軍支配下のスマトラ産石炭を十六軍支配下のジャワに移送することが困難になり、ジャワ独自のバヤ炭鉱が開発された。第三章で取り上げるバヤ鉄道はバヤ炭鉱産の石炭輸送のために建設されたもので、工事では毎日六万人近くものロームシャが使役された。日本軍政の経済政策が国や地域間のみならず陸軍と海軍、陸軍の十六軍と二十五軍の間でも破綻したことを示しており、これら異なった軍政下間や比較的小さな地域間における物資の移動さえ統制され、さながら「外国貿易」の観を呈した。後段検討するように、オランダBC級戦犯裁判におけるスマトラ横断鉄道関係の追及が「緩やか」であり、スマトラ横断鉄道建設問題が「埋もれて」しまった理由の一端は、これら経済の閉鎖性が必然的に情報の拡散を阻害したことにもある。

従来欧米宗主国が担っていた工業製品の供給は日本が十分工業化していなかったため不可能となり、東南アジアでの衣料品などの生活必需品は払底した。東南アジア各国は自国内経済に閉じ込められ、他国との輸出入が出来なくなったばかりか、自国内においてさえ流通が滞ることとなったのである。「軍政下の自活」を求める閉鎖された経済政策は、東南アジア各国の独立への動きを摘み取る手段としては成功であったかもしれない。しかし、従来の経済システムを破壊したことで、東南アジアの資源を獲得するという戦争目的そのものをも崩壊させてしまった。これら「内なる崩壊」に制空権・制海権の喪失が重なり、「大東亜共栄圏」は内地と東南アジアに分断されてしまったのである。

第二章注

(1) 防衛庁防衛研究所戦史部編著『史料集　南方の軍政』朝雲新聞社、一九八五、九六頁。
(2) 燃料懇話会編『日本海軍燃料史（下）』原書房、一九七二、九四五頁。
(3) タン・マラカ『牢獄から牢獄へ　タン・マラカ自伝Ⅱ』鹿砦社、一九八一、二三五〜二七九頁。国外追放されていたタン・マラカのインドネシア入り経路は、増田与編訳『スカルノ大統領の特使　鄒梓模回想録』中央公論社、一九八一によれば、「日本軍の南下に追われるようにして」（二一頁）となっており、タン・マラカが主体的に選んだというよりは安全性を優先しての行動であったのかもしれない。
(4) 鈴木正夫『スマトラの郁達夫　太平洋戦争と中国作家』東邦書店、一九九五。
(5) 榊原政春『一中尉の東南アジア軍政日記』草思社、一九九八、九五頁。
(6) 宮田節子編・解説『十五年戦争極秘資料集　第十五集　朝鮮軍概要史』不二出版、一九八九、九一〜九六頁。
(7) 高崎隆治編『十五年戦争極秘資料集　第一集　大東亜戦争に伴ふ我か人的国力の検討他』不二出版、一九八七、四七頁。
(8) 保坂廣志『沖縄戦捕虜の証言——針穴から戦場を穿つ』紫峰出版、二〇一五、四三六頁。
(9) 朝鮮—沖縄—内地（沖縄以外の日本）、さらに台湾高砂族やアイヌも関わる差別の重層性が可視化されたのが、一九〇三年の「人類館事件」である。江澤誠『脱「原子力ムラ」と脱「地球温暖化ムラ」いのちのための思考へ』新評論、二〇一二、一八七〜一九〇頁。
(10) 近藤正己『植民地台湾の研究　同化と抵抗をめぐって』博士論文、一九九〇。
(11) 一九四三年一一月に来日したスカルノは昭和天皇に「拝謁」し、「大東亜共栄圏」構想に賛意を表明したが、そのなかで「ジャワ四〇〇〇万民衆指導の任に当り以て今次戦争の完遂の協力に邁進し」と述べている（「朝日新聞」一九四三年一一月一六日、夕刊、二頁）。当時の日本軍公式文書（たとえば、治政令第四四号の「「ジャワ」防衛義勇軍編成に関する件」）ではジャワ島の人口は五〇〇〇万となっている（『ジャワ年鑑　昭和一九年』復刻版、ビブリオ、一九七三、四五二頁。倉沢愛子編『治官報　第一巻』龍渓書舎、一九八九、一〇頁）。蘭印（インドネシア）全体の人口については五〇〇〇〜八〇〇〇万人の間でさまざまな記述を見受けるが、「一九四〇年　約七〇〇〇万人　インドネシア統計局」（内海愛子・田辺寿夫編著『アジアからみた「大東亜共栄圏」』梨の木舎、一九九五、二一六頁）の記述等を参考に、本書では八〇〇〇万人とする。

(12) 財団法人南洋経済研究所編『スマトラ面積人口表』財団法人南洋経済研究所出版部、一九四三によれば、一九三〇年のスマトラ島の人口は七六六万人となっている。町田敬二『戦う文化部隊』原書房、一九六七、一〇二頁では、日本軍政下のスマトラの人口を一四〇〇万としている。

(13) 後藤乾一『日本占領期インドネシア研究』、龍渓書舎、一九八九、七六〜七七頁。

(14) 『昭和二十六年九月　サン・フランシスコ会議議事録』外務省、「七　第六回総会　九月七日　午前十時」二三〇頁。

(15) 「兵補」という呼称は、朝鮮で憲兵の補助に朝鮮人を採用する際に「憲兵補」の名称を使用したことに倣ったという（「ジャワ新聞」一九四三年一一月二〇日、二頁、ジャワ新聞社）。

(16) 高崎隆治編『十五年戦争極秘資料集　第一集　大東亜戦争に伴ふ我か人的国力の検討他』不二出版、一九八七、一〜二頁。

(17) タン・マラカ『牢獄から牢獄へ　タン・マラカ自伝Ⅱ』押川典昭訳、鹿砦社、一九八一、三四九頁。

(18) 今日のインドネシア全土が等しく三〇〇年余オランダに支配されていたわけではない。ジャワは早くからオランダの植民地となったが、スマトラ島北西端のアチェがオランダに屈服して支配されるのは、アチェ戦争（一八七三〜一九〇四年）に敗北した後の約四〇年間である。インドネシア独立後もアチェの中央政府への反乱は続き、今でも「I'm an Acehenese」と誇らしげに語る人は多い。

(19) 小林英夫『日本軍政下のアジア――「大東亜共栄圏」と軍票』岩波書店、一九九三、一一一〜一一二頁。

第三章　「大東亜共栄圏」を打通する鉄道

「外地」における鉄道建設

幕末一八六三年に伊藤博文らは英国に留学（実際は密航）した際、産業革命によって変貌した社会を目の当りにした。英国では一八二五年に世界で初めて鉄道が開通し、伊藤らが渡英した同年に地下鉄も営業を開始している。伊藤らはそれらに驚愕し、日本に鉄道を敷設することが急務であるとの思いを強く抱く。

さらに英国の植民地であったインドには一八五三年に、蘭印ジャワ島には一八六七年に既に鉄道が建設され（前者では日本より一九年、後者では五年早い）、その権益が植民地を支配するイギリスやオランダのものになっており、鉄道は自国で建設しなければならないことを痛感した。

一八七二年には新橋・横浜間に日本初の鉄道が開通し、一八八九年には東海道線が全通するなど、技術面などでは欧米に負うところがあったものの短期間に多くの鉄道が敷設されることになる。この時明治政府の中心となって鉄道事業を押し進めたのが、伊藤らとともに英国留学した井上勝（一八四三〜一九一〇）である。[1]日本が鉄道権益に執着してきたのは、このように鉄道とそれに付随する権益が植民地支配に不可欠であることを明治新政府の中枢が身をもって学んだからであり、後に朝鮮や中国を侵略した際の鉄道建設の推進に強く影響している。

実際日本は明治維新以降アジア太平洋地域において、鉄道権益を足掛かりに侵略の度を深めていった。その嚆矢と典型は朝鮮や中国における鉄道建設であり、特に日清戦争時から一九四五年の敗戦まで、朝鮮での朝鮮総督府鉄道や、「満蒙は日本の生命線」といわれた満洲や今日の内蒙古での南満洲鉄道（満鉄。一九〇六年設立）であった。鉄道は常に軍隊とともにあり、戦争とともに伸び、拡大した。そして東南アジアへ南進するに伴い、仏印、タイ、マレーなどの鉄道も日本の生命線となった（後述するように、日清戦争翌年一八九六年に鉄道連隊が創設された）。

対米英蘭戦争の原因と石油

対米英蘭戦争が「石油に始まり石油に終わった」と言われるように、日本軍は蘭印の石油など東南アジアの資源を求めて南進して行った。しかし、「先の戦争」の呼称」で述べたように、対米英蘭戦争の原因が「石油」であるとするなら、当時約八割を占めていたアメリカからの輸入が途切れなければ戦端を開くことは無かったはずである。開戦の原因は、アメリカによる中国からの撤兵要求を日本が受け入れなかったからであり、中国におけるさまざまな権益を巡る日米英国間の争いに収拾がつかなくなったことにある。

台湾出兵以来の「七〇年戦争」や日清戦争以来の「日中五〇年戦争」という呼称が示すように日本は中国を侵略し続け、特に日露戦争後、日本企業がすさまじい勢いで中国に進出し、いかに現地資本や欧米列強、特に英米の在中権益に脅威を与えていたかは、大手繊維資本が中国内に設立した紡績業である「在華紡」の隆盛を見ることによっても明らかである。日本は中国からの撤兵を求めるアメリカの要求を受け入れるわけに行かず、その結果は石油禁輸措置となり、蘭印等東南アジア侵略へと進んでいった。その南進政策と米英蘭との確執は次のとおりである。

対米英蘭戦争開戦前の日本の石油自給率はサハリン（旧樺太）北部からの供給があったとはいえ、八％程度にしかすぎなかった。不足分の輸入元はアメリカや蘭印であり、後に戦端を開く両地からの供給に頼っていた。探査の技術や資本、さらには精製技術の関係もあり当時の世界の原油産出に占める中東などの量は今日ほどではなく、産出量の実に七割近くはアメリカであった（日本が蘭印の石油を支配したことが中東での石油開発を促した面がある）。日本はアメリカから一九三九年七月二六日に日米通商航海条約の破棄を通告され（失効は六か月後の一九四〇年一月）、石油の供給は先細りしていった。また、一九四〇年九月二六日には屑鉄、一二月には鉄鉱製品全般、一九四一年一月には銅等が禁輸措置の対象となり、同年七月にはインド（すなわちイギリス）からの銑鉄も禁輸された。

日本は戦略的石油備蓄に取り組むとともに、蘭印からの安定的な輸入確保を主な目的としてオランダとの間で「（第二次）日蘭会商」を一九四〇年九月に設けて交渉し、並行的に九月下旬には北部仏印に進駐して南方資源、なかんずく石油確保への強権的な意思表示を行った。オランダとの交渉は決裂したまま一九四一年六月に終了し、日本は交渉決裂を予測して立てていた作戦どおり翌七月に南部仏印への進駐を断行した。これに対しアメリカは八月対日石油輸出禁止に踏み切り、一二月の対米英蘭戦争へとなだれ込んでいった。

戦局の推移と鉄道輸送への依存

対米英蘭戦開戦時、イギリスやオランダなどは撤退の際鉄道や石油施設を自ら破壊した。戦域の拡大は各地で鉄道破壊の増大を招来し、これに対し鉄道関係の復旧には国鉄職員で構成される特設鉄道隊や陸軍鉄道連隊が、石油関係施設の復旧には石油会社の技術者を含む作井隊が派遣された。

また、制空権・制海権を徐々に失うと物資の輸送と兵員の移送において鉄道への依存度を強め、新しい鉄道建設が押し進められた。これを担ったのも陸軍鉄道連隊や特設鉄道隊であり、戦局の悪化に伴い鉄道への依存度がいかに強まったかは、急ピッチで行われた鉄道連隊の編成によっても明らかである。

全二〇鉄道連隊のうち一九四四年には第七～第十五連隊（第九を除く）の八連隊が、敗戦の一九四五年には第十六～第二十連隊の五連隊が編成された。鉄道連隊が創設されたのは日清戦争直後の一八九六（明治二九）年であり、六〜七年に一連隊の割で編成されてきた鉄道連隊は、一九四四年と一九四五年の二年間（実質一年半）に一三連隊が作られたことになる。そしてロームシャや捕虜虐待で悪名高い泰緬鉄道やスマトラ横断鉄道、マレー半島のクラ地峡横断鉄道、「大陸打通作戦」などにおける鉄道建設・補修に投入された。

泰緬鉄道とスマトラ横断鉄道には共通点があり、前者はイギリス、後者はオランダがそれぞれ建設を計画するも断念していたこと、泰緬鉄道を建設した鉄道第九連隊第四大隊がスマトラ横断鉄道でも建設に当たり、前者における経験が後者に受け継がれたこと、ロームシャや連合国軍捕虜を大量動員したことなどが挙げられる。ロームシャや捕虜に対する虐待を含む「労務管理」も、泰緬鉄道建設からスマトラ横断鉄道建設へと引き継がれた。

鉄路への執着

製油施設の損傷度合いはさまざまで、落下傘部隊の降下急襲で知られるスマトラ島パレンバンの石油基地は、スンゲイゲロン製油所の大半が焼失したが、プラジュー製油所はほとんど無傷だった。従って復旧時期もまちまちであり、北ボルネオのルトン製油所からは一九四二年三月に、[2]パレンバン・プラジュー製油所からは同年六月に[3]日本へ向けてタンカーが出航するまでになった。石油関係施設の復旧に徴用された石油技術者の数は、『日本石油史』によれば七〇一九人であったという。[4]

しかし、日本軍が石油の生産・搬送を軌道に乗せた時にはすでに制空権・制海権が脅かされるようになり、一九四三年には東南アジアの石油は輸送の面で行き詰まることになった。

先に明治新政府の権力者の鉄道観にまでさかのぼって見たように、為政者が鉄道建設に執着し、その後の朝鮮・中国侵略においては鉄道が有力な「武器」となり得た。このような鉄路への執着はひとり大日本帝国にのみ存在したわけではないことは、日本と同様に遅れて産業革命と帝国主義の時代に入ったロシアが長大なシベリア鉄道を完成させ、それによって中国東北部における権益を確保していったことなどからもうかがえる。

日本軍のそういった成功例は、石油を求めて東南アジアなどへ侵略していった際に、船舶確保への明確な戦略を持たない致命的な欠陥となって表れた。シーレーン防衛のため一九四三年一一月に慌てて海上護衛総司令部を立ち上げたが、既に撃沈される輸送船が急増しており（図表3-1）、日本は極端な船舶不足によって東南アジアからの資源を搬送できない状況に陥ってしまっていた（図表3-2）。

南方（蘭印）からの石油還送量は緒戦の勝利に基づいた見込み（b）でこそ開戦前に目論んでいた量（a）を上回ったが、実績は一九四二年（戦争第一年）から既に開戦後の見込みを下回り、一九四三年になると激減し、東南

図表 3-1　太平洋戦争中の喪失船腹量

年度	戦争海難		普通海難		合計	
	隻数	総屯数	隻数	総屯数	隻数	総屯数
昭和16年	9	48,574	2	6,585	11	55,159
昭和17年	204	884,928	21	92,999	225	977,927
昭和18年	426	1,668,086	37	99,538	463	1,767,624
昭和19年	1,009	3,694,026	69	129,459	1,078	3,823,485
昭和20年	746	1,722,508	45	86,686	791	1,809,194
合　計	2,394	8,018,122	174	415,267	2,568	8,433,389

(出典)財団法人海上労働協会編『日本商船隊戦時遭難史』財団法人海上労働協会、1962、9頁。および財団法人海上労働協会編『復刻版 日本商船隊戦時遭難史』成山堂書店、2007、9頁。

図表 3-2　石油還送量の見込みと実績（単位：万トン）

年	開戦前の見込み(a)	開戦後の見込み(b)	実績
1942(戦争第1年)	30	200	149
1943(戦争第2年)	200	600	265
1944(戦争第3年)	450	1000	106
1945			0

(出典)防衛庁防衛研究所戦史部編著『史料集 南方の軍政』朝雲新聞社、1985、213頁。ほかに、参謀本部編『杉山メモ―大本営・政府連絡会議等筆記 上』原書房、1967、424頁。燃料懇話会編『日本海軍燃料史(上)』原書房、1972、658・666頁。『同(下)』944頁。岩武照彦『南方軍政下の経済施策 上巻』汲古書院、1972、108頁。『同下巻』484頁。以上をもとに筆者作成。

アジアの資源獲得は生産より運搬の面で進退きわまってしまった。気が付いたときには海上輸送を立て直すには既に遅く、そういった状況が鉄路の建設を促し、急がせることとなった。

しかし、たしかに日本軍の鉄道建設と制空権・制海権の喪失に関連性はあるものの、制空権・制海権が失われるようになったから鉄道建設を計画したというのでは、泰緬鉄道の建設開始がミッドウェー海戦と同じ一九四二年六月（ビルマ側）というのは不自然である。ましてや建設計画はそれより以前（着想は一九四一年一〇月一八日。9頁）のことであり、ミッドウェー海戦以前から日本と侵略先のアジア各地を鉄道で結ぶという構想があったとするほうが自然である。鉄路への頑迷な「信仰」が先に存在したと見なければならない。

事実、対米英蘭戦争が勃発して間もなくまだ緒戦の快進撃に沸き立っている頃どころか、開戦前から「大東亜縦貫鉄道」と後に呼ばれることになる鉄道建設の調査は始まっていた。一九四二年二月一〇日の閣議で設置が決まった「大東亜建設審議会」は最終的に八部会で構成されていたことは先に述べた（26頁）が、その一つである「交通部会」が「大東亜建設審議会」総会に答申したものが、満鉄東京支社調査課や鉄道省が中心となって作成した「大東亜の交通に関する方策」である。

大東亜建設審議会はこの答申を土台として審議し、一九四二年八月二一日に「大東亜交通基本政策」を政府に答申した。その内容に関わるものとして原田勝正は『十五年戦争極秘資料集　第七集　大東亜縦貫鉄道関係書類』において、「大陸鉄道建設方策」「大陸鉄道建設方策に関する件」「大東亜交通関係資料」「湘桂《しょうけい》鉄道に関する調査概要」「大東亜縦貫鉄道に就て」「大東亜交通対策意見書」「大東亜交通政策要綱（案）」「大東亜交通政策要綱添附資料」を挙げている。(5)

大東亜縦貫鉄道構想

日本軍はアジア・太平洋戦争開戦前から陸上輸送手段として既設鉄道の活用と新規鉄道の建設を計画し、「大東亜縦貫鉄道に就て」[6]が示しているように、それは単なる海上輸送の補完としての役割を超え、東京からアジアを縦貫・打通する鉄道輸送の構想であった。

開戦時、東南アジアの鉄道は仏印からマレーのシンガポールまでほとんど繋がっていた。英領ビルマでも首都ラングーンから各地へ鉄道が建設されており、途切れていたのは仏印のサイゴンからプノンペンまでと、東南アジアで唯一の独立国タイ（一九四〇年代にシャムと呼んだ時期もある）とビルマ間だけであった[7]。また日本軍は中国の華北、華中の鉄道は大方支配下に置いていたが、華南にはいまだ掌握不完全の鉄路があった。

上記の未開通区間や未掌握区間を打通すれば、東京から対馬海峡[8]、釜山、京城、奉天を経て中国大陸の鉄道を南下し、漢口・桂林から仏印、タイ、ビルマ、マレー半島、シンガポールまでの鉄道網が完成し、人流・物流に使用可能となる。これを「大東亜縦貫鉄道に就て」では

地図 3-1　大東亜縦貫鉄道を特集した『写真週報』

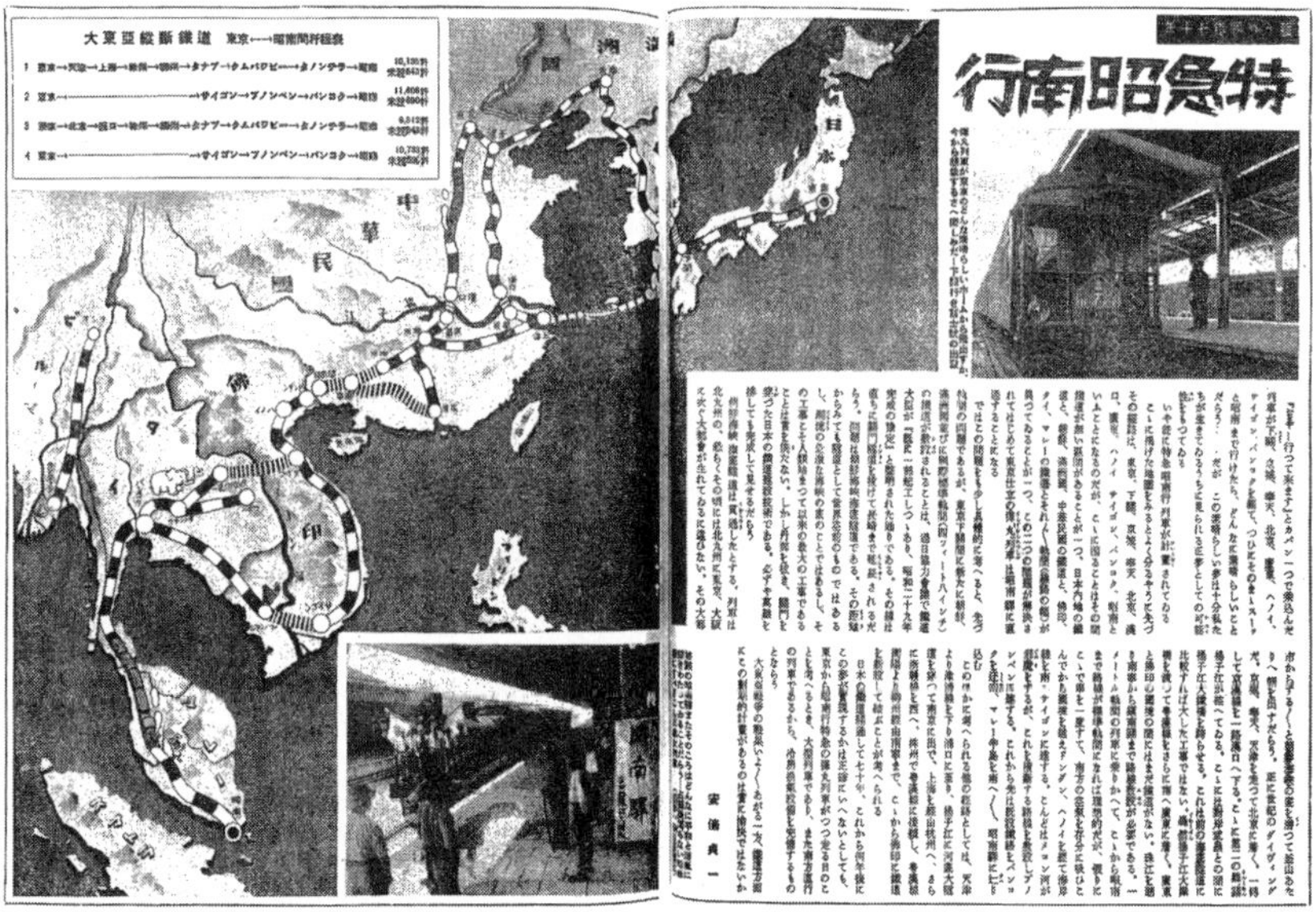

（出典）情報局編『写真週報』内閣印刷局、1942年10月14日号、11頁。

「第一縦貫鉄道線群」と称し、「大東亜共栄圏」西端のビルマまでの打通は「第二縦貫鉄道線群」と呼称していた[9]。

これら大東亜縦貫鉄道構想の未開通区間の鉄道建設は泰緬鉄道などとして具体化され、未掌握区間の打通は一号作戦（大陸打通作戦）という実際の作戦としてあらわれた。このように鉄路に対する執着は「北進論」や「南進論」、その後の「大東亜共栄圏」や「生存圏」構想をバックボーンにして、泰緬鉄道、クラ地峡横断鉄道、スマトラ横断鉄道、バヤ鉄道、ボルネオ鉄道、セレベス鉄道、大陸打通作戦などの建設や鉄道支配作戦として具体化していった。

『Djawa Baroe《ジャワ バル》 シン ジャワ』は第十六軍軍政下のジャワ島で、邦字紙「ジャワ新聞」などとともに発行されたプロパガンダ紙誌の一つである。「新しいジャワ」を意味する『ジャワ・バル』は日本語とインドネシア語の二語を併用してつくられたビジュアル誌であり、大東亜縦貫鉄道のルートが同誌に掲載されている（地図3-2）。

地図3-2 大東亜縦貫鉄道を示した『ジャワ・バル』

（出典）『ジャワ・バル』ジャワ新聞社、1945年1月1日号、8頁。倉沢愛子解題『復刻版 ジャワ・バル 第5巻』8頁、龍渓書舎、1992。

大東亜縦貫鉄道の昭南島線は正式にはシンガポール止まりであったが、インドネシアの人々に対するプロパガンダとして、スマトラ、ジャワ、ボルネオ、セレベス各島への鉄道延伸を誇示することがこの地図掲載の目的である。『写真週報』に掲載された大東亜縦貫鉄道図（地図3－1）と比べると興味深い。

実際スマトラ横断鉄道はマラッカ海峡を渡り唯一インド洋へと打通するものであったし、日本土木史編集委員会編『日本土木史』によれば、スマトラ横断鉄道同様の目的でジャワ島（バヤ鉄道）、ボルネオ島、セレベス島にも石炭運搬用の鉄道が建設ないし着工されたが[10]、バヤ鉄道を除き完成しなかったことなどもあり、これらの鉄道には正式な名称がついていない。セレベス島での新線建設についての詳細は、「酷使・虐待されるロームシャ」（160頁）を参照。

以下の本章では、これら東南アジア占領地での鉄道建設の概略を見てゆく。

泰緬連接鉄道

日本軍がビルマの首都ラングーンを攻略したのは、ジャワ島占領の一日前、一九四二年三月八日であり、その後北上して五月中にはビルマの大半を制圧した。ビルマへの補給路として海路をとるとマレー半島とスマトラ島間のマラッカ海峡まで回らなければならず、陸路輸送として泰緬鉄道の構想が浮上した。しかし、建設構想の始まりが対米英蘭戦争前の一九四一年一〇月であることから、大東亜縦貫鉄道の「第二縦貫鉄道線群」建設の意図もあったと考えられる。これが完成すると、東南アジアはサイゴンとプノンペン間を除いて鉄道で結ばれ、大東亜縦貫鉄道の打通に一歩近づくことになる。

独立国のタイといまだ占領していないビルマ間に日本軍が鉄道を建設するなどということは本来あり得ないが、タイには「日泰攻守同盟条約」を押しつけ、ビルマは開戦後占領したうえで、大本営の裁可のないうちに南方軍などによって泰緬鉄道建設のための測量が先行して行われた。

一九四二年六月二〇日に大本営から南方軍に泰緬鉄道建設要綱が示達され、タイ側ではバンコクからシンガポールに向かう鉄道との分岐点バンポン、ビルマ側ではラングーンからモールメインを経たタンビュザヤ、この二地点をつなぐルートに決定された。

ゼロキロ地点標が、ミッドウェー海戦に敗れたのと同じ月の六月二八日にはビルマ側のタンビュザヤ駅に、七月五日にはタイ側のノンプラドック駅（バンポンより一駅バンコク寄り）においてそれぞれ打ち込まれた。こうしておびただしい犠牲者を出した「死の鉄路」泰緬鉄道の建設が開始された。

全長四一五キロメートルの鉄道建設は、陸軍鉄道第九連隊（タイ側を主）及び鉄道第五連隊と第四特設鉄道隊（ビルマ側を主）あわせて約一万五〇〇〇人、東南アジアのロームシャ約四〇万人、連合国軍捕虜六万人余りによって進められた。捕虜はいったんシンガポールに集められ、マレー半島を鉄道で北上しタイ側からはビルマ領までの沿線各地へ、ビルマ側へは海路モールメインへ送られた。ロームシャは建設地であるビルマ、タイのほかマレー、ジャワ、ベトナムなどから甘言であるいは拉致により、熱帯雨林での建設工事に投入された。ビルマやジャワ、マレーからのロームシャが特に多く、日本の敗戦後も故郷に帰れない者が少なくなかった[11]。

ロームシャの徴発人数に異論はあるが、多い人数をあげているのは、ビルマ人に関してはリンヨン・ティッルウィンが一七万七〇〇〇人[12]、ジャワ人に関しては一九四二年から陸軍司政官として一年数か月ジャワ軍政監部調査室主査を務めた東亜研究所職員の柘植秀臣が五〇万人としており[13]、これだけでも七〇万人近い。加えてマレー半島では、戦場や占領地になったことで打撃を受けた農鉱業産業において多くの失業者が発生し、それを狙って日本軍による拉致が跋扈した。雨期には豪雨にもなる四一五キロメートルのジャングルに、英米空軍の爆撃にさらされながら、人力に頼り一年三か月余で鉄道を通すのが数万人単位で可能であるとはとても考えられない。

ロームシャと捕虜では差があるもののまともな衣料や住まいはなく、蔓延するマラリア、赤痢、コレラ、熱帯性潰瘍などの熱帯性疫病に対して医療処置はほとんど受けられず、食事も粗末だった。熱帯雨林のジャングルの中での工事は壮絶を極め、建設を急ぐ鉄道連隊によって長時間にわたる過酷な労働を強いられ、激しい虐待も受けた。異説はあるが死者はロームシャの六割、捕虜のおよそ四人に一人であったと考えられる。

鉄道建設が人力に頼ったのと同様に、資材も既設の鉄道線路を転用せざるを得なかった。泰緬鉄道、スマトラ横断鉄道両建設に従事した鉄道第九連隊材料廠の岩崎健児大尉は、著書のなかで次のように記している。

「建設に使用するレールは、タイ国側からは日本製鉄八幡製作所のマークの入った日本からの追送品を最初使用し、さらにハイフォンのノース・アメリカン・シンジケート倉庫で押収した援蒋物資であるフランス製のものを、つづいてマレー鉄道東部線を撤収して転用する計画だった。一方、ビルマ側から行う作業には、マンダレー本線のチュンゴンからペグーまでの複線区間の片側二〇〇キロ分を撤収し、さらに一部ラングーンからイラワジ川沿いのプローム支線の分まで使用することとしていた[14]。」

建設要綱によれば、一日の輸送能力は三〇〇〇トン、工期は一九四三年末完成であった。しかし、大本営はビルマ制圧とともに遮断された援蒋ルートの復活を危惧するなどビルマ戦局を重要視し、輸送能力を一〇〇〇トンに下方修正してまで一九四三年八月の完成を求めた。これによって作業は過酷さを増し、衰弱していたロームシャや捕虜をさらに圧迫した。作業を急がせる鉄道連隊の「スピードー」という掛け声から、当時は「スピードー時期」と言われて恐れられ、語り草になっている。

結局工期は二か月延長され、泰緬鉄道は一九四三年一〇月二五日に完成、一日五往復程度運行されたが、拙速な工事の影響で脱線などの事故が頻発し正常運行とは言えなかった。しかも工事中から連合国軍の爆撃は続いており、破壊された鉄橋や鉄路の補修をしながら闇夜に紛れて走らすなど、当初の目的を十分果たすことはできなかった。

泰緬鉄道と日中戦争とは当初から援蒋ルートでも関わっていた。一九三七年七月七日の盧溝橋事件によって本格的な日中戦争（日中全面戦争）に突入していた日本軍は、上海を占領し首都南京をも陥落させたが、当初の目論見どおりには蒋介石政権は屈服しなかった。中国の抗戦意志は強く、首都機能を武漢へ、さらに奥地の重慶に移して抵抗した。

加えて対米英蘭戦の始まる前から軍需物資が仏印、ソ連、香港、ビルマなどいくつかの援蒋ルートを通して入ってきていた。しかし、仏印ルートは日本軍の北部仏印進駐（一九四〇年九月）で、ソ連からの新疆・蘭州ルートは日ソ中立条約成立（一九四一年四月）や独ソ戦勃発（一九四一年六月）で、香港などの海岸線ルートは広州や対米英蘭戦開始後すぐの香港占領によりそれぞれ遮断された。

唯一機能していたビルマルート（滇緬《てんめん》公路）は日本軍のビルマ占領で遮断された（一九四二年五月）が、米英は航空機による輸送援助（ハンプ越え）に切り替え、別の陸路「レド公路」も開通させた。

インパール作戦（一九四四年三〜七月）は、インド領インパールまで侵略することにより占領したビルマを確保し、かつイギリスとインドの分断を目的にしたといわれているが、援蒋ルートの遮断も大きな比重を占めていた。作戦が成功すればレド公路は遮断され、中国国民政府に与える打撃は計り知れなかったからである。インパール作戦の補給には泰緬鉄道も使われたが、既述のように米英空軍の爆撃等で十分な運行は行われなかった。インパール作戦に惨敗した日本軍はおびただしい死者を出しつつ「白骨街道」を五〇〇〜一〇〇〇キロメートル退却し、生き延びた将兵は泰緬鉄道でバンコクへたどり着いた。

同じく敗残兵の退却としては、敗戦後日本軍将兵は自ら建設した泰緬鉄道で連合国軍指定の集合キャンプへと移送された。鉄道連隊戦友会によって戦後出された回顧録には、ジャングル内の鉄路や川沿いの鉄橋を集合キャンプへと向かう際の空虚感を綴ったものも多い。

泰緬鉄道は二〇一八年の今日、タイ側ノンプラドックとナムトク（建設時は「ターサオ」と呼んだ）の間一三〇キロメートルを営業運転しており（バンコクからの直通運転もある）、『戦場にかける橋』という史実を無視した「娯楽映画」に引き寄せられた観光客で賑わっている。敗戦後の泰緬鉄道がどうなったかについても、ここでまとめておく。

連合国軍は一九四五年九月下旬から、泰緬鉄道建設で犠牲になり沿線に仮埋葬されている将兵の特定を行った。戦いが済んで既に一か月余り、丈高くなった草地やジャングルに埋められている兵士と埋葬物を掘り起こしたのである。将兵を特定するとともに埋葬物を点検し、死因や関わった日本軍関係者（将兵、軍属）を探し出す。こういった作業を鉄道沿線にわたってくまなく行い、再埋葬の第一歩とするとともに、戦犯容疑者リストを作成していった。この連合国軍による「捕虜墓地捜索行」に通訳として同行したのが、犠牲になった捕虜やロームシャへの贖罪に奔走した永瀬隆であり、捜索行の詳細は「虎と十字架」にまとめられている。[15]

その後鉄路の処理は戦勝国イギリスが日本軍の建設した泰緬鉄道を敵産として接収し、次のように進んでいった。⑴は英国人元捕虜アーネスト・ゴードンによって一九六二年に、⑵はリンヨン・ティッルウィンによって一九六八年に書かれた記録である。

⑴「泰緬鉄道はイギリス政府によってタイ国へ六百万ドルで売り渡された。そののち線路は撤除された。そしてジャングルがその跡を埋める仕事をやってくれた。[16]」

写真3-1　今日の泰緬鉄道・アルヒル桟道橋（右はクウェー・ノイ川）

(2)「戦後、英国政府はタイ国側の鉄道を百万ポンド以上で、ビルマ側の鉄道は一千六百万ポンドで売却した。そしてその金は英国人捕虜の生存者に分配された。[17]」

また、タイ国日本人会編『クルンテープ』によれば、タイ側の泰緬鉄道は連合軍の運行と売上管理、日本軍の保守と運転のもと一九四六年一〇月まで営業運転をしたが、ビルマ側は一九四六年一月から撤去が始まった。英国は一九四六年一〇月、カンチャナブリとビルマ国境までの区間をタイに一二五万ポンドで売却、売却金は英軍捕虜に七五ポンド、豪軍に一〇〇ポンド(それぞれ生存者一人)が分配された。[18]

ビルマ側・タイ側の戦後の鉄道運行に関し、『王国の鉄路』を著した柿崎一郎は次のように記している。

「泰緬鉄道のビルマ側区間の資材はビルマの鉄道から転用してきたものだったので、ビルマ国内の鉄道復旧のために撤去されました。(略)(タイ側は・筆者注)ターサオ(ナムトック)までの一三〇キロメートルの区間のみ復活させることにし、その先の区間のレールは撤去した上で他線の建設に転用することになりました。その結果、一九四九年にノーンプラードゥックからカーンチャナブリーまでの区間がまず開通しました。その後、(略)一九五二年にワンポーまで開通区間が伸び、最終的に一九五八年にナムトックまでの前線で営業を開始しました。[19]」

クラ地峡横断鉄道

マレー半島タイの最狭部において、太平洋(シャム湾、今日のタイランド湾)とインド洋(アンダマン海)を短時間で結ぶために考え出されたのがクラ地峡横断鉄道である(『戦史叢書』では「クラ鉄道」と称しているが、[20]

本書では実態をより的確に表している「クラ地峡横断鉄道」とする。『戦史叢書』が「クラ地峡横断鉄道」とせずに単に「クラ鉄道」と表記した背景には、総延長距離が比較的短いうえ、泰緬鉄道の補完として建設された「支線」の意味あいがうかがえる）。両大洋を短時間で結ぶという点からすると泰緬鉄道と同様の意図を持ち、泰緬鉄道建設にあたった鉄道第九連隊第四大隊が主力となり、工事は一九四三年六月一日に開始され同年末までに完成した。歴史学者吉川利治によれば、一二月二五日には地元タイの要人を招いて完工式が行われ、実際には一九四四年の六月頃から使用可能になった[21]。

ルートは太平洋側のチュンポンとインド洋側のカオファージ間を結び、九四キロメートルの鉄路を建設した。これは一日あたり四五八メートルの作業進行であり、泰緬鉄道の一日当たり八六五メートル（全長415キロメートル÷16か月）よりはゆるやかな工事であった。しかし、鉄道建設は泰緬鉄道建設と同様、昼夜を通して行われ、日本国内の鉄道建設に比較するとかなり無謀な工事であったことは違いない。

建設作業は工事を請け負った現地の日本企業（錦城班など）がロームシャを雇用して使役し、約三万人のロームシャがタイ、マレー、インドなどから集められた[22]。またクラ地峡横断鉄道建設にもスマトラ横断鉄道や泰緬鉄道建設の場合同様、捕虜が使役された。それはインド国民軍の兵士であり一九四四年一月に一〇〇〇人、八月上旬に六〇〇人、八月下旬に六〇〇人それぞれが投入されている[23]。

後段、第八連隊『陣中日誌』に添付されている「給養人馬自動車両内燃機関数調査表」について検討する（200頁）が、同表には「印度国民軍」の欄があり、日本軍はインドを独立させるという甘言でインド国民軍を鉄道建設現場で使役し、さらには「兵補」として日本軍に取り込んでいたことがわかる。

直線距離で約六〇キロメートルのクラ地峡を掘削して運河を造る案は一九世紀半ば頃から存在し、計画が浮上しては消えてきた歴史がある。実現しなかった理由の一つは事業一般に見られる財政的な問題であるが、もう一つは仮にクラ地峡に運河が開削されると、船舶航行地としてのマラッカ海峡を有するシンガポール（その富を収奪してきた英国）が権益を奪われるために反対してきたことにある。

日本軍はクラ地峡に運河の代わりに鉄道を建設したが、戦後再び運河掘削のプロジェクトが明らかになった際に看過できない問題が浮上した。それはクラ地峡運河の掘削に水素爆弾を使用する案が出されたことである。そのプロジェクト進行には被爆国日本の企業（日商岩井）も関わっており、ヒロシマ・ナガサキの惨禍からまだ二九年しか経っていない一九七四年のことであった[24]。

当時この件は日本の国会（一九七四年二月六日）でも取りあげられた[25]。戦時中に泰緬鉄道、クラ地峡横断鉄道、スマトラ横断鉄道建設などにおいて軍政の受託企業としてロームシャや捕虜を使役し、多くの命を奪った責任の一端を負っている企業が、今度は同じクラ地峡で水爆使用のプロジェクト進行に関わっていたのであり、「死の商人」の体質は国土を荒廃・廃墟にさせた後も変わらなかった。

バヤ鉄道——ジャワ、ボルネオ、セレベスでの鉄道建設

今日インドネシアといわれる地域にはアジア・太平洋戦争中、スマトラ横断鉄道のほかにもジャワ島のバヤ鉄道などいくつかの新しい鉄道が建設ないし着工された。

「南方占領地行政実施要領」をもとに日本軍は資源を現地調達する方針をとり、インドネシアを分割統治した陸海軍は、石油・石炭などの重要エネルギーをそれぞれの統治下で確保する必要に迫られた。このことは陸軍内部にも当てはまり、ジャワ島を統治下に置いた第十六軍とスマトラ島を統べた第二十五軍は、それぞれの占領地内で石油・石炭を確保することとなった。

オランダ統治下において石炭は、豊富に産出するスマトラやボルネオから蘭印全体の人口八〇〇〇万人の七〜八割が住むジャワへ移送され、需給バランスがとられていた。しかし日本占領後、海軍統治下のボルネオからばかりか陸軍第二十五軍統治下のスマトラの石炭も、第十六軍統治下のジャワ島への移送が困難になってきた。

そこでジャワ島内で石炭採掘を企図し、開発されたのがバヤ炭鉱であり、採炭した石炭を消費地のジャカルタ（バタビアから改称。一九四二年一二月九日情報局発表）などに搬送するため新たに建設されたのがバヤ鉄道である。調査の開始は一九四二年七月、着工は一九四三年七月、一九四四年四月に完成している。[26] 盛大に行われた開通式の様子が、「ジャワ新聞」に掲載されている。[27]

バヤ鉄道は、ジャカルタからメラク線・ラブアン線を西に向かった所にあるジャワ島西部のサケティを起点とし、マリンビン経由バヤ炭鉱のグヌンマズールまでの約一〇〇キロメートルを、山岳地帯を南下してインド洋側に到達し、海岸近くを炭鉱まで走る路線であった（本書冒頭の地図）。

バヤ鉄道を建設するに際してもロームシャを使役し、多くの犠牲者を出したことに変わりはない。労働力も現地で調達することが大本営の方針であったが、調達後どのくらいの命が失われるかに関心はなかった。ジャワ陸輸総局史刊行会によって一九七六年に編まれた『ジャワ陸輸総局史』には、次のように記されている。

「バーヤ線は既述のような諸種の事情から短期間に竣工する必要があった。従って、人海戦術によって作業を進めるほか手だてなく、一日の労務者使用数は多人数の場合、約五五、〇〇〇人に及び、少い時でも二五、〇〇〇人を下らなかった。[28]」

「仕事が嫌になると逃亡する者多く、多い時は一日四、五百人以上に上った。（略）各郡長の応援を得て毎日新規労務員五百人以上を雇用することを得、結局一日平均使役労務員数四万人程の作業態勢は確保出来た。開通並びに残務整理を入れて通算すると一年二箇月間の延べ労務員数は、一千二百万人に及んだ。[29]」

公文書がロームシャの死亡者数に言及することはまれで、ここに記載されているのは使役人数や逃亡者数だけである。同炭鉱跡地を取材したＮＨＫ取材班は、「正確な数字はないが、犠牲者は一万人は優にこえるとインドネシアの研究者は見ている」としている[30]。

なお、バヤ炭鉱に一時身を寄せていた革命家タン・マラカは、当炭鉱で日本軍に使役されていたロームシャ数を平均一万五〇〇〇人、死者は毎月四〇〇～五〇〇人（毎日一三～一六人）としている[31]。

大陸打通作戦

日本陸軍による通称大陸打通作戦（大陸縦断作戦）は正式には一号作戦と称し、中国大陸で五〇～六〇万人の兵力を投入した十五年戦争中最大の陸上作戦である。

第一期の河南作戦（コ号作戦。京漢作戦とも）は一九四四年四月一七日から五月七日まで、第二期の湖南作戦（ト号作戦。湘桂作戦とも）は一九四四年五月二七日から一九四五年一月三〇日までであり、目的は大きく分けて二つあった。

一つは、在中国の米空軍基地の問題である。一九四三年一一月に江西省遂川から植民地の台湾が空爆され、Ｂ29が投入されれば日本本土への空襲が憂慮された。大陸打通作戦はこれを阻止するため河南、湖南地域を日本軍の勢力下とし、米空軍基地を日本まで飛来不可能な中国奥地に押しやることを目的とした。

本作戦によって遂川や桂林などの在中国米軍基地はたしかに使用不能になったが、代わりに奥地の成都や西安が発進基地となった。奇しくも北九州工業地帯、特に一九三四年に八幡製鉄所を核として国策の製鉄会社となった日本製鉄のある八幡市が、成都からのＢ29による空爆を受けた一九四四年六月一六日は、米軍が北マリアナ諸島のサイパン島に上陸したのと同日であった。

サイパン島は七月九日に、テニアン島は八月二日に米軍の手に落ち、太平洋側からの日本本土への往復爆撃が可能になった。「絶対国防圏」の崩壊である。大陸打通作戦の開始期にはサイパンはまだ米軍の支配下になかったが、八幡などへの空爆を回避しようとして中国をたたいたとしても早晩サイパンから飛来してくることになったのであり、中国大陸の米軍基地に拘泥すること自体意味はなかった。

第二は、作戦名の「打通」のよって来たるところである。日本軍の占領地は広大な中国の「点と線とその周辺」に限られていた。「点」は大都市であり、「線」とは鉄道であったが、未だ掌握していなかったおもに華南の鉄道および沿線を日本軍支配下に置き、中国から東南アジアまでを打通する作戦を企図した。この作戦は成功し、東京からシンガポールまでの「第一縦貫鉄道線群」と、既に完成していた泰緬鉄道によって「第二縦貫鉄道線群」がビルマまで打通された（一部区間を除く）。日本軍が長い間待ち望んでいた大東亜縦貫鉄道構想が完成したのである。

しかし、大陸打通作戦によってつながったかに見えた内地と東南アジア間の鉄路だったが、中国の制空権は同作戦以前から米中連合空軍が掌握しており、打通した鉄道は絶え間なく空襲を受け、沿線からの破壊工作にもさらされた。また、中国内と東南アジアでは軌間（ゲージ）が異なっており積み替えが必要だったことに加え、そもそも輸送する物資が存在せず、構想の初期には意味があった大東亜縦貫鉄道は、内地と東南アジアとに分断された「大東亜共栄圏」の代替鉄道として機能せず、戦局の大勢を覆す力にはならなかった。

同時期行われたインパール作戦同様、無意味な作戦が強行され、五〇万を超える日本軍将兵が食糧補給もほとんど無く直線距離で中国大陸の南北一五〇〇～二〇〇〇キロメートル[32]を戦いながら移動し、多くの兵士が死亡した。また、長期にわたる食糧強奪によって広域のおびただしい中国人が飢餓に見舞われ、一〇〇万の国民党軍も疲弊・消耗した。

逆に延安を根拠地とする中国共産党は大陸打通作戦の大きな影響を受けず力を蓄え、本作戦完了の九か月後に は（第二次）国共内戦に突入した。こうして日本陸軍の中国大陸における最大にして最後の作戦は、中華人民共和国の成立を結果として後押しするところとなり、東アジアばかりか戦後世界に多大な影響を与えた点でも「大作戦」であった。

そして、大陸打通作戦によって中国内の鉄道と東南アジアが形のうえでつながったその頃、スマトラ横断鉄道は完成に向けロームシャや捕虜を酷使し作業を急いでいた。

スマトラ島内の鉄道

オランダ統治時代のスマトラ島内鉄道網は北部のメダン、中部のパダン、南部のパレンバンといった都市を中心に運行されていたが、それぞれは連結しておらず全島を貫通する鉄道はなかった（二一世紀の今日においても北部、中部、南部の鉄道は相互につながっていない）。スマトラを占領した日本軍は三地区の鉄道をそれぞれ「北部スマトラ鉄道局」「中部スマトラ鉄道局」「南部スマトラ鉄道局」の管轄下に置いて支配した。[33]

中部スマトラのインド洋側港市であるパダンからは、内陸方面のブキティンギやムアロなどに鉄道が延びていた。パダンを起点とする鉄道はほぼ海岸線に沿って北方に走った後、右折してパダンパンジャンをめざしてバリサン山脈の急勾配に敷設されたリッゲンバッハ式の線路を上っていく（写真3‐2）。パダンパンジャンから二手に分かれ、そのまま北に向かうと一九キロメートル先に陸軍第二十五軍の司令部や軍政監部が置かれていたブキティンギ、さらに右折して三三キロメートル先には終点のパヤクンブの町があった。[34] パダン・パダンパンジャン間が七一キロメートルなので、パダン、パダンパンジャン、ブキティンギ、パヤクンブといったスマトラ中部にあって最も人口の多い地域を、一二三キロメートルの鉄道が走っていたことになる。

一方、パダンパンジャンで右折すると、シンカラ湖を右手に見てシンカラ、ソロク、サワルントを経由してムアロまで通じており、サワルントにはオンビリン炭鉱があった（パダンパンジャン・ムアロ間一〇九キロメートル、パダン・ムアロ間は一八〇キロメートル）（以上、地図7‐1、229頁も参照）。

この炭鉱は支配者オランダによって一八九一年から採掘されてきた良質の鉱山で、発熱量七二〇〇カロリーの

地図 3-3 スマトラ島内の鉄道　附ジェイコブズの訪問した俘虜・軍抑留所

地図上の1～5は376～377頁の①～⑤に符合

瀝青炭を産出し、[35]蘭印全体の九割を産出していたスマトラ産石炭のうち五四%を占めていた。[36]石炭搬出のために、ムアロとパダンを結ぶ鉄道が開鉱に先だって建設され、一八八九年に開通した。[37]オランダはムアロからマラッカ海峡側にも鉄道の建設計画をたてたが、予想される難工事などのために実現に至らなかった。オンビリン炭鉱は二一世紀の今日も採炭されているが、鉄道は廃線となっており、輸送はトラックによっている。

なお、日本軍によるスマトラ横断鉄道建設(パカンバル・ムアロ間)とは別に、オランダがパダンからパダンパンジャンを経てブキティンギ方面やムアロまで建設した鉄道をスマトラ横断鉄道と呼んでいる事例も存在する。オランダもスマトラ島を横断してインド洋とマラッカ海峡をつなぐ鉄道を計画していたので、それが名前に残っているのである。

本書ではオランダが建設したパダンからの既設鉄道を「中部スマトラ鉄道」と称し、日本軍の建設した鉄道は「スマトラ横断鉄道」として記述するが、後者は「中部スマトラ横断鉄道」とも称することとする。次章で取り上げる『戦時月報(軍政関係)』(以下、『戦時月報』という)などには「スマトラ横断鉄道」と「中部スマトラ横断鉄道」という二とおりの名称が出てくること、鉄道建設のために組織された部隊を「中部スマトラ横断鉄道建設隊」と称したことなどによる(「ロガス鉄道——「この鉄道」の呼称」189頁参照)。

古代史家で『まぼろしの邪馬台国』を書いたことで知られる宮崎康平の著書『からゆきさん物語』において、

写真3-2　廃線となっているパダン・パダンパンジャン間の鉄道(オランダ敷設)。2本のレール中央にリッゲンバッハ式のラックレールのあるのが特徴。

妻の宮崎和子は「『からゆきさん物語』の出版にあたって」として次のように書いている。

「康平が生まれた大正六年（一九一七年）には、父宮崎徳一は鉄道技師としてドイツ政府に雇われ、スマトラ横断鉄道敷設のためにスマトラ島のパダンに一家で住んでいた。康平を出産する為に一時帰国した母秀子はお産だけ島原の実家で済ませると、乳飲み子の康平を抱いて再びパダンに渡ったのである[38]。」

一九一七年当時は第一次世界大戦中であり日本はドイツと戦っていたが、スマトラを支配していたオランダは中立国であったのでパダンからの鉄道建設事業にドイツも関与し、宮崎徳一もドイツ政府に雇用されたものと考えられる。

スマトラは日本の生命線

「満蒙は日本の生命線」であり、石油、鉄鉱石、スズなどの鉱物資源の豊富な「東南アジアも日本の生命線」であった。特にスマトラ、ボルネオなど石油の宝庫蘭印はどうしても確保しなければならなかった。一九四三年六月から七月にかけ東条英機首相に随伴して、「大東亜共栄圏」内のバンコク・昭南・パレンバン・ジャカルタを訪問した佐藤賢了陸軍省軍務局長は次のように書いている（佐藤は戦後A級戦犯として終身禁錮刑の判決を受けた）。

「インドネシアは石油・アルミ・ニッケル・ゴム・キナなど重要な資源の世界的宝庫であって、（略）この宝庫は日本の生命線で、この宝庫からしめだされたから戦争に訴えたといっても過言でないのだからこの地域はしっかり日本がにぎっていなければならない[39]。」

制空権・制海権の喪失に直面した日本にとって、生命線である満蒙と東南アジアとを鉄路で打通することは国家の死活問題であり、泰緬鉄道、クラ地峡横断鉄道、スマトラ横断鉄道の建設、そして大陸打通作戦は喫緊の作戦であった。数十万のロームシャの命も数万の捕虜の命も、そして日本軍将兵の命も、日本の生命線の前には取るに足らないものであるという、異常を異常とも感知できなくなったなかで鉄道建設は遂行された。スマトラ横断鉄道建設においても、ロームシャや捕虜に対する悪行は外部の者が見て初めて異常なものと捉えられた。

日本の敗戦を見越し、捕虜や民間人抑留者の救済を目的にして連合国軍東南アジア司令部（最高司令官マウントバッテン海軍大将）のもとにつくられたＲＡＰＷＩ（Recovery of Allied Prisoners of War and Internees ＝連合軍俘虜及び抑留者救援隊）所属の英印軍Ｇ・Ｆ・ジェイコブズ少佐は、スマトラ島・メダンにパラシュート降下し、捕虜や民間人抑留者の救出にあたった。

ジェイコブズはメダンからブキティンギを経てパカンバルに飛び、キャンプに収容され衰弱しきった捕虜が日々亡くなっていく状況を目の当たりにする。すぐに何とかしてほしいと依頼された際に、にわかには信じられなかったが頭に浮かんだのは、「あの恐るべき泰緬鉄道」であったことを次のように記している。

「「教えてください」と、こんどは私が尋ねた。「なぜ日本軍はあなたがたをこんな所に入れたのですか？　私にはわかりません。空から見るとこのキャンプはまわりじゅう沼にかこまれていました――いったいどうしてこんな所につれて来たのでしょう？」こう質問したとき、みんなはびっくりして私を見つめた。クラールが沈黙をやぶって、「鉄道のためですよ」と言った。それでわかった。日本人はいつの場合も鉄道を敷設するのだ。それがもっとも厳しい刑罰の形なのだ。日本軍はタイとビルマでも同じことをした。今まで何ヶ月も、この人たちはどうやって死神と鉄道をうまくはぐらかすか、ただそれだけを思いつめてきたにちがいない。日本側のすることはいつも、「何をおいてもまず鉄道」なのであった。それを知らない私に彼らがおどろいたのも当然であった。(40)」

一九三七年七月七日の盧溝橋事件に端を発した日中全面戦争では、南京大虐殺など怖気をふるう日本軍の蛮行が起きたが、東南アジア各地でも「サンダカン死の行進」「バターン死の行進」など「死」をつけて呼ばれる事件が起きていた。それら事件の犠牲者数や死亡率がまさにこの世の生き地獄を示している。「サンダカン死の行進」では豪・英軍捕虜約二五〇〇人をジャングルの中を徒歩で移動させ、生き残ったのは脱走した六人だけであった。

「死の鉄路」（泰緬鉄道建設）も同様であり、ジェイコブズ少佐の言葉は泰緬鉄道建設における暴虐行為と同じことがスマトラにおいても起きていたのかという悲嘆と、鉄道建設に妄執する日本軍に対する言いしれぬ恐怖をあらわしていた。

第三章注

（1）犬塚孝明『密航留学生たちの明治維新　井上馨と幕末藩士』日本放送出版協会、二〇〇一、二三一〜二三六頁。
（2）日本石油史編集室編『日本石油史』日本石油株式会社、一九五八、四一一頁。
（3）石井正紀『石油人たちの太平洋戦争――戦争は石油に始まり石油に終わった』光人社、一九九一、一二九頁。文庫では『石油技術者たちの太平洋戦争』一九九八、一三三頁。
（4）日本石油史編集室編『日本石油史』日本石油株式会社、一九五八、四一四〜四一五頁。
（5）原田勝正編・解説『十五年戦争極秘資料集　第七集　大東亜縦貫鉄道関係書類』不二出版、一九八八。
（6）同右、七五〜一〇八頁。
（7）情報局編『写真週報』内閣印刷局、一九四二年一〇月一四日、一一頁。

（8）対馬海峡に海底トンネルを通す案は、後に首相になった小磯国昭少佐によって一九一七年に提唱されたという。「対馬海峡トンネル開削案」『戦史叢書9　陸軍軍需動員〈1〉計画編　附録』朝雲新聞社、一九六七。

（9）戦時中読売新聞が陸軍の命によりラングーンで発行していた邦字紙「ビルマ新聞」は、一九四三年三月四日三頁で「大陸打通作戦」前の、一九四四年一二月一四日一頁では「大陸打通作戦」後の、大東亜縦貫鉄道について報道している。

（10）日本土木史編集委員会編『日本土木史──昭和16年～昭和40年』社団法人土木学会、一九七三、八〇一～八〇二頁。

（11）ロームシャが泰緬鉄道建設地沿線に取り残された実態は次を参照。永瀬隆『「戦場にかける橋」のウソと真実』岩波書店、一九八六、四三～五一頁。

（12）日本の傀儡国家として独立したビルマのバー・モウ内閣で国防大臣を務め、のち武装抗日に転じたアウン・サンは戦後、泰緬鉄道では五〇万人が殺されたと語ったといわれる。森山康平・栗崎ゆたか『証言記録　大東亜共栄圏──ビルマ・インドへの道』、新人物往来社、一九七六、一一一頁。

（13）リンヨン・ティッルウィン『死の鉄路　泰緬鉄道ビルマ人労務者の記録』田辺寿夫訳、毎日新聞社、一九八一、一頁。栃植秀臣『東亜研究所と私──戦中知識人の証言』勁草書房、一九七九、一六七頁。

（14）岩井健『C56南方戦場を行く──ある鉄道隊長の記録』時事通信社、一九七八、一一六頁。岩井健は筆名。

（15）永瀬隆「虎と十字架」永瀬隆著訳『ドキュメント　クワイ河捕虜墓地捜索行　もうひとつの「戦場にかける橋」』社会思想社、一九八八、九～八三頁。

（16）アーネスト・ゴードン『死の谷をすぎて　クワイ河収容所』斎藤和明訳、新地書房、一九八一、二六六頁。原著は一九六二年。

（17）リンヨン・ティッルウィン『死の鉄路　泰緬鉄道ビルマ人労務者の記録』田辺寿夫訳、毎日新聞社、一九八一、二頁。

（18）吉田修「泰緬鉄道ノート3」タイ国日本人会編『クルンテープ』一九九四年二月号、三六～三七頁。

（19）柿崎一郎『王国の鉄路──タイ鉄道の歴史』京都大学出版会、二〇一〇、一九六～一九七頁。

（20）防衛庁防衛研修所戦史室『戦史叢書67　大本営陸軍部〈7〉昭和十八年十二月まで』朝雲新聞社、一九七三、八九～九一頁。

（21）吉川利治『泰緬鉄道──機密文書が明かすアジア太平洋戦争』雄山閣、二〇一一、二五〇～二五三頁。

（22）同右、二五一頁。

（23）同右、二五三頁。

（24）これより先、公選第三代千葉県知事加納久朗（在任一九六二年一一月～一九六三年二月）は、東京湾を埋め立てるため原爆を使用して千葉県丘陵を平らにし、その土砂を使うことを一九六〇年に提唱している。第五福龍丸などがアメリカの水爆実験による「死の灰」をあびた事件（一九五四年）で、日本中が放射能パニックになってからすぐのことであった。
(25)「朝日新聞」一九七四年二月六日夕刊二頁。二月七日朝刊五頁。『鶴見良行著作集5　マラッカ』みすず書房、二〇〇〇、四～六頁。
(26)疋田康行編著『「南方共栄圏」』多賀出版、一九九五、五八六～五八七頁。
(27)「ジャワ新聞」一九四四年四月五日二頁。ジャワ新聞社。
(28)『ジャワ陸輸総局史』ジャワ陸輸総局史刊行会、一九七六、二五二頁。
(29)同右、二五六頁。
(30)ＮＨＫ取材班編『日米開戦　勝算なし』角川書店、一九九五、一五五頁。
(31)タン・マラカ『牢獄から牢獄へ　タン・マラカ自伝Ⅱ』押川典昭訳、鹿砦社、一九八一、三三八頁。
(32)湖南作戦（湘桂作戦）に加わった堀啓『中国行軍　徒歩６５００キロ』川辺書林、二〇〇五、の書名が示すように、実際の移動距離は直線距離をはるかに超える。
(33)『戦時月報（軍政関係）』昭和17年6月末日』富集団司令部、０４１４～０４１５頁、防衛省防衛研究所戦史部所蔵。復刻版では倉沢愛子解題『極秘　戦時月報・軍政月報』第一巻、４５４～４５５頁。
(34)第七章でインタビューに応じたアジス・グラール・スタン・サティ（一〇一歳）は、オランダ統治時代にブキティンギ・パヤクンブ間の鉄道建設に従事したと述べている。
(35)岸幸一コレクション　http://d-arch.ide.go.jp/infolib5/meta_pub/G0000008KISHIDB_KC001472　最終確認日　二〇一八年七月一日。なお、本庄弘直「スマトラ、ブキチンギ、ガライの防空壕築造由来記　第二十五軍経理部の思い出（3）」西日本文化　第二五〇号　一八頁には「七〇〇〇カロリー」と記載されている。
(36)末広清信『宝庫スマトラ』立命館出版部、一九四二、一〇九頁。数値は一九三八年のものである。
(37)第二十五軍軍政部調査班『スマトラ調査報告　自第一号至第九号』昭和一七年三月、００３３頁。
(38)宮崎康平『からゆきさん物語』不知火書房、二〇〇八、三二七頁。
(39)佐藤賢了『大東亜戦争回顧録』徳間書店、一九六六、三一七頁。
(40)Jacobs Gideon Francois, *Prelude to the monsoon*, University of Pennlvania Press, 1982, pp.96 - 97＝G・F・ジェイコブズ『モンスーンへの序曲　スマトラの連合国人抑留所解放記』原もと子訳、勁草書房、一九八七、一二六頁。

第Ⅱ部　スマトラ横断鉄道

第四章　スマトラ横断鉄道建設計画

東南アジア占領地に軍政を敷いた日本軍は、どのような目的でスマトラ横断鉄道の建設に着手したのであろうか。本章では、困難を極めた測量の実態とともに、スマトラ横断鉄道が海上輸送の代替だったのか、第一部で言及した大東亜縦貫鉄道の延長として考えられたのか、それとも他の理由があったのかを検証する。

前提として、第二十五軍の軍政とその記録について記しておく。

「富《とみ》兵団」と言われた陸軍第二十五軍は、山下奉文《ともゆき》中将のもと対米英蘭戦開戦時マレー攻略作戦にあたり、シンガポールを陥落させたことで知られている。第二十五軍司令官は山下のあと斎藤弥平太中将、田辺盛武中将と替わり、山下はアメリカの、田辺はオランダのBC級戦犯裁判で刑死している。

軍の命令系統は、大本営—南方軍—第七方面軍（スマトラ横断鉄道建設初期はまだ編成されていなかった）—第二十五軍であり、第二十五軍司令官の発する政令は「富政令」、同軍政監の発する命令は「富監令」、州長官などの発する命令は「令」と称した（第二十五軍命令　富集政命第二七号）。

マレー・スマトラの軍政が実際どのように推移したかは、第二十五軍司令部が『戦時月報』に、軍政監部は『軍政監部旬報』にそれぞれ記録している（両書は防衛省防衛研究所戦史部で所蔵。前者には復刻版あり）。

スマトラ横断鉄道建設計画の胎動

スマトラ横断鉄道の建設が俎上にのぼるきっかけとなったのは、一九四二年六月、鉄道省の増永元也（一八八一〜一九五六）軍政顧問を団長とする桑原弥寿雄技師等一行六名のスマトラ視察であった。これは、対米英戦勃発から半年後、スマトラ島制圧からはわずか三か月後のことであり（44頁）、視察の人選は早くから行われていたものと考えられる。泰緬鉄道の建設準備が下命されたのは一九四二年六月二〇日なので、日本軍は「大東亜共栄圏」内を鉄道で結ぶという大東亜縦貫鉄道構想をもとに、泰緬鉄道、スマトラ横断鉄道とあいついで建設に取りかかるか、その準備に入っていたことになる。

増永は一九五二年に『東南アジアとその資源』の著書の中で、「スマトラ中部横断鉄道について」のタイトルで当時を次のように振り返っている。

「その頃最も切実な必要に迫られていた中部の鉄道を東に延長して、これをシンガポールに連絡させるための鉄道敷設を急ぐことにしました」「調査班の手でサワルントウ炭鉱（オンビリン炭鉱のこと。サワルントにある・筆者注）の東山麓ムアランブー地方に、約八千カロリーもある粘結性石炭の鉱脈が発見されました。これは製鉄用コークスその他の原料として一日も早く採掘しなければならないということになり、私は現地を駈け廻って、一日も早く中部鉄道を東に延長するにはどうしたら良いかといいう問題で頭を悩ましていました[1]」

増永が該書を上梓したのは六四歳（逝去四年前）の時であり、「ですます調」の文章が年齢とあいまって穏やかな印象を与えている。そこには、戦中視察時、南方侵略の先兵の意気に燃えていた姿はうかがえない。

一方、マレー軍政監部顧問であった佐藤俊久は「「スマトラ」中央部縦横断交通路計画と「スマトラ」東部湿地帯の開拓計画大綱並に日本人素質保持に対する考案（案）」を一九四二年一〇月に作成している。その中からスマトラ横断鉄道に該当する部分を抜粋する。

「スマトラの将来に対する交通網計画に就ては晨に昭南マレー及スマトラの国土計画に於て計画せる所なるが今回スマトラ東部湿地帯の開拓計画を行うに当たりては先ず以て此の地方の交通網計画確立の必要あるを以て稍《や》稍《や》具体的に本計画を行う示針と為すものとす（略）又今回スマトラ中部に於て開発せらるる石炭石油セメントの搬出に対して差当り此等の鉄道によりパカンバルに搬送し集□□に水運により各方面に運送せんとする計画にあるに於ては本交通網は一層其の重要性を深くし此際根本的に研究を要するものあるを以て此の方面の鉄道網に対しては特に注意せる所なるも関係当局に於ても特に研究あらんことを期待するものなり（略）本鉄道網は日本の南方統治及経営を主眼とし且つ日本及西欧大陸との連絡を考慮しマレースマトラ並にジャワを連ぬる大陸連絡鉄道の一部を為すものたる[2]（後略）」

このように、南方にはコークスを作れる粘結炭がないという前提で木炭による製鉄所の建設を進めていた日本軍であるが、オンビリンやロガス炭鉱産が粘結炭であることが知られるようになった。また、大東亜縦貫鉄道は本来昭南島線のシンガポール止まりであったが、スマトラやジャワへの延伸も考慮に入れている本鉄道網の構想は、「大陸連絡鉄道」の一部であることが佐藤俊久の文章からもうかがえる。

『戦時月報』及び『軍政監部旬報』に見るスマトラ横断鉄道

富兵団戦友会が戦後刊行した回想録が『富の歩み　思い出集』（一九八一年、以下『富の歩み』という）である。スマトラ横断鉄道建設計画が具体的に動き出した状況を、当時第二十五軍軍政監部交通部に所属していた笠谷孝は、『富の歩み』のなかで次のように述べている。

「軍として中部スマトラ横断鉄道を早急に建設するとの方針が定められ、軍政監部の交通部に計画樹立が下命された。(3)」

笠谷が所属していた富集団軍政監部の作成した『軍政監部旬報』第十五号　九月第一旬（一九四二年九月一日～九月一〇日）の「交通」の項に、「「スマトラ」西海岸州と「リオ」（リアウ）州「パカンバル」間陸上運輸送路」が公式に出てくる。しかし、まだ名称はついていない。

「第四　交通　七「スマトラ」西海岸州と昭南との新交通路開拓計画
従来「スマトラ」西海岸州と昭南との物資交流は「パダン」港を中心として海路に重心を置きたるも領有後の新事態により同州の重要物資運送並に来往は昭南と急速に接近せしむる必要あるを以て「スマトラ」西海岸州と「リオ」州「パカンバル」間陸上運輸送路と「パカンバル」「シアク」河の開拓に依る輸送路を計画し来月上旬実施調査に着手せり(4)」

『戦時月報』の章立てはおおむね、概説、内務行政、産業、財務、交通となっており、一九四二年一〇月一か月間の「交通」に関する状況を記したなかに、先の『軍政監部旬報』ではまだ名前の付いていなかった鉄道を「スマトラ」中部横断鉄道」と称し、次のように現れる。

「第五　交通　二、鉄道
「スマトラ」鉄道事情の一般調査

「スマトラ」に於ける各鉄道は概ね六月上旬軍管理鉄道より移管を受け直営として好成績を挙げつつあるが今回「スマトラ」中部横断鉄道新設に関連し昭和十八年度に於ける鉄道事情に付左記調査を行えり
（1）「スマトラ」鉄道運輸数量及運輸収入の予想
（2）「スマトラ」鉄道設定輸送力及非常時輸送能力
（3）「スマトラ」に於ける自動車整備計画
（4）旅客人粁《キロメートル》及貨物噸《トン》粁
（5）資金、資材、燃料油脂等の運用計画[5]」

翌一一月一か月分をまとめた『戦時月報』の「交通」の項には、「測量」について述べられている。

「交通　一、概説（略）　二、陸運　２「スマトラ」横断鉄道の測量に着手
豫《ママ》て計画中なりし「スマトラ」横断鉄道計画は本月廿五日軍並に関係当局打合の上建設は鉄道総局之を担任することに決定して測量に着手し本月末先発調査隊を出発せしめたり来月十日関係要員約百名を派遣する予定なり[6]」

これら『戦時月報』の記述によれば、スマトラ横断鉄道建設計画の下命に基づき、種々の調査・検討を経て一九四二年一一月には測量準備の段階まで進んでいたことがうかがえる。また、測量に従事したのは陸軍鉄道連隊ではなく、軍政監部のもとにあった鉄道総局であり、当初スマトラ横断鉄道建設にあたったのは国鉄職員を中心とした特設鉄道隊と民間建設業者であったことが確認できる。

次に『戦時月報』の一九四二年一二月を見る。

「交通　一、「スマトラ」中部横断鉄道測量計画進捗
「スマトラ」の軍略的見地並に交通整備の緊要に鑑み中部「スマトラ」西海岸地方と昭南との最捷《さいしょう》交通路を開設すると共に「スマトラ」中部地帯の開発に資する為、西「スマトラ」鉄道終点「ムアロ」より「パカンバル」に至る全延長二一五粁の鉄道建設を決定し其の路線の測量調査を鉄道総局に於て実施し、軍に於て右計画を援助することとなり鉄道総局は右要員を現地に派遣し測量の実際業務を進めつつあり(7)（略）」

測量が開始されたのは一九四三年の一月であるが、一九四二年一二月の『戦時月報』では既にスマトラ横断鉄道は「「ムアロ」より「パカンバル」に至る」としている。測量の結果によって若干のルート変更は想定していたであろうが、「ムアロ」より「パカンバル」という大筋は決まっていたことになる。その理由は「石炭輸送」にあるのだが、それについて詳述する前にルート決定の過程を見ておきたい。

既出の広池俊雄は軍用鉄道の建設が平時のそれと異なることに関して、軍用鉄道は測量しながら建設し、建設しながら測量を進めるやり方であると述べている。

「軍用鉄道では前にちょっとみたように、まず地図上で、ルートを探り、大づかみの建設計画書を作り上げる。その上で、連隊に任務を与えて、現地に投入する。すると、連隊は、一番先頭に測量隊を進めて、現地を測量し、必要ならば、ルートに修正を加えながら、決定案に持ち込む。一方、測量の終わった区間から大隊を入れて、どんどん、工事に着手する、という方法を取らざるを得ない(8)。」

スマトラ横断鉄道でもおおむね同様であったと考えられるが、オンビリンやロガスの粘結炭を搬送することが至上命令だったので、ルートは先に決まっていて現地調査は建設可能であることの確認の意味あいが強かったも

のと考えられる。

最後に、『戦時月報』と『軍政監部旬報』以外の史料から、建設計画の進行に関し引いておく。昭和一九年度の『時事年鑑』である。

「パダンを起点としてパカンバルに達する代表的横断鉄道は目下凡ゆる困難を克服して調査中である[9]」

測量の進行

測量開始当時マレーとスマトラはともに陸軍第二十五軍の軍政下にあり、測量班はシンガポールから海路スマトラのパカンバルへ渡った。約一二〇名[10]の国鉄職員（軍属＝軍隊に所属する非軍人）を中心に編成された測量先遣隊である特設鉄道隊隊長は当初河西定雄だったが、シンガポール出発時の飛行機事故で死亡したため、副隊長の岡村彰司政官が隊長を務めることになった（岡村隊）。特設鉄道隊員はその後増員され、最終的には二五〇名程になった[11]。

岡村隊の副隊長としてスマトラ島に渡った時の様子を、奈須川丈夫司政官（第二十五軍軍政監部）は『富の歩み』の「横断鉄道建設工事概要」で次のように述べている。

「軍政監部に交渉の結果、マライ本土とペナン島との間の連絡船を急遽昭南港にとりよせ点検の上これを使用することに決した。昭南とパカンバル間の定期連絡船として使用した菊丸は之である。昭南港を出帆マラッカ海峡を横断対岸スマトラに至り、シャク川に入り一七〇粁を遡航し中部スマトラ、リオー州パカンバル港に至る区間である。一二月（一九四二年・筆者注）一四日内地からの増員並に機械器具類の到着により準備を完了した。一二月一六日早朝（略）パカンバル港に向け中部スマトラ横断鉄道建設のため出帆した[12]。」

『戦時月報』の一九四三年一月には、測量の始まったことが記されている。

「交通　一、概況
（略）「スマトラ」横断鉄道建設の為既に鉄道総局より調査隊派遣され一月一日より一斉に測量を開始し[13]、
（略）」

『戦史叢書61　ビルマ・蘭印方面　第三航空軍の作戦』には、「スマトラ横断線路偵察」と題し次のような小さな記述がある。

「第二十五軍はスマトラのセメント原料採取搬送のため、スマトラ横断鉄道の敷設を企図し、その路線偵察を南方軍に申請した。第三航空軍は南方軍命令に基づき、第八十三独立飛行隊にその実施を命じた。同飛行隊は十八年一月軍偵三機をパダンに派遣し、該路線の写真偵察を実施させたが、悪天続きで雲が低く偵察ができなかったので、二月一日一旦中止し、原隊に帰還させた[14]。」

パダンにセメント工場があったことから、鉄道完成の折にはセメント原料も搬送しただろうが、それを建設目的とするのは的外れであり正しくは石炭の搬送である。この他『戦史叢書』にスマトラ横断鉄道に関する記述が出てくるのは、第92巻『南西方面陸軍作戦　マレー・蘭印の防衛』のなかの三か所のみであり、そのいずれにも誤りが含まれている。それは鉄道連隊の投入と鉄道完成時の記述であり、後段それぞれの箇所で言及する。

奈須川などとともに岡村隊の一員として、スマトラ横断鉄道建設に佐官待遇で参加した国鉄技師・河合秀夫

（復員後職場復帰、退職時は国鉄常務理事）は、一九四三年一月一日の基準杭打設式を私家版で次のように記している。

「各隊共現地で一応の仕事の段取りを済ませてから、パカンバルに戻り全員揃って着工式を実施した。昭和十八年一月一日であった。全員盛装に身を整え、岡村隊長が一段と声を張り上げて全線の原標となる基準杭に掛矢を力強く振り下ろした。次に隊長の発声で万歳を三唱して式典を終えた。(15)」

岡村隊は全行程を五区に分け、それぞれ測量を開始した。

「予定線二三二《ママ》粁路線中央のタロクに本部を置き岡村隊長青木司政官隊員十数名又現地期《ママ》（区か・筆者注）間として第一区隊長奈須川（シジュンジュン）、第二河合（同上）、第三松平（タロク?）、第四山下（リバカイン）、第五朝日（パカンバル）の各司政官が区隊長事務所を開設部下（陸軍技手）六～十名を引率分駐し各隊直に測量を開始す。(16)」

なお、鉄道建設を目的として特設鉄道隊が上陸した一九四二年には人口三〇〇〇人の小さな町(17)であったパカンバルは、二〇一八年の今日一〇〇万都市に変貌した。しかし、パカンバル北方二〇キロメートルのミナス油田が東南アジア最大の油田として採掘されるようになったことに伴い、石油積み出し港としてマラッカ海峡に臨むドゥマイ港が発達し、パカンバル港は河川交通の要衝の地位を失った。

特設鉄道隊（軍属としての国鉄職員）

国鉄職員が外地で鉄道建設や補修にあたるに際しては、陸軍鉄道連隊に組み込まれて出征する場合と、国鉄職員の身分を保持したまま「軍属」として派遣されるケースがあり、後者の場合が特設鉄道隊である。それらの歴史や派遣先などについて、原田勝正の『日本の国鉄』と『日本国有鉄道百年史』から引用する。

「鉄道が、直接に戦場における輸送に使用された例は、すでに日露戦争のさいに、その最初の経験があったが、日中戦争、太平洋戦争では、より範囲が広く、日中戦争開戦時から国鉄職員が、軍の鉄道監部、特設鉄道隊、または占領地における鉄道経営に多数派遣された。[18]」

「司令官や部隊長など一部の者を除き、軍属としての鉄道省職員によって編成された特設鉄道隊は、最前線で活躍した。これらの部隊が派遣された地域は満洲、中国、タイ、ビルマ、マレー、スマトラ、ジャワ、ボルネオ、セレベス、フィリピン等であり、派遣人員は1万人をこえた。（略）これらのうち軍への転出職員に対する取扱方は、次のとおりであった。鉄秘第４７４７号（昭和17年11月14日）[19]」

先に河合秀夫が名前を挙げた岡村、青木、奈須川、河合、松平、山下、朝日の各司政官は国鉄職員の軍属とはいっても、司政官という肩書きはもとより、測量や設計、土木、機械などの専門知識を持ったエリートである。また全国各地から集められ特設鉄道隊員となった国鉄職員は、それぞれ自分の仕事に一家言を持つ職能集団である。泰緬鉄道建設に第四特設鉄道隊員として従事し、復員後機関士をしながら泰緬鉄道に関する何篇かの小説を書いた清水寥人は、『小説　泰緬鉄道』の序章「特設鉄道隊」において隊員の生き生きとした様子を将兵と対比させ活写している。

次は国鉄職員が第五特設鉄道隊の一隊員として、「赤紙」を手にすることも日の丸の小旗が打ち振られ歓呼の中を見送られて故郷を後にすることもないまま、出征していった際の手記である。

「鎮守の森は静まり返って柏手を打つ音がしじまを破って闇の中に消えて行った。昭和十六年十月十三日午前四時、指扇氷川神社の神前で、赤紙のない召集兵として同郷同級の加藤君と私は国鉄職員軍属を拝命、南方に征く武運長久を祈った。応召は隠密な行動にせよとの指令で見送りは二人とも妻だけで神社の前で別れた。大宮での見送りも工場長代理の佐藤健六さん一人であった。集結した総員百五十六名の軍属部隊は出身地大宮の名誉を双肩にになって目的地の習志野へと直行した。[20]」

スマトラ横断鉄道建設には階層の異なった多くの者が集まることになる。使役する日本軍と使役されるロームシャや捕虜という分かちがたい二つの階層があり、使役する日本側には将兵、軍属、企業の社員などさまざまな立場の人々がいた（軍属のなかには捕虜の監視役である朝鮮人や、軍隊内ロームシャとも言うべきインドネシア人「兵補」もいた）。次の文章は既出の河合秀夫の回想である。

「追想録（戦友会誌『残照』のこと・筆者注）には（略）あの建設工事全てが鉄道第九連隊の手で実施されたものと理解されるような記事で終始していた。彼らが進駐してくる前の二年に及ぶ歳月を、悪戦苦闘の末仕上げてきた工事の記録は全く抹殺されてしまって居る。軍隊が実施したのは我々が施工した下部構造物の上を、更に殆ど我々の手で集積して置いた材料で軌道を敷設しただけの事なのだ。[21]」

一九四三年一月一日の測量開始後、一九四四年一月一日の建設開始を経て、一九四四年四月一六日に中部スマトラ横断鉄道建設隊が編成され鉄道連隊が建設に取り組むまでには一年四か月あり、測量開始までの準備期間を含めて河合は二年としているものと思われる。この間は河合の言うとおり国鉄職員の軍属と建設業者が中心となり探査や測量、そしてロームシャや捕虜を使役して下部構造の施行を行っていたのである。同様に泰緬鉄道建設においても、建設は鉄道連隊とロームシャや捕虜が行ったと言われることが多く、鉄道連隊の中に組み込まれ、また特設鉄道隊の中心となった国鉄職員の実態に言及されることは少ない。

引用した河合秀夫の『戦火の裏側で』は、敗戦後五五年過ぎた一九九九年に私家版として出されたものである。その「始めに」によれば、「五十年経った今頃になって戦時中の思い出を書こうというのだから酔興の沙汰だと言われても仕方がない」が、これを書くには明確な意図があり、それは上述のとおり鉄道連隊戦友会の回想録には鉄道連隊がスマトラ横断鉄道をつくったかのように書いてあり、国鉄職員などの軍属が「赤道直下、瘴癘《しょうれい》の地にあって、或いは人跡未踏のジャングルの中で、或いは湿地帯で胸迄水に浸かりながら必死に闘って来た(22)」記録が抹殺されてしまうのは忍びないからであるとしている。

今日、測量当時の状況を知ることのできるのは奈須川と河合の記録からであり、読み比べることで整合性の検証に役立ち両者の記録は貴重である。しかし、奈須川の記録は測量初期に限られており、量的にも少ない。河合については、執筆するまでに経過した歳月（奈須川の記録より約二〇年遅い）や、スマトラ横断鉄道や泰緬鉄道の建設では特設鉄道隊の役割を軽く見る傾向があるという主張を通すために筆が走りすぎていないか十分注意して読んでいくことが求められる。河合の妻河合澄江の「あとがき」によれば、河合は病のため校正も十分にできず他界したと記されており、誤字が多いのはそのためであろうが、論理の展開が不自然ということはない。

なお、鉄道第九連隊第四大隊の戦友会誌（年会誌）『おとずれ』に、泰緬鉄道建設において特設鉄道隊に比べて鉄道連隊の活躍が公正に評価されていないという、河合とは全く逆の投稿が掲載されている。清水寥人が一九六八年に出版した『小説　泰緬鉄道』（毎日新聞社）を読んだ第九連隊第四大隊の内田実は、「小説「泰緬鉄道」読後感(23)」のなかで第四特設鉄道隊員であった清水寥人が鉄道連隊を軽く書いていると、不満を述べている。

所属部隊以外には厳しい見方をするのが軍隊の常のようであるが、スマトラ横断鉄道建設初期に関して言えば、特設鉄道隊が建設にあたっていたことは河合の述べているとおりである。

ルートの決定

スマトラ横断鉄道のルート決定に関しては、榊原政春中尉がスマトラを視察した際の日記（一九四二年八月三一日）に次のような記述がある。

「将来西海岸州の政治の中心はこのブキティンギが適当なのではなかろうか。目下パカンバルへの鉄道の道路工事を計画中との事。パカンバルよりは昭南に船で直航し得、約一千トン位の船が航行し得る。(24)」

この日記の書かれたのは、南方軍総司令部がシンガポールへ移った時期（九月）と重なり、さらに八か月後の一九四三年五月から第二十五軍はスマトラだけを統治することとなる過渡期の視察であった。榊原の文章からはスマトラ横断鉄道のルートがブキティンギとパカンバルを直接結ぶものと考えているようでもあるが、実際のルートはパカンバルから極端な高度差は無いものの湿地帯やジャングルを南下し、一五〇キロメートル地点のタロックで右折することとなった。

タロックからはジャングル地帯を高度を上げてインド洋側へと向かい、既設中部スマトラ鉄道の終点ムアロに至る全長二五五キロメートルのコースのなかでも最難関の渓谷区間である。いずれにせよ一九四二年八月にはスマトラ横断鉄道建設計画は軍上層部では周知のことであり、東南アジア占領後に改めて浮上した「南方製鉄所」建設計画と密接な関係を持っていた。

どのようなルートを選択したとしても容易ならざる建設工事であり、直線では既設の中部スマトラ鉄道の北方の終点であるパヤクンブとパカンバルを結ぶものが最短であったが（今日このルートを走る道路は、リアウ州の州都パカンバルと西スマトラ州の州都パダンを結ぶ陸の動脈となっている）、バリサン山脈に長大なトンネルを掘らなければならなかった。一方、ムアロでの接続を選択する場合には、両側を急峻な山が河に迫っているクワンタン渓谷（写真4-1）で人跡未踏のジャングルを切り開いて鉄道を通すことになり、それを過ぎると湿地帯の軟弱な地での下部構造施行や大河への架橋もいくつか必要となる。

しかし仮にパヤクンブとパカンバル間にトンネルを掘る必要がなかったとしても、ルートはムアロ接続を選択したはずである。その理由は、ロガス炭鉱が粘結炭であることがわかり、既にオランダ統治時代から採掘しているムアロ近くのオンビリン炭鉱の粘結炭ともども、コークスを製造しパカンバルに搬送する必要があったからである。

ロガス産炭搬出には、パカンバルから一〇〇キロメートル地点のコタバルから三五キロメートルの支線を建設することとなった。パカンバルからはマラッカ海峡をとおしてマレー半島へ搬送し、「南方製鉄所」を立ち上げることがスマトラ横断鉄道建設の大きな目的だったのである。なお、『時事年鑑　昭和十九年版』に「年産五十万瓲（トン・筆者注）のオムビリン炭坑は全く破壊を免れて居り」と記されているように[25]、オランダとの戦闘の影響を受けていなかった。

大学を繰り上げ卒業のあと召集されて一九四四年にスマトラに赴き、戦後に作家となった戸石泰一は次のように書いている。

「スマトラには、パダンにセメント工場があり、またその近くに、オンビリン炭鉱というのがあった。オンビリンからは粘結炭がとれる。粘結炭は、南方ではあと仏印――即ち、今のベトナムからしか出ないと言われていたが、この二つがないと、防衛陣地はできない。スマトラの貴重な資源であった。[26]」

このルートに決定した際の探査は、奈須川によれば次のように過酷なものであった。

「タルックより既設中スマトラ鉄道の終点ムアロ間は山間部にて別に路線の通過地点の研究を必要とした。一八年一月一日ムアロにて現地人と交渉して舟を準備し奈須川司政官指揮のもとに隊員二現地人三計六名、全く人跡未踏の地インデラキリ川上流クワンタンの渓谷を下り、路線の通過し得るや否やを視察観察することにした。ムアロよりシロケまでは何事もなく渓谷を下ったが、その先に滝になっている処が二ケ所あり、その処は舟を川から引き揚げ陸地を一同で押して滝の部分を過ぎてから舟を再び川に入れて下った。途中地形上トンネルの出来る処もあるように思はるるも、左岸沿いにカーブの多い路線でも通れると想定し一日も早く測量にかかることにした。渓谷の中には民家は全く無く、ジャングルの中に天幕生活をして測量をした。[27]」

こうしてマレーやタイとの連接を考慮し、軌間の同じ一メートル（通称米軌《べいき》）のスマトラ横断鉄道建設が決まった。

建設困難な地形

スマトラ横断鉄道（地図4－1）は起点のパカンバルから南下し（正確には最初南南西へ向かい次は南南東の方角である）、地形は比較的平坦ではあるがジャングルや湿地帯が続くことになる。その路盤構築作業の困難さに加え、支配国オランダがスマトラの人々の反抗を押さえる目的で大きな川には橋を架けていなかったので架橋作業も加わった。

パカンバルとムアロ間の大河にはまずシアク河があり、一八キロメートル南下するとカンパルカナン河、

地図 4-1　スマトラ横断鉄道　附沿線捕虜収容所

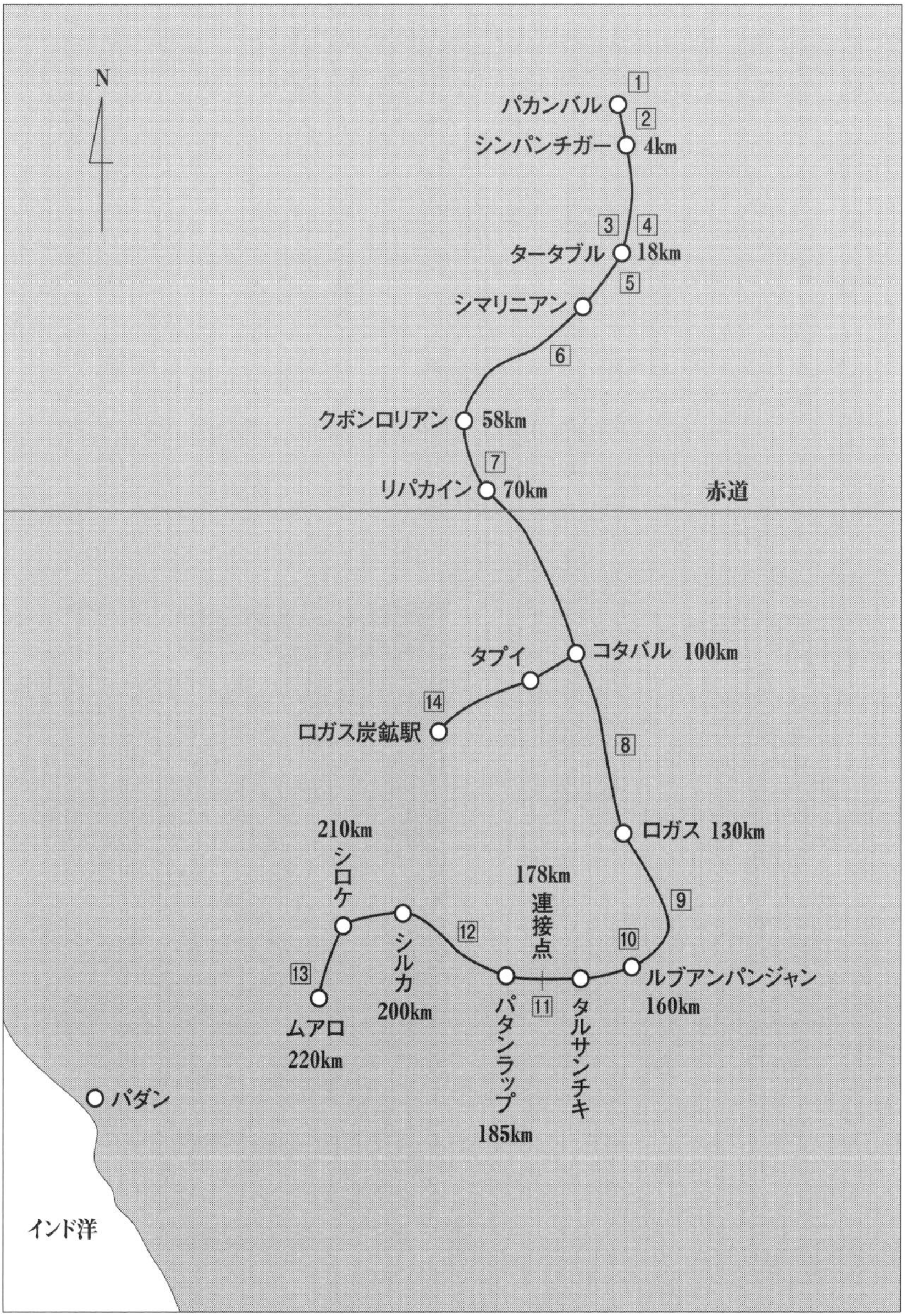

(出典)Geïllustreerde atlas van de Japanse kampen in Nederlands-Indië1942-1945 Deel 1 / J. van Dulm ... [et al.]; met een afzonderlijk hoofdstuk over de internering van krijgsgevangenen en burgers op Borneo door E. Braches ; overige tekst- en onderzoeksbijdragen, M. Aalders-Vorstman ... [et al.], Asia Maior,2002,66頁。(地図上の1〜14は俘虜収容所の位置)

七〇キロメートル地点ではカンパルキリ河にそれぞれ突き当たる。一五〇キロメートル地点のタロックでインド洋側に向かって急角度で右折し、インドラギリ河の左岸に沿って上っていく。一帯は総じて赤道直下のジャングルであり、特にクワンタン渓谷は泰緬鉄道のタイやビルマにおけるジャングル同様人手を阻み困難な作業を強いることは間違いなかった。

建設工事の最終段階、レールの敷設工事はムアロ（インド洋）側からは、パカンバル（マラッカ海峡）側からよりも四か月ほど遅く開始された。それを考慮しても、一九四五年八月一五日の「玉音放送の日」に連接されたタルサンチキ・パダンラップ間の地点は、ムアロから四二キロメートル、パカンバルからは一七八キロメートルであった。中間点はおろかムアロから全体二二〇キロメートル（支線を除く）のおよそ五分の一のところで繋がったということに、クワンタン渓谷での工事がいかに難工事であったかがうかがえる。

写真4-1　今日のクワンタン渓谷。このあたりはクワンタン渓谷のなかでも「ムコムコ峡」といわれる。下に道路（ここにスマトラ横断鉄道の線路があった）。向こう岸との間をクワンタン川が流れている。

鉄路は二一九キロメートル地点で右岸に渡り（この橋がオンビリン橋である）、二二〇キロメートルのムアロに到達する。渓谷は陸上交通がまともに使えず、急流のなかを船で行き来するにも滝に阻まれ、いったん岸に上がって滝を越えていかなくてはならないという難所である。

奈須川は次のように言う。

「橋梁は当初永久構造物とする予定であったが、材料の入手困難、早期完成の関係等で何れも木橋（橋脚、橋桁とも）とし、材料は付近のジャングルより適当な木材を切り出して使用した。測量の結果クワンタン渓谷中に一ヶ所約二〇米余のトンネルが出来、これが掘削は手掘りの外ないが手掘り用の鑿（のみ・筆者注）が全く無く閉口した。内地からの輸送は見込みなく、又昭南よりの補給も出来ず、考慮の末三〇瓩（キログラム・筆者注）軌条の頭部を伸鉄会社で鑿の形状にして使用した。地質は石灰岩であったので充分掘削が出来た。[28]」

泰緬鉄道建設でも資材や工具の不足が指摘されているが、それから約一年半後のスマトラ横断鉄道の建設ではそれらの欠乏はさらに進んでいたはずであり、奈須川の記述に極端な不自然さはない。ただし、木材を使って橋を架けたのは事実としても、コンクリートが全く使用されなかったわけではない。クワンタン渓谷を下っていくと、河岸に架けたコンクリート製橋脚が

写真4-2　スマトラ横断鉄道橋脚の残骸

残されている（写真4－2）。

材料廠の岩崎健児は著書で次のように述べている。

「建設区間には、大型架橋三カ所、トンネル一カ所、さらに支線としてロガス炭鉱線の建設があった。軌間《ゲージ》は既設線にあわせた一メートルであったが、炭鉱線の一部に軌間七五センチの軽便鉄道を採用した。(29)」

奈須川や岩崎が書いているとおり、スマトラ横断鉄道建設のルートは地形上多くの困難を抱えており、それらはロームシャや捕虜の犠牲者増大につながった。

下部構造の施行・軌道の敷設

建設候補地の探査や測量と並行して、また測量の結果をもとに、設計作業が特設鉄道隊によって進行していった。今日見ることのできる設計段階の記録は河合秀夫の『戦火の裏側で』のみであり、きわめて貴重な記録である。しかし特設鉄道隊（国鉄職員）としての「矜持」が強く、また戦犯問題に触れることを避けるためか、測量時から使役していたはずの捕虜に関しては一人のオランダ人医師が診療していたこと、ロームシャの犠牲については敗戦後の回顧のなかでそれぞれわずか一度書いているだけである。

測量と設計の後、鉄道がどのような手順で建設されていくかは多様であるが、単純化して言えば下部構造物を施行すること、次に路盤を固めて軌道を敷設し車両を走らせることの二つの大きな作業に分けられる。

スマトラ横断鉄道建設の特異性は、二とおりの過酷な自然条件にあった。パカンバルからタロックまでの一五〇キロメートルに極端な高低差はなかったがジャングルや湿地帯であり、この地に重量のある機関車を走らせても沈まない路盤を構築することは容易ではなかった。ジャングルの樹木は無尽蔵で、切り出した木材を井桁に組んで沈め、土を埋め込み、それらの作業を繰りかえし行う。それは既に通してある細い道路を拡張することから始まり、その後鉄道の路盤構築作業を同様の方法で進めていったのである。

先に河合秀夫がこれらに要した労苦を抜きにして、鉄道連隊が路盤をつくりその上にレールを敷いてスマトラ横断鉄道を作ったがごとき記録に異議を申し立てていた（100頁）のは、この湿地帯との格闘などを軽く見られることに耐えられなかったのが一因である。しかし、その実際の作業はロームシャや捕虜が担った。奴隷状態のロームシャや捕虜は、土を掘っては運び、木材を切っては運び、いつ果てるともわからない労働に駆り立てられた。

また、クワンタン渓谷の七〇キロメートル区間では湿地帯とは違った困難さがあり、両岸の屹立した河岸への路盤構築が要求された。

鉄道建設用の大小さまざまな材料を製造し供給するのが材料廠であり、材料廠工場は当初パカンバルに建てられた。戦友会誌『光と影　鉄九・四大隊記念文集』（以下、『光と影』という）によれば、その工場には「長さ百メートルにも及ぶ倉庫が数棟建ち並び」と記載されている。[30]材料廠工場は建設工事の進捗に伴いパカンバルからロガスへと移転し、技術を要する作業は約二五〇名の特設鉄道隊（国鉄職員）と鉄道連隊が当たるとともに、「私の工場は、オランダ軍俘虜の技能者約五〇名と、ジャワ鉄道従業員二〇名ほどの配属を受け」、と岩崎大尉は述べている。[31]

不足の材料は接収した南部ラハトの鉄道工場に製造を依頼し、シンガポールまで出張して確保することもあった。そして物資逼迫と搬送の困難さから、レールはジャワ島中部や北スマトラの鉄道から引きはがして調達し、機関車は主にジャワ島で使用中のものを分解、船で連合国の攻撃をかいくぐってパカンバルに搬入、組み立てて使用した。岩崎はそれらの搬入と組み立てを、次のように記録している。

「昭和二十年に入ると、パカンバル港の桟橋には、北スマトラのメダンから送りだされた、きゃしゃな軽便鉄道用のレールが、連日のように陸揚げされた。（略）本線用の機関車が、分解された姿でジャワから続々とパカンバル港に陸揚げされ、それに輪をかけるように、一メートル軌間に改軌された日本の無蓋貨車が、パカンバル港に到着した。それらは第八中隊の手によって、われわれの工場に搬入された。機関車の組立ては、ジャワ島中南部のジョクジャカルタ鉄道工場から派遣されてきた現地人技能者二〇名ほどと、彼らを指導する鉄道省浜松鉄道工場から徴用された秋本軍属ほか二名が行った。[32]」

軍属岡本隊の河合秀夫によれば、機関車は「B六」であった。

「元《ママ》橋部隊のお陰でオンビリン橋の復旧が可成り完成に近付いた時は、嬉しさの余り、B六を私自身で運転して既成線路の部分を走らせたりしたものだ[33]」

マレーでの木炭銑製鉄所の建設

スマトラ島中部インド洋側への物資輸送は海路パダン港（実際は市街地南方一キロメートルほどの外港トロバユル港）へ陸揚げされていたが、制空権・制海権が脅かされるとイギリスの潜水艦に撃沈される危険性が高くなった。スマトラ島においても陸路への代替輸送が検討され、マラッカ海峡側とインド洋側を横断する鉄道がスマトラ横断鉄道として建設されることとなった。また、スマトラ横断鉄道も「大東亜共栄圏」内を鉄路で結ぶという大東亜縦貫鉄道構想の最もインド洋側に連なるものとして考えられていたのではないか、という仮設的な提示も述べてきた（地図３－２）。さらにスマトラ横断鉄道には、石炭をマラッカ海峡側に運ぶという重要な役割があった。

オランダも日本もオンビリン炭鉱の石炭をインド洋側ばかりでなくマラッカ海峡側にも搬出するために鉄道の建設計画をたてたが、その目的は異なっていた。オランダの場合、スマトラの石炭を植民地内の他の島、特に人口稠密なジャワ島にインド洋側からとともにマラッカ海峡側からも分散供給すること、当地のエネルギー需要としてマラッカ海峡など海上交通の蒸気船に用いるためにも石炭が求められていたこと、が理由として挙げられる。またマレーを支配していた英国も要衝シンガポールのエネルギー需要として、マラッカ海峡を隔てたスマトラ島からの石炭を必要としていた。

日本軍がスマトラ横断鉄道を建設しスマトラ産の石炭を搬送しようとした目的には、マラッカ海峡地域での消費への対応があったのは確かであるが、それだけにとどまらなかった。当時の南方における鉱物資源の産出と工業化の状況について、企画院は一九四二年四月、軍需工業が連合国であるオーストラリアやイギリスの植民地インドでは発達しているが、日本の占領地となった東南アジアでは鉄鉱石の産出はあるものの、製鉄業が存在しないことに憂慮の念を示している。

「南方に於ける鉱産資源　　昭和十七年四月二十九日
週報第二九〇号
企　画　院

（鉄鉱石）
マレーおよびフィリピンの鉄鉱石は、その地理的関係から我が国に対する供給を目途として開発され、我が国の製鉄業に対する一大原料供給源としてかなり大きな役割を果して来たことは周知の通りである。（略）南方には各地域とも鉄鉱石資源に恵まれているにもかかわらず、製鉄事業に至っては僅かに我が国より最も遠いインドと濠州以外は、全くその発達を見ていない。（略）従ってこの両地において、それ相当の軍需品や武器生産工業が発達していることを見逃すわけにはいかない。[34]」

アジア・太平洋戦争前、石原産業はマレーでスリメダン鉄鉱石鉱山を経営していた。なぜイギリスは日本のマレーでの鉄鉱石鉱山開発に寛容だったのだろうか。それは、イギリスがインドやオーストラリアに加えてマレーで製鉄所を立ち上げなかった（立ち上げられなかった）理由と同じである。マレーにはコークスを作ることのできる良質の石炭がなく、鉄鉱石は日本に輸出してもかまわなかった。経済歴史学者長島修の記述によれば、「マライは専ら鉄鉱石供給地としての位置づけだけが与えられてきた」のであった。[35]

後段「ロームシャと麻薬」で、石原廣一郎（30頁）がマレーで経営していたスリメダン鉄鉱石鉱山のロームシャがアヘン漬けになっていた描写を引用する（１９４頁）。石原は一九二二年頃、スリメダンの鉄鉱石とスマトラ南部ムアラエニム炭鉱の石炭をもとに、日蘭合弁の製鉄所を立ち上げようともくろんでいたことを回顧録に残している。[35]当時は第一次世界大戦後で、日本とオランダは良好な関係にあった。

イギリスがマレーでの製鉄所に拘泥しなかったのとは異なり、東南アジアを占領し「大東亜共栄圏」の版図を拡大した日本は、「鉄は国家なり」の方針のもと東南アジアにおいて製鉄所を求めることとなった。東南アジアの占領が成功裡にほぼ終了した一九四二年三月、「南方製鉄所」建設気運の高まりを背景に、日本工業新聞は「南方に製鉄所　建設論再燃す」と報道している。[37]

企画院の報告からおよそ三か月後の一九四二年七月に、日本経済連盟会（日本経済団体連合会の前身）が刊行した『製鉄工業南方立地に関する意見』では、木炭による製鉄所の建設をめざすのが適当としている。

「南方領域の立地条件は原料粘結炭の不足を始め労力、設備その他生産条件に欠くる感あり。（略）簡易製鉄等をその前提とすべし。かかる見地よりして、木炭銑高炉の建設を適当とするは既に議論の余地なし[38]」

このような状況下、半官半民国策会社日本製鉄は、一九四三年三月八日の陸軍省からの指令（陸亜密第一二六二号）によって、マレー・ペラ州タイピンで木炭銑製鉄所建設に着手することとなった。マレー半島に多く自生しているマングローブを使用して木炭銑高炉を建設しようとした、と『日本製鉄株式会社史』は述べている。

「本要綱の骨子とするところは、日鉄鉱業・帝国製鉄両社の技術的提携をえて、タイピン郊外に木炭銑製造設備（25ｔ炉２基、年産１５、０００ｔ）を建設、同時にイポー鉱山を自営開発して、鉄鉱石・石灰石を採掘、またブブ付近森林において自営製炭をなし、昭和19年３月完成を目標としたものであり、これら諸工場を総括して「マライ製鉄所」を設立せんとするものであった[39]。」

一九四四年二月に「タイピン木炭銑溶鉱炉25トン第一号炉」に火入れが行われたが、木炭供給に問題が生じ計画は後退を余儀なくされることとなった。『「南方共栄圏」』には次のように書かれている。

「比較的順調に伸張したペラ州産木炭供給量は日鉄マライ製鉄所建設が本格的に始まる１９４３年半ばに供給量３０００トン／月近くに達したものの、それがピークであり、製鉄所完成が近付くにつれて減少し、同製鉄所への配給が具体的問題となる1943年10月と相前後して供給量2000トン/月以下に落ち込んでしまった[40]」

日本製鉄マライ製鉄所の必要としていた木炭供給は八五〇トン/月であったが、供給量は一九四四年七月を境に急降下し、九月には六二八トン/月、一〇月には三九七トン/月にまで減少してしまったのである[41]。

また、日本鋼管は一九四三年一〇月陸軍から東南アジアに製鉄所を建設するよう命令を受け、一九四五年三月にマレーのケランタン州タマンガン鉄鉱山に木炭銑を製造するための高炉を完成させた。次に示すのは日本鋼管社史の記述である。

「南方(マレー、スマトラ)製鉄所の創設——わが社は昭和18年10月、陸軍当局から「南方甲地域における工業関係企業担当者決定に関する件」により、マレーおよびスマトラで製鉄事業を担当すべきことを命ぜられた。この命令ならびに指示にもとづき、わが社はマレーのケランタン州タマンガン鉄鉱山に、木炭銑を製造するため450トン高炉1基を、またネグリセンビラン州ポートデキソンに100トン高炉1基を、それぞれ昭和19年3月から建設に着手した。このタマンガンのマレー製鉄所は昭和20年3月に完成して、ただちに操業を開始し、終戦まで一日平均150トンの出銑をみ、ポートデキソンの分工場は昭和20年7月に完成したが、ついに操業のはこびにいたらなかった[42]。」

このように、大手製鉄所が木炭銑製鉄所の建設・稼働に四苦八苦している一方、軍部は大手ばかりでなく、マレー半島での木炭銑製鉄所の起業を画策した。日南製鉄株式会社がそれである。以下は、読売新聞政治部次長から日南製鉄の取締総務部長に就いた加藤主計が、戦後一九五七年に書いた『マライに生きる』から、軍とのやりとりに奔走していた建設当初を抜粋したものである。

「日南製鉄の事業地はマライ半島の北部、ケダ州ときめられていた。（略）私は六月（一九四三年・筆者注）の初めに技師の竹岡をつれ、岐阜の各務原から軍用機でシンガポールに飛び、第一班十五名はこれと前後して上船地、神戸に向った。先行の要件は、マライ軍政監部へ事業の概要を説明し、現地軍の指示を受け、南方開発金庫と資金の借り入れについて折衝する。（略）シンガポールに着くと、すぐ南方総軍の砂田最高顧問の紹介でマライ軍政監の藤村少将に会い、（略）鉄鉱石の採掘箇所を調べ、それから木炭焼きの適所を物色した」[43]

森文雄の軍政手簿「昭和十九年度馬来木炭銑生産高予想表」には、一九四四年度第三四半期から日南製鉄の生産高が計上されているので、右記から約一年経過後稼働したことになる[44]。

コークスをマレー半島へ送る

製鉄のための原料として八幡、釜石、広畑（姫路）、室蘭などで使用される鉄鉱石は中国やマレーなどから送られてきていたが、製鉄の「原料」には「屑鉄」や「銑鉄」も使用され、同じ条件なら鉄鉱石より屑鉄や銑鉄を元にしたほうが安価に鉄鋼をつくることができる。その意味でアメリカによる一九四〇年九月の屑鉄、一九四一年七月のインド銑鉄の禁輸は日本にとってかなりの打撃であった（63頁）。

このため屑鉄を求め不要不急の鉄道が廃止され、金属類回収令などによって人々の日常生活にも影響を与えることとなった。南方に目を移せば、日本軍が占領した際に連合国軍によって破壊されたあらゆる鉄製品（兵器、橋梁、工場など）は、「戦災鉄屑」として回収された。撃沈された船舶も引き上げられ解体されて屑鉄として日本に送られたが、制空権・制海権が脅かされるに及んで屑鉄の搬送も困難になっていった[45]。

供給地を中国からマレーへ拡大・シフトしていた鉄鉱石の海上輸送も滞ることになり、日本国内での製鉄に影響が現れ、製品化できたとしても鉄鋼製品、特に兵器のアジア太平洋地域への搬送は行き詰まった。こうしたなか東南アジアの占領地においても撃沈される船舶の穴埋めとして木造船の建造が行われたが[46]、兵器の製造や修理に加えてこれら木造船ではない鉄鋼船建造のためにも、コークスによる「南方製鉄所」を建設すべきであるとの声が高まった。

本格的に製鉄所を建設するとなると原料としてコークス、鉄鉱石、石灰石が必要になり、鉄鉱石や石灰石はマレー半島で産出したが、コークスを作るには良質の石炭である粘結炭がなければならない。日本が東南アジアへ侵略していった当時、粘結炭は仏印を除けば蘭印スマトラ島のオンビリン炭鉱でしか産出していなかった。

鉄鉱石はボルネオやセレベスでも採掘されていたが、運搬の面でスマトラの粘結炭と結び付けることはできなかったし、パレンバンの石油基地で石油コークスが製造されたことは確かだが、航空機用のアルミニュームの製造に用いられた（そもそも製鉄所は石油コークスを使用する前提で作られてはいない）。一大石油基地となっていたパレンバンやその周囲で働いた徴用軍属によって一九七三年に編まれた『パレンバンの石油部隊』には、次のように書かれている。

「航空機用のアルミニュームを製造するのに不可欠な石油コークスを急いで製造する必要から、パレンバンにノールス式コークス炉を建設することが、当時の陸軍によって決定された。この建設を担当するために、田賀氏を団長とする昭和電工グループの建設部隊が派遣されて、昭和十七年十一月パレンバン現地に到着した。[47]」

またロガス炭鉱が粘結炭であることを発見した三菱鉱業の社史には、次のような記述がある。

「ここに付記したいことは、昭和18年に現地駐在の三菱鉱業職員によって、スマトラのロガスにおいて粘結性石炭、チンブルンにおいて銅鉱山を発見するなど注目すべき開発がなされたことである。そして資材や技術の不十分な環境の中において、野焼コークスの製造や溶鉱窯の建設などが苦心して敢行されたことも特記すべきことであった。[48]」

こうしてオンビリンやロガスの粘結炭をもとにコークスを製造し、マレーの鉄鉱石や石灰石と合体させ、本格的な製鉄所を建設することが計画されていった。スマトラは地形的にはジャングルや湿地帯が多く、人口は少なく労働力の確保が困難であるところから、製鉄所そのものはマレー半島に建設することにし、あとはロガスやオンビリンの粘結炭をマレー半島に搬送することが問題になったのである。

特設鉄道隊（岡村隊）がスマトラでの測量に際し、鉄道建設に容易なルートを求めたのは当然としても、オンビリンやロガス炭鉱の石炭を搬出できることを念頭にルートを決定している。バリサン山脈から流れ下るインドラギリ河の急流がつくりだすクワンタン渓谷では、道という道がなく川を船で下り滝にあたると船を陸にあげて運搬し、再度川に船を入れて下るという困難な方法をもってしてもオンビリン炭鉱近くに鉄路を敷くことが求められた。

計画どおりルートはオンビリン炭鉱近くを経由し、ロガス炭鉱はコタバルからロガス支線を敷くことで決定した。「ロガス支線」は積み替え駅のタブイ駅の名前から「タブイ線」や「炭鉱線」とも呼ばれた（コタバルよりムアロ寄りにロガスという地名があるが別）。そして全線開通前にロガス支線を先行開通させ、パカンバルへコークスを送ることになった。

鉄道第八連隊がフィリピンに転戦した後、ロガス支線の建設には戦後オーストラリアBC級戦犯裁判で刑死した弘田栄治中尉が小隊長として指揮を執った。同隊隊員であった可児章軍曹は、戦友会誌『残照』に次のように書いている。

「パカンバル起点十八キロ、タータブル地区では附近一帯、大きなスッポンや錦蛇の生息する低湿地帯で、地耐力が乏しいため下部構造、築堤、道床盛土などの作業に悪戦苦闘を続けていた折、突然軍命令が出てパカンバル起点一〇〇キロコタバルよりロガス炭鉱支線十八キロの建設を命令されて転進した。（略）既に軍属部隊の手によって石炭採掘作業が行われており、一説によるとこの地域には無限の良質の石炭層が埋蔵されており、この石炭をコークスにして、速やかに昭南地区に送付するのが軍の目的をするところであった。[49]」

しかし、地形上の制約は如何ともしがたい。材料敞岩崎は次のように述べている。

「コークスを運び出すためには、まず軽便鉄道で搬出し、途中のタブイ駅落差地点で、下で待つ重列車の無蓋貨車に、斜面のシュートから一挙に落下させる構想である。[50]」

岩崎はコークスのシンガポール搬送についても言及している。

「ロガス炭鉱は良質の無煙炭を産出し、三菱鉱業（現・三菱鉱業セメント）から野田所長以下二〇名が派遣され、現地人労務者を使って、小規模ながらすでに露天掘採炭を始めていた。近くにコークス炉を築き、コークスの量産化に成功すれば、やがては製鉄原料として、マレー地区へ出荷されるはずだった。[51]」

実際ロガス炭鉱への支線は一九四四年中には完成した。奈須川の次の言葉に注目したい。

「パカンバル、コタバル間の約一〇〇粁と炭鉱支線を早期完成し、炭鉱で生産されたコークスを昭南に送りこむよう内命を受けていたので此の間の施工に尽力し、昭和一九年末までに完了、試運転の結果昭和二〇年早々ロガス炭鉱で生産されたコークスを昭南に向けパカンバル港より発送した。[52]」

こうして見てくると、制空権・制海権の喪失が代替ルートとしての泰緬鉄道やクラ地峡横断鉄道の建設に拍車をかけたのと同様に、スマトラ横断鉄道も「代替」の役割を期待されていたのは確かではあるが、ロガス支線完成の「内命」を受けていたという言葉からはコークスのマレーへの搬送に比重が置かれていたことがうかがえる。その目的は搬送の困難になった兵器などの鉄鋼製品を東南アジア現地で製造すること、及び船舶の建造のためマレー半島での「南方製鉄所」建設を促進することにあった。

こうしてロガス炭鉱線は完成し、コークスはシンガポールに向けてパカンバル港より発送されたが、運行の実態ははかばかしくはなかった。『残照』から引用しよう。

「(支線は・筆者注)機関車が超小型のため、内地のトロッコ三台を運搬するのが精一杯であった。軌条は小さいし、線路はカーブの連続で毎日の様に脱線を重ねた。雨期になれば河川が増水し橋梁は流出し修理に追われた。[53]」

スマトラ横断鉄道建設の目的——南方製鉄所への渇望

鉄道第八連隊の大井彰三中尉は、マレー半島における製鉄所の有力な建設候補地はペナンであったと、筆者のインタビューで語っていた。また、次のような文章も残している。

「鉄はマレー半島の鉄鉱も現地生産を目ざし半島中部のペナンに大製鉄所を計画した。製鉄に必要なコークスをスマトラ島中部のサワルント炭鉱と未開発のロガス炭鉱の上質な無煙炭を現地でコークスにしてバカンバル《ママ》港より運んで製鉄せんとした。[54]」

日本軍が東南アジアに侵略する前、マレー半島にはペナンとシンガポールに精錬所があった。[55] 英印軍はこれらを破壊して撤退したのでその復旧作業が行われたが、シンガポール精錬所の破壊度は大きく、比較的損傷の軽微であったペナン精錬所で鉄鉱石の精錬を行い、コークスによる本格的な製鉄所を併設して建設しようとしたことが考えられる。また、シンガポール精錬所は損傷の他に、コークス使用の場合の工業用水を賄えないことが隘路となった（シンガポールは二〇一八年の今日でも水をマレーシアから輸入している）。

「南方製鉄所」の建設は順調には進んでいなかった、という材料敞岩崎大尉の次の記述はそれを裏付けている。

「昭和二十年の春になると、ロガス炭鉱で生産されたコークスは、関係者に祝福されてパカンバル港からシンガポールへ向けて『初荷』となって送りだされた。しかし一方の製鉄所建設の構想は、工業用水などの問題から立地条件が適合しないらしく、月日が過ぎるばかりだった。[56]」

一九四五年当時第、スマトラ憲兵隊ブキティンギ憲兵分隊長（敗戦時はスマトラ憲兵隊本部特高主任）に就いていた河野誠は、完成したスマトラ横断鉄道ロガス支線を使って石炭を運搬していることや、深夜での捕虜の使役・敗戦後の戦犯について次のように記している。

「すでに埠頭には大きな暁栈橋、その下流に巨大な石炭栈橋も完成し、待望の鉄道も開通し、続々ロガス炭鉱の無煙炭が運ばれ、石炭の山がいくつも出来ている。パカンバル駅も出来て、貨客の輸送は大幅に増大した。さらに下流に大栈橋が建設中であり巨大な地下燃料タンクも建築中である。（中略）辺境の町パカンバルは総て最優先で急速な建設が始まり、昭南から続々鋼材、建築物資が陸上げされつつあり、深夜でも俘虜の荷揚げする鋼材の音がガランガランと響いている。[57]」

「パカンバルには、終点、始発駅のパカンバル駅が出来て、昭南行きの船と連絡し、埠頭には石炭の山がいくつも出来て今まで眠っていたパカンバルは田舎から都会に変身しつつあるのだ。この鉄道工事にはビルマの泰緬鉄道と共に多くの俘虜を使い、犠牲者も出たので、後年戦犯にかかったのである。[58]」

コークスを溶解燃料とするマレーでの製鉄所建設計画を河野が知っていたかどうかはわからないが、スマトラ横断鉄道の全線開通に先立ちロガス炭鉱から支線を通して無煙炭がパカンバルに運ばれてきていることは、マレー半島での「南方製鉄所」建設計画を押し進めていたことを実証するものである。ただし「石炭の山がいくつも出来ている」という文章からはマラッカ海峡を越えて搬送が難しくなり、滞貨状態に陥っている状況を示しているとも受け取れる。

また、第七章のインタビュー箇所で登場する故キアンは、ジャワのバンドンで拉致され、パカンバルに連れてこられ、ロームシャとなった。後に逃亡し、パカンバル近辺で石炭の山などを見ながら生活をしていた、と息子のキアン（父と同名）がインタビューで証言している（２６９頁）。

オンビリンとロガス両炭鉱での石炭とコークスの在庫量・生産量を、『軍政手簿』と第一復員省資材課の資料から、それぞれ図表４‐１と図表４‐２として掲げる（次頁）。

その頃、日本内地での鉄鋼生産の状況はどうだったのだろうか。石炭や鉄鉱石の物資動員計画（物動計画）はまさに「火の車」であった。企画院で物動計画にあたっていた田中申一[59]は、一九七四年の著書『日本戦争経済秘史』で次のように回想している。

「会議の内容は、開灤、中興、密山、磁県などの大陸（中国のこと・筆者注）粘結炭の内地製鉄所に対する送り込みの調整である。当時内地製鉄所の高炉はこの一隻一隻の配船でわずかに露命をつないでゆく哀れな存在となっていた。（略）粘結炭の需給にも劣らぬ鉄鉱石の逼迫が憂慮されていたが、そのうちでも海南島鉄鉱石の入着不良が、特に海軍の頭痛の種となっていた。（略）航空揮発油の代用として、アルコールをつくる為の湾糖や、満州雑穀の緊急輸送に狂気のように配船してみた結果は、石炭に大穴があいてしまった。愕然としてみてももう遅かった。それでなくてさえ、減産傾向にある北海

図表 4-1　石炭在庫量（昭 20 年 7 月末推定）

炭鉱名	山許	港頭	合計
「オンビリン」	16,000	エンマーハーフエン　47,000	63.000
「ブキトアサム」	1,000	パレンバン　15,000 オストハーフエン　20,000	36,000
「ロガス」	8,500	パカンバル　800	9,300
合計	25,500	82,800	108,300

（出典）森文雄『軍政手簿』1549頁。
（注）単位:瓲（トン）　エンマーハーフエンはトロバユル港のこと。

図表 4-2　スマトラ工場事業場一覧表（抜粋）

工場（事業場）名	北海道炭鉱カンビリン鉱業所		三菱ロガス鉱業所	
主要生産品	石炭	コークス	石炭	コークス
生産能力	年500000	月300	年50000	月400
敵産・非敵産	敵産	非敵産	非敵産	非敵産
経営会社	北海道炭鉱汽船		三菱鉱業	
所在地	西海岸州サワルント		リオ州ロガス付近	

（出典）『陸軍南方軍政地域事業記録表』第一復員省資材課、0376頁。
（注）敗戦後における南方軍よりの報告を復員省が整理したものをもとに筆者作成。原典に単位の明示がないが、屯であると考えられる。カンビリンはオンビリンの誤り。

道炭、九州炭の積み残りがふえ、積出港の貯炭場があふれ出した。（略）物動は滅茶滅茶になり出した。船舶の撃沈数がふえてきて、一週間毎に計画を変更しないと系数が合わなくなった。実施計画というような代物ではない。極言すればただ年来の惰性で手なぐさみにやっている遊戯となってしまった。[60]」

戦況の悪化に拍車がかかった一九四四年、日本製鉄株式会社本社文書庫は福岡憲兵隊の厳しい監視のもとに置かれていたが、哲学者で科学技術史家の三枝博音は近代日本製鉄技術発達史の編纂・執筆のため特別に出入りを許されていた。その成果は一九五七年に『日本近代製鉄技術発達史――八幡製鉄所の確立過程』となって刊行された。「破局への突入」の項には敗戦間際の状況が記されている。

「輸入屑鉄一トン分に相当する銑鉄を生産するには、二ないし三トンの鉄鉱とコークス用炭の輸入が必要であった。そのため、日本の野望を阻止するためのアメリカの努力は、昭和十五年（一九四〇）十《ママ》月の屑鉄輸入禁止から始って、日本のこの経済的弱点に向けられたわけで、太平洋戦争勃発後、アメリカの潜水艦・航空機・艦砲射撃・機雷等による船舶攻撃は、封鎖の緊迫とともに熾烈さを加え、ついに日本の鉄鋼生産は大体昭和十八年（一九四八《ママ》）をもって頭打ちとなり（略）、やがて朝鮮・満州や中国からの輸移入は、鉄鉱・石炭をはじめ、ほとんどすべての物資が杜絶してしまい、熟練工の量的不足や空襲による生産施設の破壊等とも相まって、鉄鋼業はまったく餓死ないし壊滅の状態に陥るに至ってしまった。これにともなって、軍需生産全体もまた破綻をきたしてしまったのである。[61]」

日本鋼管がマレーのケランタン州タマンガン鉄鉱山に木炭銑製造のため建設した四五〇トン高炉一基は、一九四五年三月に完成し敗戦まで一日平均一五〇トンを製造したことは既に見てきたが、同じ社史は敗戦間際の日本の鉄鋼業を次のように記している。

「中国はもとより満州、朝鮮からの輸送も攻撃にさらされたので、わが国鉄鋼業はかろうじて内地資源をたよりに、ほそぼそと操業をつづけるありさまであった。（略）機動部隊の北海道攻撃につづく関門海峡に対する機雷攻撃によって、本州と北海道および九州の連絡が断たれたため、石炭、鉄鉱石等の本州への輸送がほとんど途絶し、（略）７月以降は高炉をはじめ、その他の設備もつぎつぎと稼働を中止するにいたり、機能は完全に停止状態となったのである。[62]」

「石油に始まり石油に終わった」とも言われる対米英蘭戦争であるが、搬送用船舶が不足し、スマトラ・パレンバンでは採掘された原油や精製された石油が廃棄を余儀なくされていた。船舶の海没はシーレーン防衛に意を用いなかった結果であり、造船が進まなかったのは「石油」不足以前に「鉄鉱石」と「石炭」不足により製鉄業が壊滅したことによる。

「南方製鉄所」の建設は日本軍の悲願であったし、制空権・制海権の喪失のもと日本内地における製鉄業が壊滅してしまったことで、南方での「現地製鉄」に一縷の望みがかけられていた。しかし、工業用水の問題が仮に片付いたとしても、スマトラ横断鉄道によってパカンバルへ集められたコークスは、もはやマラッカ海峡さえ無事に運ぶことができないほど連合国潜水艦などによる攻撃は激しさを増しており、たしかに「初荷」は送り出されたものの、パカンバルにはコークスの山が滞貨するばかりであった。

ＢＣ級戦犯が裁かれたオランダ裁判メダン法廷で弁護人を務めた宮内精介は、敗戦後一九四九年にスマトラ横断鉄道ロガス支線やパカンバルでの石炭の堆積を回顧して、次のように述べている。

「二月完成のLogas線に依り石炭をPakan Baroa迄積み出せば既にMalaca海は連合軍空海反攻にて殆んど封鎖され、石炭は徒に埠頭に堆積されたに止まったのではないか。[63]」

「大東亜共栄圏」はその圏域内で、自給（自給圏）と自戦（自戦圏）を可能にする、すなわち生存を可能にする「生存圏」構想であった。しかし、東南アジア占領地を「大東亜共栄圏」の「資源圏」とする目論見は崩れ、内地と分断されてしまった東南アジアは「自給自戦圏」とでも言い得る状況であった。従って、マレー半島の製鉄所もその存在意義に変化が生じることとなったが、それについては再度検討の場を設ける（３５４頁）。

第四章注

（1）増永元也『東南アジアとその資源』鱒書房、一九五二、九三～九五頁。
（2）佐藤俊久「「スマトラ」中央部縦横断交通路計画と「スマトラ」東部湿地帯の開拓計画大綱並に日本人素質保持に対する考案（案）」一九四二年一〇月、１４５０～１４５２頁。防衛省防衛研究所所蔵。アジア歴史資料センター　レファレンスコード C14060701600。
（3）笠谷孝「横断鉄道建設の経緯」富の思い出集編集委員会『富の歩み　思い出集』富の会、一九八一、一九九頁。該書は全二八一頁である。
（4）富集団軍政監部『軍政監部旬報　第十五号　九月第一旬』（自昭和一七年九月一日　至同九月一〇日）、１７７２～１７７３頁。防衛省防衛研究所戦史部所蔵。
（5）『戦時月報（軍政関係）昭和17年10月末日』、０８７７～０８７８頁、防衛省防衛研究所戦史部所蔵。復刻版では倉沢愛子解題『極秘　戦時月報・軍政月報』第二巻、４３１頁。
（6）『戦時月報（軍政関係）昭和17年11月末日』、０８９６～０８９７頁、０９６３～０９６４頁、防衛省防衛研究所戦史部所蔵。復刻版では倉沢愛子解題『極秘　戦時月報・軍政月報』第三巻、77～78頁。
（7）『戦時月報（軍政関係）一九四二年一二月末日』、１０５４～１０５５頁、防衛省防衛研究所戦史部所蔵。復刻版では倉沢愛子解題『極秘　戦時月報・軍政月報』第三巻、１６９～１７０頁。
(8) 広池俊雄『泰緬鉄道――戦場に残る橋』一九七一、読売新聞社、七九頁。
(9)『時事年鑑　第26巻　昭和19年度』日本図書センター、一九八八、四一四頁。
(10) 笠谷孝「横断鉄道建設の経緯」富の思い出集編集委員会『富の歩み　思い出集』富の会、一九八一、二〇〇頁。
(11) 河合秀夫『戦火の裏側で』私家版、一九九九、iii頁。日本国有鉄道編『鉄道技術発達史　第一篇』桜井広済堂、一九五八、二四三頁には一五〇余名と記載されている。
(12) 奈須川丈夫「横断鉄道建設工事概要」富の思い出集編集委員会編『富の歩み　思い出集』富の会、一九八一、二〇二頁。
(13)『戦時月報（軍政関係）昭和18年1月末日』、１１５０頁、防衛省防衛研究所戦史部所蔵。復刻版では倉沢愛子解題『極秘　戦時月報・軍政月報』第三巻、２６５頁。
(14) 防衛庁防衛研修所戦史室編『戦史叢書61　ビルマ・蘭印方面　第三航空軍の作戦』朝雲新聞社、一九七二、二五〇頁。
(15) 河合秀夫『戦火の裏側で』私家版、一九九九、一六頁。
(16) 同右、iii頁。
(17) ワンポン太郎（井深功）「虎の髭」『おとずれ』九号、九四会、一九六二、五六頁。
(18) 原田勝正『日本の国鉄』岩波書店、一九八四、一一三頁。
(19)『日本国有鉄道百年史 第10巻』日本国有鉄道、一九七三、三二四～三二五頁。
(20) 島田秀吉「赤紙のない召集兵」第五特設鉄道工作隊行動記編集委員会編『第五特設鉄道工作隊――はるかなるパゴダに捧ぐ』原書房、一九七七、八頁。
(21) 河合秀夫『戦火の裏側で』私家版、一九九九、一頁。
(22) 同右、一～二頁。
(23) 内田実「小説「泰緬鉄道」読後感」『おとずれ』十五号、九四会、一九六八、七九～八二頁。
(24) 榊原政春『一中尉の東南アジア軍政日記』草思社、一九九八、二六一頁。
(25)『時事年鑑　第26巻　昭和19年度』日本図書センター、一九八八、四一四頁。
(26) 戸石泰一『消燈ラッパと兵隊』ＫＫベストセラーズ、一九七六、二五三頁。
(27) 奈須川丈夫「横断鉄道建設工事概要」富の思い出集編集委員会編『富の歩み　思い出集』富の会、一九八一、二〇四頁。
(28) 同右、二〇五頁。

(29)岩井健『C56南方戦場を行く――ある鉄道隊長の記録』時事通信社、一九七八、一七五頁。
(30)九四会記念文集編集委員会編『光と影　鉄九・四大隊記念文集』九四会、一九六九、三三頁。
(31)岩井健『C56南方戦場を行く――ある鉄道隊長の記録』時事通信社、一九七八、一七九頁。
(32)同右、一八六頁。
(33)河合秀夫『戦火の裏側で』私家版、一九九九、七一頁。「B六型」は2100、2120、2400、2500型などの総称で、世界各国で量産され、最大の台数を誇った蒸気機関車である。インドネシアや台湾でも運行に供されていた（さいたま市の鉄道博物館から聞き取り）。『日本国有鉄道百年史　第4巻』日本国有鉄道、一九七二、一一一～一一七頁参照。
(34)防衛庁防衛研究所戦史部編著『史料集　南方の軍政』朝雲新聞社、一九八五、二三六～二三七頁。
(35)長島修「南方軍政下の鉄鋼業――日本製鉄マライ木炭銑事業を中心に」日本植民地研究会『日本植民地研究』第二八号、アテネ出版社、二〇一六、四二頁。
(36)石原産業株式会社社史編纂委員会編『創業三十五年を回顧して』石原産業株式会社、一九五六。
(37)「日本工業新聞」一九四二年三月三〇日、四頁。
(38)日本経済連盟会・星名信二編『製鉄工業南方立地に関する意見』日本経済連盟会、一九四二、一～二頁。
(39)日本製鉄株式会社史編集委員会編『日本製鉄株式会社史』一九九八、八三八頁。
(40)疋田康行編著『「南方共栄圏」』多賀出版、一九九五、五二二頁。
(41)同右、五三三～五三五頁。
(42)日本鋼管株式会社50年史編纂委員会編『日本鋼管株式会社五十年史』日本鋼管株式会社、一九六二、二二六頁。
(43)加藤主計『マライに生きる』光和書房、一九五七、一四～一六頁。
(44)森文雄『軍政手簿』防衛省防衛研修所戦史室所蔵、一五五八頁。
(45)佐藤正之『船舶解体――鉄リサイクルから見た日本近代史』花伝社、二〇〇四、二〇三頁。
(46)榊原政春『一中尉の東南アジア軍政日記』の一九四二年六月一一日には、「五カ年計画百万トン案に基づく木造船建造にあたり、内地より船大工約四、五十名到着す」とあり、船舶不足はアジア・太平洋戦争初期からであったことがわかる。また、橋本徳寿『日本木造船史話』長谷川書房、一九五二、三三九頁には、「戦時中、木造船六千百三十四隻、八十六万七千七百七十五噸（トン・筆者注）の建造命令が政府から発せられ、竣工した船は三千二十五隻、四十万七千三百五十噸であり、引渡しの済んだ船は二千七百十五隻、三十六万五千六百三十八噸である」と無条件降伏した時点での統計が記載されている。

(47) 村上憲夫「思い出すままに」パレンバンの石油部隊刊行会編『パレンバンの石油部隊』産業時報社、一九七三、八六四頁。同書前編は全九六頁一七一人が寄稿、後編は全六三五頁一一四人が寄稿。
(48) 三菱鉱業セメント株式会社総務部社史編纂室編『三菱鉱業社史』三菱鉱業セメント株式会社、一九七六、三五三頁
(49) 可児章「弘田小隊長との訣別」九四会記念文集編集委員編『残照　鉄九・四大隊記念文集　四大隊記念文集』九四会、一九八三、一七二〜一七三頁。
(50) 岩井健『C56南方戦場を行く――ある鉄道隊長の記録』時事通信社、一九七八、一八六頁。
(51) 同前、一八五頁。なお、一般的に無煙炭は粘結性ではなくコークスを作れないので、ロガス炭鉱産炭は無煙炭ではなかったものと考えられる。無煙炭は良質なものと言われているので、コークスを作れると誤解していたものと思われる。同様の誤解は大井（120頁）や河野（120頁）にも見られる。
(52) 奈須川丈夫「横断鉄道建設工事概要」富の思い出集編集委員会編『富の歩み　思い出集』富の会、一九八一、二〇七頁。
(53) 浜島銀三「私は心まで敗けなかった」九四会記念文集編集委員編『残照　鉄九・四大隊記念文集　四大隊記念文集』九四会、一九八三、七頁。
(54) 大井彰三「戦記」『後世に伝えたい牧之原のはなし《まきのはら市民が語る戦争体験記集》』牧之原市・牧之原市教育委員会、二〇一〇、一三頁。
(55)「中外商業新報」一九四二年三月一七日（火曜日）朝刊三頁。
(56) 岩井健『C56南方戦場を行く――ある鉄道隊長の記録』時事通信社、一九七八、一八七頁。
(57) 河野誠『赤道直下の血涙』心交社、一九八七、二九九〜三〇〇頁。
(58) 同右、二四三頁。
(59) 参考までに、対米英蘭戦争突入前、近衛内閣による戦争回避策についての田中申一の回想を記す。「十六年十月第三次近衛内閣総辞職寸前、企画院に対し、わが目を疑う次のような特別作業が突如総理―総裁の直接ルートで極秘裏に下命されたのである。（特別作業命令）（イ）独伊両枢軸国と断交し、米国と友好関係を回復す。（ロ）従って独伊期待物質の輸入は途絶するも米国よりの輸入は復活す。（ハ）右状況下に於ける国力に及ぼす影響如何。」田中申一『日本戦争経済秘史』田中申一・日本戦争経済秘史刊行会、一九七四、一七二頁。
(60) 田中申一『日本戦争経済秘史』田中申一・日本戦争経済秘史刊行会、一九七四、五七八〜五八五頁。
(61) 三枝博音・飯田賢一編『日本近代製鉄技術発達史――八幡製鉄所の確立過程』東洋経済新報社、一九五七、七〇一頁。
(62) 日本鋼管株式会社50年史編纂委員会編『日本鋼管株式会五十年史』日本鋼管株式会社、一九六二、二一六〜二一七頁。
[illegible]裁判の観察』法務大臣官房司法法制調査部、一九四九、五六〜五七頁。

第五章　スマトラ横断鉄道建設と企業・鉄道連隊

企業の受託

一九四三年一月一日に特設鉄道隊の岡村隊が測量に着手し、一年後の一九四四年一月に工事を開始したスマトラ横断鉄道は、当初企業の受託で行われた。東南アジアの占領地で日本軍は軍政を敷き、その軍政監部のもとでは多くの企業が委託を受けてさまざまな仕事を請け負った。三井鉱山株式会社の社史『男たちの世紀　三井鉱山の百年』は、軍からの「経営協力」について次のように述べている。

「当社も、昭和十六年末以降、次々と「依託経営」または軍直営事業への「経営協力」を命じられた。昭和十七年二月の陸軍次官名当社あての「敵産企業の依託経営に関する件通牒」によれば、「依託経営」とは、「企業者ノ企業心ト報国ノ念トニ信頼シ、国家ノ代行機関的使命ヲ付与シテ、其ノ技術ト経験ト組織トヲ十全ニ活用セントスル暫定的措置」であった。そして、「企業は総て軍の管理に属し其の経営を依託するものにして何等特殊の権益を賦与するものにあらざること」とされた。いわば占領地域に企業そのものを動員したのであった(1)。」。

当初約一二〇名でスマトラ横断鉄道建設に赴いた岡村隊は本部をタロックに定め（98頁）、測量を進めるとともに請負業者の正式な選定やロームシャの募集を始める。次は河合秀夫の回想である。

「工事は指名競争入札で実施されることになって居り、私の所管する第一、第二区隊では鹿島、西松、間、大林および大倉の各大建設会社が既にムアロからシジュンジュンへの街道沿いに事務所を開設して居り、工区割りの正式な決定を待って居た。仮指定をしてあったので実際には現場の各工区には既に飯場が設置され、伐採用のクリー（苦力、ロームシャのこと・筆者注）が毎日のように募集されて居た。(2)」

スマトラ横断鉄道建設で日本軍が要求したロームシャの最初の仕事は、森林の伐採であったことがわかる。しかし、ロームシャは「伐採者（役）」とするのが妥当で、「伐採用」と表現するのはモノを扱うようで無神経ではないだろうか。しかもこの文章が書かれたのが二一世紀にならんとする一九九九年であったことからすれば、なおさらの感がある。

リアウ州や西スマトラ州に鉄道建設のため日本軍が入ってきてまず変化したことは何か、という筆者の問いにパヤクンブ市郊外に在住の元スマトラ義勇軍 Danoes（ダヌス）は、「たくさんの若者が動員されて、森を切り開くことでした」と答えている（２３１頁）。古来調和を保ってきた赤道直下のジャングルは、日本軍によって今日的な意味での環境破壊を引き起こしたのである。

社団法人日本土木工業協会と社団法人日本鉄道建設業協会は、『戦時中の外地土木工事史』（一九七八年）のなかで占領先のアジア太平洋地域での工事に言及している。それによると、スマトラ横断鉄道は企業六社への委託から始まった。

「工事の全延長は渓谷地区の約70㎞と、平坦地区の約１５０㎞に大別される。主要工事は渓谷地区の岩石土工約150㎥と橋梁1カ所、平坦地区の主要橋梁3カ所、ジャングル湿地帯の築堤約35㎞の工事であった。渓谷地区を6工区に、平坦地区を5工区に分かち、すべて請負工事とした。業者は工事事務所の付属要員として編成され、西松・間・大林・鹿島・大成の5社と後に現地業社錦成組が加えられた。(3)」

クワンタン渓谷の七〇キロメートルを六工区に、平坦地区一五〇キロメートルは五工区に分けたので、前者では一工区一二キロメートル、後者は一工区三〇キロメートルであり、ここにも渓谷地区での工事がいかに難渋を極めたかがわかる。また、測量と設計にあたった河合秀夫は、「ムコムコまでは殆ど岩石丁場になるので他の工区が四、五十粁受け持つのに対して六粁程の受け持ちで済まして貰った」と述べており、(4)クワンタン渓谷での作業は他工区の一〇倍近い難工事だったことになる。「ムコ（muka）」とはインドネシア語で「顔」のことであり、両岸が切り立っているのを顔と顔を付き合わせている様子に見立てて付けられた地名である。クワンタン渓谷のなかでもオンビリン橋から四キロメートル下流あたりから始まり、シロケからシルカの下流あたりまでの両岸は八〇メートルの高さがある。なお、湿地帯地区に「平坦地区」という表現が使われているが、渓谷地区の急峻な地形に比べてであり、全く平坦な土地ということではない。

ここに出ている建設会社は鉄道第九連隊の戦友会が発行した戦友会誌や記念誌に頻繁に登場しており、「業者に任せておいては仕事が進まない」といった業務遂行能力を問う回顧談も少なくない。しかし、業者の技術力が劣るということよりも、赤道直下の炎熱の地で食料や医薬品が乏しいなか、多数のロームシャや捕虜の使役に困難が生じていたのである。

『戦時中の外地土木工事史』では、企業が東南アジアにおいて鉄道建設にあたった例として泰緬鉄道、クラ地峡横断鉄道、スマトラ横断鉄道、バヤ鉄道のほか、フィリピンでの鉄道建設工事が取りあげられている。また、同書より先に一九七三年に出版された『日本土木史――昭和16年～昭和40年』には、仏印、ビルマ、セレベス、ボルネオなどにおける新線鉄道建設に関しても記録されている。[5]
実際に工事を受託した企業の社史にはどのように記されているだろうか。これら六社の中から鹿島建設の社史を見てみる。鹿島建設はスマトラ横断鉄道建設工事を受託した企業の幹事会社であった。
「太平洋戦争の開始に伴い、南方方面にも進出した。昭和十七年、シンガポールに昭南出張所を設け、軍工事を施工したが、さらにスマトラ横断鉄道、クラ地峡鉄道橋架設、泰緬鉄道などの建設やセレベス島やクリスマス島開発工事を施工、〝鹿島の突貫工事〟として賞賛された。[6]」

軍部と企業の癒着

戦争を押し進めたのは軍部だけではなかった。二〇一一年八月一五日に放映された「NHKスペシャル　日本人はなぜ戦争へと向かったのか」を書籍化したなかに、企業の南方進出について次のような記述がある。

「悪化する国内の経済情勢にあえいでいた経済界は、新たなビジネスチャンスとばかりに軍の戦線拡大に大いに期待を膨らませた。かつて満洲地域で利権をむさぼったときと同じように、今度は南方の占領地へと、日本企業は続々と侵出していくのだった。[7]」

鹿島建設の社史には、「余談ながら、当工事（スマトラ横断鉄道建設工事・筆者注）では開通を前にして樋口貫一職員が胸部疾患のため異境の土となる悲運に遭った。[8]」と、社員の追悼を記している例もあるが、企業が危険度の高い戦地での受託工事を率先して引き受けていたのは、相互に見返りを求めてのことであり、軍と企業の癒着の問題は看過できないものであった。

先の「ＮＨＫスペシャル」のなかで、日本経済歴史学者の柴田善雅は次のように述べている。

「どの企業に来てもらうか、受命する際に軍は企業に影響力を行使することができます。受命企業の方は、自分たちを推してくれた陸軍省や海軍省に恩義を感じる。官庁がいつもやっているようなことだと思いますが、企業に恩を売ることで、後々いろんなメリットが付随的に発生してゆきます。具体的には天下りです。[9]」

企業は台湾、朝鮮、満洲、東南アジアなど、侵略先での搾取によって生じるうまみに貪欲になっていた。スマトラにおいても各社が各地で仕事を受託し、利益をあげていたことがうかがえる。しかし、実際に現地に派遣された社員にしてみれば厳しい任務であったことは言うまでもなく、社員に犠牲を強いる経営姿勢は今も昔も変わらない。

それでは、建築会社から東南アジアに派遣された社員数はどのくらいだったのだろうか。『「南方共栄圏」』には次のように記されている。

「太平洋戦争期に建設会社の社員として東南アジアに派遣された日本人の数は千数百人を数える。ただし、その数は正確なところはわからない。（略）この数には当然のことながら下請けの企業から派遣された人員数は加算されていない。もしこうした人員をくわえればその数十倍に達したことであろう。[10]」

以上見てきただけでも、スマトラ横断鉄道建設の担い手は将兵・軍属・企業に及んでいたことがわかる。東南アジアへの侵略は「一億総出」だったのである。そしてロームシャは鉄道建設の労働力としてなくてはならない存在であった。さらに兵補（第六章で詳述）が軍隊内ロームシャとして、オランダ等連合軍捕虜（第八～九章で詳述）も言わば敵性人ロームシャとしてスマトラ横断鉄道建設で使役された。

鉄道第九連隊第四大隊の投入

当初特設鉄道隊（国鉄職員主体の岡村隊）や受託した企業が中心となり、ロームシャや捕虜を使役して進めていたスマトラ横断鉄道建設工事は、戦況が急を告げてきたことで陸軍鉄道連隊も担うこととなった。

泰緬鉄道現場からスマトラ横断鉄道建設にどの鉄道連隊を投入するかは困難な決断であった。一個大隊しか派遣できないうえ、戦況が厳しさを増しスマトラ横断鉄道に対する期待が大きかったことから精鋭部隊を送らねばならず、泰緬鉄道やクラ地峡横断鉄道の建設に携わった経験を考慮して鉄道第九連隊第四大隊が選ばれた。

同隊隊長は矢部義郎がマレー侵攻作戦以来スマトラ横断鉄道建設まで務め、一九四四年一一月に転出、後任には栗林大尉が就いている。矢部と小隊長の家室（後の新姓有門）功は、泰緬鉄道建設で随一の難所ヒントクの岩山爆破を担任し、オーストラリア裁判で刑死した弘田栄治も同地で作業に当たっている。

鉄道第九連隊第四大隊が「買われた経験」には、ロームシャや捕虜の扱いも含まれていたであろう。クラ地峡横断鉄道建設を終えて、再び泰緬鉄道に戻り補修作業などにあたっていた第九連隊第四大隊の第七中隊、第八中隊そして材料敞の一部あわせて六〇〇人は、その任地ビルマ側のアナクインから自らつくった泰緬鉄道を使ってタイへ、そしてマレー半島を南下しシンガポールをめざした。

一九四四年四月一六日に鉄道第九連隊第四大隊が主力となり、第八連隊第一大隊、特設鉄道隊の岡村隊、建設業者なども加わる「中部スマトラ横断鉄道建設隊」が総勢一二〇〇～一三〇〇名で編成され、隊長には鍬柄政治大佐が就任した（鍬柄は敗戦後オランダ裁判ＢＣ級戦犯法廷で死刑を求刑され無期懲役の判決を受けた）。材料敞の岩崎は、次のように述べている。

「新線建設は遅々とした進捗ぶりで、急変する戦局に対応する軍の要求を満たすことは、とうてい不可能であった。そこで建設の主力には、泰緬鉄道でその経験を積み、豊富な技術をもつ鉄道第九連隊第四大隊と、同連隊材料廠の一部である私の隊が当たることになったのである。建設作業労力の主体は、オランダ軍俘虜と現地人労務者だった。[11]」

岩崎は一九四四年四月一六日、シンガポールのクリフォード桟橋から船でスマトラ島へ向かい、シアク河を遡上してパカンバルを目ざした。

「菊丸は、旧式の三段膨張式蒸気機関を単調に回転させ、黒い煙を海面に流しながらマラッカ海峡を横切った。夜になっても菊丸は、海とも川とも区別のつかぬ水路を、単調に辛抱強く進んだ。（中略）あたりが白み始めるころは、船はシアク川に入っていた。（中略）茫漠たる湿原の一点、猫の額ほどのシアク・スリ・インデラプラを過ぎて七〇キロ、パカンバル川となった水路は一段と狭ばまった。（中略）気の遠くなりそうな湿原が終わりを告げるあたりで、菊丸は左側のひっそりとしたパカンバル港桟橋に着いた。[12]」

「中部スマトラ横断鉄道建設隊」編成について、『戦史叢書92　南西方面陸軍作戦　マレー・蘭印の防衛』には、「中部スマトラ横断鉄道の建設は、作戦及び軍政上から極めて重要視されたので、第七方面軍は十九年七月三日、泰緬鉄道の建設に使用した鉄道第八聯隊主力（一中欠）を投入してその建設を促進した」と記されているが[13]、既述のとおり年月日は一九四四年四月一六日、投入の鉄道連隊は鉄道第九連隊第四大隊が正しい。

鉄道第八連隊第一大隊の投入

鉄道第八連隊は一九四四年二月一一日、鉄道連隊本部のあった千葉県津田沼で編成された。通常一連隊は四個大隊と一材料廠とで構成されるが、第八連隊の編成は二個大隊と一材料廠だけ[14]で、スマトラ横断鉄道建設に従事したのは第一大隊だけである。

一九四四年五月九日、第八連隊第一大隊は第九連隊第四大隊より一か月弱遅く、スマトラ島・パカンバルに上陸した。しかし、第八連隊第一大隊第一中隊の陣中日誌が存在していること、及び第八連隊は約三か月間工事に従事した後急遽フィリピンに転戦したことから、次章では先に第八連隊が残した『陣中日誌』等の記録を手がかりにスマトラ横断鉄道建設について述べていくこととする。

第一大隊第一中隊の編成は大井彰三中隊長以下総勢約二六〇名で、スマトラ横断鉄道建設に関しては今日唯一中隊の陣中日誌が残されており、その期間は一九四四年六月一日から三〇日までの一か月間である。多くの書類などがポツダム宣言受諾前後に焼却され、スマトラ横断鉄道建設地でも第九連隊によって証拠の隠滅がはかられた(12頁)。このような状況下、今日この陣中日誌がどういう理由で残存しているのかは判然としない。

隊員の佐藤新二は「あゝ鉄道第八聯隊」と題し、次のように書いている。掲載誌の『鉄道兵回想記』には多くの元鉄道連隊員が手記を寄せており、第八連隊からは佐藤が寄稿した。

「聯隊の編成完結し第2大隊が出発後幕張の廠舎に待機の第1大隊は1ケ月後、4月5日門司港出港し5月5日無事昭南に上陸す。5月9日スマトラ島のパカンバルに転進し中部スマトラ横断鉄道建設作業に従事した。(略)第1中隊は中間の第3工区の80キロの路盤構築作業、第2中隊は第4工区の鉄道橋の架橋作業に従事していたが、8月1日比島転進命令が下り昭南集結の為、横断鉄道建設工事を鉄道第9聯隊に引継ぎ昭南に向う[15]。」

佐藤新二が言うように、第八連隊第一大隊がスマトラ横断鉄道建設工事の作業を鉄道第九連隊に引き継ぐのは八月であるが、五月と七月、そして工事を引き継いだ鉄道第九連隊の陣中日誌は見つかっていない。

「引き継ぐ」と書いたが、大井彰三へのインタビューによれば、大手建設会社 間《はざま》組からの直接の引継ぎはなく、ロームシャを統率する役目を担っていた「マンドル」（mandor ＝労働者の親方・大井の説明では地元の実力者であったという。３３１頁）から説明を受け、フィリピンへの転戦の命を受けた際も慌ただしくスマトラを後にした。

第八連隊第一大隊がスマトラを後にする際の状況を、特設鉄道隊の河合秀夫は次のように書いている。河合のいたムアロに進駐していたのは、第一大隊（本橋大隊長）とその第二中隊である。

「軍の軌道工事は流石だった、我々が請負工事でクリー頼りにやる場合の何倍ものスピードになるだろう。カンタン渓谷班でも日に三百米は軽かったと覚えている。処が、我々が、舌を巻いてる間に更に驚いた事にはその元《ママ》橋部隊が、突如引き上げていった了《ママ》ったからである。（略）後で記録を見たら、この日が昭和一九年七月三〇日となっている。後任としては取り敢えず九連隊の家室（有門・筆者注）小隊が、引き継ぐとの連絡があった。[16]」

一方、第八連隊第二大隊と材料敞はシンガポール上陸後、船でサイゴンへ、さらに鉄道で中部仏印へ向かい、「カントリー鉄橋」（ダナン北方）の補修（佐藤新二「あゝ鉄道第八聯隊」には「大陸打通作戦」の一環と認識していたように書かれている。[17]）などにあたった後、シンガポールに戻り集結していた。これにスマトラ横断鉄道建設に三か月従事した第一大隊が合流し、鉄道第八連隊はフィリピンへ向かった。

今日残っている第一大隊第一中隊の『陣中日誌』は一九四四年六月分と一一月分のみであり、一一月の戦いの場は既にフィリピンである。マッカーサーのフィリピン奪回作戦が始まっており、レイテ沖海戦は一〇月二三～二五日であった。

多くの将兵がフィリピンに着くまでに海の藻屑となり、転戦地のフィリピンで編成替えした第八連隊は、当初兵員や物資の輸送業務にあたっていたが、米軍上陸後は本来の鉄道関係の任務どころではなく、各地の戦闘部隊に配属されほとんどの隊員が戦闘や飢え、病気で帰らぬ人となった。

戦争が終わってみると全二〇連隊存在した鉄道連隊の中で、第八連隊は生存者が最も少なかった。再編成後の大井中隊二〇〇名のうち生還した者はわずか六名、その一人が大井彰三中隊長である。大井はルソン島バレテ峠での死闘に加わり、「斬込」を試みるも米軍の銃撃を受け、壮絶な体験の後かろうじて生還した。

写真5-1　大井彰三中尉

筆者は鉄道第八・第九連隊の存命の方へのインタビューを模索し、第九連隊の衛生兵としてスマトラ横断鉄道建設に携わった諸星達雄（一九一九生）とはすぐに連絡が取れたが入院中であった。第八連隊のほうは戦友会名簿から復員した方々に手紙を出し、「尋ねあたらず」などで戻ってこなかった唯一の宛先が大井であった。こうして大井と連絡がつき、二〇一五年が明けた時点でスマトラ横断鉄道建設に従事し存命の方は、鉄道第八連隊の大井彰三と第九連隊の諸星達雄、そして材料廠岩崎健児の三名であった（ただし、この時点で岩崎については、筆名岩井健による著書『C56南方戦場を行く―ある鉄道隊長の記録』を知るのみで、本人の所在は確認できていなかった）。

諸星の家族にはその後幾度か連絡をとってみたが、諸星は入院・闘病の末二〇一五年五月六日に九五歳で死去し、インタビューは叶わなかった。その後遺族の方から諸星が衛生兵として建設に従事した泰緬鉄道とクラ地峡横断鉄道、スマトラ横断鉄道建設関係の資料、加えて復員後国鉄に勤務しながら自宅を長年戦友会「九四会」の事務局とし、諸々の出版物の発行などに携わってきた資料も譲り受けた。

大井に対しての最初のインタビューは二〇一五年四月五日（日曜日）に設定された。高齢の大井は耳が不自由で筆談をまじえ、家族の助力も得て行ったが、関心の主要部分はフィリピンでの戦闘にあるようで、スマトラ横断鉄道に関する情報を聞くには十分な時間がとれなかった。

当日借り受けた資料は次のとおりである。

①　野島敬吉『スマトラ寸描』[18]

②　野島敬吉『私の戦闘日誌（比島戦記）』

③　佐藤新二『謹んで鉄道を放棄する』

④　大井がフィリピンでの戦闘から生還したことを主たる内容とした、新聞掲載インタビュー記事

また、鉄道第八連隊将兵による著作物を挙げておく。

⑤　『陣中日誌』

⑥　大井彰三「戦記」（後述）

⑦　佐藤新二編『鉄道八連隊』鉄道八聯隊戦史編纂事務局、一九八八

⑧　『鉄道兵回想記』（既出）

①と②を書いた野島敬吉は、佐藤新二と同じく鉄道第八連隊第一大隊第一中隊（大井中隊）に所属していた。

④はスマトラ横断鉄道には全く触れていない。②と③もフィリピンでの戦闘以外はほとんど書かれていない。⑦には鉄道第八連隊の編成表や年表が記載されている。

筆者のインタビューの礼状に対し大井本人から手紙をもらい、第二回目のインタビューのため同年四月一九日（日曜日）に伺うことになった。しかし、前日の午後家族の方から大井が入院したとの連絡があり、インタビューは延期された。大井はインタビューが延期になったことを気にしていたとのことであり、大きな文字で作った筆者の質問表をベッドで見て、家族の方が答えを代筆する方法でやり取りができた。

その後、居住地の自治体が二〇一〇年八月一五日に発行した「戦争体験記集」に掲載された、「戦記」と題する大井の回想記もいただいた。ほとんど同時に大井が入院のまま死去したとの知らせが入った。二〇一五年六月二四日、行年九五歳であった。

第五章注

（1）三井鉱山株式会社編『男たちの世紀　三井鉱山の百年』一九九〇、一八八～一八九頁。
（2）河合秀夫『戦火の裏側で』私家版、一九九九、一八頁。
（3）飯吉精一編著『戦時中の外地土木工事史』社団法人日本土木工業協会・社団法人日本鉄道建設業協会、一九七八、一六〇頁。
（4）河合秀夫『戦火の裏側で』私家版、一九九九、一七頁。
（5）日本土木史編集委員会編『日本土木史——昭和16年～昭和40年』社団法人土木学会、一九七三、七九八～八〇二頁。
（6）鹿島建設社史編纂委員会『鹿島建設—140年の歩み』鹿島建設株式会社、一九八〇、七八頁。
（7）ＮＨＫ取材班編『日本人はなぜ戦争へと向かったのか　戦中編』ＮＨＫ出版、二〇一一、三八～三九頁。
（8）鹿島建設社史編纂委員会『鹿島建設130年史　上』鹿島建設株式会社、一九七一、三三三頁。
（9）柴田善雅「南方占領地域と大東亜共栄圏の実態」ＮＨＫ取材班編『日本人はなぜ戦争へと向かったのか　戦中編』ＮＨＫ出版、二〇一一、一一七頁。

(10) 疋田康行編著『「南方共栄圏」』多賀出版、一九九五、六三七頁。
(11) 岩井健『C56南方戦場を行く――ある鉄道隊長の記録』時事通信社、一九七八、一七四頁。
(12) 同右、一七六～一七七頁。
(13) 防衛庁防衛研修所戦史室編『戦史叢書92　南西方面陸軍作戦　マレー・蘭印の防衛』朝雲新聞社、一九七六、四三三頁。
(14) 佐藤新二編『鉄道八連隊』鉄道八聯隊戦史編纂事務局、一九八八、一～二頁。
(15) 佐藤新二「あゝ鉄道第八聯隊」戸田充人編『鉄道兵回想記』浪鉄会　鉄道兵回想記刊行会、一九八九、三四一頁。『鉄道兵回想記』はB5版、横書き、全六一二頁である。
(16) 河合秀夫『戦火の裏側で』私家版、一九九九、七一頁。
(17) 佐藤新二「あゝ鉄道第八聯隊」戸田充人編『鉄道兵回想記』浪鉄会　鉄道兵回想記刊行会、一九八九、三四二頁。
(18) 本冊子の発行は一九八九（平成元）年九月二一日であり、一九四四年当時のことを四五年後に書いていることになる（野島は一九一八年生まれなので、二六歳当時を七一歳になって回顧筆記した）。B5版三〇頁、一頁あたり約一〇〇〇字、全体で四〇〇〇字詰め原稿用紙にして七五枚であり、スマトラ横断鉄道建設現場の詳細な地図が付いている。それを含めると三一頁、表紙等を含めると全体で三三頁である。

第六章　ロームシャの惨状

筆者は大井彰三から借り受けた資料を『陣中日誌』等との整合性に気を配りながら、そして後には諸星達雄の資料とも突き合わせながら読んでいった（諸星の死去は大井より一か月半早かったが、筆者は大井の死を先に知った）。本章では大井へのインタビュー、往復書簡、家族の方を介してのやり取り、「戦記」、鉄道第八連隊第一大隊第一中隊の『陣中日誌』、野島敬吉の『スマトラ寸描』、森文雄の『軍政手簿』、第二十五軍主計大尉本庄弘直の書簡、東京裁判、オランダ裁判などをもとに、スマトラ横断鉄道建設で使役されたロームシャに焦点を当て、記すこととする。

現存していた陣中日誌

焼却・散逸を免れ防衛省防衛研究所に所蔵されている陣中日誌は、鉄道第八連隊第一大隊第一中隊の一九四四年六月一日〜三〇日のものである。表紙（鑑）には「昭和一九・六・一〜一九・一一・三〇　鉄道第八連隊第一中隊陣中日誌　防衛研修所戦史部」と書かれ、内表紙には「極秘　昭和拾九年六月　陣中日誌　鐵道第八聯隊第一中隊」となっている（図表6－1）ので、このあと七月から一一月分まであるはずだが、一〇月分までが欠落し一一月分は存在している（一一月の戦地は転戦先のフィリピンである）。

「防衛省防衛研究所戦史研究センター」は、二〇一一年まで「防衛省防衛研究所戦史部」、二〇〇七年まで「防衛庁防衛研究所戦史部」、一九八五年までは「防衛庁防衛研修所戦史部」、一九七六年までは「防衛庁防衛研修所戦史室」という名称だったので、表紙は一九七六年から一九八五年の間に陣中日誌をまとめる際に鑑として作成したものと思われる。

スマトラ横断鉄道建設にあたったロームシャや捕虜の労働、食料、医療などの実態についての記録は限られているうえに、関係者で存命の方は既に九〇歳を超えており聞き取りは困難な状況にある。それゆえ一か月分だけでも陣中日誌が存在していることは貴重であり、その分析から多くの情報が得られるものと考える。

『陣中日誌』には日々の作業等の記載に加えロームシャの死亡や逃亡の人数も記載した報告書「労務者現況報告」が添付されており、六月一三日、二五日、二六日付の三日分が存在する。六月一三日については全頁（本文五頁と添付二頁）を（図表6-2-1～6-2-7）、

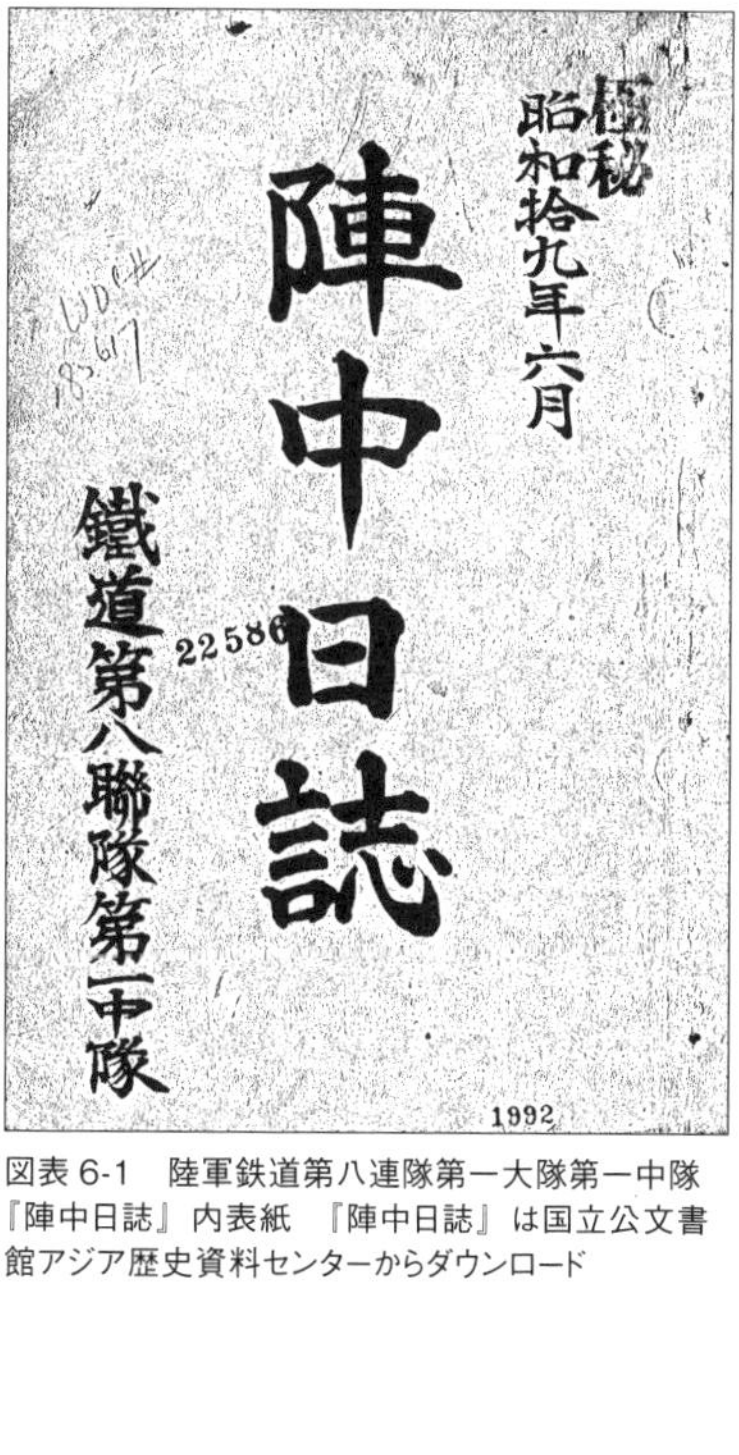

図表 6-1　陸軍鉄道第八連隊第一大隊第一中隊『陣中日誌』内表紙　『陣中日誌』は国立公文書館アジア歴史資料センターからダウンロード

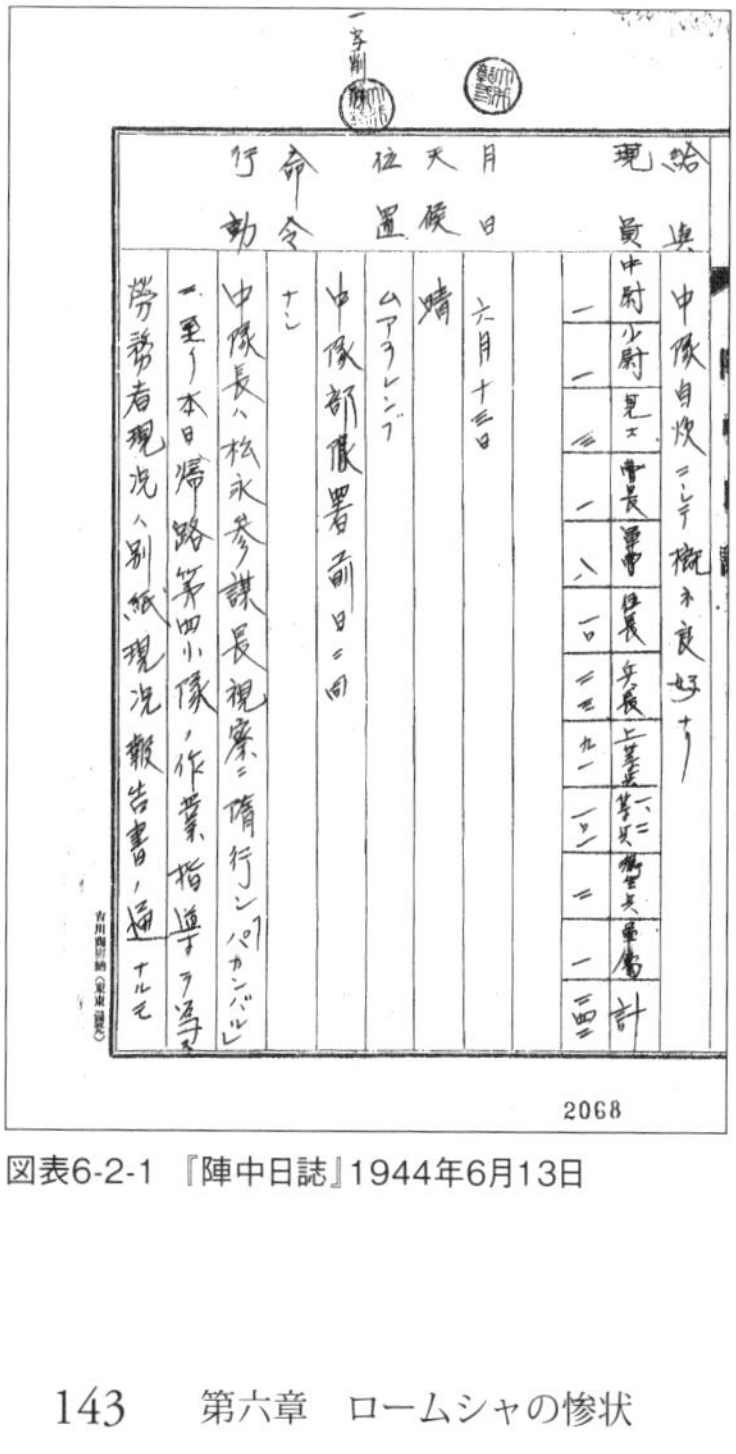

図表6-2-1　『陣中日誌』1944年6月13日

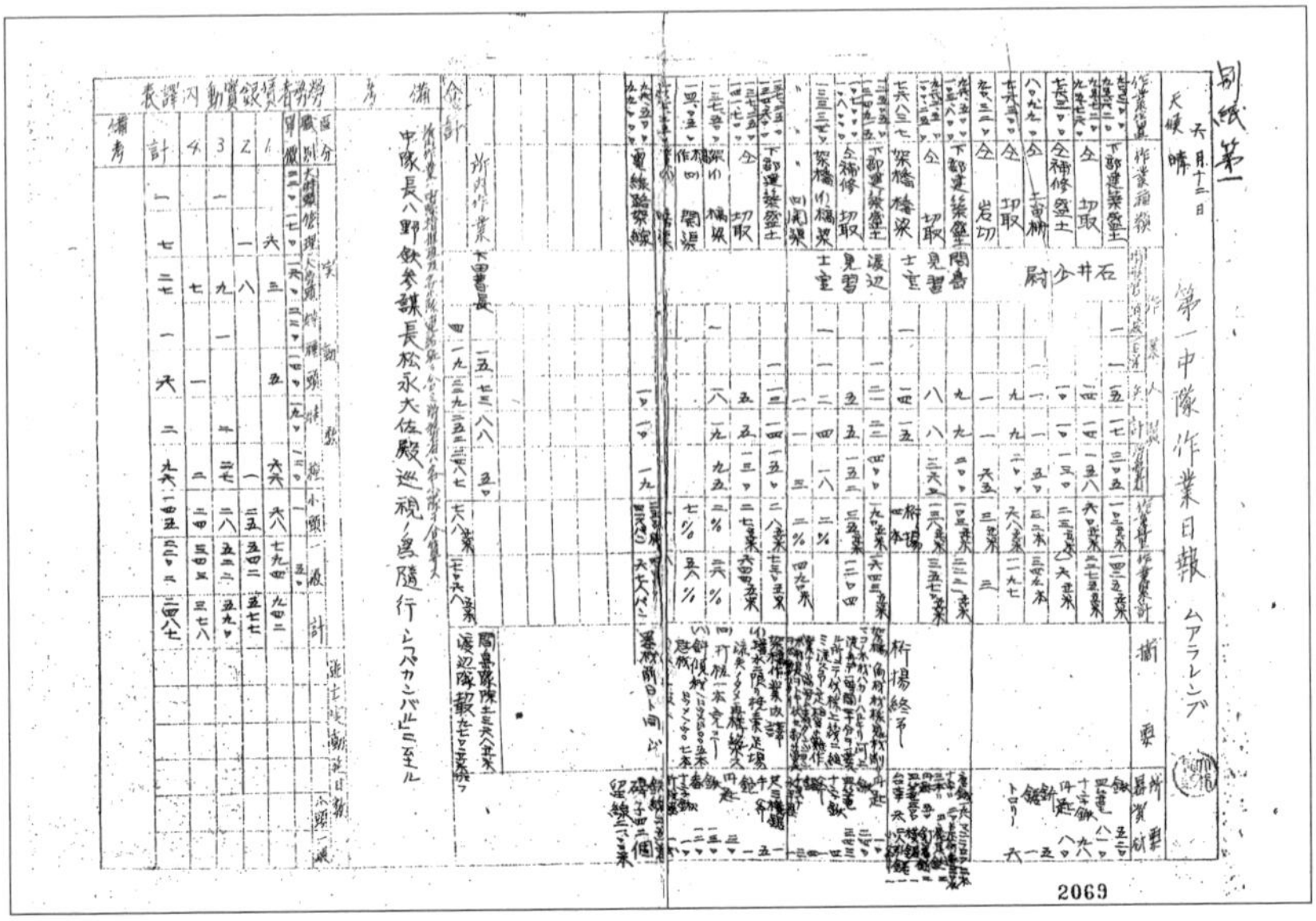

別紙第一

六月十二日　天候　晴

第一中隊作業日報　ムアラレンプ

中隊長ハ野鉄参謀長松永大佐殿巡視ノ為随行シパカンバルニ至ル

2069

図表6-2-2　『陣中日誌』1944年6月13日（以下、6-2-7まで同じ）

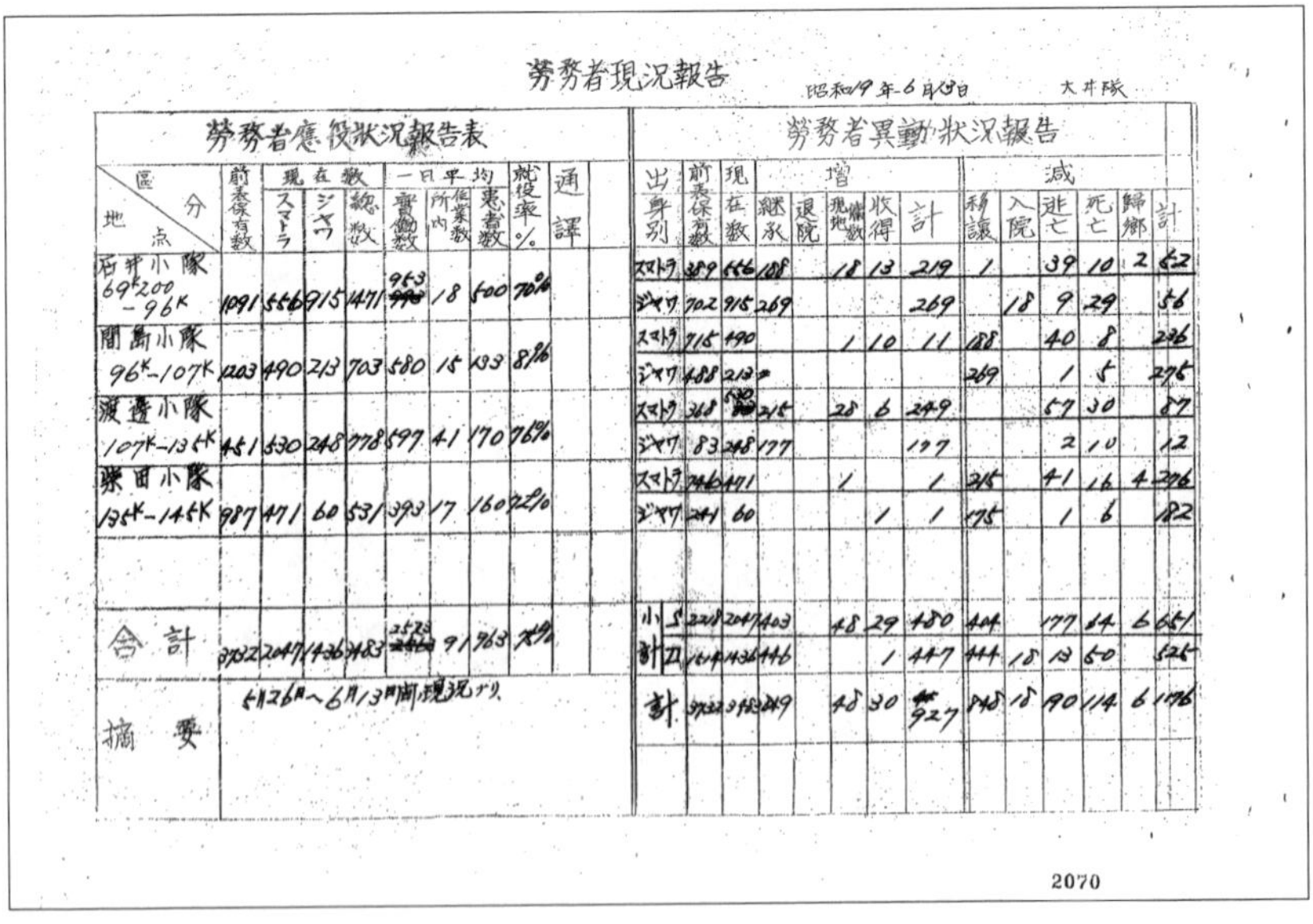

勞務者現況報告

昭和19年6月13日　大井隊

勞務者應役狀況報告表

地点＼区分	前表保有数	現在数 スマトラ	現在数 ジャワ	現在数 総数	一日平均 實働数	一日平均 所内作業数	一日平均 患者数	就役率%	通譯
石井小隊 69K200−96K	1091	556	915	1471	953（990を訂正）	18	500	70%	
間島小隊 96K−107K	1203	490	213	703	580	15	133	81%	
渡邊小隊 107K−135K	451	530	248	778	597	41	170	76%	
柴田小隊 135K−145K	987	471	60	531	393	17	160	72%	
合計	3732	2047	1436	3483	2523（訂正）	91	963	75%	
摘要	5月26日〜6月13日間ノ現況ナリ								

勞務者異動狀況報告

出身別	前表保有数	現在数	増 継承	増 退院	増 現地徴傭数	増 収得	増 計	減 移譲	減 入院	減 逃亡	減 死亡	減 帰郷	減 計
スマトラ	389	556	188		18	13	219	1		39	10	2	52
ジャワ	702	915	269				269		18	9	29		56
スマトラ	715	490			1	10	11	188		40	8		236
ジャワ	488	213						269		1	5		275
スマトラ	368	530（訂正）	215		28	6	249			57	30		87
ジャワ	83	248	177				177			2	10		12
スマトラ	746	471			1		1	215		41	16	4	276
ジャワ	241	60				1	1	175		1	6		182
小計 ス	2218	2047	403		48	29	480	404		177	64	6	651
小計 ジ	1514	1436	446			1	447	444	18	13	50		525
計	3732	3483	849		48	30	927	848	18	190	114	6	1176

2070

図表6-2-3

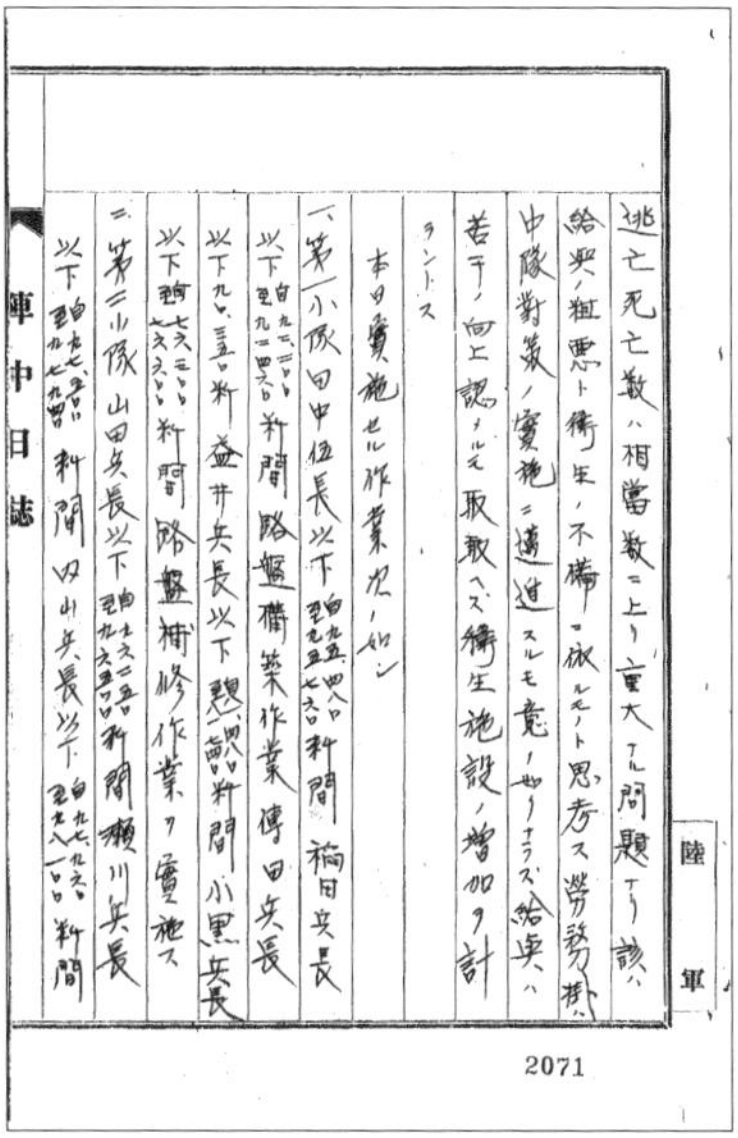

陸軍 陣中日誌

逃亡死亡数ハ相当数ニ上リ重大ナル問題ナリ 該ハ
給与ノ粗悪ト衛生ノ不備ニ依ルモノト思考ス 労務ハ
中隊対策ノ実施ニ邁進スルモ意ノ如クナラズ 給与ハ
若干ノ向上認メルモ取敢ヘズ衛生施設ノ増加ヲ計
ランドス
本日実施セル作業次ノ如シ
一、第一小隊田中伍長以下 自九五、四八〇 至九五、七六〇 粁間 稲田兵長
以下 自九〇、二〇〇 至九一、四六〇 粁間路盤構築作業 傳田兵長
以下九八、三五〇粁 益井兵長以下 粁間 小黒兵長
以下 粁間路盤補修作業ヲ実施ス
二、第二小隊山田兵長以下 粁間 瀬川兵長
以下 粁間 四山兵長以下 粁間

2071

図表6-2-4

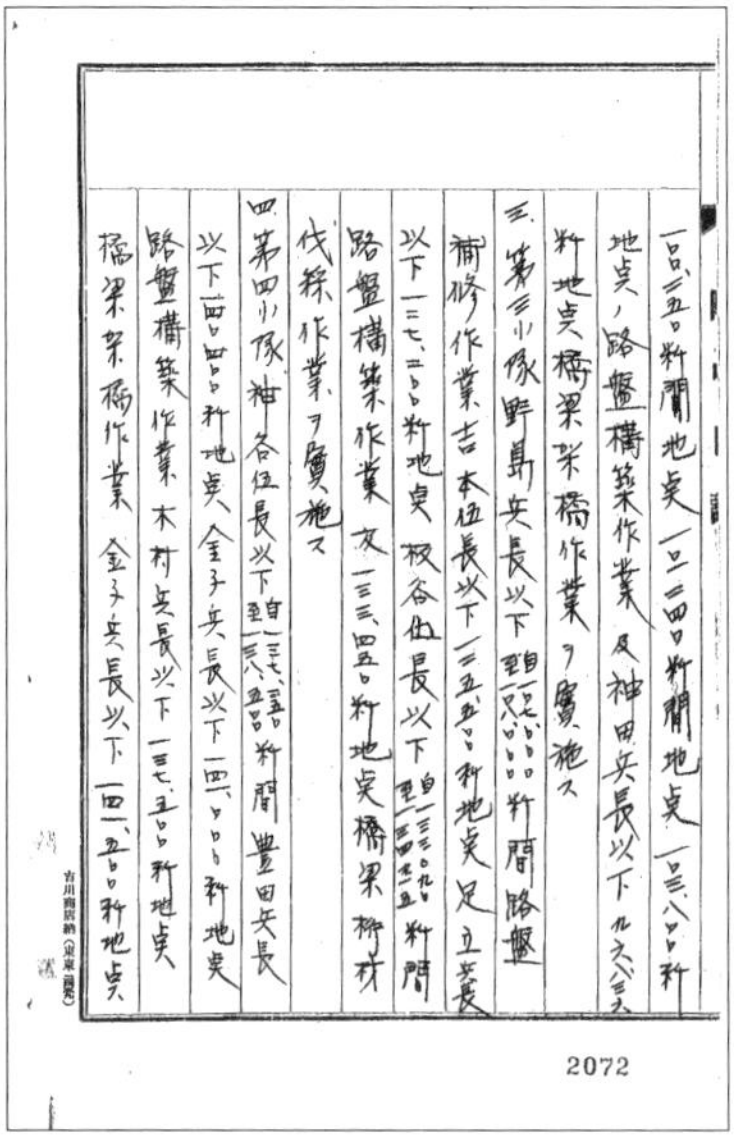

一〇〇、三五〇粁間地点 一〇二、四〇〇粁間地点 一〇三、八〇〇粁
地点ノ路盤構築作業 及神田兵長以下九六、八三六
粁地点橋梁架橋作業ヲ実施ス
三、第三小隊野島兵長以下 自一〇七、 至一〇八、 粁間路盤
補修作業 吉本伍長以下一三五、五〇〇粁地点足立兵長
以下一三七、二〇〇粁地点 板谷伍長以下 自一三三、〇九〇 至一三四、二五〇 粁間
路盤構築作業 及一三三、四五〇粁地点橋梁 柳材
伐採作業ヲ実施ス
四、第四小隊柚各伍長以下 自一三七、三五〇 至一三八、五〇〇 粁間 豊田兵長
以下一四〇、四〇〇粁地点 金子兵長以下一四一、〇〇〇粁地点
路盤構築作業 木村兵長以下一三七、五〇〇粁地点
橋梁架橋作業 金子兵長以下一四一、五〇〇粁地点

2072

図表6-2-5

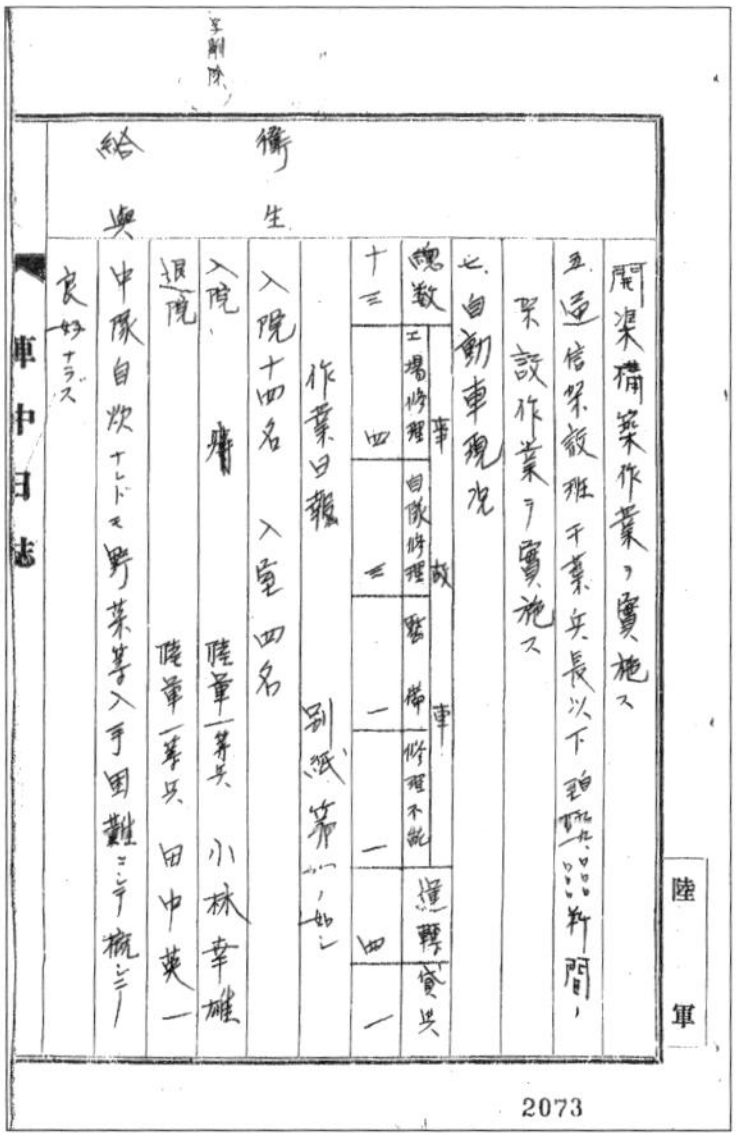

陸軍 陣中日誌

開渠構築作業ヲ実施ス
五、通信架設班千葉兵長以下 粁間ノ
架設作業ヲ実施ス
七、自動車現況

總数	事故車 工場修理	事故車 自隊修理	事故車 整備	事故車 修理不能	運轉	實兵
十三	四	二	一	一	四	一

衛生
作業日報 別紙第一ノ如シ
入院十四名 入室四名
入院 陸軍一等兵 小林幸雄
退院 陸軍一等兵 田中英一

給与
中隊自炊ナレドモ野菜等入手困難ニシテ概シテ良好ナラズ

2073

図表6-2-6

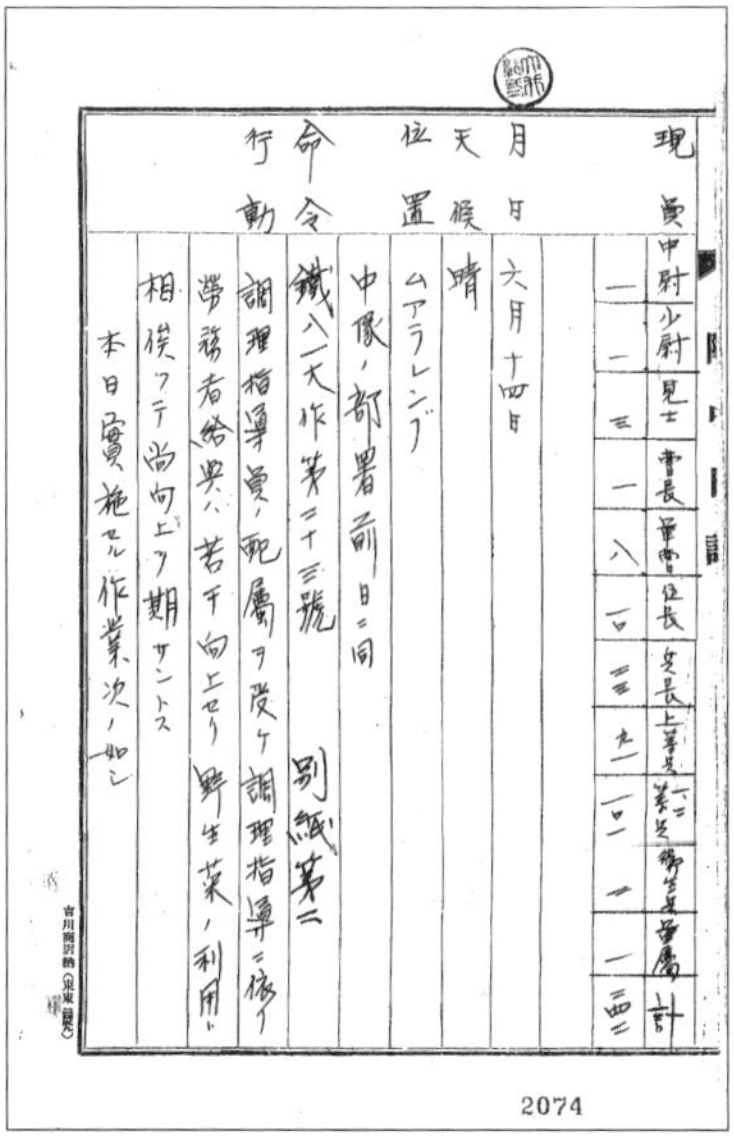

現員	
中尉	一
少尉	一
見士	三
曹長	一
軍曹	八
伍長	一〇
兵長	三三
上等兵	九一
一等兵	一〇二
衛生兵	一
軍属	一
計	二四二

月日 六月十四日
天候 晴
位置 ムアラレンブ
命令 中隊ノ部署前日ニ同
鐵八一大作第二十三號 別紙第二
行動 調理指導員ノ配属ヲ受ケ調理指導ニ依リ
労務者給与ハ若干向上セリ 野生菜ノ利用ト
相俟ッテ尚向上ヲ期サントス
本日実施セル作業次ノ如シ

2074

図表6-2-7

二六日は添付されている「労務者現況報告」を掲載し（図表６‐３）、両日の記録を「労務者現況報告」を中心に比較検討する。一三日と二六日の「労務者現況報告」は書式が同一であり、継続して作成されている。二五日の「労務者現況報告」は「入院と死亡」の項（１５５頁）で、入院患者数と死亡者数を検討する際に掲載する。

担任工区と建設工事

中部スマトラ横断鉄道建設隊（鋤柄隊長）は司令部をパカンバルに設置し、第八連隊第一大隊（本橋大隊長）は第二中隊とともに既設鉄道との接続点であるムアロに、大井率いる第一中隊はパカンバルから九五キロメートル地点のムアラレンブにそれぞれ本部を置いた（六月一三日の『陣中日誌』に、大井中隊の「位置」は「ムアラレンブ」とある。図表６‐２‐１）。

大井は担任することになった第三工区について、「戦記」に次のように書いている。

労務者現況報告

昭和19年6月26日　大井隊

労務者應役狀況報告表

区分／地点	前表保有数	現在数 スマトラ	現在数 ジャワ	現在数 総数	一日平均 稼働数	一日平均 所内作業数	一日平均 患者数	就役率%	通譯	
石井小隊 69k200-96k	1471	442	967	1409	824	15	572	59%		
間島小隊 96k-107k	703	492	185	677	545	11	124	82%		
濱辺小隊 107k-135k	778	525	243	768	572	44	155	80%		
柴田小隊 135k-145k	531	407	48	455	309	17	132	70%		
指揮班 道路料 134k	0	19		19		17	2	89%		
合計	3483	1885	1443	3328	2250	104	985	71%		
摘要	1.[illegible]石井小隊[illegible]SD=79[illegible] 2.〃 間島小隊〃 SD=28〃									

労務者異動状況報告

出身別	前表保有数	現在数	増 継承	増 退院	増 現地傭数	増 収得	増 計	減 移譲	減 入院	減 逃亡	減 死亡	減 帰郷	減 計
S	556	442	6	1	8	8	23	22		26	7	3	58
D	915	967			15		15			19	23		42
S	490	492	3		1		4			27	2		29
D	213	185									1		1
S	530	525	1		19	13	33			14	17	7	38
D	248	243				2	2				7		7
S	471	407	1			3	4			46	22		68
D	60	48									12		12
S		19	19				19						
D													
S	2047	1885	30	1	28	24	83	22		113	48	10	193
D	1436	1443	0			17	17			19	43		62
	3483	3328	30	1	28	41	100	22		132	91	10	255

2154

図表6-3 『陣中日誌』1944年6月26日「労務者現況報告」

「今まで間組が担当した七〇～一五〇キロメートル（パカンバルから・筆者注）間の八〇キロメートルの区間を三千人の労務者を引継いでの作業である。[1]」

建設作業の主体が特設鉄道隊や企業から鉄道連隊に引き継がれたこと、受託企業に間組が入っていたことは記述のとおりであり、ここに記した内容は大井へのインタビューでも確認している。鉄道連隊が上陸したとき、特設鉄道隊（岡村隊）は湿地帯やクワンタン渓谷での路盤工事に取り組んでいたのである。

湿地帯での路盤構築工事では、伐採した樹木や掘り起こした土の運搬、盛土など単純で力を要しかつ危険な作業はロームシャの役目だった。また、道床用の砂利採取や運搬の仕事もあてがわれ、赤道直下の炎天のもと、ロームシャはひたすら鉄道建設に従事させられた。

鉄道第八連隊第一大隊の大隊長は本橋豊吉、第一

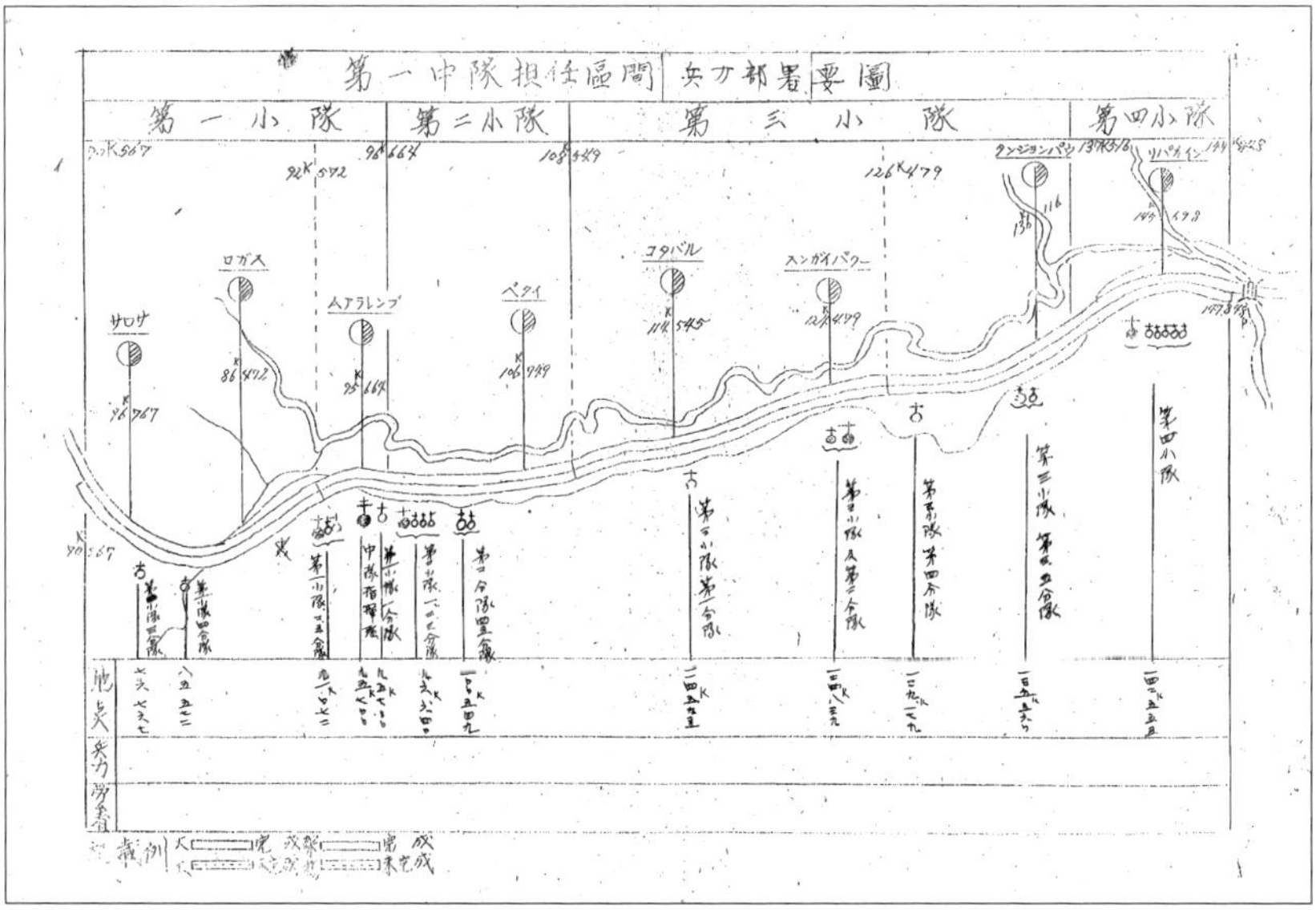

図表6-4　第一中隊担任区間兵力部署要図（『陣中日誌』6月1日付）

中隊中隊長が大井彰三、第二中隊中隊長が吉原安太郎であり、第三工区は「労務者現況報告」（六月一三日付）によれば、第一中隊（大井中隊）の「石井小隊」「間島小隊」「渡邊小隊」「柴田小隊」の四小隊が担任している。[2]全七五・八キロメートルの区間をそれぞれの小隊は、パカンバルからの距離で六九・二キロメートル～九六キロメートル（区間距離は二六・八キロメートル）、九六キロ～一〇七キロ（同一一キロ）、一〇七キロ～一三五キロ（同二八キロ）、一三五キロ～一四五キロ（同一〇キロ）の区間を受け持ち、六月一日付に添付されている「第一中隊担任区間兵力部署要図」（図表6-4）に従って作業を進めた。

赤道はパカンバルから七〇キロメートル地点だったので、大井中隊はまさに赤道直下北半球を八〇〇メートル受け持ち、あとの七五キロメートルは南半球での作業であった。一方、ムアロに本部を置いた第二中隊はオンビリン架橋に取り組んだ。三か月後第一大隊はフィリピンに転戦することになり、鉄道第九連隊第四大隊第七中隊有門小隊が作業を継いだ。

戦友会誌『光と影』と『残照』に、作業手順とその困難さを述べた部分があるので引用する。

「七月（一九四四年・筆者注）末第七中隊はパヤコンブよりムアロに転進、同地に指揮班を置き、ムアロ以遠リバカイン間に展開、路盤の延伸を図ると共に橋梁架設に従事、上部建築に備えての材料蒐集、或いは犬釘の改造に当った。又第八中隊は指揮班をリバカインに進め、カンパルキリ、カボンドリアン等の大橋梁を始め幾多の小橋梁を含む下部建築並びに上部建築推進の為の材料集積改造等に任じ、両中隊共下部建築の完成に膚接して軌道の延伸を図っていた。[3]」

「パカンバルを出発すると巾四メートル位の道が一本沼沢地ジャングルの中を走り、西側はコーヒー色の水の流れる底なし沼、蟹の足を交叉させた様なマングローブの根、何とも手に負えない所に遭遇した。いくら土や材木を入れてもどんどん沈んでしまい、鉄路は作れず、道に片足かけ、沼渕に打杭して橋をかけ鉄路を作った。[4]」

橋の材料は付近のジャングルから木材を切り出して使用したが、カンパルキリ河の川幅は一二〇メートルもあり、工具が不足しているなかでの作業は困難を極めた。その先はインドラギリ河のクワンタン渓谷沿いに展開する、沿線随一の難工事区間である。国鉄職員主体の特設鉄道隊や建設業者では仕事が迅速に進まないという理由で鉄道連隊が投入されたのであるが、最難関のクワンタン渓谷沿いの工事は鉄道連隊の指揮下に入った建設業者が担任しており、シロケの区間は大林組と鹿島建設の二社が工事を請け負っていた。

第八連隊の転戦で担任工区は変更され、その後英印軍ゲリラによる北スマトラのアチェ鉄道プタダ橋梁の破壊（283頁）、インドネシア鉄道史上最悪といわれるパダンパンジャン・パダン間カンポンテンガー鉄橋での列車転覆事故[5]などの復旧作業に向かうよう命令が出たことなどにより、担任工区は敗戦までに幾度となく変更を余儀なくされている。有門（家室）巧が『残照』に記した「スマトラ記」によれば、それら変更の概略は次のようであった。

第八連隊第一大隊フィリピン転戦後を第九連隊第四大隊が引き継ぎ、その後アチェ鉄道の補修に第四大隊は第七中隊を割かれ、その間ムアロ側の建設は軍属作業隊に任された。[6]

アチェ鉄道やカンポンテンガーへの復旧作業はスマトラ横断鉄道建設域外への命令であり、それら大きな出張作業の他、スマトラ横断鉄道内でも頻繁な担当工区の変更があった。特に、重要視され先行して開通させたロガス支線が洪水の被害を受けると、優先して復旧作業が行われた。ムアロで作業に当たっていた有門（家室）隊はカンポンテンガーへの復旧作業を命ぜられ、それを終えて戻ると次はロガス炭鉱支線へ行くよう大隊命令が入る。その際の状況を回想して有門は次のように書いている。

「二月に開通したはずのロガスに何があったのか、状況が判らぬ。十八日（一九四五年三月・筆者注）朝、山田隊の金森忠一郎伍長がやってきた。金森の説明によると、中村小隊はパカンバル埠頭線の建設に向う由、ロガス炭鉱線は水害にやられ、第一タプイ、第二タプイの二橋梁が流出したとのことであった。（略）山間の軽便鉄道であり、第一、第二タプイとも川巾は小さくせいぜい三〇メートルから五〇メートルである。五月十日、復旧を終った。その日午後には試運転を行なった。上乗だった。翌十一日から石炭輸送を開始した。一日五〇トン、毎日順調に輸送がなされ、無煙炭がペタイのホッパーから貯炭槽に落ちていった。(7)」

ムアロからアチェ鉄道の復旧作業へ向かう際の、「ロガス炭鉱をめざして建設を進める部隊よりの兵力の（アチェへの・筆者注）抽出は、いうまでもなくむずかしい。とすれば、一時ムアロ側の建設を中止しなければならない。(8)」との有門の記述は、ロガス支線の先行建設が求められていたことを示しており、ロガス炭鉱からのコークス早期搬送が至上命令であったことがうかがえる。

バリサン山脈から流れ下る大河とその支流はひとたび洪水を起こすと全く手の施しようがなく、根こそぎ倒れた多くの大木が、膨れあがった川を転げるように流れてくる。こすれて皮がはがれ白っぽく奇怪な姿となった流木は路盤を削り、構築中の橋桁にぶち当たる。その後には路盤や木製橋の修復作業が待っていた。『光と影』には、「兎に角、スマトラにおいては流木との戦いが重点を占めていたと云っても過言ではない(9)」と記されている。

材料敞岩崎大尉の記録によれば、レール敷設が始まったのは一九四四年夏である。

「昭和一九年初夏のパカンバルは、たとえようもない暑さに襲われていたが、第七中隊と第八中隊は、ジャワ労務者とオランダ軍俘虜を投入して、路盤構築、架橋作業に続き、レール敷設を開始した。七月下旬、第七中隊は既設線側のムアラに転進し、パカンバル方面に向かって作業を開始した。[10]」

凄惨な鉄道建設現場

『陣中日誌』に次のような記載がある（ここで言う「給与」は現物給与の中の食料のことである）。

「労務者現況は別紙現況報告書の通なるも逃亡死亡数は相当数に上り重大なる問題なり　該は給与の粗悪と衛生の不備に依るものと思考す　労務掛は中隊対策の実施に邁進するも意の如くならず給与は若干の向上認めるも取敢へず衛生施設の増加を計らんとす」（一九四四年六月一三日。図表6-2-1と6-2-4）

「労務管理に関しては上司の給養其他全般の努力と兵の撫順と相俟ち漸次向上しつつあるも一部に於ける逃亡死亡患者の多発は作業能率を全般的に低下せしめつつあり　労務管理に付ては一段工夫研究を要す」（六月三〇日）

このようにロームシャが相当数逃亡・死亡して大きな問題になっていた。しかし、大井はインタビューでロームシャの逃亡については否定し、死亡者は「ごくわずか」存在したと述べている。また第二十五軍主計大尉であった本庄弘直は、戦友会誌『富の歩み』の中でロームシャなどの置かれていた状況を次のように記している。

「スマトラ横断鉄道工事は泰ビルマ鉄道工事のように悪評が伝えられておりませんが、私が労務指導で見たかぎりでは、凄惨という言葉そのまゝのところがありました。[11]」

本庄は同頁で、「部隊の塩干物、香辛料の補給、全裸作業者へのパンツの補充は本部の任務とし、実施方策を示しました」とも書いている。少数の者がたまたまパンツをはいていなかったのなら、融通して貸与すれば済む話であるが、「本部の任務」としているところから、少なからぬロームシャが全裸で作業にあたっていたことがわかる。しかも、イスラム教徒は裸になることも裸体を見ることも忌避するので、問題は深刻である。『富の歩み』の発行年である一九八一年は戦後三六年目にあたり、「先の戦争」に対する反省期や高度経済成長期を過ぎ、時代は保守思潮のなかにあった。それにもかかわらず、スマトラ横断鉄道建設工事は凄惨であり、その具体例としてロームシャが全裸で作業していた、という発言が戦友会誌に掲載されるほどに現場は酸鼻を極めたということである。これに関しては、諸星達雄に宛てられた本庄弘直の書簡にも同じ回想があるので後段詳しく見ることとする。

当時東南アジアの人々は侮蔑的に「土民」と呼称されていた。「南方占領地行政実施要領」（一九四一年）には「土民」が表れるし、一九三〇年にオランダが実施した蘭領印度の人口センサスの邦訳でも「土人」が使われている。『極東国際軍事裁判速記録』（一九六八年）でも「土人」や「土民」という言葉が使用されている。(12)

日本は明治維新以降、同じアジアの台湾や朝鮮を植民地化し、アジア・太平洋戦争期には仏印をフランスと共同支配し、日独伊三国同盟を結ぶなど、アジアを侵略しつつ強い西洋志向を持っていた。南進していった際には、これら「脱亜入欧」の国是をアジアから指弾されないよう留意した。そのため、メディアは「西洋と東洋」という対立軸の強調につながる白人、土人の字句の使用を自粛したのであるが、(13)それにもかかわらず日本軍自体が「南方占領地行政実施要領」では「土民」を使用していた。これは、直接アジアの人々に触れる文書ではないので使用したのであり、内と外で使い分けていることがわかる。

給養

ロームシャの逃亡と死亡の原因には「給養」（食料）と「衛生」の問題があり、食料については「中隊自炊なるも自動貨車実働僅少なる為野菜の入手困難にして給養は概して良好ならず」（『陣中日誌』六月一日）と記載されているように、生鮮野菜の入手が困難なことは『陣中日誌』の他の箇所にも記載がある。また、東京裁判における英国航空兵P・S・デヴィス中佐の宣誓報告によると、パカンバル俘虜収容所では捕虜が野菜を作り[14]、日本軍も敗戦後スマトラにとどまっていた時には野菜をつくって飢えをしのいだという回想記も多く見受ける。

しかし、第二十五軍軍政監部付軍属としてシンガポール、のちにスマトラのブキティンギで「特産課」に勤務していた前野健男は『証言集　日本軍占領下のインドネシア』（一九八八年）のなかで次のように述べている。

「スマトラの方は食糧はね、そんなに困りませんでした。野菜なんかも日本と同じように採れますし、米もスマトラでは相当に生産されていましたし、そういう意味では食糧関係はマレー全体から見れば楽だったと言えますね。[15]」

証言のように野菜生産が順調であれば、『陣中日誌』に記されているような入手困難は起こらないであろう。スマトラ島は火山島でありジャングルや湿地帯が多く、コーヒーや茶、タバコ、天然ゴムなどのプランテーションは盛んであるが、水稲や陸稲が大きく広がっているわけではない。

オランダ統治時代から米の供給をタイやビルマなどに頼っており、鉄道第八連隊の大井彰三もスマトラ横断鉄道建設現場ではタイ米を食べていたと証言している。しかも日本軍はしばしば政策を変更し他の作物への転作を強要した。一九四二年に出版された片柳眞吉の『日本戦時食糧政策』には、米穀の不足圏と過剰国が記されており、蘭印は不足圏として挙がっている[16]。

森文雄の『軍政手簿』には、昭和十八年度の「米穀需給状況」が記載され（図表6－5）、米だけでは足らず雑穀や甘藷タピオカでしのいでいるが、それでも二四万八五〇〇トンが不足している。

リアルタイムで書かれた『陣中日誌』や『軍政手簿』、そして大井の証言などと、侵略先の東南アジアで「公務員」であった前野が高度経済成長を経て飽食の時代となった二〇世紀末において語った証言とでは、事実のありかはおのずと判断できよう。

『軍政手簿』にはスマトラにおける食糧配給量についての記載もある（図表6－6）。食糧の種類や現地人の区別によらず一般邦人の配給量は現地人よりも必ず多く、現地人一般消費者は一般邦人の半分以下の量しか配給されない決まりになっている。この配給量では慢性的な飢えに悩まされることになる。

しかも、決められた量が支給されるわけではなく、実際の支給量が目減りしていたことは多くの

図表6-5　米穀需給状況（昭19年3月軍政月報）

一、昭18年度需給状況	1.需要量102万屯
	2.供給量77万1500屯（米15万2千屯　雑穀6万2400屯　甘藷タピオカ139万2800屯　米換算55万7100屯）
	3.不足量24万8500屯（甘藷タピオカ換算62万1250屯　要植付面積31万0625英反（1英反2屯収量））
二、昭19年度米穀の輸入計画	7万屯／月量

（出典）森文雄『軍政手簿』1558頁。
（注）原典では地域が明示されていないが、1944年3月当時『軍政月報』を作成していたのはマレーであると考えられる。

図表6-6　軍政主要食糧配給量

		米穀	塩	砂糖	食油
一般邦人		米550　雑150	25	35	30
現地人	**一般消費者**	米200　雑100	5	10	0
	軽労働者	米300　雑100	10	10	10
	重労働者	米500　雑100	15	10	15

（出典）森文雄『軍政手簿』1549頁。
（注）単位は瓦（グラム）：原典では明示されていないが、「スマトラ」統計調（20年9月5日）のうちの一つなので、本表はスマトラにおける1日当たりの数値である。

事例から明らかである。使役されていた捕虜の食糧配給量についても同様であり（285頁）、ロームシャの賃金が定められた満額を支給されていなかったことも同様であった（52頁）。

一九三〇年実施の蘭印人口センサスによると、スマトラ島で人口三万以上の都市は日本より広い島内にメダン、パダン、パレンバンの三市しかなく、パダンは三番目の都市であった[17]。その都市人口と同規模のロームシャや俘虜収容所が鉄道建設沿線に突如出現したのである。スマトラをフィールドとしてきた社会学者加藤剛は著書『時間の旅、空間の旅　インドネシア未完成紀行』に次のように書いている。

「戦況の思わしくない中、諸物資欠乏のおりから、そして交通運搬の便が極度に悪化している状況下で、ジャングル内の工事線路沿いに散らばった三万人の「非農業人口」、当時のスマトラの三大都市に匹敵する人口に、一体どこからどのようにして食糧を供給できたのだろうか[18]。」

大井はインタビューで、ロームシャが病気になったりして仕事に出なかった際には米の量を減らしていたことを認めており、それは前任者の間組の時からであったとしている。このように人間の生死に直接関わる食事量を病気になったことで減らすのは、泰緬鉄道建設等でも見られたロームシャや捕虜に対する虐待であった。

入院と死亡

ロームシャの入院状況はどうであろうか。六月一三日と二六日の「労務者現況報告」のなかで「入院」欄に数値が記入されているのは一三日の「石井小隊」「ジャワ」の一八人のみである。ここで六月二五日の「労務者現況報告」の「摘要」欄にヒントになると思われる記入があるので見てみたい（図表6‐7）。

石井小隊の、総数に対する患者割合は四一％で、図表6‐8のように他の隊と比べてかなり高いことがわかる。

患者割合が多ければ入院患者も多くなり、かつ摘要欄1に「石井小隊患者数には特別患者150を含みあり」、摘要欄3に「6月上旬に比し、患者数は30%増トナレリ」旨記載されているので、石井小隊に入院患者がいたというのは納得できる。「特別患者」が何を指すかは定かではないが、摘要2には「患者の70%はマラリアにして」となっているので集団感染があったのかもしれない。もちろん入院には病気だけではなくケガの場合もあり、いちがいにマラリアと断定はできない。

しかし奇妙なのは、どの小隊でも多くの死者が出ているのにもかかわらず、石井小隊以外には入院者がいないことである。特に、渡辺小隊のスマトラ出身者五七人という死亡者数は、石井小隊を上回っているにもかかわらず入院者数はゼロである。

また石井小隊の、患者数に対する入院率は三%、死亡率は約一一・九%であり（図表6－9）、各隊の患者数に、石井小隊の入院率三%を掛けてみると、それぞれ三～五人程度の入院数があってもいい

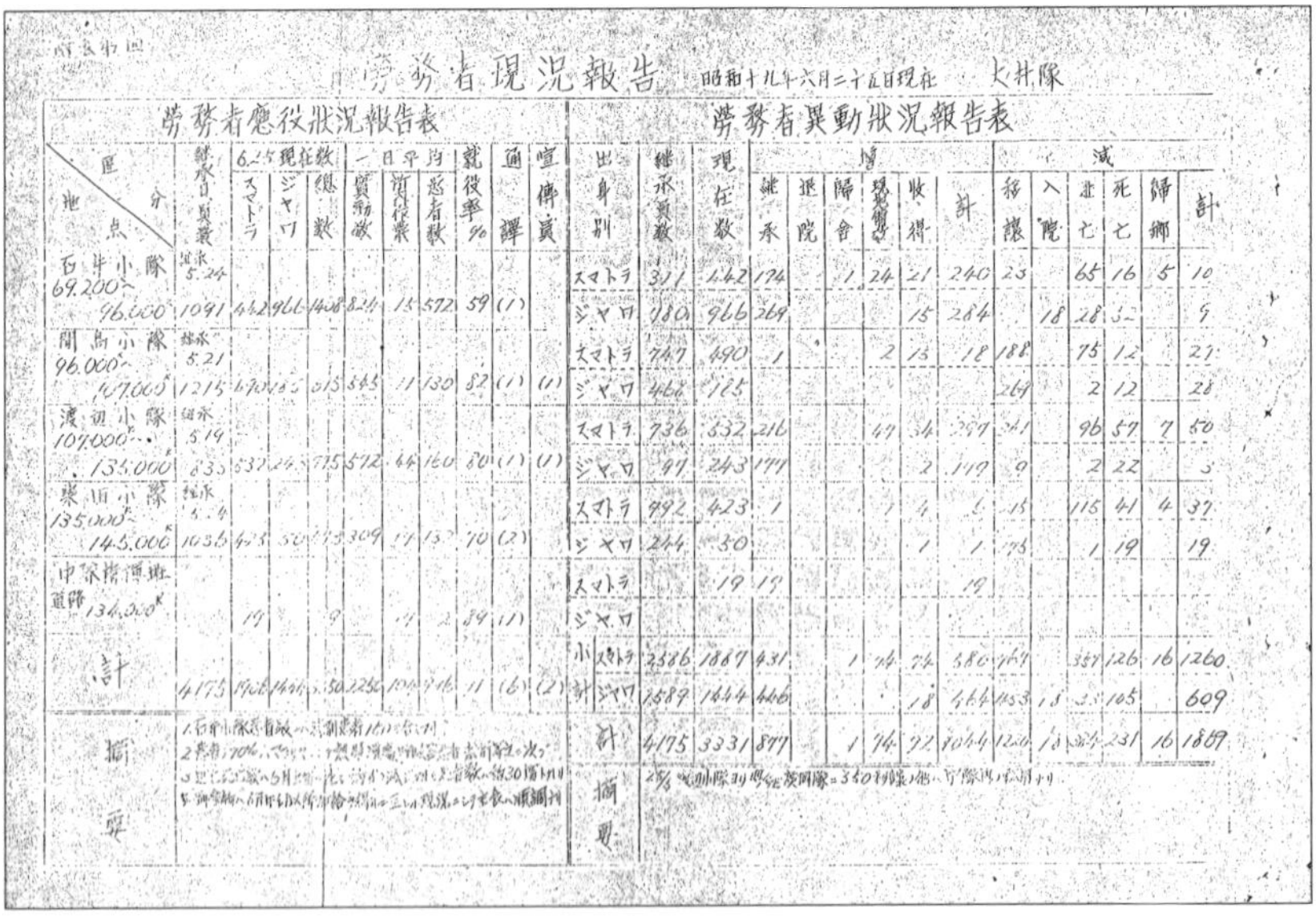

労務者現況報告　昭和十九年六月二十五日現在　大井隊

労務者應役状況報告表

区分／地点	継承日員数	6.25現在数 スマトラ	ジャワ	總数	一日平均 實働数	[illegible]	患者数	就役率%	通譯	宣傳員
石井小隊 69.200～96.000	継承5.24 1091	442	966	1408	824	15	572	59	(1)	
間島小隊 96.000～107.000	継承5.21 1215	470	[illegible]	515	545	11	130	82	(1)	(1)
渡辺小隊 107.000～135.000	継承5.19 833	532	24[illegible]	775	572	44	160	80	(1)	(1)
[illegible]小隊 135.000～145.000	継承5.4 1035	4[illegible]	50	[illegible]	309	19	13[illegible]	70	(2)	
中部指揮班 道路 134.300		19		9		19	2	39	(1)	
計	4175	190[illegible]	144[illegible]	[illegible]50	2250	10[illegible]	[illegible]16	11	(6)	(2)

摘要
1.石井小隊患者数ニハ特別患者150ヲ含ミアリ
2.[illegible]
3.[illegible]
4.[illegible]

労務者異動状況報告表

出身別	継承員数	現在数	増 継承	退院	帰舎	[illegible]	収得	計	減 移譲	入院	逃亡	死亡	帰郷	計
スマトラ	311	442	174		1	24	21	240	23		65	16	5	10[illegible]
ジャワ	1180	966	269				15	284		18	28	32		[illegible]
スマトラ	747	490	1			2	15	18	188		75	12		27[illegible]
ジャワ	468	165							269		2	12		28[illegible]
スマトラ	736	532	216			47	34	297	[illegible]		96	57	7	[illegible]
ジャワ	97	243	14[illegible]				2	149	9		2	22		[illegible]
スマトラ	492	423	1			1	4	[illegible]	15		115	41	4	37[illegible]
ジャワ	244	50					1	1	[illegible]		1	19		19
スマトラ		19	19					19						
ジャワ														
小計 スマトラ	2386	1867	431		1	74	74	580	[illegible]		357	126	16	1260
小計 ジャワ	1589	1444	446				18	464	[illegible]	18	[illegible]	105		609
計	4175	3331	877		1	74	92	1044	[illegible]	18	[illegible]	231	16	18[illegible]

摘要 [illegible]

図表6-7 『陣中日誌』1944年6月25日「労務者現況報告」

が、まったくゼロというのも不自然な感じがする。

これは次のように解釈するのが妥当ではないだろうか。

ロームシャの入院時の状況について、オランダ裁判メダン法廷で起訴されたタロック苦力（ロームシャ）病院長楠本健二医大尉は、「業者は、軍命令による完成期日に追はれ、苦力を酷使した。入院した時は死んでいるというような荒い使い方」であったと述べている（３６３頁）。ロームシャや捕虜は仕事を休んだ時の減らされた食事量では体力を維持することができず、死に至ることがわかっているので無理をしてでも働くことになる。食料を得んがため無理に働き「入院」を経ずして「死亡」に至るので、「死亡」欄の数値は増すが「入院」欄には数値が入っていない。

ロームシャを治療しようにも薬がなかったことを、内海正軍医が『光と影』に次のように記している。

「「薬もろくに持たない私は、この無知な現地人の病人に何がしてやれますか？彼等が間もなく死亡することは判ってます。遠いジャワの家族には、死さえ知らされないでしょう。[19]」」

大井は、薬が無いのでロームシャには歯磨き粉やフマキラーをあてがったこともある、とインタビューで述べている。ところが東京裁判において、保管されていたマラリアの特効薬であるキニーネが戦後になって大量に発見された、と元蘭印陸軍少佐コルネリス・Ｃ・リンヘア（Leenheer はリーンヘール、レーンヒールとも表記されている）証人が証言している。リンヘアは

図表 6-8　大井隊 4 小隊のロームシャ患者割合比較

石井小隊:	572(患者数)÷1408(総数)＝41%
間島小隊:	130(患者数)÷ 675(総数)＝19%
渡辺小隊:	160(患者数)： 775(総数)＝21%
柴田小隊:	132(患者数)÷ 473(総数)＝28%

図表 6-9　石井小隊のロームシャ入院率・死亡率

入院数(18)÷患者数(572)＝3%
死亡数(16+52=68)÷患者数(572)＝11.9%

スマトラ島でゴム園雇員として勤め、解放後は戦争犯罪調査部に属し日本軍将兵への尋問を経験している。

「戦争後薬の非常に大きな量が発見されまして、キニーネが収容所に送って来られました。それは日本製及びオランダ製のキニーネであります。[20]」

同様の証言を英国航空兵中佐P・S・デヴィスも、「実際一つも薬は供給されず、日本の降伏後澤山使へる在庫品があったにも拘らず衣服も一つとして供給されなかった」と述べている。[21]

そもそもアジア・太平洋戦争前後におけるキニーネの生産は、蘭印で世界の九〇%を占めていた。第七方面軍参謀今岡豊大佐は、一九四七年に「南方軍政の回顧」のなかで次のように記している。

「バンドンのキニーネ製造工場は、世界のキニーネ生産の九〇パーセントを製造し、オランダは世界に一手販売して儲けていたのである。工場は町の中央にあり極めて明瞭で、爆撃されると忽ち全滅するので、東條総理の意志でもあり、目下、分散した地域に工場を新築中であった。われわれは、キニーネを抑えれば、米英はこの南方瘴癘の地における作戦はマラリアのため大きな損耗を来すであろうし、日本軍は豊富に使用して過去の苦い経験を繰り返えさないであろうと、大いに気をよくしていたのである[22]（後略）」

オランダ民間人軍抑留所（372頁）でも同様の事態であったことを、林えいだいは次のように記録している。

「日本軍にキニーネが全くなかったわけではなく、あっても病人にわざと与えなかったのである。「キニーネはあるが、これはお前たちオランダ人に与える薬じゃない！」シスターたちが、キニーネを投与してくれと要求すると、いつもこういう返事だった。ヤマダ所長の小屋の机の上には、キニーネの箱が山積みされていた(23)（ヤマダ所長は、敗戦後オランダ裁判メナド法廷で第一号の死刑判決を受け、執行された山田秀雄海軍兵曹長のこと。筆者注）。」

スマトラ横断鉄道建設でロームシャなどを苦しめた疾病の最たるものはマラリアであり、日本軍はその特効薬のキニーネを大量に保管していたことになる。ロームシャや捕虜が食糧不足に苦しんでいるのに軍が貯め込んでいたのと同じことであるが、これらのことを現場の医師や大井が知っていたかどうかは定かでない。

なお、六月一三日と二六日の「労務者現況報告」とが連続していることは、一三日の「現在数」が二六日の「前表保有数」となっていることでわかるが、二五日の「労務者現況報告」がどういう位置づけで作成されたのかが判然としない。定例の二六日付「労務者現況報告」が翌日作成されるのがわかっているにもかかわらず前日二五日に作成しているのは、毎月二五日に作成することになっていたのかどうか、ひと月分だけの『陣中日誌』では判断できない。

参考に、第一中隊員の健康状態を『陣中日誌』「衛生」の項で見てみたい。図表6‐10は大井隊の「衛生」欄に記載されている入院と入室の人数をまとめたものである（「入室」とは「入院」に至らない程度の者を対象に休ませること。練兵を免除する「練兵休」や激務を免除する「激務休」もあった）。

六月一日は「入院一四名」となっており、当日の「現員」は全部で二四二人なので入院率は五・八％である。病気が蔓延していたことはロームシャばかりではなく大井隊にも当てはまり、このことは大井へのインタビューでもマラリアや熱帯性潰瘍などの病気がひどかったことを確認している。ただし泰緬鉄道建設現場で猖獗《しょうけつ》を極めたコレラの流行は、スマトラ横断鉄道ではなかったようだ。

「入院」は六月一日から四日間連続一四名であり、五日に一三名に減りはしたが六日には一四名に戻っており、おおむねこのレベルで推移している。原因としては「マラリア」への言及が多い。

酷使・虐待されるロームシャ

六月一三日付の「労務者現況報告」（図表6-2-3）によれば、大井中隊の「石井小隊」「間島小隊」「渡邊小隊」「柴田小隊」の受け持ち距離はそれぞれ二六・八キロメートル、一一キロ、二八キロ、一〇キロとなっていた（148頁）。全区間は七五・八キロメートル、ロームシャの総数（現在数）は三四八三人、一キロメートルあたりは四六人である。

また、奈須川丈夫「横断鉄道建設工事概要」には次のように記載されている。

「路盤構築作業には現地人労務者並びにオランダ軍俘虜毎日六〇〇〇人を労力の主体とし、架橋工事並びに軌道工事施行の主力には豊富な経験と技術を持つ鉄道第九連隊第四大隊と同連隊材料廠の一部を入れ、作業の早期完成を期した。（改行）現地人労務者はスマトラ地内で募集した者並にジャワにて募集船にて昭南に上陸更に昭南にて連絡線菊丸に乗換えスマトラに来た者である。工事全盛期には毎日約三万人の稼働であった。[24]」

ここに記載された六〇〇〇人を工事区間全線二五五キロメートルで割ると、一キロメートルあたり人数は二四人、三万人に対応する一キロメートルあたり人数は一一八人である。「工事全盛期」とは一九四五年のことで、完成を急いでいた時期であった。

次にバヤ鉄道でのロームシャ使役人数を考察する。「バヤ鉄道」（76頁）で見たとおり、一〇〇キロメートルの建設区間で「一日の労務者使用数は多人数の場合、約五五、〇〇〇人に及び、少い時でも二五、〇〇〇人を下らな

図表 6-10　大井隊将兵の入院と入室人数

	入院（人）	入室（人）	病状等に関する特記
1944年6月1日	14	4	5月は腸疾患者多発。原因は寝冷えと「衛生観念の低級なる労務者との接触等」に起因。マラリアに要注意。
6月2日	14	4	なし
6月3日	14	4	なし
6月4日	14	4	なし
6月5日	13	7	退院者1名（兵長）。
6月6日	14	8	新入院者（上等兵）の病名の欄に消去されたような痕跡あり。
6月7日	14	8	なし
6月8日	12	5	2名（上等兵と一等兵）退院。
6月9日	12	6	入院患者護送のためブキティンギ陸軍病院へ2名出張（入院者数は増えていない）
6月10日	12	6	衛生兵が患者護送のためムアロに2泊3日で出張。
6月11日	12	6	なし
6月12日	14	5	一等兵2名ブキティンギ陸軍病院へ入院。病名は「マラリア三日熱」と「マラリア熱帯熱」。護送のため2名出張。
6月13日	14	4	入院人数は14人で変わらないが、入院1名、退院1名の異動あり。
6月14日	14	4	なし
6月15日	14	4	「マラリア患者増強の傾向あり」の記録。
6月16日	14	6	なし
6月17日	14	6	なし
6月18日	14	6	なし
6月19日	14	6	なし
6月20日	15	7	衛生上等兵がサワルント陸軍野戦病院に入院（具体的な傷病名の記載なし）。
6月21日	記載なし	記載なし	極秘別紙に、「サンボン」（ムアラレンブ・ロガス間）に中隊患者収容所を開設、とあり
6月22日	15	8	なし
6月23日	15	9	なし
6月24日	15	8	患者護送並びに業務連絡のため衛生兵がムアロ大隊本部へ2泊3日で出張
6月25日	15	7	なし
6月26日	15	7	なし
6月27日	15	9	29日30日に月例身体検査実施、とあり
6月28日	15	9	なし
6月29日	15	8	なし
6月30日	記載なし	記載なし	先月多発の腸疾患は改善したが、本月はマラリア患者増発の傾向があった

（出典）『陣中日誌』から筆者作成

かった」「一日平均使役労務員数四万人程の作業態勢は確保出来た」であった。バヤ鉄道での一日平均使役ロームシャ数を四万人とすると、一キロメートルあたりロームシャ数は四〇〇人となる。最大の五万五〇〇〇人では五五〇人、最少の二万五〇〇〇人では二五〇人である。

以上の数値をまとめると図表6‐11のとおりである。このうち、奈須川の記述「横断鉄道建設工事概要」は「現地人労務者」のところで改行されているので、三万人は「捕虜とロームシャ」ではなく「ロームシャ」の人数と解される。しかし、仮にロームシャと捕虜の合計人数であるとしても、次のように人数に大きな変動が起こることはない。すなわち後段（345頁）明らかにするように、スマトラ横断鉄道建設で使役された捕虜とロームシャの比率は一対三八（六六〇〇人対二五万人）であり、三万人の場合で見ると捕虜が七八九人、ロームシャが二万九二一一人である。従って、キロメートルあたりのロームシャ人数はいずれにせよ一一〇人台後半である。

『陣中日誌』「労務者現況報告」におけるロームシャの現在数は、六月一三日が三四八三人、六月二六日が三三二八人でありさほどの違いはない。大井は概して戦況を知らされておらず、スマトラ横断鉄道建設当時は戦争に負けるとは思っていなかったとインタビューで述べている。また『陣中日誌』には報告を確認したしるしに大井の印鑑が押されているところから『陣中日誌』の内容に作為はないものと考える。入院中の大井には紙に書いた質問事項に親族を介して回答してもらったが、それによると大井中隊が使役していたロームシャ数は三五〇〇人程度であったとしており、『陣中日誌』に記載された人数と差はない。

奈須川が『富の歩み』で挙げているロームシャ数は『陣中日誌』の数より多いが、戦況の悪化に伴いスマトラ横断鉄道の建設は急を告げ、多くのロームシャが投入されたことには合理性がある。犠牲者数などに違いが生じる例は泰緬鉄道建設においても見られ、バンコクから奥地に行けば行くほど食料・医薬品が欠乏し、急峻なジャングル地帯という悪条件が重なるとロームシャや捕虜の死亡率が高くなり、タイ側始点のノンプラドックから二九四キロメートル地点にあったソンクライ収容所では捕虜死亡率が五〇％近かったことなどが想起される。

敗戦後さまざまな戦争回顧録が出されたが、ロームシャを虐待した体験を記録したものはほとんど存在しない。そんななかにあって『パレンバンの石油部隊』に、貴重な証言が次のように記されている。これは標題の「知られざる中スマトラ燃料工廠始末記」からわかるように、投稿者の井上謹治はパレンバンの石油基地ではなく、スマトラ横断鉄道建設地に近いリアウ州の「中スマトラ燃料工廠」に所属しており、油田開発やパイプラインの敷設などに従事していた。同じく油田関連の任務に当たっていたので、『パレンバンの石油部隊』に投稿したものと考えられる。

「このような所であるから先づ道路造りから始めた。ツルハシとシャベルと大量のジャワ苦力を投入して人海作戦で工事を行なった。過激な労働と糧秣不足で痩せ衰えバタバタ倒れた。泰緬鉄道に比すべき事件が起り、戦後一人部隊長のみが責任を負ったが、よく世上の問題にならなかったと思ふ。[25]」

図表 6-11　1キロメートルあたりロームシャ人数

	担任距離（km）	ロームシャ（人）	ロームシャ（人/1km）
大井中隊	75.8	3483	46
石井小隊	26.8	1471	55
間島小隊	11	703	64
渡辺小隊	28	778	28
柴田小隊	10	531	53
奈須川（当初）（含捕虜）	255	6000	24
奈須川（全盛期）（含捕虜）	255	29211	115
奈須川（全盛期）（ロームシャのみ）	255	30000	118
バヤ鉄道（平均）	100	40000	400
バヤ鉄道（最多）	100	55000	550
バヤ鉄道（最少）	100	25000	250

「よく世上の問題にならなかったと思ふ」というのは、泰緬鉄道建設での捕虜やロームシャへの虐待のようには東京裁判やBC級戦犯裁判の対象にならなかったことを指していると考えられる。つまり「中スマトラ燃料工廠」でのロームシャや捕虜への虐待は「泰緬鉄道に比すべき事件」であったと述べているわけで、スマトラ横断鉄道建設地は「中スマトラ燃料工廠」の作業地域と自然環境が似ており、戦況も悪化していたことから、同じく「泰緬鉄道同様の事件」が出来していたことになる。凄惨な状況が今日知られていないだけである。

「戦後一人部隊長のみが責任を負った」は、『石油人たちの太平洋戦争』によれば、「(一九四五年・筆者注)九月六日にいたって、工廠本部労務担当の小川義雄が南宝橋（第一、第二製油所を結ぶ橋）で自決した。（中略）小川は、戦争の名のもとに多くの労務者を徴発し、しかも死にいたらしめたことの責任を痛感していた」ことを指している[26]。

『石油人たちの太平洋戦争』には石油関連会社からパレンバンに派遣されていた企業人の「活躍」が、いささか過剰な情感を持って描かれている。著者は戦後石油ビジネスに携わることになった石井正紀（派遣されていた三菱石油の社員によって戦後設立された千代田化工建設の社員）であり、仲間内の奮闘記なので都合の悪いことは基本的には語られていない。捕虜は全く登場せず、ロームシャは「勤労奉仕隊」として言及されており、書中わずか一か所の例外がこの自害の記述である。「勤労奉仕隊」（212頁）はスマトラ横断鉄道建設にも動員されており、ロームシャ同様に使役された。募集や徴発時に兵補とロームシャの境界が曖昧であった例も含めて、日本軍の労働力の略奪は身分や名称には頓着せずなるべく多く集めることが優先された。

また、「中スマトラ燃料工廠」の軍属も、戦後回顧録『中スマ会 想い出の文集』を発刊しており、この戦友会誌においてもジャワ人ロームシャが使役された記録が掲載されている。ロームシャは「義勇軍」という本来とは異なった呼称で徴発され、シンガポール経由で送られて来ている。以下、『中スマ会 想い出の文集』からの引用である。

「初めドウマイ進駐当初は日本人のみで伐採に取り組んだ。次に近隣の部落から募集して工事を進めて、昭南本部からの送られてくる労務者を待った。次々とシンガポールからジャワ人が送られて来た、ジャワ人は義勇軍の名で徴収されたとのことで、一千名から千四五百名位になった。（略）労働に耐えかねて逃げ出す労務者も居たがジャングル中では出口がわからなくなり迷い歩いた後遂に死亡、白骨化した者も居た（それ程ジャングルの中で迷うと、方向がわからず、出ることが出来ない）[27]」

ロームシャの人数

ここで森文雄の『軍政手簿』を再び見てみたい。1535と打たれた頁には図表6－12があり、ジャワ島外へのロームシャ送致数がわかる。

重要な点は、マレー（馬来）、北ボルネオ、スンダ（堅）は査定で要求人員より少ないロームシャしか割り当てられていないが、スマトラとセレベス（勢）は要求人員数を上回るロームシャを獲得していることである。実数で見てもスマトラは陸軍全体の半数以上の査定であり、スマトラ横断鉄道建設現場へのロームシャの「供出」が他の地域を差し置いても優先された当時の状況がうかがえる。

なお、セレベスは七〇〇人の要求が二万人に査定されており、この場合も新たな鉄道建設に多くのロームシャが急遽必要になったためである。南セレベスのコラカにあったニッケルの溶鉱炉用にドンドンクーラ炭鉱の石炭を搬送するため、積み出し港のマカッサルと炭鉱を結ぶ新線七七キロメートルを建設することになり、多数のローム

図表 6-12　爪哇地区ヨリ他地区ヘノ労務者供出割当（昭 19・4・15 日通牒）

地域	馬来	スマトラ	北ボルネオ	堅	勢	予備	合　計	海軍
要求数	55,477	72,000	26,300	12,200	700		300,947	
査定数	22,100	92,700	17,000	6,600	20,000	7,200	166,500	63,000

（出典）森文雄『軍政手簿』1535頁。
（注）爪哇、馬来、堅、勢はそれぞれジャワ、マレー、スンダ、セレベスを指す。第十九軍は秘匿名を「堅（けん）」と称し小スンダ列島に、第二軍は「勢（いきおい）」と称しセレベス島に駐屯していた。

シャが送り込まれた。軍から鉄道の建設と経営を特命されたのは京成電鉄であり、同電鉄が一九六七年に刊行した社史には建設の顛末が記載され、「セレベス開発鉄道」と呼称している。鉄道名に「開発」を使用すると産業用鉄道の意味合いが強くなるが、実際は軍用鉄道であった。本書では「セレベス鉄道」と称す。

スマトラ横断鉄道とセレベス鉄道は湿地帯での路盤構築の必要があり（セレベスでは珊瑚礁を破砕して埋め込んだ）、資材が不足していた点でも共通していた。[28]『軍政手簿』に記載されたロームシャの「供出数」は、敗戦間近い日本軍がスマトラ、セレベス両島で鉄道建設に戦局の好転を託していたことを表している。

また、「ヒト資源」の宝庫であったジャワ島ではあるが、要求数（約三〇万人）に応えられない査定状況（海軍を入れて約二三万人）はモノとしての「ヒト」が不足してきていることを示しており、スマトラ横断鉄道建設で使役されたロームシャや捕虜の人数にも影響を与えている可能性がある。

このように海軍民政下セレベスでの鉄道建設や小スンダ列島などに、陸軍軍政下ジャワのロームシャを重点的に「供出」することが可能であったのは、陸海軍間において一九四三年に「労務供給に関する陸海軍現地細目協定」が交わされていたからである（51頁）。本細目協定で注目されるのは海軍側がロームシャの「供給」を受けた場合には、一人につき一五盾（ギルダー）を諸経費として陸軍に支払うという項目である。人間をモノとして扱うこのような労働実態（紹介料の支払い）が同じ国の軍隊間で制度として機能していたのである。

このほか戦友会誌『おとずれ』には、次のように「労働者二万人の募集」という記述がある。

「パカンバルは前にも述べたように、（略）日本軍の占領により一躍大陸と結ぶ玄関に変り、部隊の発着集散、資材の陸揚げで活況を呈するようになった。（略）資材の陸揚げと各隊への配分、二万人の労働者の募集、食糧の補給等炎暑に悩まされながら処理することは大変なことであった[29]（略）」

奈須川の「工事全盛期には毎日約三万人の稼働であった」という文章は一九八一年の戦友会誌に掲載されたものであり、大井中隊のロームシャ使役人数より多いが、戦後三六年経過して奈須川が意図的に多い人数を示す理由は見当たらない。また当時戦友会は全国津々浦々に多くの会員が存在し、それぞれが死線をさまよって復員してきており、納得のいかない数値が活字になれば問題になることは必定である。

一九八一年より後に刊行された鉄道第九連隊の戦友会誌には、一九八三年の『残照』や一九九五年の四十二号まで続いた年会誌『おとずれ』があるが、この奈須川の記述した数値に「戦友」からの反論記事は見当たらず、掲載誌『富の歩み』の「編集を終えて」にはスマトラ横断鉄道の建設を理解するためにも奈須川の文章を読んでほしいという紹介が書かれている。

ここでバヤ鉄道の例を見てみる。奈須川の挙げた数字は戦友会誌に掲載されたものであるが、『ジャワ陸輸総局史』に書かれたバヤ鉄道建設記録は準公的な性格を持っている。すなわち今日の外局に当たるジャワ陸輸総局が戦後（一九七六年）になってジャワ陸輸総局史刊行会として編纂したものである。

そのなかの「バヤ鉄道一〇〇キロメートル建設における一日の最大ロームシャ数は五万五〇〇〇人」であった（77頁）という記述の距離と人数の関係、すなわち一キロメートルあたりロームシャ数五五〇人をスマトラ横断鉄道にあてはめて考えてみる（図表6－13）。『ジャワ陸輸総局史』における平均や最少の使用者数をもとにしないのは、スマトラ横断鉄道建設のほうが約一年余り遅く敗戦まぎわに建設され緊急を要していたこと、地理的条件が極めて過酷であったことから、比較対象にするバヤ鉄道の数値は「最大」のものを使用することが適当であることによる。結果は、スマトラ横断鉄道二五五キロメートルでは「一日最大一四万二五〇人の稼働」となる。

先に大井中隊のロームシャ使役人数より奈須川の挙げているロームシャ使役人数が多いのは納得できるとはしたものの、比較対象をバヤ鉄道にすると奈須川の挙げている数値の不自然さが際立ってくる。そもそもバヤ鉄道建設（一〇〇キロメートル）では一日五万五〇〇〇人のロームシャを要しているのに、二五五キロメートルの過酷な自然条件のもとでのスマトラ横断鉄道建設が一日三万人で進行可能であると考えるのには無理がある。

筆者は奈須川の記録したロームシャに関する数値が戦友会誌に掲載され、何の抗議もなかったということに、再度違った視点から注目する。これは正確な人数を記録したから抗議がなかったのではなく、実態より少ない人数、許容範囲内の数字であったからこそ戦友会では問題視されなかったと考えざるを得ない。

スマトラ横断鉄道の起点であったパカンバル市郊外シンパンチガには、今日労働英雄公園が整備されており（写真6‐1）、レリーフには半裸で作業をしているロームシャを兵士が監視している様子が描かれている（写真6‐2）。

同公園の説明板にはスマトラ横断鉄道建設には一〇万人のロームシャが使役されたとなっているが、少なすぎる人数ではないだろうか。森文雄の『軍政手簿』におけるロームシャ九万二七〇〇人の査定数値（16

図表 6-13　鉄道総延長距離とロームシャ数

	ロームシャ（人）/1km	総延長距離（km）	ロームシャ（人）
バヤ鉄道	550	100	55,000
スマトラ横断鉄道	550	255	140,250
泰緬鉄道（参考）	550	415	228,250

写真6-1　労働英雄公園（パカンバル郊外シンパンチガ）展示の機関車

写真6-2　労働英雄公園　ロームシャのレリーフ

5頁)、バヤ鉄道(一〇〇キロメートル)建設における一日の最大ロームシャ数五万五〇〇〇人、それをもとにしたスマトラ横断鉄道二五五キロメートルでの「一日最大一四万二五〇人の稼働」などから、筆者はスマトラ横断鉄道建設では少なくとも二五万人のロームシャが使役されていたものと考える。

スマトラ横断鉄道建設で使役されたロームシャ数が膨大だったのは、鉄道連隊将兵や捕虜が相対的に少なかったことに理由の一端がある。捕虜とロームシャ数の比率は一対三八(六六〇〇人対二五万人)であり、これについては第九章「使役捕虜が「少なかった」理由」(343頁)で詳しく述べ、ここでは鉄道連隊の人数について記す。

泰緬鉄道建設ではビルマ側を鉄道第五連隊と第四特設鉄道隊、タイ側を第九連隊が担任し、総勢一万五〇〇〇人であり、スマトラ横断鉄道建設には泰緬鉄道やクラ地峡横断鉄道建設を終えた鉄道第九連隊第四大隊が送られて来た。それは既に述べたとおり第七中隊、第八中隊そして材料敞の一部であり、一大隊総勢わずか六〇〇人であった。これに軍属などが加わった中部スマトラ横断鉄道建設隊を比較対象としても、泰緬鉄道とスマトラ横断鉄道での日本軍の比率は一対〇・〇八である(鉄道第八連隊第一大隊がスマトラ横断鉄道建設に従事したのは三か月間だけであり、この比率には反映させていない)。このように、鉄道連隊や捕虜の不足を補うためロームシャの徴発が増大したものと考えられる。

オランダによるロームシャの使役と虐待——加害と被害

オンビリン炭鉱でのロームシャや捕虜の使役については、「ルートの決定」のところで登場した榊原政春の日記でも言及されている。記録は一九四二年九月一日の視察時のものである。

「オンビリン炭鉱へ行く。パダンから炭鉱まで鉄道が引けてある。日産約一五〇〇—二〇〇〇トン、目下貯鉱は山元、港湾合計七万トン。品質の比較的良好にして、七二〇〇カロリー、極力積取を希望している。鉱山にはミナンカバウ人相当数従業しあるも皆技術工として働き、坑内の鉱夫はすべてジャバ契約苦力（三〇〇〇人）なり。ミナンカバウは坑内に入るを好まず、一般に怠惰の民族にして、必要以上の貯金をする考えはなし。ただ馬来《マレー》人中の優秀民族たるにすぎず、目下オランダ人を使用中なるも、日本業者（北海道炭坑）の支配を確立するため並びにミナンカバウ人をして彼らの希望に基づき活動せしめるためには、一時オランダ人を収容する必要あり。二、三日中に実行の予定。その上は必要なる技師をプリズナー〔捕虜〕として使用する計画との事。(30)」

オンビリン炭鉱で使役されていた捕虜の管轄はパカンバル俘虜収容所であり（馬来俘虜収容所の表は326頁）、スマトラ横断鉄道やオンビリン炭鉱の捕虜はインドネシアの宗主国オランダ軍兵士が多かったのはもちろんとして、イギリス、オーストラリア、アメリカ軍捕虜も含まれていた。これは、アジア・太平洋戦争開戦時に日本軍の蘭印攻略作戦に対抗して、アメリカ、イギリス、オランダ、オーストラリア四か国が混成部隊（頭文字をとってＡＢＤＡ合同軍、あるいは極東地域連合軍指令部と称す）を組織していたことによる。

従って、一九四四年一月に始まったスマトラ横断鉄道建設工事では、一九四二年九月頃にオンビリン炭鉱で使役されたオランダ軍捕虜に、蘭印で降伏して捕虜となったこれらＡＢＤＡ将兵が加わった可能性が高い。また、材料敞の岩崎は一九四四年にロガス炭鉱でもロームシャを使役したことを書き留めている。(31)

オンビリン炭鉱はもともとオランダが開発したものであり、日本軍が蘭印を占領する前はオランダがロームシャを使役して採炭していた。スマトラ横断鉄道建設において日本軍に使役されたオランダ軍捕虜ではあるが、蘭印時代はオランダ人がロームシャを使役・虐待していた。オランダの作家ルディ・カウスブルックは自国民が蘭印でロームシャを虐待したことを、次のように告発している。

「われわれは泰緬およびパカンバル鉄道敷設工事における犠牲者慰霊祭を執りおこなっている。それはもっともなことだ。しかし、両鉄道敷設工事から三十年足らず前の、中部スマトラ街道工事について聞いたことのある者はいるだろうか。（略）いくつか引用してみよう。「（前略）現場監督が藤の鞭や雄牛の（乾燥させた）陰茎で労務者を打つ。また、焼けつくような太陽を避けるものが何もないところに、手脚を柱に縛りつけて、食べ物や水をあたえずに四昼夜の間おく。あるいは、逃亡に失敗して送還されてきた者を、手首足首に鉄鎖をかけて仕事に追いやるといった、現場監督がみずから考案した方法で、強制労働労務者を罰する件だ。」（略）われわれオランダ人は、過去四十年間もの長きにわたって日本人に対する不満を延々と述べつづけてきているが、こういった自分たちの悪弊が日本人の振る舞いとはちがっているとでも思っているのだろうか。（略）自分たちが手を下して殺害したり、虐待して死に追いやったりしたインドネシア人には心を砕くこともなく、彼らの名前は、永遠に誰の知るところでもない(32)」

カウスブルックの指摘は、オランダの学校教育や教科書にもあらわれており、二〇〇二年に出版された『世界の歴史教科書　11カ国の比較研究』は次のように述べている（概略）。オランダの教科書はナチス・ドイツから受けた被害に関してはかなりの分量をさいて詳細に記述しているが、インドネシアなどの植民地に与えた加害行為についての記述はあっさりしている。背景事情として、イギリスやフランスなど欧州では植民地を持つことは普通のことで、鉄道、道路、灌漑など植民地に利益になるようなことをしたという考えがある(33)。

捕虜などに対する残虐行為は日本軍にばかりあったのではなく、米軍など連合国軍側にもあった。それは、ジョン・ダワー『人種偏見』(34)を見ても明らかである。また、独ソ戦での捕虜犠牲は甚大で、ソ連軍捕虜五七〇万人のうち五八％の三三〇万人が、ドイツなど枢軸国軍捕虜三一五万人のうち三五％の一一一万人がそれぞれ死亡している[35]（捕虜などの死亡率は340頁の図表9－4）。

戦後満洲などに取り残された日本軍将兵や民間人の多くが「シベリア抑留」によって人道にもとる強制労働を強いられたが、第二次世界大戦でソ連は三三〇万人の捕虜を含め二〇〇〇～三〇〇〇万人が犠牲になり、枢軸国側に国土を徹底的に破壊されている（日本は「シベリア干渉戦争（一九一八～一九二二年）」などを仕掛けた）。メルケルドイツ首相は戦後七〇年の二〇一五年五月、モスクワを訪問して次のように述べている。

「ドイツ首相として、ナチスドイツが始めた戦争がもたらした数百万の犠牲者の前に首をたれることをロシア国民に申し上げたいのです。この戦争で最も多くの犠牲者をだしたのがソ連邦の諸国民であり、赤軍の兵士であったことをわたしたちは繰り返し思い出し続けます。（略）また私は、赤軍の兵士がベルリンを、そして西側の連合軍とともにドイツを、ナチス支配から解放したことに思いを致します[36]」

多くの非人道的行為が横行した第二次世界大戦であり、まず自国の残虐性に自覚的でなければ、他国軍の残虐性を追及することはできない。

ロームシャの逃亡

『陣中日誌』「労務者現況報告」のロームシャ欄はスマトラとジャワの出身地別の記載になっており、他の東南アジアのロームシャの欄は設けられていない。六月一三日付の「労務者現況報告」（図表6－2－3）におけるロームシャの現在数は、スマトラ島人二〇四七人に対しジャワ島人一四三六人であり、全三四八三人の六割方をスマトラ島人が占めている。日本軍が鉄道建設を目的にスマトラ島のリアウ州や西スマトラ州に入ってきた際、まず起こった禍事はロームシャの徴発であり、森林の伐採であった。従って、大井中隊によって書かれた『陣中日誌』は鉄道建設の初期の実態であり、ロームシャは鉄道沿線に近いスマトラ島人のほうが多かった。その後工事の進捗に合わせてロームシャの「調達」はジャワからが主になり、初期の三四八三人が工事全盛期の三万人（奈須川丈夫「横断鉄道建設工事概要」）になった際の増加分はジャワ人が占めていた。「ヒト資源」の宝庫ジャワ島からロームシャを多数連行することで、地元スマトラ島の人々を徴発して住民感情を悪くするのを避けることが可能になった。加藤剛は地元の人から聞いた話を、次のように記している。

「地元の人をロームシャに徴用することは、組織的反発を招くと日本軍は考えたのか、ウマールさん（ロガスの隣村ムアラ・ルンプの村長を二期務めた。筆者注）によると、地元の人が鉄道建設に従事させられることはあまりなかった。労働者は、もっぱらジャワからのロームシャとオランダ軍捕虜、そして近県の〝志願者〟だったという。(37)」

ここに言う「近県」には、筆者が村の古老にインタビューした、パヤクンブやタナ・ダタール県あたりも含まれると考えられる。両地では村長派が日本軍の意向を体して「強制的に」ロームシャを徴用しており、ウマールさんが〝志願者〟と表現しているのは実はその「強制」を指していると考えられる。なお、鉄道第八連隊の大井中隊が本部を置いたのがムアラレンブであり、表記は異なっているがウマールが村長を務めた「ムアラ・ルンプ」である。

図表6-2-3において、逃亡者はスマトラ出身者が一七七人に対しジャワ出身者は一三人（全体の七％弱）であるのは、ジャワ人は逃亡してもジャワ島に帰る方法もなく行き倒れになるのがわかっていたからである。蘭印を支配していたオランダは、住民を分断し抵抗を阻止する目的で大きな河川には橋を架けない政策をとっていた。これはロームシャの逃亡意志を抑制したはずである。

また、ロームシャがジャワ島からシンガポールを経由してスマトラ島の労働現場に連れてこられていることは、スマトラ島とジャワ島間（スンダ海峡）の船便やスマトラ島内での陸上交通の未発達をうかがわせ、これも逃亡を難しくしていた。そのうえスンダ海峡を船で渡ろうとしても、「オサム　セイレイ」（治政令）が定める渡航条件のためなかなか許可を得ることができなかった、と革命家タン・マラカは記している[38]。そもそも炎熱の中ジャングルと大河を越え、長距離を生きぬいて逃亡するに足る食料を与えられていなかったことはすでに述べてきたとおりである。使役されていたヨーロッパ人捕虜と違い、逃亡して地元に溶け込むことは可能であったと考えがちであるが、外見上はともかく人口が希薄であり、文化や習慣の異なるスマトラ社会に受け入れられ、生きていくことは難しかった。

しかし逃亡しきれないことがわかっていてもなお逃亡を企てるジャワ人がいたということは、いかに労働環境が劣悪であり虐待される状況から逃れたかったということでもある。

ロームシャが日本の敗戦後「帰郷」が難しく飢餓状態にあったことを倉沢愛子は次のように述べており、遡れば戦時中に「逃亡困難」であったことの証左である。

「連合軍は旧蘭領インドの各地で飢えに直面していたロームシャたちの世話もしている。たとえばスマトラでは、約六万人のジャワ人ロームシャが深刻な状況に直面していることがシンガポールのＲＡＰＷＩのクロイツベルグ少佐から伝えられた。その多くは、パレンバンやパカンバル―メダン間の鉄道沿いで飢えに瀕しており、食糧その他の必需品を英軍が空から投下して欲しいとクロイツベルグは訴えている［イギリス国立文書館所蔵ＷＯ２０３／４３８８］」[39]。

ＲＡＰＷＩ（ラプウィ）所属のジェイコブズ少佐が捕虜や民間人抑留者の救済を目的にパカンバルキャンプに

赴いたことは既に述べた（84頁）が、ＲＡＰＷＩはこのようにロームシャなども救済したのである。

故郷から引き離され強制労働下にあったロームシャの戦後の食糧の手当てや帰還に連合国軍が携わっており、日本軍はロームシャに関する当事者能力を喪失してしまっていた。敗戦国としてできることは限られているとはいえ、植民地朝鮮・台湾の人たちを軍属として使役していたにもかかわらず、敗戦後は日本人ではないとして保護・補償の対象外としてしまった不作為行為と同様の事象に見えてくるのである。

六月一三日付「労務者現況報告」（図表6‐2‐3）におけるロームシャ逃亡者数一九〇人は、全体三四八三人の五・五％である。小隊によって逃亡率は三・三％、五・八％、七・六％、五・八％であり、渡邊小隊だけが若干高率である理由は、担任区間距離が小隊の中で最長であるにもかかわらずロームシャ数が多いわけではなく過酷な労働を強いられたことに理由があると推察されるが、実態は不明である。

以上の数値は五月二六日から六月一三日まで一九日間のものであり、逃亡者は一日あたり一〇人であった。逃亡者数はその後鉄道建設の主体が鉄道第九連隊になってから一段と増した。弘田栄治中尉の指揮下、ロガス支線の建設を行っていた可児章は『残照』に次のように書いている。


「現地労務者が毎日、毎日数百名も送られて来るが、夜になると全員といっても過言でない程の逃亡者が続出し、この現実に労務係は頭をいためていた。開通までの命令期間は十日余りという過酷なもののため、昼夜の別なく、弘田小隊長以下突貫作業に突入した。[40]」

ここに示された逃亡の状況は、ジャワ島のバヤ鉄道建設においてロームシャが「仕事が嫌になると逃亡する者多く、多い時は一日四、五百人以上に上った。」（77頁）と人数においては同様の傾向である。しかし、ジャワで徴発されたロームシャがスマトラ横断鉄道建設現場に着くとすぐに逃亡を企てているのは、現地に着くまでその機会さえなかったということだろう。また、使役される前まだ体力のあるうちに逃げているようでもあるが、ジヤワ人ロームシャはスマトラ島のジャングルのなかを逃亡することがほとんど不可能であることに気付いていなかったとも考えられる。

『中スマ会　想い出の文集』によっても、逃亡者は白骨化しており（165頁）、「第七章」でのインタビューでは、徴発されたロームシャはほとんど村に戻ってきていない。大多数は逃亡後ジャングルで迷い、食べ物に事欠いて行き倒れになったことを示している。

図表6-2-3中に労働者の「減」の一形態として「帰郷」の欄があり、スマトラ人ロームシャ六人が「帰郷」していることが示されており、ジャワ人には「帰郷」する者がいなかった点にも留意すべきであろう。六月中に作成されたもう一つの「労務者現況報告」（二六日付：図表6-3）でも「帰郷」はスマトラ人一〇人であり、ジャワ人はいない。これは「逃亡」と同様の理由であり、体力を奪われたロームシャがジャングルや大河を越えて「帰郷」するなど無理な話で、最初から「帰郷」したくても諦めていたことを示している（どのような場合に「帰郷」が認められたのか不明である）。

ロームシャ（特にジャワ島人）が逃亡しようにもできない状況にあることは、日本の敗戦後も「帰郷」が不可能であったことを示している。戦友会誌『光と影』に寄せた内海正軍医の文章と加藤剛の著作から引用する。

「昭和二十年八月、中部スマトラ横断鉄道完成の日、僕等は日本の敗北を知った。病気の労務者はムアロに集結された。（略）軽症の患者達は薬を貰うと故郷へ向った。素足に一握りの袋と、賃金を手にして彼等は歩いていった。多くの者はジャワが故郷であった。中部スマトラから、何百粁かの道を歩いて、それから海を渡り、又歩いて行かねばならない。いつ彼等は家につくのか？　否、彼等の中何人が果して無事帰りつくのか？」[41]（ムアロからジャワ島までは「何百粁」ではなく、直線でも一〇〇〇キロメートルある。筆者注）

「ウマールさんの話で何よりも胸が痛むのは、当時のジャワ人ロームシャがまだロガス付近だけで一五〇人もいること、そして、もう一つ、これだけの犠牲を払って無理矢理完成させた鉄道が、結局は使われることもなく、今では住民に線路さえはがされて跡形もないことである。この工事自体が、結局は地元民の必要と無縁なものであったことの証を言えよう。[42]」

ロームシャの実働と賃金

使役されていたロームシャの人数とともに、病気やケガの状態がわかることから実働状況にも注目したい。『陣中日誌』「労務者現況報告」の「労務者応役状況報告表」を見ると、就役率は小隊ごとに六月一三日は七〇%、八一%、七六%、七二%、二六日は五九%、八二%、八〇%、七〇%、全体では一三日は七五%、二六日は七一%である。大井はインタビューで六〇～七〇%の実働であったと述べており、両日の日誌内容と大井の話との差はないと言っていいだろう。

次に、賃金の面からロームシャの実働を見てみる。

「労務者賃銀実動内訳表」が毎日作成されており、六月一三日（図表6-2-2）によると、ロームシャの賃金は「大特頭」(1)、「管理」(7)、「大労頭」(27)、「特種頭」(1)、(6)、「特種」(2)、(96)、「小頭」(145)、「一般」(2202)の九段階に分かれている（（　）内は人数。「特種頭」と「特種」は二段階に分かれている）。人数を合計すると二四八七人となり、使役されていたロームシャの人数は三四八三人なので、賃金の面から見た実働率は七一・四%、先に見た「労務者応役状況報告表」(図表6-2-3)と誤差が生じるが、占領地でのロームシャに関する統計としては正確なほうであろうか。

賃金の最高額は「大特頭」の一日二ギルダー二〇セント、最低は「一般」の五〇セントであり、一般（二二〇二人）が全体（二四八七人）の八八%強を占めている。ジャワ島バヤ炭鉱での賃金は一日四〇セントなので（3

３３頁）、ほぼ同じ水準である。第七章でインタビューに応じたダヌスは、二五セン（ト）で米二キログラムが買えたと述べている（２３３頁）。また六月分の賃金は七月一日支給予定であると六月二八日の『陣中日誌』に記録されている。

さらに、別の報告書からも実働状況（ロームシャの疾病やケガの状況）を見てみる。

『陣中日誌』には一か月に二回作業の進捗状況を報告する「中隊作業半月報告」及びひと月分の作業進捗状況の報告である「中隊作業六月報告」が添付されている。具体的には六月一五日に六月一日から六月一五日までの分の「中隊作業半月報告」（図表６‐14）が、六月三〇日に六月一六日から六月三〇日までの「中隊作業半月報告」と、五月二六日から六月二五日までの「中隊作業六月報告」が添付されている。六月一日から六月一五日までの分の「中隊作業半月報告」にだけ「極秘」の印が押してあるが、数値や備考欄を見ても特段の意味は見出せない。

作業進捗状況報告であるので作業種別（下部建

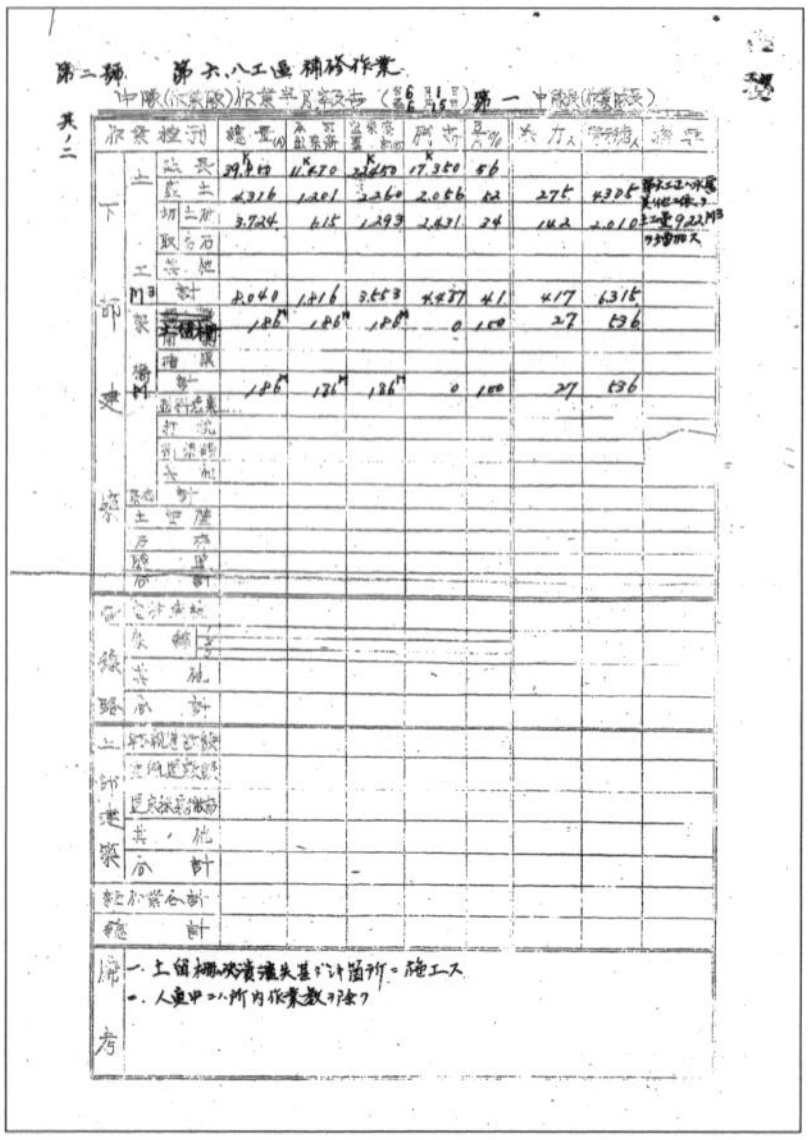

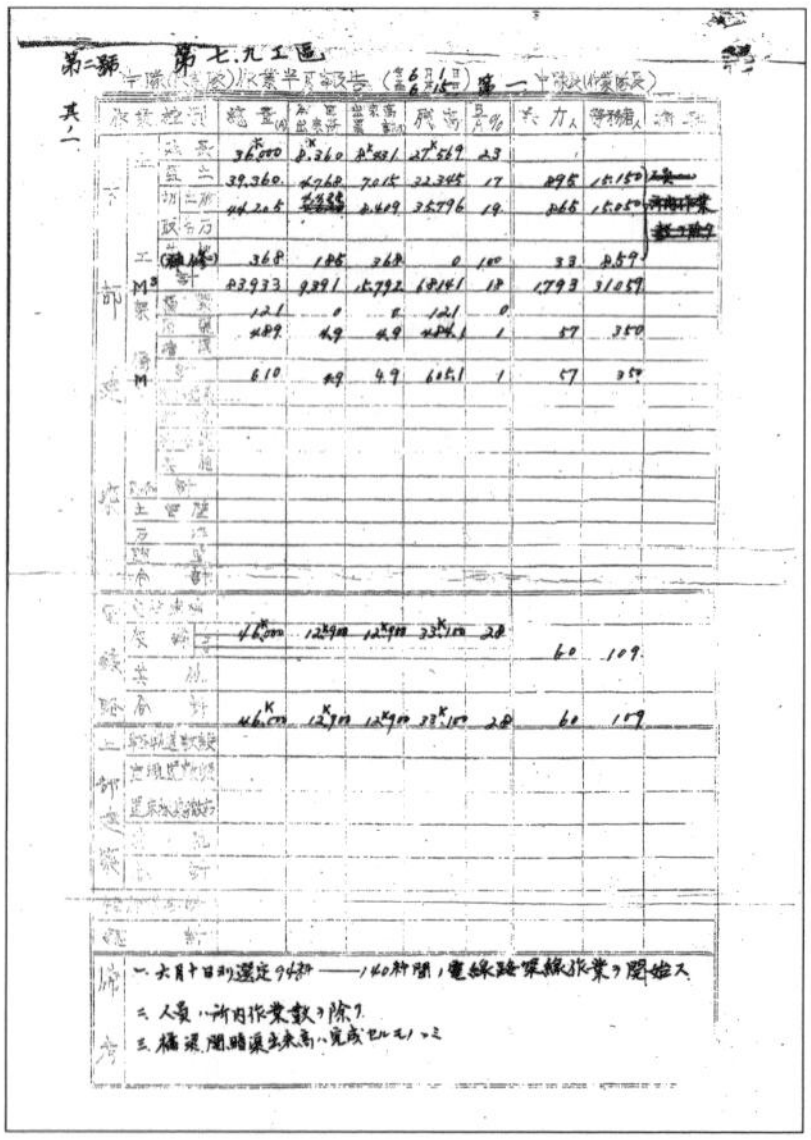

図表6-14　『陣中日誌』中隊作業半月報告 其の一（右）其の二（左）（6月15日）

築、上部建築、電線路、土工、架橋、盛土等々）の総量、出来高、残高などが記載されているが、ここではロームシャに注目し報告書の「労務者」の欄を見ることとする。

半月ないしひと月の労務者の累計が計上されており、六月一日から六月一五日までの分の「中隊作業半月報告」には「土工」に三万七三七四人、「架橋」に八八六人「電線路」に一〇九人と記載されている。「電線路」は中隊内を結んで架設した簡易電話線工事に充てたロームシャ人数であろう（「電線路」に充てた「兵力」は六〇人である）。ロームシャ全体では三万八三六九人であり、一五日で割ると二五五八人となる。

使役されていたロームシャの人数は三四八三人なので、二五五八人との差である九二五人が作業に従事しなかった（病気またはケガで労働不可能であった）ということになる。実働率は七三・四％、四人に一人が働けない状態であり、これまで見てきた数値とほぼ一致する。

しかし、実際に働けない状態のロームシャはもっと多いはずである。仕事に出た場合に出される食料でも絶対的に不足しているところ、仕事を休んで減らされた食事量では早晩何らかの重篤な病気になり、死を待つのみなので無理をしてでも働きに出る。また死を待つのみの量であるのがわかっていても、四人に一人が仕事を休んでいる。いずれにせよ凄まじい労働現場である。

また、ここに挙げた賃金などは「帳簿上」のものであり、次章でスマトラ横断鉄道建設に従事したロームシャの二世・三世へのインタビューを掲載するが、「むりやり連れ去ってきたロームシャに賃金など払うわけがない」「おかずも出さないのに給料を出すはずがない」という証言に代表されるように、賃金の支払い実態はかなり杜撰であった。そして、『陣中日誌』の書かれた時期はスマトラ横断鉄道建設の初期であり、その後ロームシャの労働実態はますます悪化していったのである。

ロームシャの死亡者数

図表6－2－3の「労務者現況報告」によれば、ロームシャの死亡者数はスマトラ出身者が六四人、ジャワ出身者が五〇人とスマトラ出身者が多くなっている。しかし、死亡率で見れば前者が三・一％、後者が三・五％でジャワ出身者のほうが高く、死亡者数の差はロームシャ数が前者は二〇四七人、後者が一四三六人であることによる。

一日あたりの死亡者は六人［（64＋50）÷19（五月二六日～六月一三日）］であり、大井中隊の担任区間七五・八キロメートルで六人死亡の率を、スマトラ横断鉄道総延長距離二五五キロメートル（支線三五キロメートルを含む）に当てはめると、一日二〇人が死亡していることになる。これをさらに一九・五か月の工事期間に単純に当てはめると一万一七〇〇人である。

しかし大井中隊はおおむね平坦地を担任しており、しかも工事の初期なので、全体ではこれより多くの犠牲者が出たはずで、工事全盛期にロームシャの絶対数が一日三万人になった際にはさらに多くの死者が出ていたであろうことは間違いない（一九・五か月には測量期間は含まれていない）。

大井はロームシャの死亡について明確な説明を避ける傾向があったが、いずれにせよ炎熱の地での重労働、十分でない食事、マラリア、熱帯性潰瘍等の疾病、医薬品の不足等の理由で、人数は明らかにしなかったが死亡者が出たことは認めていた。

泰緬鉄道建設でのロームシャ犠牲者数には異説はあるものの、筆者は四〇万人中の六〇％であったとみている（70頁）。ジャワ人ロームシャを使役したバヤ鉄道の場合、ＮＨＫ取材班は「犠牲者は一万人は優にこえるとインドネシアの研究者は見ている」としているが、その数はもっと甚大であったと考えられる。革命家タン・マラカは、バヤ炭鉱で使役されていたロームシャ数を平均一万五〇〇〇人、死者は毎月四〇〇～五〇〇人（毎日一三～一六人）としている（78頁）。

『石油人たちの太平洋戦争』は仲間内の書籍であるので、ただ一か所の記述を除いて徴用された石油技術者に都合の悪いことは書かれておらず（164頁）、例外の箇所には、ロームシャの犠牲があまりに多かったので戦後労務担当者が自殺し、ロームシャの二割が病気で死亡したことが次のように記されている。

「戦時中、南スマトラ支廠の各作業所へは、島内からの徴発では足りず、隣のジャワ島からも多くの島人が勤労奉仕隊の名目で連れて来られていた。彼らはスマトラ人と比較して、非常に従順であったが、体力的には劣り、マラリアやマメーバ赤痢で、約二割の者が命を失った。[43]」

「マラリアやマメーバ赤痢で二割が死亡」した割合を、スマトラ横断鉄道建設で使役されたロームシャの人数二五万人（169頁）に当てはめてみると、五万人が犠牲になったということになる。しかも、スマトラ横断鉄道建設でのロームシャの犠牲はマラリアやマメーバ赤痢だけではない。

石油の町パレンバンはスマトラ島では最も西洋化された都市であり、ロームシャの労働環境は劣悪には違いなかったが、スマトラ横断鉄道建設現場にくらべれば「まし」だった。パレンバンでの死亡率が二割であるなら、ジャングルや湿地帯、急峻な渓谷でのスマトラ横断鉄道建設では死亡率四割や五割としても高くはないだろう。

英印陸軍少佐マイケル・C・G・リンガー証人は、東京裁判（第百三十八回：一九四六年一二月二四日）において次のように証言している。

「一九四三年十月二千名のジャワ人の苦力が、連れてこられて、われ〳〵の収容所のすぐ後ろに滑走路をつくる作業に従事しておりました。一九四五年六月この滑走路ができると、日本人はこれらの苦力に対して、何ら責任を負わず、彼らに給金を与えず、また食糧の供給もしませんでした。そしてその指揮者はわれ〳〵に対して苦力は七百名しか残っておらないということを報告しました。これらの七百名も熱帯潰瘍で非常に悪い状態におりまして、われ〲は最善を尽くしましたが、多くの者が死亡しました[44]」

二〇〇〇人のロームシャの一三〇〇人が死亡しており（死亡率六五％）、その後も多くの者が熱帯潰瘍で命を落としたという。ジャワでから連行し、満足な食事も出さず、賃金も払わず、遺棄してしまったという証言である。

ＢＣ級戦犯オランダ裁判のところで後述するが、苦力病院はタロック（病院長楠本健二）とシンパンチガ（同向林喬）、ムアロ（同深沢）の三か所に開設されていた。向林病院長の証言によると、ロームシャは一日三〇〜四〇人死亡していた（364頁）ので、一日四〇人の死亡とすると三病院で一二〇人、建設工事期間一九・五か月では七万二〇〇人となる。測量期間一二か月を加えて三一・五か月とすると一一万三四〇〇人であり、工事最盛期の犠牲者はさらに甚大な数になったであろう（シンパンチガ病院はタロック病院を補うかたちでバラックで立ち上げられ、施設規模はタロックよりは小さく付近の地理条件もよい。従って他病院での死亡者に「上限の一日四〇人」を適用する）。

これはあくまで病院で死亡したロームシャの人数である。楠本病院長の証言によるとロームシャは「入院した時は死んでいるというような荒い使い方」（363頁）をされていたので、入院前に死亡したロームシャの数はかなり多いと考えられ、「「入院」を経ずして「死亡」に至る」ケース（病院外での死亡）は既に大井中隊を例に検証済みである（157頁）。

以上の具体的な事例の考察からすると、ロームシャの犠牲は少なくとも五割を超えるのが常態化していたとみる。スマトラ横断鉄道建設で使役された二五万人のロームシャのうち、死亡者数は少なくても一五万人であったと考えられる。

全裸のロームシャ

東南アジアの人々を「土人」や「土民」と呼んでいた例を挙げたが、日本軍がロームシャを人間とは見ていないことは「労務者現況報告」の表現を見ても明らかである。「前表保有数」という表現は人間を「保有」し、「拾得」はぶらぶらしていた者を仕事に就かせた場合に物を拾ったような表現を使用し、他の部隊との間のロームシャの受け渡しを意味する「継承」「移譲」も物品を受け渡しするかのような表現である。これは日本軍のロームシャに対するごく普通の感覚であった。

前項までに述べてきたロームシャの逃亡、死亡などの人数は、建設現場の凄惨な状況を示すに十分であると思われる。次に述べるのは数字を伴った出来事ではないが、同様に衝撃的なことである。

主計大尉本庄弘直は戦友会誌『富の歩み』において、ロームシャが全裸で使役されていたことを述べており（152頁）、それを見たのは一九四五年三月頃に労務関係の調査に出張した際のことである。その様子は本庄が諸星達雄に宛てた書簡にも書かれており、以下概略を記す。

スマトラ横断鉄道建設現場全工区の視察を上司の命を受け三泊四日で行ったのであるが、指示された（「密命」とある）ことの一つに「鉄道建設大手業者がロームシャ用の食用米を横流ししているという情報の真偽を確かめること」があった。また一万人分一人二着、計二万着のパンツ用原反を要望されたので、一か月前に送付したが受領支給の報告が来ていないことの調査も依頼された。

建設初期に業者が受任していた最難関のクワンタン渓谷の作業工区に赴き、二日間にわたり視察し、食用米横流しについて調べたがそのような事実はなかった。当初は川を舟で移動する以外道もない難所工区であったが、工夫を凝らして作業に当たっている様子が見て取れた。視察を続け三日目、比較的開けた次の工区に行った際に目を疑う光景に出会った。最初は十分状況を把握できなかったが、少なからぬ全裸のロームシャがまるで夢遊病者のように作業していたのである。

このようにふらついて腹部が膨らんでいるのは食糧不足のためであり、全裸は先に送付した原反が使われていないことを示していた。宿舎にはマラリア患者が病臥していたが、手当を受けている様子もない。鉄道建設隊中隊長の主張は、ブキティンギの涼しく恵まれた環境（司令部や軍政監部）で考える理想論では現場の任務は完遂できない、現場では猫の手も借りたいほどであり、ロームシャが病気などで体力が低下したとしても休養させるような余裕はないとのことであった。

現場のこのような抗弁・やり取りから明らかなことは、鉄道建設に従事している将兵や捕虜が少数であり、ロームシャが逃亡して人数が減っていること、パンツの作製・支給を怠り、「全裸」の状況を中隊長が否定していないことである。つまり、本庄の遭遇したロームシャの「全裸」はたまたまのことではなかったのである。『富の歩み』に掲載の文章や諸星に宛てた本庄の書簡等にも、「たまたま」であった可能性は言及されていない。当然のことながら、現場が一万人分のパンツ用原反を必要としていたのであるから、この時期全裸のロームシャが少なくとも一万人存在していたことを示している。

本庄の記述の信憑性が高いのは、既に指摘したように戦後三六年を経過した段階でしかも戦友会誌に、このような第二十五軍の汚点をさらけ出すような投稿をしたことにもある。本庄の上司はオランダ裁判メダン法廷で刑死した山本省三経理部長であり、さらにこの投稿記事のタイトル「田辺軍司令官の思いやり」が示しているように、同じく刑死した第二十五軍司令官の田辺盛武中将を戦後においても高く評価しているのである。その本庄が第二十五軍の恥部を文書にするのは意外ではあるが、都合の悪いことであっても公にする姿勢に信憑性が感じられる。

また、元産経新聞ジャカルタ支局長加藤裕の著書のなかに、本庄が諸星に宛てた書簡と同じ内容の記述がある。

「昭和二十年三月ごろ上司より横断鉄道現場就労者の給養指導と、スマトラ労務規定の遵守の労務指導のため三泊四日の予定で全工区の現場視察の指令の命を受けた。視察三日目鉄道路盤工事近くで下車し、疎林をぬけて草地の視界が広まった所を出ると、遠くの方で音もなく、人の群れの移動する様が私の視線に入りました。スローモーション映像のように右から左に移動しており、自分の目を疑いましたが、生まれたときのままの全員の裸体群で、それが作業中の建設労働者であると悟るまでには、私は数秒要しました。全員、天秤棒で盛土の入ったモッコを担いで運搬中でした[45]。」

英印陸軍リンガー証人は、東京裁判（第百三十七回：一九四六年一二月二三日）において、パカンバル俘虜収容所では一九四五年に捕虜は「ズロース」みたいなものしかなく（おそらくフンドシの類いであろう・筆者注）、肌襦袢、帽子、靴、寝具、蚊帳もなかったと証言している[46]。つまりスマトラ横断鉄道建設現場ではロームシャは全裸、捕虜は裸に近かったことになる。

半裸や全裸を強要するのは逃亡を防ぐためでもあった。徴用されてマレーに赴き、シンガポールで邦字紙などの制作・発行にあたった井伏鱒二の作品『徴用中のこと』に次のような記述がある。

「大通りの四辻でバリケードかトーチカを毀す作業が行われ、英国兵の捕虜と思われる白人がパンツ一つの裸で、リズムをつけながらハンマーを振り上げ振り下ろしていた。捕虜を素裸にするのは逃亡を防ぐためと思われる。後日、シンガポール沖にあるケーロンの漁場へ行ったとき見たが、大型ボートで舟遊に出ていた外人捕虜は、みんなパンツも何もつけていなかった。逃亡の気など起せないだろう[47]。」

虐待と虐殺の建設現場ロガス

加藤裕はまた諸星の訳による現地の歴史書、『西スマトラ・サワルントとシュンジュンジュン郡における民族闘争の歴史』の一節を紹介している。

「ムアロからロガス（Logas）を経てパカンバルに至る横断鉄道建設にはロームシャと称されるインドネシア人が強制的に使用された。当時、ロガスという言葉は『幽霊になる』と転用されるほど犠牲者が多く、地元では恐れられた。毎日のようにジャワからのロームシャは、パダンから貨車に乗せられ、工事現場に運ばれてきたが（オランダが建設したパダンからパダンパンジャンを経てムアロまでの路線である。筆者注）、食料不足から体はやせ細り、顔は何時も悲しみと憂鬱を漂わせていた。骨と皮だけで働けなくなった者はクワンタン川に投げ込まれた。[48]」

諸星の訳した現地の歴史書の著者や発行年は不明だが、諸星は戦友会を通じてこのような残忍な事態があったかどうか調査したが該当するような部隊はなかった、と加藤裕は書いている。筆者が諸星の遺族から譲り受けた資料に、この翻訳は含まれていなかった。

泰緬鉄道建設の場合も同様であるが、ロームシャの犠牲者が一〇万人単位であるにもかかわらず遺骨の出土が少ないのは、泰緬鉄道ではクワイ河、スマトラ横断鉄道ではクワンタン川に投げ込まれていたことも理由の一つとして考えられる。諸星訳の歴史書では弱って働けなくなったロームシャも生きたままクワンタン川に投げ込まれており、シジュンジュン郡の元ロームシャ故Suman（スマン）の家族は、死者はクワンタン川に投げ込まれたと証言している（260頁）。

次に、リアウ州政府が一九七七年に出版した歴史書 *Sejarah Daerah Riau*『リアウの歴史』が、加藤剛の著作に掲載されているので、スマトラ横断鉄道の部分を引用する。

「ロガスは、日本のつくり出した地獄としてつとに知られている。犠牲となった人間の数は何万人にものぼる。ロガスにおける日本の残虐な蛮行は、まったくもって人間の思慮を越えるものだった。崩れた岩や土砂に埋まった労働者が、大声で助けを求めているにもかかわらず、救助の手が差し伸べられることはなかった。逆に、これら埋もれた労働者を放置したまま、ダイナマイトを炸裂させ、そのあとには、爆破された労働者の骨や肉が、あられのように降り注ぐ始末だった。どれだけの犠牲者が出たか、数えることさえできない[49]。」

また、英印軍少佐ＲＡＰＷＩのＧ・Ｆ・ジェイコブズは次のように証言している。

「メッシング軍医はほかの五人の軍医とともに日本軍の命令により、近在のゴム園で働くジャワ人苦力《クーリー》専用の病院と称するところで勤務させられた。日本人は病人たちを情容赦もなく扱った。些細な過失でもおかすと、彼らは患者を柱にしばりつけ、熱湯を浴びせてやけどさせた。またある者たちはむごたらしく殴打されたり、裸のまま一日じゅう熱帯の太陽に曝されたりした。赤痢患者用の小舎に収容されたものでも、五、六日生きながらえたものはまず無かった。これは、日本側の軍医部長クスモト軍医が赤痢を重病と認めることを拒否したからであった。こうした過酷な状況のもとで彼らが十五ヵ月間も苦労したあいだに、三三〇〇名の苦力が入院したが、そのうち一四一〇名が死んだ[50]。」

東京裁判でのリンヘア証人の証言をマラリア予防薬に関して既に引用した（１５８頁）が、ロームシャと熱湯に関しては次のように述べている。

「労働者がいわゆる犯罪を犯しまするると、赤痢患者を収容する所に入れられまして、そうして死ぬるまで放置されているのであります。もう一つの場合には、二十四時間杭に結いつけられて、熱湯をかけられたのであります。」

これに対し、ウィリアム・ウェッブ裁判長[51]から、「あなたが犯罪というのは殺人ですか、何ですか。」を問われると、「殺人ではありませんで、キャンプ収容所の命令違反事件であります。」と答え、具体的には「収容所の労役命令に違反すること、並びに日本人に対して、懇切丁寧であるべしという命令に違反することであります。」と述べている。[52]

有り体に言えば、お辞儀や敬礼をしないなど気に入らない態度をとるとこういう制裁を受けたということを指しているのであろう。東京裁判ではリンガー証人もロームシャに対する熱湯による仕打ちについて証言している。

「リンガー証人　或る場合、ちょうどそれは防空警戒をしておった時でありますが、インドネシア人がわれ〳〵の収容所のすぐ外で、火を焚いておるのが見つけられました。彼等は衛兵所まで連れて行かれ、そこで非常な拷問にかけられ、また殴られたのであります。そうしてわれわれの炊事場から熱湯をもって行って、そうして彼に浴びせたのであります。次の朝の三時ごろまで彼が喚いておるのがわれ〳〵の耳に聞えました。そうして次の朝彼の死体が衛兵所の前に転がっておるのを見ました。[53]」

連合国軍の証言に日本軍に対する報復感情に基づくものがあったということは通常言われており顧慮しなければならないが、スマトラ横断鉄道建設現場でのロームシャの惨状に関しては第二十五軍将校本庄弘直、インドネシアの歴史書、東京裁判での証言に共通ないし一致した点が存在している。

また、ロガスでの建設工事が凄惨を極めたことを間接的に示す「発禁事件」が起きている。ジャーナリストであったミナンカバウ族出身のアディネゴロ（一九〇四～一九六七）は、「北スマトラ新聞」（インドネシア語）主筆として一九四三年一一月に東京で開かれた「大東亜新聞大会」に出席した。また、インドネシア語普及のための「インドネシア言語研究所委員」、「スマトラ中央参議院事務局長」、「スマトラ独立準備調査会事務局長」などの要職に就き、非公式な臨時政府閣僚名簿にまで名前が挙がっていた。[54]

アディネゴロは戦後『この世の地獄ロガス』という書名の本を上梓すべく、シンガポールで印刷しスマトラで配布するばかりにしていたが、日本軍の説得で中止された。[55] インドネシア独立の闘士であったアディネゴロは、独立戦争を有利に進めるために日本軍を敵に回すことを避けて出版を断念したのではないか、と筆者は考えている。

『この世の地獄ロガス』という書名、日本軍が出版を断念させたという点などから、ロガスでの鉄道建設が凄惨な状況であったことを間接的に示しており、「発禁」を免れていればスマトラ横断鉄道建設の重要史料となったであろう。なお、アディネゴロについての詳細は、筆者による『スマトラ新聞』復刻版の「解題」を参照されたい。[56]

次頁の写真6‐3は労働英雄公園のレリーフの一部である。スマトラ横断鉄道のルートと俘虜収容所キャンプが示されている。一方、写真6‐4はシロケの機関車展示場のレリーフであり、ロームシャ虐待を告発している。泰緬鉄道建設の場合キャンプはかなり移動を繰り返していたが、スマトラ横断鉄道建設では一五か所ほど（地図4‐1）のキャンプは建設期間中固定されていたようである。

ロガス鉄道――「この鉄道」の呼称

スマトラ横断鉄道建設で使役されたロームシャへの虐待は、全長二五五キロメートルの沿線どこででも起きていたものと推察されるが、先に見たようにロガスでの惨状が突出して語られている。西スマトラ州からリアウ州にかけて、徹底的に騙されることを「ロガスで騙される」と言ったり、メタファーとして「ロガス」と表現したりするほどに、スマトラ横断鉄道建設にともなうロガスでの惨状は筆舌に尽くしがたいものであった。ロガスでの惨状に関連して、この鉄道がインドネシアやオランダ、そして日本でどのように呼ばれているか、その呼称の意味するところについて考えておきたい。

筆者は「この鉄道」をスマトラ横断鉄道と呼んできた（書名では長さの関係で「横断」をとった）が、この呼称は世界的に認知されていない。その理由は、「この鉄道」を建設していた日本軍が敗北し、戻ってきた旧宗主国オランダも独立戦争に敗れ、所有が変転してインドネシアに帰属したこと、また後段（355頁）検証するようにスマトラ横断鉄道問題が「埋もれてしまった」ことが原因で、日本・インドネシア・オランダそれぞれにいくつかの名称が存在していることによる。

日本においても正式名称があるとは言いがたい。既述のように、公刊戦史『戦史叢書92　南西方面陸軍作戦　マレー・蘭印の防衛』において、スマトラ横断鉄道建設に関しての言及はわずかに四か所、合計三〇行である。名称は『スマトラ横断鉄道』『スマトラ中部横断鉄道』『中部スマトラ横断

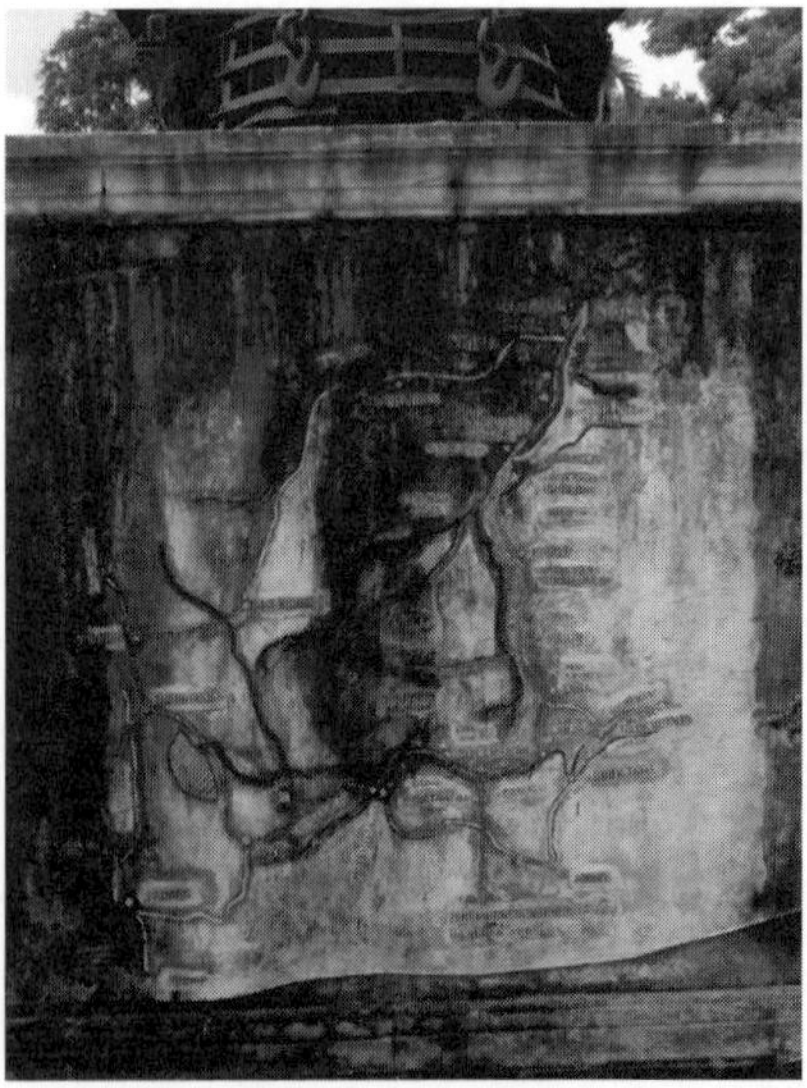

写真6-3　労働英雄公園　スマトラ横断鉄道ルートのレリーフ

写真6-4　機関車展示場（シロケ）ロームシャのレリーフ

鉄道』の三とおりで書かれている。

『戦時月報』には「中部スマトラ横断鉄道」ないし「スマトラ横断鉄道」と記載されている。これらの呼称は、「(中部)スマトラ」で場所を表し、「横断」で鉄道の目的、すなわち中部スマトラを横断してインド洋側とマラッカ海峡側をつなぐ意図を表しており、日本軍は「この鉄道」を表すには適していると考えたのである。

しかし、スマトラ島、特に西スマトラ州やリアウ州などの鉄道建設沿線では、「ロガス鉄道」という呼称が広く使われ、「ムアロ・パカンバル鉄道」と呼ぶ人も少数いる(ロガス炭鉱への支線であるロガス線とは別)。これは「ロガスへ行ったら帰ってこられない」という言葉が示すように、鉄道が人々に恐怖の対象として強く印象づけられていることによる。また日本軍による惨状を記憶にとどめておきたいというナショナリズムの発露でもあるという。この見解は、インドネシア国立アンダラス大学人文学部学部長Gusti Asnan(グスティ・アスナン)への筆者によるインタビューでの発言である[57]。

日本軍がスマトラ横断鉄道という名称が適していると考えたのと同様に、スマトラの人たちにとってあるいはロームシャとして使役されたジャワ島人にとって、「ロガス鉄道」は日本軍の残虐性を表す象徴的な呼び方として「事実」と「真実」を表す、と考えられているのではないだろうか。

また、オランダ(欧米)ではおもにPakan Baroe Railwayが使用されている。これはパカンバルが鉄道の起点であり鉄道建設物資の集積地になったのはもとより、オランダ人捕虜が屈辱の第一歩をパカンバルに印したことによる。同様に、ビルマの人たちにとって泰緬鉄道の起点タンビュザヤは「地獄」への入り口であったことから、同鉄道を「タンビュザヤ鉄道」と呼んでいる[58]。インドネシア人もオランダ人もビルマ人も身に降りかかった悲劇をこの鉄道の名称にしており、タイ(泰)とビルマ(緬甸)間の鉄道が「The Siam(Thai)-Burma Railway:泰緬鉄道[59]」という世界共通の名称を獲得しているかに見えて、犠牲者になった捕虜たちが「死の鉄道」と呼んで告発し続けていることに通ずる。

ロームシャと麻薬(アヘン・ヒロポン)――問題の責任追及

東京裁判や各地のBC級戦犯裁判は「勝者の裁き」であるとの指摘がなされ、勝者の連合国対敗者の日本という構図で議論される傾向にある。しかし実際は日本軍に占領された東南アジアの国々は非交戦「国」であった。連合国は裁判においてそれら占領地下の人々の被害を取り上げ、ロームシャに対する虐待は捕虜に対する虐待とともに東京裁判、BC級戦犯裁判において糾弾された。

とは言っても、日本の植民地や占領地であった「国々」は、ロームシャに加えられた残虐行為を主体的に裁くことは不可能だったし、東京裁判に加わったフィリピンにしても他の連合国に十分伍して参加できたわけではない。さらに、植民地や占領地下の女性たちが「慰安婦」におとしめられた事件が戦犯裁判で取り上げられることはほとんどなく[60]、東南アジア占領地における日本の戦争犯罪が戦犯裁判で十分追及されたとは決して言えない。

東京裁判では、朝鮮や台湾の植民地支配は俎上にのぼっていない。戦勝国中国の受けた被害でさえ、全く取り上げられなかったり、取り上げられたとしても曖昧なまま裁判が終了してしまった重大な問題がいくつか存在する。たとえば、七三一部隊と細菌戦の問題では、細菌戦に関する情報をアメリカに引き渡す条件のもと七三一部隊は逮捕を免れ、裁判の対象にすらならなかった。毒ガス使用の問題は起訴され、附属書D第九節[61]で取り上げられたが、何の追及もなく裁判は終了してしまった。

今日日本では麻薬は厳しく取り締まられ、歴史的にも麻薬を反道徳的なものとして忌避してきたと思われがちであるが、日中戦争の激化にともない日本は世界最大の麻薬生産国となり、アヘン売買によって戦費を調達し、アジアの人々をアヘン吸飲者に貶めてきたのが歴史的な事実である。中国との戦争では最終的に一〇〇万余の日本軍将兵が大陸で戦っていたが、これに要する莫大な軍事費や傀儡国家「満洲国」の財政などにアヘン売買による利益が流入していた。そして東南アジア占領地では、新たなアヘン吸飲者と利益を生み出した。以下は江口圭一著『日中アヘン戦争』の記述である。

「シンガポールを占領した第二五軍は、一四万七〇〇〇両の生アヘンを押収し、戦禍にあった精製工場を復旧して、アヘン精製をおこない、小売価格をイギリス統治下の二倍に引き上げて販売するとともに、マレー各州、スマトラ、ボルネオなどに配給した。四二年三月～九月のアヘン売上高は五七〇万七五〇〇ドル（一ドル＝一円）で、アヘン収入は第二五軍軍政部の歳入にあてられ、経常部歳入の約五〇％、臨時部歳入を加えた全歳入の約二五％を占めた。[62]」

東京裁判ではアヘンなどの麻薬問題を「勝者」中国が立証・追及した結果、次のような判決を得た。

「日本は満州におけるその工作の経費を賄うために、また中国側の抵抗力を弱めるために、阿片と麻薬の取引を認可し、発展させた。[63]」

「満州における麻薬の売買に関しては、すでに述べた。満州において採用された方針と類似したものが、中国の北部、中部及び南部で軍事行動が成果を収めるに伴つて、随時採用された。[64]」

しかし、日本軍によるアヘン吸飲被害者は中国をはじめとするアジア人であり、細菌戦や毒ガス使用同様直接の被害に遭っていないアジア以外の連合国の共感を十分得ることはできず、大きな問題となったとは言えない。これらの問題を追及すること自体タブーでもあった。[65] アヘン問題に詳しい倉橋正直は、次のように指摘している。

「日本の阿片政策は、これまで、説明してきたように、明白な国際条約違反の国家的犯罪であった。だから、それは、日本側が行った数々の戦争犯罪の中でも、かなり重要な位置を占めていた。そうである以上、日本の戦争犯罪を裁く東京裁判は、本来、この阿片政策についても厳しく追及すべきであった。ところが、実際には、ほんの少し取り上げられただけに終わってしまう。日本の阿片政策を全面的に取り上げ、その全体像の解明に務める。——そういった営みを踏まえ、道義的、かつ国際条約違反の責任を追求《ママ》すべきであった。しかし、残念なことに、そういった試みは基本的になされなかった。むしろ、結果的には、それは、事実上、免罪されてしまう。(66)」

こうしてアヘンなどの麻薬問題は、なかば永久に闇に葬られてしまった。とは言え、東京裁判における中国の立証・追及によって十五年戦争中日本が世界最大のアヘン生産国であり、「大東亜共栄圏」内で人々にアヘンを吸飲させ莫大な富を収奪していた事実が明らかにされた。

アヘン吸飲ロームシャの描写でしばしば引用されるのは、金子光晴『マレー蘭印紀行』のなかのスリメダン鉄鉱山の記述である。今日のマレーシアにあったこの鉱山は石原産業によって経営されており(石原廣一郎については30頁)、そこで働く中国人苦力の話である。

「——斃《たお》れるでしょうね。一日炎天でこれでは……。

——案外、強いものですよ。たゞ阿片が切れると引っくり返る奴がいます。

——阿片をすってのですか。

——すってくれるので能率もあがるというわけです。阿片すいたさに、こいつらは地獄の餓鬼になって働くのです。命をつめて働いて国元へ送金する者もいますが、それはこうならない奴のことで、こうなったら、国も、家もありゃしませんや。自分自身だってありはしない。阿片がのめるたのしみ一つではたらき、それだけで生きているんです[67]。」

中国やマレーをはじめアジア全域でどのくらいの人々が、日本軍の毒牙にかかりアヘン吸飲者になったのだろうか。一〇〇〇万人の大台であるのは間違いなく、泰緬鉄道建設現場にも魔の手は伸びてきていた。憲兵隊通訳として泰緬鉄道建設地で捕虜と接してきた永瀬隆は戦後、犠牲になった捕虜やロームシャへの贖罪に奔走したことで知られているが、泰緬鉄道建設でロームシャを徴発するに際しアヘンが使用されていたことを著書のなかで次のように述べている。

「さらに注意しなければならないのは、こうした労務者に「アヘン」を使っていることです。私は当時、憲兵隊におりましたからこの事情はよく知っています。つまりアヘン吸飲の習慣のある中国人やマレー人やタイ人に、もっとアヘンを吸えるところを世話してやるということで労務者として徴発し、給与の一部としてアヘンを与えるわけです。アヘンが麻薬であることはいうまでもありません。そのようなものを利用しながら、占領下の民間人を労務者として動員するということは、およそ人道的に許されないことです。しかし日本軍部がこうした非人道的なことを平気でやっていたことも、動かしがたい事実なのです[68]。」

江口圭一の『日中アヘン戦争』には、次のような具体例が記されている。

「四三年末に約八トンの蒙疆（「もうきょう」は内モンゴル・筆者注）アヘンを広東―香港―海南島―サイゴン―シンガポールというルートで運んだ。これは泰緬鉄道（略）などの建設にあたる苦力《クーリー》集めと宣撫工作用に使用されたという。(69)」

永瀬によれば「給与の一部としてアヘンを与える」のであるから、泰緬鉄道建設地でアヘンが使用されていたということになる。誰がどのようにしてアヘンをロームシャに吸飲させたのか、作業現場はどこかなど具体的な記述のないのが惜しまれる。

一九九三年に刊行された歴史書のなかで、中原道子は「東南アジアの「ロームシャ」―泰緬鉄道で働いた人々―」を分担執筆し、泰緬鉄道建設で使役されたロームシャがアヘンをタイ人物売りから「栄養補給」として購入した例を述べている。

「日本軍が支給した賃金は必ずしも確実に労務者一人一人の手に渡っていなかったのではないだろうか。そこまで管理は徹底していなかったのである。賃金を受け取った労務者は、キャンプの周辺の村や町からやってくるタイ人の物売りから、焼飯、焼きそば、菓子、ピーナツ、煙草、アヘン、酒、卵、砂糖、果物などを買って栄養を補給した。(70)」

また、上羽修による次の中国炭鉱労働者に関する報告によれば、賃金の代わりにアヘンを与えていたことは珍しいことではなかったので、泰緬鉄道建設でも同様の事例はあり得た話である。

「　「給料の代わりにアヘンが支給された」　賀貴徳（67歳）
18歳のとき、炭鉱に入り叔父の家から通った。仕事は4キログラムもある鉄製のハンマーで、長さ2メートルほどのノミを叩いて石炭層に穴を開けることだった。給料は日給3～4角（1元が10角。3～4角が当時どの程度の価値であったかについては原典に示されていない。筆者注）だった。給料の代わりにアヘンを与えられたが、母のために金をもらい、アヘンは吸わなかった。アヘンを吸うと気持ちがよくなるので、労働者の半分は吸っていた。[71]」

スマトラ横断鉄道建設を担った鉄道第九連隊第四大隊はクラ地峡横断鉄道建設にもあたったが、戦友会誌『光と影』はクラ地峡横断鉄道建設地におけるアヘン中毒者について次のように記している。

「起点チユンポンの沖合には泰国海軍の日本製巡洋艦数隻が投錨していた。町の目抜き通りには、長崎出身の婦人が経営している「桜」という食堂があった。作業頭に向って十粁地点のコーラオムには貨物敞があり、当時の石黒農林大臣の息子さんが居た。此処の労務者には支那人が多く、阿片中毒患者風の者も見受けられた[72]」

そして、スマトラもアヘンにむしばまれていたことは、『戦時月報』の記述からも明らかである。すなわち、スマトラ横断鉄道に関しての公的な情報を『戦時月報』の「交通」の項に求めてきた（93頁）が、同月報には必ず「財務」の章があり、「専売」の項目のもと「アヘン」に言及している。それだけアヘン政策は重要であった。たとえば、『戦時月報』（一九四二年六月末日）には次のような数値が記載されている。図表6‐15にして示す。

なお、筆者はロームシャが「甘言」をもって徴用されたと述べてきたが、その甘言の一つがアヘンを「えさ」にしたものであった。

オーストラリアの作家Richard　Flanagan（リチャード・フラナガン）が、鉄道第九連隊第四大隊衛生兵であった諸星達雄を、POW研究会(Prisoners of War Research Network Japan)会員の立ち会いで訪問したのは二〇一二年一二月である。泰緬鉄道建設を背景として人間の生き方を描いたフラナガンの著作 *The narrow road to the deep north* はイギリスの文学賞であるブッカー賞を二〇一四年に受賞しており、父は泰緬鉄道建設で使役されたオーストラリア軍捕虜である(73)。

その席でフラナガンは、泰緬鉄道やスマトラ横断鉄道建設現場での麻薬使用について尋ねている。前日には泰緬鉄道建設で捕虜監視に当たっていた朝鮮人軍属の李鶴来《イハンネ》(344頁)にも面会しており、父の使役された泰緬鉄道建設で麻薬が使用されていなかったか、疑念を持っての質問ではなかったかと思われる。諸星は衛生兵であったことから日本軍の衛生に関すること以外については詳しく知らないとしたうえで、「泰緬鉄道では麻薬は使用していなかったが、スマトラ横断鉄道ではヒロポンをロームシャの覚醒用に使用していた」と答えている。

泰緬鉄道建設現場でアヘンが使用されていたなら、諸星の衛生兵としての役目は日本軍将兵が相手であっても、その立場からすれば知らなかったというのは腑に落ちない。しかし、スマトラ横断鉄道建設現場で、ロームシャの作業時に覚醒用にヒロポンが使用されていたことが証言によって明らかになった。少なからぬロームシャに全裸での作業を強い、かつヒロポンまで使って鉄道建設を急がせていた光景には慄然とする。

ただ、アヘンと違いヒロポンは当時非合法ではなく、その使用に今日と全

図表 6-15　阿片売上高・製造高・吸煙許可証料

(イ)阿片売上高	昭南島	362,400「チューブ」	181,200弗
	スマトラ各州	4,600,000「チューブ」	2,300,000弗
	計	4,962,400「チューブ」	2,481,200弗
(ロ)阿片製造高		3,162,198「チューブ」	
(ハ)阿片吸煙許可証料		1,193人	596弗50

(出典)『戦時月報(軍政関係)1942年6月末日』410〜411頁。
(注)「第四 財務 五、専売(1)阿片の項に(「スマトラ」各州より阿片配給方希望あり本月より配給を開始す 配給並に販売価格は「マレー」半島に同じ)とある。防衛省防衛研究所戦史部所蔵をもとに筆者作成。復刻版では倉沢愛子解題『極秘 戦時月報・軍政月報』第一巻 450〜451頁。アヘンの重量単位(1チューブの重量)や価格単位はインド産アヘンと他のアヘンでは相違し、複雑である。山田豪一編著『オールド上海阿片事情』亜紀書房、1995、vi頁を参照されたい。

く同じような道徳感が作用したとも言えない（諸星はヒロポンを麻薬として捉えているようであるが、それはインタビューの行われた二〇一二年の感覚で答えたからであろう）。日本国内でも戦時中は作業目的達成のために今日違法薬物となっている何らかの覚醒用薬品を使用していた、あるいは使用させられていたという例は少なからず聞く話である。たとえば、アメリカ大陸に向けて放球した風船爆弾の製造にあたらせた女学生に覚醒用薬品を飲ませていたというのだから、(74)「土人」や「土民」と呼んでさげすみ使役していた東南アジアのロームシャにヒロポンを使用することなど戦時下では驚くにはあたらない。

兵補（ヘイホ）

鉄道連隊が主体になって進めたスマトラ横断鉄道建設であったが、実際には異なった立場の多くの人々が現場で労働に服していた。それらは特設鉄道隊、企業の社員、ロームシャ、捕虜であり、ここで述べるのは軍属としての「兵補」である（軍属としての「朝鮮人」については第九章）。

「兵補」とは、その言葉（ヘイホ）が「ロームシャ」同様インドネシア語となって残っており、三年半の日本軍の占領下で発生した労務動員の一形態であった。同様の労務形態でインド人を使役すればインド人兵補、マレー人を使役すればマレー人兵補であるが、事例は圧倒的にジャワ島人が多かった。

日本軍は人口稠密であったジャワ島から人々を外島ばかりか、占領した東南アジア各地へロームシャとして送り込んだ。兵員不足に対してはジャワ島の人たちを「兵補」として補充し、ロームシャ同様、雑用、軍事施設の建設要員として使役した。つまり兵補は軍隊内ロームシャであり、実際労働者を募集する際に兵補を募っておきながらロームシャとして使役するなど、呼称に頓着せずに人手を募集した例もある。

兵補は蘭印軍に所属していたインドネシア人を宣誓解放（戦争相手国に軍事行動をとらないことを誓約させて解放すること）して、日本軍隊内に取り込んだことを嚆矢とする。後に日本陸軍は一九四二年九月二三日付で

「兵補規程」を制定し（陸亜密三六三六号）、その後南方軍の「兵補規程施行細則」によって一九四三年四月末に正式な募集が開始された[75]。海軍も陸軍に遅れること一年、兵補制度をつくりインドネシア人を労力および兵力として活用した。

軍隊内ロームシャではあったが同時に戦闘にも加わり、戦局が厳しさを増してくると日本軍よりも危険な役割を担わせることがあり、沖縄戦の前線で朝鮮人軍夫が「弾よけ」の役割を押しつけられたのと同様、「大東亜共栄圏」の南方では多くのインドネシア人兵補が命を落とした。兵補が最前線ニューギニアのホーランディア西方サルミで壮絶な戦闘に巻き込まれ、多数が犠牲になった件については第九章の「ホーランディア法廷」を参照されたい。

インドネシア全体で延べ七万人以上の兵補が存在し[76]、配属部隊の転戦に伴ってフィリピン、ビルマ、ニューギニア、タイ、マレーなどでも従軍し、ロームシャが戦後故郷に帰れなかったのと同様の事例が多く発生した。

スマトラ横断鉄道建設に兵補が投入されるようになったのは鉄道の早急な完成が求められたからであり、『陣中日誌』（一九四四年六月八日　別紙第二）に「兵補二名を含み全四名の給与について」が記録されている。

六月一日の『陣中日誌』に、「給養人馬自動車両内燃機関数調査表」が添付されており、この調査票は六月一日のものしか確認できないので、月初に作成していたものと考えられる。（図表6-16）。この表の人員欄には、「兵補」「義勇軍（原

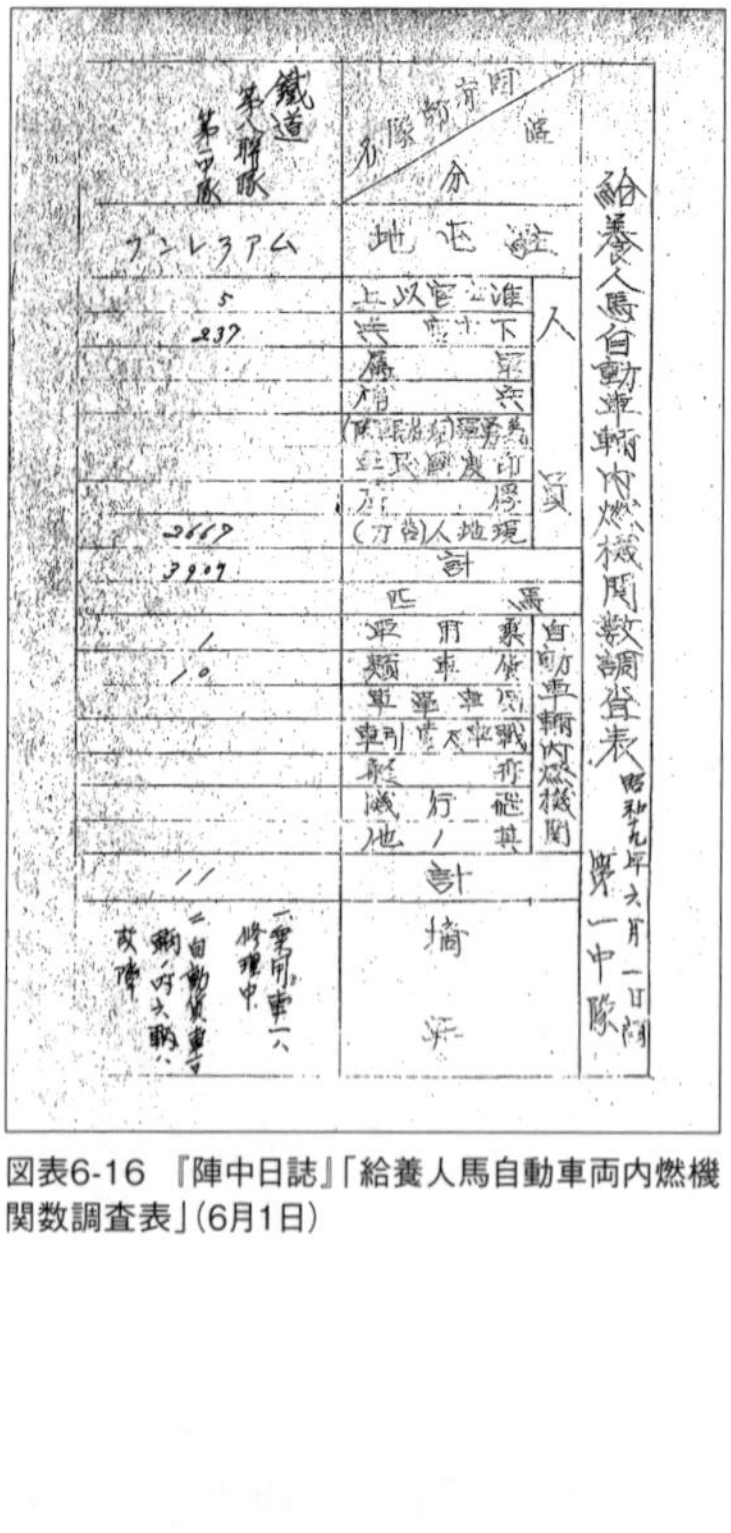

図表6-16 『陣中日誌』「給養人馬自動車両内燃機関数調査表」(6月1日)

住民軍隊）」「印度国民軍」「俘虜」の欄があらかじめ用意されているので、当時スマトラ横断鉄道建設では、これらの人たちの使役が常態化ないし期待されていたことを示している。この六月一日「兵補欄」には人数の記載がないが、六月八日には二名の兵補が使役されており、この一週の間に配属されたのである。

そして、当時スマトラ横断鉄道建設の沿線周囲で戦闘行為が発生していたわけではないにもかかわらず、兵補と同様「義勇軍（原住民軍隊）」の欄が存在していることは、日本軍が義勇軍を日本軍の補完的かつ労務者的な感覚で捉えていたことを示している。第七方面軍の森参謀が『軍政手簿』で義勇軍を労務者と同一の表で扱っているのを加味すると、その度合いは強いものであったことをうかがわせる。

また、クラ地峡横断鉄道の建設工事にインド国民軍が投入されていた（75頁）。「印度国民軍」は日本軍に協力することによってインド独立を達成しようとする、チャンドラ・ボースに率いられた軍組織である。内海愛子によれば、シンガポールが陥落した際に捕虜になった英印軍のうちインド兵はその後三とおりに分かれ、その一つが「印度国民軍」であり、あとの二つは「特殊労務隊」と「捕虜」であった[77]。「印度国民軍」や「特殊労務隊」は日本軍の補完要員か「軍隊内ロームシャ」であり、それぞれインドネシア人の「義勇軍」や「兵補」のインド人版と考えられ、「捕虜」はロームシャとして使役された。インドを英国支配から解放すると日本は喧伝したが、実際は利用しただけであることが『陣中日誌』のこのような様式にも表れている。

戦友会誌『光と影』には、兵補がスマトラ横断鉄道建設現場に配属されてきた際の記述がある。

「兵補が始《ママ》めて来たのは五月頃（一九四五年・筆者注）だった。タロックで大隊本部が募り選んだ中から五十名、元場曹長に伴われてきた。トラックから卸された若者達の色とりどりの衣は、忽ちカーキ色の軍服に替えられ、丸坊主に略帽がのせられた。黒沢軍曹と桜糀伍長が教育班となり営庭で現地人環視の中、気を付け！　敬礼！　の教育が行われる当人達もいさゝか得意気であった。しかしその内務環境は苦力とあまり変らない程悪かった。与えられたゴム靴はすぐ破れ、食器もいつしか員数不足となった。（略）一期の教育が済み、半数はムアロの本部へ転属し残りは指揮班で作業や衛兵勤務に就いた。作業は苦力と同列扱。衛兵は二十四時間勤務で、兵隊の日直上等兵が司令となり、内地と同じように服務した。[78]」

このように兵補が配属になった時期は部隊によってさまざまだが、ロームシャや軍隊内ロームシャである兵補が日本軍に使役されるだけの存在であったことを、元日本兵が戦後二四年目に回想しているのである。そのような実態とはかけ離れ、当時発行されていた邦字紙「ジャワ新聞」には、兵補の華々しい決意の言葉が紹介されている（「ジャワ新聞」一九四三年一一月一四日）。「ジャワ新聞」は朝日新聞社によって発行されていた宣撫媒体であり、当時のメディアが戦争を煽ることによって部数を伸ばしていた経営実態は、東南アジア占領地においても同様であった。

「兵補は語る

ただ飯を食はんがために苦力のやうに奴隷のやうに最低の扱ひを受けてゐた旧蘭印時代のことを思ふと身ぶるひするほど嫌だ、あの時は戦場に出るなどとの考へは毛頭なく訓練を受けるのも馬鹿らしい気がしてならなかった、敵愾心に燃え大東亜の理想を貫かうとする今とは何といふ違ひであらうか歩武堂々と市内を行進する兵補の意気と熱を見た人は更正した我々の真の姿を諒解するだらう　　ウイゲナ二等兵補[79]」

遺骨収集の旅・「九四会」のスマトラ横断鉄道再訪の旅

一九七五年一一月一三日、元鉄道第九連隊第四大隊の宮崎若雄はインドネシアに向け遺骨収集に旅立った。日本遺族会一三名、戦友会一二名、厚生省援護局職員五名、日本青年遺骨収集団一名の計三一名が三班に分かれ、一二月一二日までの三〇日間、遺骨収集に当たった。宮崎はスマトラ島、セレベス（スラウェシ）島の班（日本遺族会二名、戦友会一名、厚生省援護局職員一名）に加わったが、宮崎が参加したのは次のような事情からである。以下、収骨の様子は戦友会誌『おとずれ』に掲載された宮崎の記録、筆者が厚生労働省に情報開示請求をした「昭和五〇年度インドネシア地域戦没者遺骨収集実施報告書」（開第１６２５号）を元にしている。

鉄道連隊がスマトラ島を離れる際、当地で戦死した者の遺骨を持ち帰ることは禁じられた。そこでムアロの山のなかに納骨堂を建て、地下をコンクリートで固めて遺骨をカロート（納骨棺）に納めてきたが、その作業は宮崎が中心になって行い、場所を特定できる適任者ということで戦友会を代表し遺骨収集団に参加したのである。

戦後三一年を経過し納骨堂を建てた場所は様変わりしてはいたものの、なんとか突き止めることができた。建てたはずの地上部分は全く失せており、第一日目の午後から地面下のコンクリートを中の遺骨を傷めないよう気を配りながらハンマーでたたいて砕き、二日目の午前一一時前に開口に成功する。遺骨を納めた白木の箱は既に朽ちており、錆びた釘をたよりに遺骨を個人別に白い袋に収骨した。[80] これらの遺骨は、「バッサンカル事件（リントウ事件）」でインドネシア独立軍によって殺傷された将兵であった（３３４頁）。

このようにアジア・太平洋戦争中に戦死し、いまだ各地に眠ったまま家族のもとに帰ることもできない亡きがらは一一五万体にのぼる（二〇〇九年現在）。ムアロで一〇柱[81]を収骨し、重要な役目を無事に果たした宮崎の労をねぎらいたい（収骨団全体では六一四柱）が、戦友会誌に寄稿された宮崎の文章はスマトラ横断鉄道建設で斃れ、野ざらしになっているロームシャのことには触れていない。

宮崎の遺骨収集から八年後、一九八四年六月三日から一〇日にかけて、元鉄道第九連隊第四大隊のメンバー七人（「九四会」としての旅。宮崎は参加せず）は三九年ぶりにスマトラの地を踏んだ。『おとずれ』に掲載の七人の回想旅行記にはスマトラ横断鉄道のルートをパカンバルからムアロまで、そしてその先パダンまで足を延ばした様子が記されている。道すがら鉄道建設中に亡くなった連隊仲間には靖国神社の供物を手向け、朽ちてうち捨てられた機関車を見ては涙し、鉄路に日本酒をかけ、お経をあげて供養する様子が綴られている。

しかし、宮崎同様彼らは全裸で使役され異土に斃れたロームシャや、乏しい食料でやせ細り疫病で死んでいった捕虜たちに関心を示していない。犠牲になった人間よりも朽ちた機関車に涙しているのである。「九四会」の規約に会の目的としてロームシャや捕虜の慰霊はないかもしれないが、彼らの慰霊の対象が日本軍戦死者だけにとどまっていて良いはずはない。

侵略されたアジア諸国からの謝罪要求や、それに応じることに対しては、「いつまで謝ればいいのか」といった抗議が起こる。しかしスマトラ島を去ってから三九年、使役した人々の眠っている地を初めて訪れても謝罪の言葉はない。「いつまで謝ればいいのか」ではなく、そもそも謝っていないのである。そして、その背景には、占領地で何が起きていたかの解明さえ十分進んでいない状況がある。

六月六日朝、タロックでは日本人が来たということを聞きつけた元兵補の二人が訪ねてきた。有門巧の回想記には、簡単に感想抜きで次のように書かれている。

「九時出発なので表に出ると、車の向うに人だかりしていた。元兵補ジュハル、ウマルハサンの二人が、諸星、石井の両氏と話しており、これを囲む人の群である。ウマル氏は片カナで自分の名前を書いてみせた。出発は九時三十分になってしまった。[82]」

スマトラ横断鉄道建設に加え、泰緬鉄道建設ではロームシャや捕虜を使役して最難関ヒントクの岩山を切り通し、多くの死傷者を出していることを考えれば、訪ねて来た兵補に対しての有門の応対はいささか冷ややかではないだろうか。

一九四四年から一九四五年当時のスマトラ島でしかも人里離れた鉄道建設地に配属された兵補のなかには、戦後故郷に帰れなかった者も少なくなかったはずである。先に記した（201頁）『光と影』中の二人が訪ねて来たとは言えないとしても、兵補の訪問は日本軍が与えた影響の大きさを物語っている。鉄道連隊の再訪者は朽ちた機関車に流した涙の何分の一かでも、兵補やロームシャ、捕虜に向けられなかったものだろうか[83]。

C56型SL靖国神社奉納

鉄道ファンの蒸気機関車（SL）に対する思い入れには格別なものがあるようだ。C56型SLもそのうちの一つであり、展示を身近に見ることのできるのが靖国神社の遊就館である。

一概には言えないが、泰緬鉄道やスマトラ横断鉄道建設に携わった人たちの戦後は、BC級戦犯裁判などで断罪された「汚名」をそそぐことに精力が注がれてきたと言っても過言ではない。泰緬鉄道を走っていたのと同型のC56型SLが、一九七八年にタイ国鉄の方針でディーゼルカーに取って代わりスクラップにされるという情報が舞い込むと、戦友会は保存運動を起こし、機関車は今日泰緬鉄道観光で賑わうカンチャナブリに静態保存されている。泰緬鉄道の蒸気機関車が戦友会会員の心のよりどころとなっていたことは十分考えられる。

翌一九七九年には泰緬鉄道で実際使用されていたC56型SLがタイ南部で発見されると、戦友会はこれを日本に持ってくる運動を起こし、戦友会の活動拠点である靖国神社に奉納したのである。靖国神社がC56型SLの奉納を受け入れ展示しているのは、博物館における単なる展示とは異なり深謀遠慮がうかがえる。その行為は戦犯合祀と同じく、C56型SLの展示によって泰緬鉄道建設を偉業として礼賛し、戦争美化へといざなう目的を持っているのではないかと思われる。

C56をタイから運んで来る際には、アジア・太平洋戦争の史実を正確に知ろうとはしない鉄道愛好家も深く関わっていた。たとえば「鉄道研究家」の塚本和也は泰緬鉄道建設を次のように述べている。

「食糧、医療物資の極端な欠乏に加えて、密林地帯の長い雨期が悪条件に輪をかけた。日本軍将兵も捕虜たちも、敵味方の区別なしに雨の中でがんばったが、悪疫が流行しておびただしい数の犠牲者を出したのである。その数約4万2、000人といわれ、〝死の鉄道〟というありがたくない名称までつけられた。[84]」

塚本は泰緬鉄道を走っていた機関車を日本に運び、最終的には靖国神社に奉納する一連の事業「C56帰還推進期成会」の代表の一人でもあり、歴史に疎い単なるSLファンの文章だからと看過できるものではない。SLに興味を抱くいわゆる「おたく族」もC56の展示されている靖国神社の遊就館を訪れ、十五年戦争において日本軍がいかに勇敢に戦ったかという案内板の説明を鵜呑みにすることも考えられる。加えて神社の中の戦争礼賛の展示まで観るならば、「大東亜共栄圏」礼賛思想に取り付かれないとも限らない。

歴史学者早瀬晋三は靖国神社に奉納されたC56型SLの説明文に言及して、次のように述べている。

「遊就館の展示説明では、戦場とされ、多くの犠牲者を出したビルマやタイ側の視点は、まるでありません。ましてや、戦争責任や戦後責任を果たそうという気持ちは、まったく感じられません。[85]」

このSL靖国神社奉納は、「九四会」メンバーのスマトラ横断鉄道跡再訪より五年前のことであり、メンバーも奉納を押し進めた人たちであった。C56機関車の靖国神社奉納によって「汚名」のいくばくかをそそぐことができたという思いがあり、また泰緬鉄道は当初の目的を十分果たすほどには運行されなかったものの、完成させたという達成感はあったはずである。

しかし、スマトラ横断鉄道は完成したものの、それは「玉音放送の日」であり達成感が得られるはずもなかった。「九四会」のメンバーが野ざらしになっている機関車を目の当たりにして涙したのは、スマトラ横断鉄道では何ら「汚名」をそそぐような感慨を得ることができなかったこともあるからではないだろうか。

ロームシャと捕虜——カンチャナブリ・タンビュザヤの慰霊碑

遺骨を故国に戻す慣習である日本とは異なり、英連邦などでは死地で埋葬する。泰緬鉄道建設で斃れた連合国軍兵士の再埋葬地は、タイ・カンチャナブリのドーンラック（六九八二柱）とチョンカイ（一七五〇柱）、ビルマ・タンビュザヤ（三七七一柱）の三か所にあり、墓標の数は（　）内のとおりである。(86)

カンチャナブリは泰緬鉄道観光の拠点となっており、墓地はきれいに刈りそろえられた緑の芝生、手向けられた原色の鮮やかな花々、熱帯の青い空に向かって噴き上がる噴水の瑞々しさでまばゆいばかりである（写真6‐5）。

また、カンチャナブリには日本軍鉄道隊によって鉄道完成後の一九四四年二月に建てられた慰霊碑があり、裏側には次のような碑文が刻まれている（写真6‐6）。

「泰緬甸連接鉄道建設間不幸病を得て斃れたる南方各国労務者及俘虜の為此の碑を建て恭しく其の霊を慰む」

先入観なしにこの碑文を読んでみると、「不幸にも病死したロームシャや捕虜の霊を慰む」という意味であり、ロームシャや捕虜が不可抗力で死んでいった、つまり死亡原因は食料不足や虐待

写真6-5　英連邦墓地（カンチャナブリ）

などの人為的なものではなく、熱帯特有の疾病にあったという内容である。

その点では、SL靖国神社奉納の中心人物の一人であった塚本和也の文章に通じるものがある。碑を囲んでいる四側のプレートにはマレー語、タイ語、中国語、タミール語、ベトナム語、英語による追悼文もある。それぞれの文は同一ではなく、吉川利治『泰緬鉄道』に訳文が掲載されているが[87]、謝罪の言葉はなく、概してロームシャの献身を記念する内容となっている。

写真6-6　石田榮熊が建てたといわれる慰霊碑（カンチャナブリ）

日本軍がロームシャや捕虜の死亡に責任があるとの碑文をわざわざ刻むとは考えられず、慰霊碑を建てたことで免責を図ったようにもとれる。実際、碑を建てた泰緬鉄道建設第三代司令官石田榮熊中将は「泰緬鉄道事件」が裁かれたイギリス裁判シンガポール法廷で起訴されたが、捕虜やロームシャが多数亡くなったことに関して責任を否定し、「不可抗力」を主張している。宣誓供述書は東京裁判第百四十七号（一九四七年一月八日）で証拠として採用され、朗読された[88]。

この慰霊碑は一九四三年一〇月二五日に泰緬鉄道が完成して四か月経過した一九四四年の二月に建てられており、四一五キロメートルの鉄路を一年三か月で建設したのであるから、ロームシャや捕虜を悼む気持ちがあるなら、慰霊碑一基くらい完成後一週間もあれば建てられた（多くの死者が出たことはわかっていたのだから、準備していれば完成の翌日にも可能であった）であろう。しかも、石田は慰霊碑完成の際に大がかりに慰霊の催しを挙行しており、これらを総合すると石田の慰霊碑建立の意図はは慰霊にではなく、免責にあったと考えられる。裁判の結果は、泰俘虜収容所長や同第四分所長が死刑判決であったのに対し、石田は禁錮一〇年であった[89]。しかし、石田榮熊の幼なじみの子息窪田盛昭は著書で次のように述べている。

「「鬼畜米英撃滅」「不滅の神州日本」の標語が町のあちこちに勝利を謳歌している其の時代に、日本帝国陸軍高官で泰緬鉄道建設中に悲惨の中、無残、無念のうちに倒れた人々（アメリカ・イギリス・インド・インドネシア・オーストラリア・オランダ・泰・中国・ベトナム・日本他）幾多の人種を超えた霊を祀るための見上げる様な十数メートルの立派な碑を、自らの死、切腹を覚悟して当時の司令部や参謀本部を説得、進言、建立を果たした石田栄熊中将をご存じあったでしょうか[90]」

本著者をはじめ石田の遺稿集[91]に文章を寄せている多くの人が石田の優れた人格を強調しているが、これらはすべて「仲間内」の証言である。石田が当時どういう心情で慰霊碑を建立し、祭事を催し、裁判に臨み、戦後を生きたのかは外部からはわからず、どうもすっきりしないものが残る。石田が免責を意図して慰霊碑を建立していたからといって、慰霊の気持ちがなかったということもできない。確かなのは、戦後在タイ日本人などが碑前において真に慰霊を行い、争いのない世界を祈念していることである。

早瀬晋三によれば、ビルマ・タンビュザヤにもカンチャナブリと同じ一九四四年二月の日本軍による慰霊碑が建てられており、日本語でしか書かれていないので、こちらの慰霊対象は日本人ということになる。日本軍によってパゴダも建てられており、一九九八年に作製されたと思われるパンフレットには次のように書かれているという。

「（前略）戦後の物語には枕木一本に一人の犠牲者がと言われましたがそれは嘘で全体の犠牲者の数としては2400名に過ぎませんが日本が負けた関係で勝つた国々の言うままに過ぎてきましたが戦後も53年になりましたので真実を述べるべきと心得。(92)（後略）」

二四〇〇名という犠牲者はとてもありえない数字であり、このパンフレットが戦後半世紀も過ぎて一九九八年に作製されたというのはどういう背景があってのことなのだろうか。戦争責任、戦後責任を免れようとする日本における社会風潮と雁行した動きが、日本人の手によってビルマの地でも行われていたなら許しがたい行為である。

一方、日本軍占領下のビルマ人たちの歴史を書いてきた根本百合子は、タンビュザヤの墓地を訪問した際の感懐を次のように綴っている。

「英連邦は十分な予算と非の打ち所のない管理で、広大かつ立派な戦没者墓地を保持して居り、（略）ビルマはどうであろうか。（略）犠牲者の墓地はどこにも見当たらない。実は連邦戦没者墓地を訪問した時、ビルマ人の管理人にこの質問を投げかけたのだった。「どこにもありません。『汗の兵隊』は死ぬとその場に埋められただけです」淡々とした悲しい答えであった。悪夢の時代から半世紀以上が過ぎた今日まで、ジャングルの奥深く埋まっている「汗の兵隊」達にも、いつの日か永遠の安らぎの得られる墓地が与えられる時が来るのであろうか(93)」（「汗の兵隊」とは泰緬鉄道建設に駆り出されたビルマ人ロームシャのビルマでの呼称である。リンヨン・ティッルウィン『死の鉄路　泰緬鉄道ビルマ人労務者の記録』の原題の一部になっている。筆者注）

このようにカンチャナブリやタンビュザヤと同様に、後に紹介するスマトラ横断鉄道建設で犠牲になったオランダ人捕虜のMenteng Pulo（メンテンプロ）再埋葬墓地（ジャカルタ市内）の整然とした墓標（写真8‐5：313頁）も、死者に対する国家の篤い庇護を感じさせる。

しかし、根本の訪問からさらに二〇年が経過し、戦後七二年を過ぎた今日もロームシャはいまだジャングルに埋もれたままである。悲惨な運命をたどった捕虜ではあるが、同じく斃れたロームシャたちから富を吸い上げていた支配者側の人間でもある。

スマトラ横断鉄道建設で犠牲になった捕虜の人数がほぼつかめたのは、一人ひとりについて「銘々票」（写真8‐6：314頁）が作成され、人間としてカウントされたからだが、ロームシャはカウントされなかった。日本軍は甘言を弄し解放者のように振る舞いながら、欧米人に代わり新たな権力者として東南アジアの富の略奪者となった。

「キンロウホウシ」「ソウゴフジョ」という名の強制労働

戦局が悪化し、パダンにあったセメント工場がイギリス軍艦載機の攻撃を受けたこと（283頁）などを契機に、連合国軍の上陸に備えて日本軍はパダン海岸に長大な防壁を築くことになった。パダン市助役であった秋山隆太郎は、毎日二〇〇〇〜三〇〇〇名の住民を動員し、「キンロウホウシ」と称して三キロメートル離れた河原から一か月間で一〇万個の石を素手で運ばせた、と述べている[94]。パダン海岸の防壁用岩石の運搬は人件費ゼロの人海戦術で行われており、「キンロウホウシ」という言葉が「ロームシャ」ほど顕著ではないがインドネシア語になっていることからも、住民に強制する同様の工事が他にもあったことをうかがわせる。既に我々は森参謀の『軍政手簿』において、「勤労奉仕」という名の労務者を見てきた（53頁）し、石油基地パレンバンでは「勤労奉仕隊」という名のロームシャの実態に触れてきた（164頁）。

第二十五軍司令部の所在地ブキティンギでは連合軍の爆撃や上陸を前提に大がかりな地下壕の建造が行われ、

その一部は今日「日本の穴」として一般公開され、観光客でにぎわっている。この地下壕建造に関しても、ロームシャをただ働きさせて工事を進めた可能性があり、作家戸石泰一はこの地下壕について次のように述べている。

「戦局が悪化するにつれ、今まで「平和」だったブキ・チンギにも、陣地をつくるというので、ますます労働力は必要であった。しまいには、内地同様、一般市民や学生、少年少女まで「勤労奉仕」させたりした。(95)」

「勤労奉仕」と「」付きで書かれているのは、ただ働きの「勤労奉仕隊」を示唆している。「少年少女まで」「キンロウホウシ」させたというのも注目点で、パダン市助役の秋山隆太郎は石の運搬を「処女会」にも依頼したと『赤道標』に書いており、「処女会」の実態は定かではないが年少の「女の子」を集めて「キンロウホウシ」に参加させていたことを示している。

『軍政手簿』の「昭南労務者調査票（昭19・9・19）」の記録に、昭南（シンガポール）では「子供」も「労務者」として計上されている（図表6-17）。また、「摘要」欄には「勤労奉仕隊」の言葉も記載されている。

「日本の穴」建造と同時期に同域で進行していたスマトラ横断鉄道建設工事においても、住民の「キンロウホウシ」が行われており、鉄道連隊『陣中日誌』六月一四日には「極秘」とした別紙に次の一行が記されている。

図表 6-17　昭南労務者調査票（昭 19.9.19）

種類	実備数			需要見込数（向フ三ケ月）			摘要
	定備	臨時	計	定備	臨時	計	臨時者ハ勤労奉仕隊ヲ動員使用スル如ウス
男子	80961	17667	98628	13139	36262	49401	
女子	15881	7730	23611	4654	12966	17620	
子供	3794	1204	4998	512	278	790	
爪哇人	1009		1009				
合計	101645	26601	128246	18305	49506	67811	

（出典）森文雄『軍政手簿』1539頁
（注）「爪哇人」はジャワ人

「「パダンパンジャン」勤労奉仕隊六十一名は明十五日十七時「ムアロ」着列車に依り到着の予定」

奈須川はロームシャと捕虜の使役人数を、当初は六〇〇〇人、全盛期には五倍の三万人（毎日）としていた（160頁）。大井隊が作業していた建設初期でさえこのように「勤労奉仕隊」をパダンパンジャンから送らせていたのであるから、戦局が厳しくなり早期の完成が求められた際には、奈須川の例にならえば何倍もの「勤労奉仕隊」が多くの地区から動員されたと考えられる。

こうしてみてくると、スマトラ横断鉄道建設現場には「ロームシャ」と「勤労奉仕隊」という二とおりの労務者が使役されていたことになる。「ロームシャ」はおもにジャワから連れてこられた人たちであり、「勤労奉仕隊」は、地元スマトラの人たちが無料で使役された例である。この使役実態は、森参謀が労務者調査表（図表2-1、53頁）において、労務者を「ロームシャ」と「勤労奉仕」に区別していたことと符合する。

「ロームシャ」の勧誘や「勤労奉仕隊」の動員に際し使われた言葉が、「キンロウホウシ」（「勤労奉仕」）であり「ソウゴフジョ」（「相互扶助」）であった。双方専門的な歴史用語としてインドネシア語になっており、「強制労働」のニュアンスを持っている。「インドネシア独立」や「アジア解放」のためには勤労奉仕や相互扶助が必要であると欺き、強制労働を強いたのである。

次章のインタビューで、ダヌスやサティの話の中に、「キンロウホウシ」や「ソウゴフジョ」の言葉を使って若者を徴発したことがでてくるが、これは「ロームシャ」の例である。また、次に引用するのは、戦友会記念誌『光と影』に「ゴトンヨロン」の題で掲載されている文章で、こちらは「勤労奉仕隊」の例である。「キンロウホウシ」や「ソウゴフジョ」をどう解釈するか、日本軍と勤労奉仕隊との間で齟齬が生じており、多くの住民がインドネシアに根づいている相互扶助であると欺され、スマトラ横断鉄道建設に動員されたのである。

「ムアロには鉄道建設作業に協力するためにスマトラ各地から勤労奉仕ということで割当てられた労務者が沢山入って来ておった。しかし泰緬線で純粋の労務者や俘虜を使いなれて来た兵隊たちと、勤労奉仕ということで集められて来ていた彼等との間には根本的に観念の食い違いもあった上に給与の不十分なことなどが原因となってトラブルが絶えなかったようである(96)」

「ゴトンヨロン」とはインドネシア語の gotong yorong で「相互扶助」や「共同作業」を意味する。しかし、日本軍の言う「ゴトンヨロン」すなわち「キンロウホウシ」は「ただ働き」の意味合いが濃く、スマトラ横断鉄道建設ではスマトラ各地からの住民動員は「キンロウホウシ」「ソウゴフジョ」としてただ働きで集められたことを証言している文章となっている。

このように「キンロウホウシ」や「ソウゴフジョ」という概念は、日本軍軍政期における労務政策、とりわけ強制労働の実態と不可分のものであり、重要な研究テーマでもある。筆者は「キンロウホウシ」を主題にした、インドネシア人大学生の次のような卒業論文（一九九二年）を目にしたことがある。

Rinaldi, *KINRO HOSHI : Kerja Paksa di Bawah Pendudukan Jepang di Sumatera Barat 1943-1945*（キンロウホウシ（勤労奉仕）：一九四三〜一九四五年期西スマトラにおける日本占領下の強制労働）

「解放史観」のまやかし

日本軍はインドネシアの独立をめざす民族主義者たちに一九四三年八月以降「義勇軍」を創設させ、高揚した民族主義を沈静化させる方策をとるとともに、日本軍の補完を担わせた。義勇軍と兵補は武器を取り扱うこととなり、この経験は日本の敗戦後再支配のために戻ってきた宗主国オランダとの独立戦争において、結果的にインドネシア独立軍（解体・再編成後の義勇軍を中核として作られた）に有利に働いた。

しかしその伝で言えば、東南アジアの独立に寄与した出来事の最たるものはナチス・ドイツによるオランダ、フランスの占領であり、イギリスに対する爆撃であろう。なぜなら歴史学者川島高峰によれば、ナチス・ドイツはこれら旧宗主国の力を削ぎ、日本の侵略をも助けて東南アジアの独立に「貢献」したのである。日本の南進が英・蘭・仏の駆逐に寄与したと主張するのであれば、これら諸国を蹂躙したナチス・ドイツが東南アジアを解放したと主張せねばならないだろう(97)。

従って、日本はインドネシアを侵略したのではなく解放を目的にオランダを追放したのである、とする解放論は歴史的誤謬以外の何ものでもない。時系列に主な占領政策をまとめて見ておこう。

陸海軍は一九四一年一一月二六日、対米英蘭戦開戦に先立ち「占領地軍政実施ニ関スル陸海軍中央協定」を結び、インドネシアなどの分割統治を取り決めた（45頁）。

一九四二年三月一四日の「南方新占領地域中の海軍主担任地域における日本占領地軍政処理要綱」（官房機密第三一六七号）においては、

「第二　政務　四、統治要領　（一）要旨　（イ）海軍の主担任地域は我方の永久確保を目途とし且全地域に亘り帝国を中心とする有機的結合に遺憾なからしむる如く統治其の他万般の施策を実行するものとす」と規定して「永久確保」を画策している(98)。

翌一九四三年一月一四日の大本営政府連絡会議決定「占領地帰属腹案」では、この政策を進め次のように決定している。

「占領地帰属腹案　　　　昭和十八年一月十四日

大本営政府連絡会議決定

一　占領地の帰属に関しては左の基準に依り之を定む

（イ）大東亜防衛の為帝国に於て確保するを要とする要衝並に人口希薄なる地域及独立の能力乏しき地域にして帝国領土と為すを適当と認むる地域は之を帝国領土とし其の統治方式は当該各地域の伝統民度その他諸般の事情を勘案してこれを定む(99)（後略）」

これによって、ビルマやフィリピンとインドネシアやマレー間の処遇の差異があらわになり、一月二八日に東条英機首相は帝国議会においてビルマとフィリピンの独立承認に言及したが、インドネシアについては触れずじまいであった。

次に、同年五月三一日の御前会議では、インドネシアとマラヤを帝国領土とする「大東亜政略指導大綱」を決定している。

「「大東亜政略指導大綱」

（昭和十八年五月二十九日大本営政府連絡会議決定）

（昭和十八年五月三十一日御前会議決定）

第一　方針（略）

第二　要領

四、対緬方策（略）

五、対比方策（略）

六、その他の占領地域に対する方策を左の通り定む。但し（ロ）、（ハ）以外は当分発表せず。

（イ）「マライ」「スマトラ」「ジャワ」「ボルネオ」「セレベス」は帝国領土と決定し重要資源の供給地として極力これが開発並びに民心把握に努む
（ロ）前号各地域においては原住民の民度に応し努めて政治に参与せしむ
（ハ）（ニ）（略）[100]」

本大綱「第二　要領」の「四、対緬方策」・「五、対比方策」においてはビルマ、フィリピンを（傀儡として）独立させることを明らかにする一方、六（イ）においてはスマトラ、ジャワ、ボルネオ、セレベス、マレーは帝国領土とし形の上でも独立させないことを決定していたという重い事実がある。しかも「独立させない」点に関しては発表しない方針をとり、さらに（ロ）の政治参与を認める点に関しては発表するという、二重の欺瞞でインドネシア民族主義者などから反感を買うことを避けた（政治参与を認めるとの方針は、翌月六月一六日の議会における東条首相の「東印度原住民の政治参与」制度採用表明となった）。

戦況が悪化するにつれロームシャや兵補の徴発規模は拡大していったが、ジャワ人などの労働力を資源として活用することは対米英蘭戦争の開戦前から決まっていたのであり（陸軍省兵備課作成「大東亜戦争に伴ふ我か人的国力の検討」の作成は一九四二年一月二〇日付であるが、開戦前からの政策であった。50頁）、日本軍がロームシャや兵補ばかりか義勇軍さえも「労務者」として捉えていた面のあることは否定し得ない。森文雄の『軍政手簿』では義勇軍も労務者として統計に含めており（53頁）、実際、義勇軍であったアジス・グラール・スタン・サティの二年半の仕事は、城塞や防空壕建設にあたったロームシャの監視と軍抑留所の監視であり（第七章のインタビュー）、通常は兵補の役目とされていたものであった。

また、日本軍のなかから戦後インドネシア独立軍に合流した人たちがおり、最終的にインドネシアが勝利したことから、インドネシア独立軍に身を投じた日本軍将兵にスポットが当たる傾向にあるが、ラングーン協定（333頁）のもと、日本軍は大勢としてはインドネシア独立を弾圧したのである。

文学作品のなかのロームシャ

スマトラ島メダン出身の作家イスマイル・マラヒミン（一九三四生）は、スマトラ横断鉄道から少し離れた架空の小村を舞台にした小説を書いている（邦訳は『そして戦争は終わった』）。時はまさに「大東亜共栄圏」が瓦解する「皇紀二六〇五年八月一四日から一六日」の三日間である。皇紀で時を示しているところに、時間を支配しているのが天皇であるという作者の批評性が出ている。

「リオーのプカンバルから西スマトラのシジュンジュンへ通じる鉄道線路の建設は太平洋戦争が始まる遥か以前から、日本軍は計画していたようである。インドネシアを占領すると、わずか数か月でプカンバルに大量のオランダ人捕虜が集められ、ジャワからはロームシャが連れて来られた。それと同時に、北スマトラ、西スマトラ、南スマトラ及びジャワであまり活用されていない鉄道レールが抜き取られ、木造の大型の艀でスマトラの心臓部の奥深くに位置する川の港、プカンバルまで運ばれた。数か月後には、鉄道のある地域から機関車と貨車が運び込まれた。（略）この鉄道建設工事でオランダ人捕虜やロームシャなど働いていた者に多くの死者が出た。それは事故や飢え、あるいはマラリヤや虐待、またはこれらのことに同時に襲われたせいであった。原因が何なのかは重要なことではなかった。死体が埋められて、線路の基礎固めの杭になった者の数がどれくらいになるか語られたことはなかった。現場を駆け巡った噂では、枕木が一区画敷設されるたびに、少なくとも一人の命が飲み込まれていた。（101）」

今日インドネシア人の九割近くはムスリムであり、アジア・太平洋戦争中も同様であった。日本軍が強制労働を強いたロームシャは、ほとんどがムスリムであると言っていいだろう。敬虔なイスラム教徒への宗教的侮辱は、三年半の軍政下至る所で日常的に見られた。

スマトラ横断鉄道建設工事に駆り出されたムスリムたちの屈辱は、本来西方のメッカに向かって祈りを捧げなければならなかったにもかかわらず、東方に住む人間である天皇を拝まなければならなかったことであった。その苦悩は文学の重要テーマとなって作品に残されている。A・ダムフリの中編小説『血の池』（一九五六年）を加藤剛の著作から紹介する。

「「気をつけーっ！」

痩せ細った体が、いくつも垣根の杭のように突っ立っていた。妊婦のように突き出た腹さえなければ、垣根の杭そのものだと言ってよいかもしれない。腹が出ているのは、なにも妊娠しているからではない。立っているのは男ばかりだ。飯を腹一杯食い過ぎたせいでもない。むしろ、その逆だ。イモばかりの生活とビタミン不足、そしてほとんどがマラリアにやられているからだ。

ニッポン人殿が一人、太って背が低く顔つきのきつい男が、前方から後方へと隊列を点検して行く。

「ルルス（真っ直ぐ）！……ルルス、な。……かっねろう！」そのニッポンは叫んだ。そう叫びながら、一人の労働者の腹を小突き、顎を掴んでグイと持ち上げた。労働者は全身を震わせていた。

「休めーっ！」

「気をつけーっ！」

痩せ細った人間の杭が整列する。

「右向けーっ、左ーっ！」生きた杭はグルッと回ると日の出の方向を向いた。今まさに太陽が昇り、その悲惨さで知られるロガス地域を照らそうとしている。

「最敬礼ーっ！」すべての杭が九〇度のお辞儀をした。しかし、後ろの方に立っていた老人が、一人、それにならおうとはしなかった。ニッポンは急いでそこへ飛んでいった。

「こらーっ！　なぜ一緒にお辞儀をしない！」

「できません、アナタ」

「どうしてできないことがある！　ばっげろう！」

（略）

翻訳・引用した箇所は、東を向いての皇居遥拝の情景で、インドネシアでは〝サイケイレイ〟という表現で知られている日本軍占領時代の一コマである。インドネシアから見て西に位置するメッカへの礼拝を信仰の基とする彼らイスラーム教徒にとって、人間、それも東方に住む外国の人間、つまり天皇を拝まなければならないということは、もっとも屈辱的かつ宗教的信条に反した命令だった。「できません、アナタ」と言った老人が、「パシッ」とビンタを食らったことは言うまでもない[102]。」

第六章注

（1）大井彰三「戦記」『後世に伝えたい牧之原のはなし《まきのはら市民が語る戦争体験記集》』牧之原市・牧之原市教育委員会、二〇一〇、一二頁。
（2）占領地において地名がないことで意思疎通を欠かないよう、新しく地名をつけることがある。柴田小隊にちなんで「シバタムラ」という地名をつけたことが、『陣中日誌』六月一七日に「地名命名の件通牒」として各部隊に通牒したことが記されている。パレンバンの南宝橋（164頁）もその類いであろう。
（3）九四会記念文集編集委員会編『光と影　鉄九・四大隊記念文集』九四会、一九六九、三三頁。
（4）石井勇吉「パカンバルからルバンパンジャンへ」九四会記念文集編集委員会編『残照　鉄九・四大隊記念文集　四大隊記念文集』九四会、一九八三、一六五頁。
（5）「一九四四年一二月二五日、西スマトラのアナイ渓谷にかかる鉄橋上でブレーキが利かなくなった列車が渓谷に落ち、死者二〇〇名、重軽傷者二五〇名を出す惨事を引き起こした。この事故はインドネシア鉄道史上最大の鉄道事故として語り継がれている」野村亨「第18章　東南アジア　島嶼部」小池滋・青木栄一・和久田康雄編『鉄道の世界史』悠書館、二〇一〇、五九三頁。転覆原因には事故以外に事件性を指摘する見方もある。
(6) 有門巧「スマトラ記」九四会記念文集編集委員編『残照　鉄九・四大隊記念文集　四大隊記念文集』九四会、一九八三、二六七〜二六八頁。
(7) 同右、二八五〜二八七頁。
(8) 同右、二六七頁。
(9) 九四会記念文集編集委員会編『光と影　鉄九・四大隊記念文集』九四会、一九六九、三四頁。
(10) 岩井健『C56南方戦場を行く――ある鉄道隊長の記録』時事通信社、一九七八、一七九頁。
(11) 本庄弘直「田辺軍司令官の思いやり」富の思い出集編集委員会『富の歩み　思い出集』富の会、一九八一、一三五頁。
(12) アイヌを対象とした「北海道旧土人保護法」（一八九九年）が廃止されたのは、制定後一世紀を経た一九九七年であった。
(13) 竹山昭子『史料が語る太平洋戦争下の放送』世界思想社、二〇〇五、二四五頁。
(14) 新田満夫編『極東国際軍事裁判速記録　第三巻』雄松堂書店、一九六八、第百四十号、七〇一頁。
(15) インドネシア日本占領期史料フォーラム編『証言集　日本軍占領下のインドネシア』龍渓書舎、一九九一、一一三頁。
(16) 片柳眞吉『日本戦時食糧政策』伊藤書店、一九四二、二六八〜二七一頁。
(17) その後人口は増加し、一九四〇年代の日本軍政下メダンの人口に関し榊原は、「現在は十五万を算する」と述べている（榊原政春『一中尉の東南アジア軍政日記』草思社、一九九八、二五八頁）。「スマトラ新聞」の報道によれば、「ブキチンギ旧市域と比較すれば、人口に於て一万六千人より六万三千人に増加」とある。（「スマトラ新聞」一九四三年一一月一〇日二頁。江澤誠監修・解題『スマトラ新聞』復刻版、ゆまに書房、二〇一七、七六頁）。パレンバンについては従軍作家として同地を訪れた林芙美子が、「戦前は十一万の人口だったさうだけれども、現在はもつとそれ以上の人口をかかへてゐるかも知れない」と述べている（林芙美子「スマトラ――西風の島」『改造』昭和一八年六月号、九〇頁）。このような人口増が事実としても、スマトラ横断鉄道建設沿線に定住人口に匹敵するロームシャや捕虜が突如出現した構図に変わりはない。また、今日メダンは二〇〇万都市、パレンバン、パダンは一〇〇万都市であるので、スマトラ横断鉄道建設当時の食糧供給を考える際、今日の感覚で見ないことも必要である。
(18) 加藤剛『時間の旅、空間の旅　インドネシア未完成紀行』めこん、一九九六、七五頁。
(19) 内海正「忘れ得ぬ人」九四会記念文集編集委員会編『光と影　鉄九・四大隊記念文集』九四会、一九六九、三一八頁。

(20) 新田満夫編『極東国際軍事裁判速記録　第三巻』雄松堂書店、一九六八、第百四十号、六九九頁。
(21) 同右、七〇一頁。
(22) 防衛庁防衛研究所戦史部編著『史料集　南方の軍政』朝雲新聞社、一九八五、五一八頁。
(23) 林えいだい『インドネシアの記憶　オランダ人強制収容所』燦葉出版社、二〇〇〇、一〇九～一一〇頁。
(24) 奈須川丈夫「横断鉄道建設工事概要」富の思い出集編集委員会編『富の歩み　思い出集』富の会、一九八一、二〇四～二〇五頁。
(25) 井上謹治「知られざる中スマトラ燃料工廠始末記」パレンバンの石油部隊刊行会編『パレンバンの石油部隊』産業時報社、一九七三、九一八頁。
(26) 石井正紀『石油人たちの太平洋戦争――戦争は石油に始まり石油に終わった』光人社、一九九一、二〇七頁。文庫では『石油技術者たちの太平洋戦争』一九九八、二一五頁。
(27) 岩元正「思い出すまゝ」『中スマ会　思い出の文集』中スマ会文集刊行委員会、一九八一、二〇三頁。
(28) 京成電鉄社史編纂委員会編『京成電鉄五十五年史』一九六七、三一六～三一九頁。
(29) ワンポン太郎（井深功）「虎の髭」『おとずれ』九号、九四会、一九六二、五六～五七頁。
(30) 榊原政春『一中尉の東南アジア軍政日記』草思社、一九九八、二六五～二六六頁。
(31) 岩井健『C56南方戦場を行く―ある鉄道隊長の記録』時事通信社、一九七八、一八五頁。
(32) ルディ・カウスブルック『西欧の植民地喪失と日本　オランダ領東インドの消滅と日本軍抑留所』近藤紀子訳、草思社、一九九八、二一七～二一九頁。
(33) 石渡延男・越田稜編著『世界の歴史教科書　11カ国の比較研究』明石書店、二〇〇二、二〇九～二一七頁。
(34) ジョン・W・ダワー『人種偏見　太平洋戦争に見る日米摩擦の底流』猿谷要監修・斎藤元一訳、TBSブリタニカ、一九八七。文庫では『容赦なき戦争　太平洋戦争における人種差別』平凡社、二〇〇一。
(35) 梶村太一郎「ドイツ・負の歴史に終止符が打たれることはない　見過ごされてきた旧ソ連の被害者に向き合う市民たち」『世界』二〇一五年九月号、岩波書店、一九一～一九二頁。
(36) 同右、一九四頁。メルケルの訪ロに関しては、「朝日新聞」二〇一五年五月一一日朝刊三頁。
(37) 加藤剛『時間の旅、空間の旅　インドネシア未完成紀行』めこん、一九九六、七六頁。
(38) タン・マラカ『牢獄から牢獄へ　タン・マラカ自伝Ⅱ』押川典昭訳、鹿砦社、一九八一、二七三～二七四頁。「オサム・セイレイ」とは第十六軍（秘匿名「治」）の発した政令のこと。

(39)倉沢愛子『資源の戦争「大東亜共栄圏」の人流・物流』岩波書店、二〇一二、六六頁。
(40)可児章「弘田小隊長との訣別」九四会記念文集編集委員編『残照　鉄九・四大隊記念文集　四大隊記念文集』九四会、一九八三、一七三頁。
(41)内海正「忘れ得ぬ人」九四会記念文集編集委員会編『光と影　鉄九・四大隊記念文集』九四会、一九六九、三一九頁。
(42)加藤剛『時間の旅、空間の旅　インドネシア未完成紀行』めこん、一九九六、七六頁。
(43)石井正紀『石油人たちの太平洋戦争――戦争は石油に始まり石油に終わった』光人社、一九九一、二〇七頁。文庫では『石油技術者たちの太平洋戦争』一九九八、二一五頁。なお、司馬遼太郎は該書について「昭和史の一角に灯をともす！」と賞賛している（帯）が、ロームシャや捕虜がパレンバン石油基地でどのように使役されていたのかを明らかにしていれば、仲間内の回顧談にとどまらずまっとうな歴史書になっていたであろう。しかし、泰緬鉄道建設に関しての石井の、「何の楽しみがあるわけでもない劣悪な環境下、日本人だけが優遇されたということはなく、鉄道建設という一つの目的のためには、日本人も俘虜も労務者もない、すべてがひたすら力を合わせたのであった」（『陸軍員外学生　東京帝国大学に学んだ陸軍のエリートたち』光人社、二〇一四、六七頁）という、事実を無視した記述からすると、歴史を書く資格を持ちあわせているとは言いがたい。ほとんど同様の表現は、塚本和也「日本軍将兵も捕虜たちも、敵味方の区別なしに雨の中でがんばった」（２０５頁）にもあった。
(44)新田満夫編『極東国際軍事裁判速記録　第三巻』雄松堂書店、一九六八、第百三十八号、六六三頁。
(45)加藤裕『大東亜戦争とインドネシア――日本の軍政』朱鳥社、二〇〇二、一〇一頁。
(46)新田満夫編『極東国際軍事裁判速記録　第三巻』雄松堂書店、一九六八、第百三十七号、六五六頁。
(47)井伏鱒二『徴用中のこと』中央公論新社、二〇〇五、三〇六頁。
(48)加藤裕『大東亜戦争とインドネシア――日本の軍政』朱鳥社、二〇〇二、一〇二頁。
(49)*Sejarah Daerah Riau*, 1977, p.195 ＝加藤剛『時間の旅、空間の旅　インドネシア未完成紀行』めこん、一九九六、七二頁。
(50)G・F・ジェイコブズ『モンスーンへの序曲　スマトラの連合国人抑留所解放記』原もと子訳、勁草書房、一九八七、一三五～一三六頁。
(51)オーストラリア・クイーンズランド州最高裁判所首席判事から極東国際軍事裁判長に就任。
(52)新田満夫編『極東国際軍事裁判速記録　第三巻』雄松堂書店、一九六八、第百四十号、六九五～六九六頁。
(53)新田満夫編『極東国際軍事裁判速記録　第三巻』雄松堂書店、一九六八、第百三十八号、六六二頁。
(54)ジョージ・S・カナヘレ『日本軍政とインドネシア独立』後藤乾一・近藤正臣・白石愛子訳、鳳出版、一九七七、一一三・三二三・三二四〜三二六・五九〜六〇頁。

(55) 平野栄「スマトラの思い出・民心把握と独立問題」佐藤多紀三編『赤道標』赤道会事務所、一九七五、四三八頁。第二十五軍軍政監部に所属していた平野栄は上司の命により、アディネゴロに対する出版断念説得工作に当たった。これは一九四六年三月以降のことであり、アディネゴロが『この世の地獄ロガス』をいつ執筆したのかは明らかではないが、スマトラ横断鉄道建設中から資料収集をしていたものと考えられる。『赤道標』にはブキティンギの軍政監部などで仕事をしていた女性の投稿もあり「戦友会誌」とは趣を異にしている。

(56) 江澤誠監修・解題『スマトラ新聞』復刻版、ゆまに書房、二〇一七。

(57) インドネシア国立アンダラス大学人文学部学部長Gusti Asnan（グスティ・アスナン）へのインタビューによる。二〇一六年二月一三日午前一〇時〜一一時半。

(58) 森山康平・栗崎ゆたか『記録証言　大東亜共栄圏—ビルマ・インドへの道』、新人物往来社、一九七六、一二〇頁。

(59) Robert Hardie, *The Burma-Siam Railway*, Trustees of the Imperial War Museum,1983 のようにビルマが先にくる例、Thai が Siam に替わる例、Ronald Hastain, *White Coolie*, 1947, Hodder and Stoughton の本文に出てくるように Bangkok-Moulmein Railroad と称する例もある。

(60) オランダ裁判ポンティアナック法廷において、日本軍によって住民が多数虐殺された「ポンティアナック事件」が追及され、海軍特別警察隊一三人が起訴された理由のなかに「強制売淫」も含まれている（一人を除く）。「ポンティアナック事件」は住民虐殺を主たる犯罪として捜査され、「強制売淫」は捜査の過程で明らかになり起訴理由の最後に付け加えられたものであり、現地人が「慰安婦」にされた問題に対するオランダなど連合国の熱意はきわめて低く、日本軍占領下の「強制売淫」に関する研究も進んでいない。「ポンティアナック事件」は「ボルネオ陰謀事件」「西ボルネオ住民虐殺事件」「マンドル事件」などとも言われ、インドネシアにおける日本軍政下の住民虐殺事件としては最大規模とも言われるが、犠牲者は一五〇〇人から万単位（インドネシア側の見解）までかなりの幅がある。大村哲夫「「現地調達」された女性たち――インドネシアの「慰安婦」問題覚書」『世界』一九八三年七月号、岩波書店、二七二〜二八〇頁。後藤乾一『日本占領期インドネシア研究』、龍渓書舎、一九八九、一四九〜一七九頁。

(61) http://dl.ndl.go.jp/info:ndljp/pid/9884276　コマ番号94　最終確認日　二〇一八年七月一日。朝日新聞法廷記者団『東京裁判　上巻』東京裁判刊行会、一九六二、一五四頁。

(62) 江口圭一『日中アヘン戦争』岩波書店、一九八八、一六八頁。

(63) 新田満夫編『極東国際軍事裁判速記録　第十巻』雄松堂書店、一九六八、極東国際軍事裁判判決速記録七〇一頁（極東国際軍

事裁判判決速記録「第五章　日本の中国に対する侵略」「第二節　満州の統一と開発」）
（64）同右、七二四頁（極東国際軍事裁判判決速記録「第五章　日本の中国に対する侵略」「第七節　満州と中国の他の地域とに対する日本の経済的支配」）
（65）日中戦争と東京裁判でのアヘン問題追及に関しては次を参照。黒羽清隆「もう一つのアヘン戦争——日中戦争史の一断面」『十五年戦争史序説』三省堂、一九七九、二〇三〜二五一頁。
（66）倉橋正直『日本の阿片戦略—隠された国家犯罪』共栄書房、一九九六、二六三頁。
（67）金子光晴『マレー蘭印紀行』中央公論新社、一九七八、一二二頁。
（68）永瀬隆「捕虜に関する国際条約と日本」永瀬隆・吉田晶編『カウラ日本兵捕虜収容所』青木書店、一九八九、一〇三頁。
（69）江口圭一『日中アヘン戦争』岩波書店、一九八八、一六九頁。
（70）中原道子「東南アジアの「ロームシャ」——泰緬鉄道で働いた人々」『岩波講座　近代日本と植民地5　膨張する帝国の人流』一九九三、一四二〜一四三頁。
（71）上羽修「植民地の民の無念の叫び」上羽修・中原道子『グラフィック・レポート　昭和史の消せない真実』岩波書店、一九九二、七二〜七三頁。
（72）播本理一「思い出すまま」九四会記念文集編集委員会編『光と影　鉄九・四大隊記念文集』九四会、一九六九、二五九頁。
（73）Richard Flanagan, *The narrow road to the deep north*, Chatto & Windus, 2014.
（74）林えいだい『女たちの風船爆弾』亜紀書房、一九八五、一四四〜一四九頁。
（75）日本インドネシア兵補協会編著『インドネシア兵補の訴え』梨の木舎、一九九三、三八〜三九・四六・八九頁。
（76）前川佳遠理「オーラル・ヒストリーの実践——インドネシア兵補をめぐる語りと歴史体験」歴史学研究会編『歴史学研究№８１３』青木書店、二〇〇六、一一頁。
（77）内海愛子『日本軍の捕虜政策』青木書店、二〇〇五、一九九〜二〇四頁。
（78）山本茂樹「スマトラ記」九四会記念文集編集委員会編『光と影　鉄九・四大隊記念文集』九四会、一九六九、一九七頁。
（79）「兵補は語る」「ジャワ新聞」　昭和一八年一一月一四日　二頁、ジャワ新聞社。
（80）宮崎若雄「御遺骨還送の記」『おとずれ』二十三号、九四会、一九七六、九〜一六頁。
（81）九四会記念文集編集委員会編『光と影　鉄九・四大隊記念文集』九四会、一九六九、四〇頁によれば一二柱である。
（82）有門巧「中部スマトラ——旅と回想」『おとずれ』三十一号、九四会、一九八四、一一九頁。
（83）スマトラ旅行記に諸星は次のように書いている。「集まってきた子供達や大人達にボールペンやライター等を呈して気持だけの回向を果し一緒に写真をとって別れた」諸星達雄「回想旅行記」『おとずれ』三十一号、九四会、一九八四、一六七頁。この「回向を果たした」（弔った）対象は誰なのか、何なのかはっきりしない。
(84) 塚本和也『四季を往く高原列車　C56のすべて』読売新聞社、一九七一、一三四頁。
(85) 早瀬晋三『戦争の記憶を歩く　東南アジアのいま』岩波書店、二〇〇七、一四四頁。
(86) 同右、八七・一三八〜一三九頁。
(87) 吉川利治『泰緬鉄道――機密文書が明かすアジア太平洋戦争』雄山閣、二〇一一、一九〇〜一九一頁。
(88) 内海愛子・宇田川幸大・カプリオ マーク『東京裁判―捕虜関係資料 第2巻』現代史料出版、二〇一二、二七一〜二七三頁。国士舘大学法学部比較法制研究所監修 松元直歳編・監訳 山本昌弘・松元直歳要訳『極東国際軍事裁判審理要録 東京裁判英文公判記録要訳 第五巻』原書房、二〇一七、三二六〜三二七頁。新田満夫編『極東国際軍事裁判速記録 第四巻』雄松堂書店、一九六八、第百四十七号　一七頁。
(89) 岩川隆『孤島の土となるとも　BC級戦犯裁判』講談社、一九九五、二〇六〜二一〇頁。
(90) 凹田凸空『桃源郷からの旅人　凹田凸空物語り　自伝』窪田盛昭、二〇〇六、七一〜七二頁。
(91) 石田栄熊著、石田榮一・石田榮助共編『泰緬鉄道建設第三代司令官石田栄熊遺稿集』私家版、一九九九。
(92) 早瀬晋三『戦争の記憶を歩く　東南アジアのいま』岩波書店、二〇〇七、一三六〜一四四頁。
(93) 根本百合子『祖国を戦場にされて　ビルマのささやき』石風社、二〇〇〇、二九七〜二九八頁。
(94) 秋山隆太郎「パダンの海」佐藤多紀三編『赤道標』赤道会事務所、一九七五、三三三〜三三七頁。
(95) 戸石泰一『消燈ラッパと兵隊』KKベストセラーズ、一九七六、二五六頁。
(96) 内田実「ゴトンヨロン」九四会記念文集編集委員会編『光と影　鉄九・四大隊記念文集』九四会、一九六九、一七四頁。
(97) 川島高峰『流言・投書の太平洋戦争』講談社、二〇〇四、二〇六頁。
(98) 浦野起央編著『資料体系　アジア・アフリカ国際関係政治社会史　第二巻　アジアⅠb』パピルス出版、一九八七、一二四九頁。
(99) 防衛庁防衛研究所戦史部編著『史料集　南方の軍政』朝雲新聞社、一九八五、四四〜四五頁。
(100) 外務省編纂『日本外交年表竝主要文書　下』原書房、一九六五、五八三〜五八四頁。
(101) イスマイル・マラヒミン『そして戦争は終わった』高殿良博訳、井村文化事業社、一九九一、三九〜四〇頁。
(102) 加藤剛『時間の旅、空間の旅　インドネシア未完成紀行』めこん、一九九六、六三〜六六頁。

第七章　現地で村の古老・二世・三世に聞く

（本章では、インタビューの応答を分かり易くするため、「注」を応答の間に記載する）

インタビューの概要

スマトラ横断鉄道建設に従事した鉄道第八・第九連隊のほとんどの復員者が亡くなり、元ロームシャやスマトラ現地の人たちも同じ年齢的条件にある。そんななか、西スマトラ州やリアウ州のムアロ・シジュンジュン、ブキティンギ、パヤクンブ、パカンバル、ロガス、タロックなどに囲まれた地域で、スマトラ横断鉄道建設当時を知っている古老、その体験を聞いている二世・三世にインタビューした。

（注）スマトラの行政単位は州―県―郡―村などである。西スマトラ州シジュンジュン県には、クピタン、ウンパット・ナガリ、コト・トゥジュ、スンプル・クドゥス、シジュンジュン、ルブック・タロック、タンジュン・ガダン、カマン・バルの八つの郡がある。ただし、ムアロ・シジュンジュン市は県庁所在地なので郡には属さず、西スマトラ州シジュンジュン県ムアロ・シジュンジュン市となる。

インタビューに応じていただいた方々は、国立アンダラス大学招聘教員の坂井美穂が、当地の事情に詳しいAbdi Pendidikan（奉仕教育）単科高専教員のFikrul Hanif（フィクルル・ハニフ）の情報をもとにアレンジしてくれた人と、筆者が二〇一六年二月と五月のリサーチをとおして出会った人たちである（インタビュイーの名前などと居住地は図表7-1と地図7-1）。

インタビューは年配の方の場合、筆者の日本語を坂井がインドネシア語に訳し、それをハニフ、ハニフの学生のキキ・ノファリア、レフィラ・アンドゥリミがミナンカバウ語に訳して行われた。質問（日本語↓インドネシア語↓ミナンカバウ語）、答え（ミナンカバウ語↓インドネシア語↓日本語）という伝達（重訳）中に誤解が生じないよう、質問は具体的で短答式になるようにした。また、二世と三世の方とは日本語とインドネシア語間のみの通訳であった。ミナンカバウ族は西スマトラ州やリアウ州に居住し、世界最大の母系制社会で知られる。

二〇一五年に元鉄道第八連隊の大井彰三（九五歳）にインタビューしたが、予定されていた第二回目のインタビューは大井が予定日前日に入院したことで延期になった。そして快復かなわず他界したことから、筆者は高齢者へのインタビューには慎

図表 7-1　インタビュイー 一覧（年齢は 2016 年のインタビュー当時のもの）

番号	名前	年齢（歳）	居住地	所属等
①	Danoes（ダヌス）	98	パヤクンブ市西パヤクンブ郡	元義勇軍
②	Hasan Basri（ハサン・バスリ）	91	西スマトラ州タナ・ダタール県リンタウ・ブオ郡	元青年団。おじが元ロームシャ
③	Aman Pakih Sanggi（アマン・パキー・サンギ）	93	西スマトラ州タナ・ダタール県リンタウ・ブオ郡	義父が元ロームシャ
④	Adjis Gelar Sutan Sati（アジス・グラール・スタン・サティ）	101	西スマトラ州リマプル・コタ県アカビルル郡	元義勇軍
⑤	故Suman（スマン）家族	2015年死去、行年91歳	西スマトラ州シジュンジュン県シジュンジュン郡	元ロームシャ
⑥	Ilyas Kian（イルヤス・キアン）		リアウ州プカンバル市リマプル郡	ロームシャの二世
⑦	Fauzi（ファウジ）		リアウ州クアンタン・シンギンギ県シギンギ・ヒリール郡	ロームシャの三世
⑧	Zainal Wanna（ザイナル・ワンナ）	63	西スマトラ州シジュンジュン県ムアロ・シジュンジュン市	シロケ蒸気機関車展示場の整備と機関車保存に尽力した
⑨	故大井彰三	2015年死去、行年95歳		鉄道第八連隊第一大隊第一中隊長

重を期した。大井の場合はインタビューが原因で亡くなったのではないと説明を受けていたが、遠路スマトラまで来たとはいっても時間には制限を設け、インタビュイーの顔色などにも注意した。自らに課した時間制限を越えることはあったが、インタビューが完結せず唐突に終了している印象があるとすればこのようなインタビュイーの年齢的（九一歳〜一〇一歳）・体力的条件を考慮してのことである。

インタビューは二〇

地図 7-1　インタビュイーの居住地

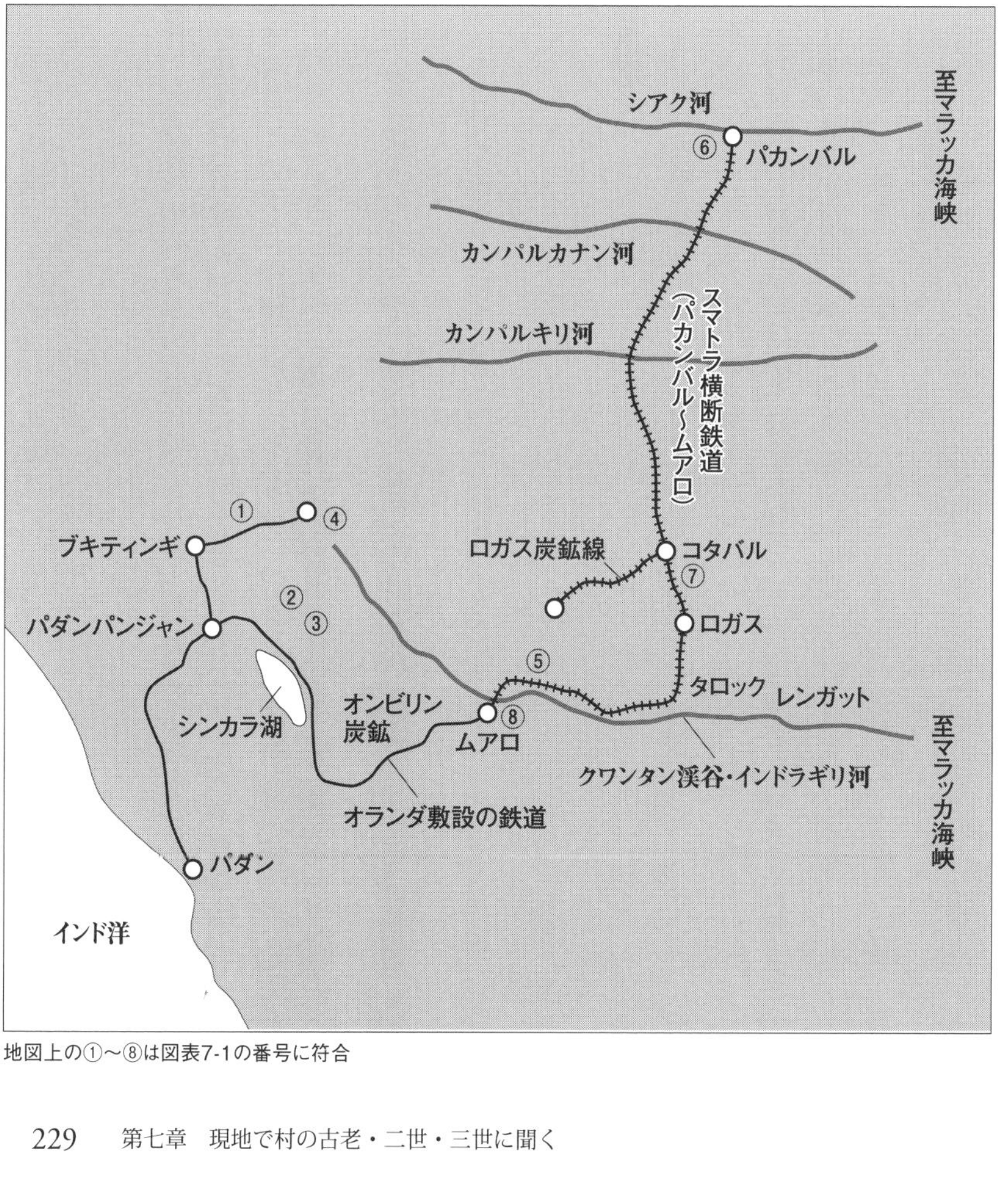

地図上の①〜⑧は図表7-1の番号に符合

一六年二月一四日（日）と五月一五日（日）から一八日（水）にかけ、それぞれ自宅ないし自宅近くで行われた。以下の記録では重複した発言はひとつにまとめ、話の展開をわかりやすくするため発言の順番を移動させたところがある。

インタビュー対象者が少ない場合、その証言内容の真偽に限界があることを認識しつつも、スマトラ横断鉄道を明らかにするうえでの数少ない存命者などの貴重な証言と考えたい。なお、年配のインドネシア人で自分の記憶している年齢が正確ではない人は珍しくはなく、自称年齢が揺らぐこともあるが、それをもって証言の不確かさに結びつけることはできない。

（注）アジア・太平洋戦争中の植民地や占領地などにおいて人々を拉致し強制労働に就かせた方法を述べる際に、「リクルート」という「術語」が使用されている。アジアの人々を「拉致」したり「強制連行」したりといった適切な言葉が存在しているにもかかわらず、曖昧な「リクルート」などという言葉で済まそうとし、また済まさざるを得ないようにする圧力が存在しているからである。

Danoes（ダヌス）　元スマトラ義勇軍

＊一九一七年一二月一七日生まれ　九八歳　戦後は軍人　パヤクンブ市西パヤクンブ郡パリット・ランタン村在住

ダヌスはベッドで休んでいたところを介添えとともに出てきてくれた。二〇世紀初頭に生を受けた今日のインドネシア人で生年月日がはっきりしているのは身分の高い人であることが多く、ダヌスもその一人である。それゆえダヌスは日本軍がスマトラに入ってきたとき二五歳であったがロームシャになることを免れた。また、義勇軍は日本軍の友軍としてロームシャにならずに済んだ。

江澤　日本軍が入ってきて鉄道建設が始まったとき、まず起こった変化は何だったのでしょうか。

ダヌス　たくさんの若者が動員されて、森を切り開くことでした。

江澤　鉄道をつくろうとしていることはわかっていたのでしょうか。

ダヌス　勧誘の際に言っていましたから、わかっていました。

江澤　ロームシャが働いていた鉄道は何て呼ばれていたのでしょうか。

ダヌス　特に名前はなく、たとえば、スマトラ鉄道とか。シジュンジュンからドリアン・ガダンやロガスを通ってパカンバルに行く鉄道と言ってました。シンガポールに運搬するという話だった。

写真7-1　Danoes（ダヌス）　元スマトラ義勇軍

（注）ダヌスはスマトラ横断鉄道の起点と終点がどこであり、シンガポールにつなげる構想であることを知っていたことになり、一般のスマトラ人がせいぜい村を通過することくらいしか知らなかったことに比べると正確な情報を持っていたことになる。これはダヌスの義勇軍及び独立後の「人民治安軍」や陸軍でエリートコースを歩んできた軍歴と関わっている。ダヌスの軍階級を簡単に記せば、義勇軍においては「伍長」「軍曹」、独立後のTentara Keamanan Rakyat（人民治安軍）では「少尉」「中尉」、国軍再編後一九四八年に「Letnan　Dua：少尉」、一九四九年に「Letnan Satu：中尉」、一九五七年に「Kapten：大尉」となり、一九六三年に退役した。その後パヤクンブ市会議員を二期一〇年（一九七一～一九八一）務めた。ダヌスは今でも「キャプテン・ダヌス」と呼ばれている。なお、ドリアン・ガダンはシロケやシルカを含むクワンタン渓谷沿いの地名である。

江澤　その鉄道にロームシャとして働きに行って、戻ってきた人はいましたか。
ダヌス　現地がどうなっていたかはわからないが、戻ってきた人はいません。それでも地方政府、村は甘い誘いで勧誘を続けていました。
江澤　拒否する人もいたのではないですか。
ダヌス　日本の軍政に協力している村長派の人が家々をまわって、行かないと日本軍に捕まると脅迫していました。

（注）鉄道第八連隊の大井はインタビューで、「部落に割り当てて人足を出させた」と述べている。

江澤　抵抗する人はいなかったのですか。
ダヌス　抗議する人はいましたが、リーダー格の者がわかりましたと言って、仕方なく動員されて行った。
江澤　給料はどうでしたか。
ダヌス　一日二五センだった。日本軍が入ってきたときはまだオランダの貨幣を使っており、二五センは〇・二五ギルダーでした。

（注）『陣中日誌』に記載されているロームシャの賃金表では、一般ロームシャの賃金は五〇セントであり（177頁）、ジャワ島バヤ炭鉱では四〇セントである（333頁）。ダヌスの言うセンの漢字表記は旧蘭印占領地では「仙」、北ボルネオでは「先」であった。筆者はスマトラ・パダン市の公文書館で、日本軍政下においてパダン市宛酒類販売営業許可申請書に「仙」単位の収入印紙が貼付されていることを確認した（二〇一六年五月一九日）。（写真7‐2）。
また、日本陸海軍間で結ばれた「労務供給に関する陸海軍現地細目協定」（51頁）中に、「基本賃銀初給額は労務者一人に付き日給五〇仙」となっていることからも、インドネシアでは一般的に使用されていたようである（後藤乾一『日本占領期インドネシア研究』、龍渓書舍、一九八九、七七頁）。この件で日本銀行金融研究所貨幣博物館に問い合わせたところ（二〇一六年五月）、香港では「仙」を使用していたが、スマトラやジャワでの使用例は初めて聞いたということであった。北ボルネオ

（英領ボルネオ）で日本侵略前に使用されていた八セント切手に「八先」と加刷し、流通させている例もあり、宗主国英国が使用していたセントの単位を「先」を当て字にして使用していたものと考えられる（西島有厚『切手で読む第二次世界大戦』青木書店、一九八七、八六頁）。

ダヌスの村では一日二五セン（仙）でスマトラ横断鉄道建設のロームシャを募集していたことになるが、これは当地一般ロームシャの賃金が二五セント（〇・二五ギルダー）だったのでそれに合わせ、賃金表五〇セントとの差額である二五セントは誰かがピンハネしていたのではないだろうか。ピンハネはもちろん好ましくないが、インタビューに応じてくれた他の複数の証言によれば、賃金が支払われていなかったことのほうが多かった。かつ、問題は賃金の支払いの有無や多寡よりも、生きるか死ぬかの食糧の絶対的な不足であった。二五万人の膨大な数のロームシャが甘言や拉致によってスマトラ横断鉄道建設で使役されたことで、スマトラ中部の食糧需給は破綻していた。

江澤　その当時の物価や賃金はいくらくらだったのでしょうか。

ダヌス　苦力の日雇い賃金が二五センで、米二キログラムが買える程度でした。

江澤　鉄道建設での賃金は安いですね。それでも行く人がいたのですね。

ダヌス　村長はじめ村役場が中心になって、若い人たちに声をかけてました。村長などは日本軍政に協力している地元の人で、一四歳から二〇歳代前半の若者が「キンロウホウシ」とか「ソウゴフジョ」とか言われ、強制的に連れて行かれました。

江澤　給料以外の条件はどうなってましたか。

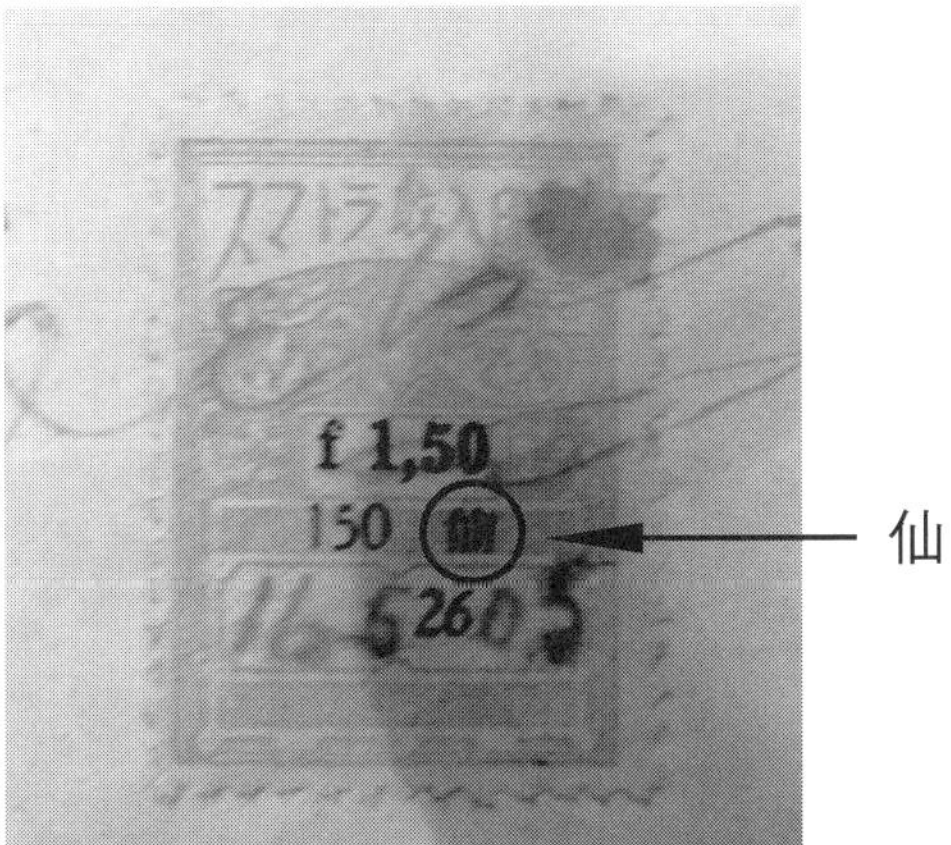

写真7-2「仙」単位の 収入印紙（パダン公文書館所蔵）

ダヌス　食べるものは心配ないと言われて、一か所に集められて現地に送られていきました。

（注）後で出てくることだが、村には芋くらいしか食べるものがなかったので、「食べるものは心配ない」という勧誘条件は効果的であったものと考えられる。しかし、鉄道建設現場での食料事情は極めて劣悪であった。

江澤　二〇代前半までの人ですから結婚していた人もいたのではないでしょうか。そういう人は家族で行ったのですか、それとも一人で行ったのですか。

ダヌス　一人で行きました。これは想像ですけれども、既婚者には特別な手当を出して家族生活を諦めさせたのではないかと思います。

江澤　後に残された家族はたいへんですね。戻ってこなかった人の家族や、戦後一九四五年八月一五日以降戻ってきた人たちは、役場などの勧誘した人を恨んだりしたのでしょうか。勧誘した村役場の人が襲われたりとか。

ダヌス　勧誘した人たちは責任を取っていないじゃないかと言って、恨んだ人もいましたが、それは一部の人たちでした。

（注）加藤剛『時間の旅、空間の旅　インドネシア未完成紀行』の七七頁に、ロガスの隣村ムアラ・ルンプの村長を二期務めたウマールによるスマトラ横断鉄道建設時のロガスでの「虐殺」に関する次の発言が紹介されている。「「ロガスでは、たくさん、たくさんの人が死んだ。でも、それを責めるのは、わたしらのすることではない。すべてのお裁きは、アッラーに委ねるべきだと思う。（略）人間が一つ一つ、ほかの人間の過ちを問い糾し始めたらきりがない。過去は過去として、人間の過ちの審判は神様にお任せするべきだ。そう、私は思う」」。ウマールのこの　奥深い言葉は「恨んだ人は一部の人だった」ということを説明しているのではなかろうか。

江澤　鉄道は完成したと聞いていましたか。

ダヌス　鉄道をつくっているということは聞いていたが、完成したかどうかは聞いていません。

江澤　鉄道を見たことはあるのでしょうか。

ダヌス　一九五〇年代にムアロ・シジュンジュンやドリアン・ガダンで鉄道の跡を見たことがあります。

江澤　鉄道の跡というとレールがはがされた跡ですか。誰が取ったのでしょうか。

ダヌス　それはわかりません。

フィクルル・ハニフ　一九七〇年代にジャマリス・ユヌスというシジュンジュン県知事が条令とかを制定せずに、命令を出して住民に取りはがして売り払うように言いました。

（注）国立アンダラス大学人文学部学部長 Gusti Asnan（グスティ・アスナン）も同様の発言をしている（３９３頁）。

ジャマリス・ユヌスはスハルト元大統領と関係の深い人です。

江澤　ダヌスさんは一九五〇年代にはもう鉄道の跡になっていたと先ほど言ってましたけど、一九七〇年代にジャマリス・ユヌスというシジュンジュン県知事が売り払えと言ったということと矛盾しませんか。

ハニフ　知事が取り払って売れと言ったのは、ドリアン・ガダンの村のことです。村によって鉄道がどうなったか違っています。ドリアン・ガダンにはずっと後までありました。

江澤　鉄道建設への強制労働の他には、どこかに行かされたりしませんでしたか。たとえばブキティンギの防空壕掘りとか。

ダヌス　この辺からブキティンギの防空壕掘りに行った人はいません。

江澤　先ほどシンガポールの地名が出ましたけど、この辺りの人はシンガポールというのはどういうところだと普段思っていたのでしょうか。

ダヌス　あの辺はなんとなくマラッカというふうに呼んでいました。

江澤　日本軍が入ってきたとき、アジアを西欧の支配から解放すると言ってたと思うんですけど、それを信じて鉄道建設に行ったのでしょうか。皆信じていたのでしょうか。

ダヌス　３Ａスローガンは信じている人も、信じていない人もいました。信じていない人は、日本軍が入ってきてモノを取りあげたり、資源を奪ったりする強圧的な態度を見て、どうも信じられないなと思っていました。

（注）３Ａとは「アジアの光 ニッポン、アジアの保護者 ニッポン、アジアの指導者 ニッポン」の頭文字をとったスローガンであり、このスローガンを掲げて「大東亜共栄圏」のイデオロギー宣伝を行った運動を「３Ａ運動」と称したが、あまり浸透しなかった。

江澤　モノや資源を取りあげられたというのは具体的に何を取られたのですか。

ダヌス　米を植える代わりに航空燃料の元になるヒマを植えるように言われました。

（注）ヒマの種子から航空用潤滑油を作った。ダヌスは日本軍がヒマの葉も持って行ったと述べているので、葉も有用だったのかもしれない。ダヌスは航空燃料と言っているが実際は潤滑油であり、ダヌスの村やスマトラばかりでなく軍政下東南アジア各地でヒマへの転作が強制され、インドネシアでは一九四四年に『ひまを増産せよ』という宣撫映画が制作されたほどである。

江澤　そのヒマは買い取ってくれたのでしょうか。

ダヌス　タダで取り上げられました。ヒマはブキティンギへ持って行かれました。

江澤　米は作ってはダメ、ヒマはタダで持って行かれるというのでは食べていけなかったでしょう。食料はどうしていたのですか。

ダヌス　食べ物には本当に困っていました。キンロウホウシに出た時だけは米の支給があったかもしれませんが、ふだんは芋くらいしか食べるものがない。

ハニフ　鉄道建設に行ったロームシャも、米の配給は一九四四年頃からストップしていました。トウモロコシに鶏のエサを混ぜたようなものしか配給されませんでした。

（注）オランダ裁判メダン法廷で戦犯弁護団長を務めた元メダン高等法院長大江保直は次のように述べている。『終戦当時スマトラの日本人は約一〇万人で、軍手持の食糧はこれを二年間養うに足る量があった』大江保直「スマトラ戦犯裁判覚書（一）――ある戦犯弁護人の思い出」『法曹』法曹界、第87号（一九五八年一月号）、二一頁。日本軍が食糧を備蓄していたということの記述は、公人である大江（執筆当時東京高裁判事）が公刊雑誌『法曹』に執筆しており、内容的にも日本軍の秘匿事項を明らかにしている点で虚偽とは考えられない。

一方、鉄道建設のロームシャにはトウモロコシに鶏のエサを混ぜたようなもの（「残飯」を指すとのことであった）しか与えなかったことになる。同様の証言として、向林喬シンパンチガ苦力病院長は、「スマトラは、米がとれないため、とうもろこし、大豆等を混じったものが食糧として苦力に与えられた」と述べている。蘭・メダン裁判事件番号第五六号　スマトラ横断鉄道建設関係事件　供述者　向林喬（元第四師団第四野戦病院附陸軍軍医大尉）　調査者　参与　井上忠男　昭和三十六年二月十七日　一〇・〇〇から一一・三〇まで　場所　和歌山県海南市〇〇〇〇向林宅（国立公文書館蔵）。これらの証言を重ねてみると、また第六章で検証したように（154頁）、住民やロームシャが極めて劣悪な食糧事情に置かれていたことは確かである。

江澤　「慰安婦」というのを聞いたことはありますか。

（注）「慰安婦」の訳は、「イアンフ」や「ジュグンイアンフ」と言ってから、適宜説明する。

ダヌス　話としては聞いていました。ひどいことをされたということを聞いていた。可愛い子がいると連れて行って、そこでなんらかの「仕事」をさせることもあった。どこの誰かは知らないが、グループで連れて行かれました。

ここで、お祈りの時間だということで、ダヌスは少し歓談し挨拶を交わしたあと中に入っていった。

二〇一六年五月一六日にダヌスを再訪した。二月に訪問したバスリが体調を崩し、今回はインタビューは無理であるということを聞いていたので、ダヌスのほうが高齢であるので心配であると同時に、期待も大きかった。心配していたようにダヌスは顔色もさえず、わずか三か月の間に体調は悪化しているようであった。ダヌスの体調を考え、質問を途中で切りあげた。以下はその短いインタビューの内容である。

江澤　日本軍が入ってきた時ダヌスさんは二五歳頃だったと思いますが、ロームシャにならなくて済んだのはどうしてでしょうか。

ダヌス　義勇軍に入っていたからです。

（注）パヤクンブ市に住むダヌスの所属義勇軍は、当時の邦字紙「スマトラ新聞」の報道によるとパダンの（西スマトラ）ブキティンギ義勇軍であり、同紙は、一九四三年一〇月二五日に義勇軍の将校・下士官採用試験が始まり、その後一か月の特別訓練があること、その間に一般志願者の採用試験が行われることなどを報じている（「スマトラ新聞」昭和一八年一〇月六日二頁、昭南新聞会。江澤誠監修・解題『スマトラ新聞』復刻版、ゆまに書房、二〇一七、一六頁）。スマトラ横断鉄道建設工事が開始されたのは一九四四年一月だったので、義勇軍に参加することで鉄道建設のロームシャになるのをかろうじて免れたことになる。もっとも、ダヌスは名家出身者だったので、ロームシャになる確率は低かったと考えられる。金を支払ってロームシャになることを免れた例はアマン・パキー・サンギの証言（２４８頁）参照。

江澤　義勇軍ではどこで仕事をしましたか。ブキティンギとか……。

ダヌス　義勇軍の仕事はパヤクンブでした。ブキティンギで仕事をしたことはありません。

江澤　義勇軍を中心にして戦後の軍隊がつくられたのですね。

ダヌス　戦後は陸軍に入り軍人としてやってきました。

江澤　ロームシャとしてスマトラ横断鉄道建設に行く既婚者には、特別手当を出したのではないかと前回伺いましたが……。

ダヌス　特別手当というといいことをしたように聞こえるかもしれませんが、一生もう会えないことに対するお金ですから、残酷と言ったほうがいい。

江澤　このあたりにはオランダ人は住んでいたのでしょうか。

ダヌス　当村にオランダ人は住んでいませんでした。

江澤　朝鮮人はどうですか。日本軍のなかに朝鮮人も入っていましたか。

ダヌス　日本軍のなかに朝鮮人がいたかどうかはわかりません。いたとして見ただけでは日本人と区別できません。

江澤　ロームシャを鉄道建設現場へ送り込んだ村長派の人なども戦後元の社会に受け入れられたと伺いましたが、村長は代わったのでしょうか。

ダヌス　村長は戦後交代しました。前の村長は何らか道義的な責任をとったのでしょう。

江澤　日本軍側の立場でロームシャを統率していたマンドルは戦後どうなったのでしょうか。

ダヌス　マンドルも同じで特に何か責任をとることはありませんでした。慰安婦も戦後元の社会に受け入れられました。

江澤　村長派の人たちやマンドルなどが責任をとらずに済んだ背景には何があったのでしょうか。宗教的な寛容さでしょうか。

ダヌス　そうではないでしょうか。

Hasan Basri（ハサン・バスリ）　叔父がロームシャ

＊一九二五年一月生まれ　九一歳　元青年団　戦後は警察官　西スマトラ州タナ・ダタール県リンタウ・ブオ郡ガダン・ブオ村在住

江澤　バスリさんは鉄道建設にロームシャとして行かないで済んだのですか。

ハサン・バスリ　リストには載っていて行くことになってたんだけど、集合に遅刻したので行かなかった。着いたら皆出発した後だったんです。

江澤　それは幸運でしたね。どんなふうに人を集めていたのですか。

バスリ　村役場がリストを作って、何の通知もなく、気が付くとリストに載っかっている。役場にリストが貼ってあって、出発日に集合場所に集まった人をトラックが待っていて連れて行かれた。

江澤　この辺からはどこの現場へ連れて行かれたのですか。

バスリ　最初ムアロ・シジュンジュンへ行かされ、ドリアン・ガダンへ移り、次にロガスへと川に沿って下っていった。

江澤　クワンタン渓谷沿いのもっとも危険なところですね。

バスリ　ロガスは「死」と同じでした。

江澤　ロームシャで鉄道建設現場から戻ってきた人はいますか。

写真7-3　Hasan Basri（ハサン・バスリ）　叔父がロームシャ

バスリ　たくさんではないが戻ってきた人はいる。私のシャリフおじさんも含めて五人くらい脱走して戻ってきました。

江澤　シャリフおじさんはロームシャとしてどんな仕事をしていたのでしょうか。

バスリ　ふもとに川が流れているムアロ・ティガ辺りの小高い山にトンネルを掘る仕事をしていました。

江澤　何メートルくらいのトンネルですか。

バスリあそこの前の家の辺まで。

（注）バスリの示した距離は二〇～三〇メートルであり、奈須川丈夫による探査時の記録には「約二〇米余のトンネル」とある（107頁）ので一致する。一方、測量と設計を担った河合秀夫は「ムコムコはルートとしたら隧道で抜けるのが常道だったが最短で二百米以上は必要になるので、両坑口から一、二米と掘削技術では、迚《と》ても予定をこなすのは無理だった。結局隊長（岡村・筆者注）の決断によって桟道橋と河の中に築堤を施工することで切り抜けることにした」と述べており（河合秀夫『戦火の裏側で』私家版、一九九九、三〇～三一頁）、ムコムコ峡にトンネルは作られなかったことになる。バスリの言うトンネルは別のところに掘った小規模のもののようである。この小トンネルは二〇一六年には全体が崩れて跡形もない、と故スマンの家族が証言している（261頁）。河合の言う「桟道橋と河の中の築堤」の残骸が、写真4-2（107頁）の橋脚ではないかと考えられる。

江澤　いつ頃脱走したのですか。何年間働いていたのでしょうか。

バスリ　二年間くらいかな。

江澤　給料はどうだったのでしょうか。給料をポケットに入れて帰ってきたのでしょうか。

バスリ　それはどうだったかわからない。

江澤　食べ物はどうでしたか。

バスリ　全く食料が足らなくて。

江澤　どんな格好で帰ってきましたか。

バスリ　食料不足でガリガリに痩せて、弱々しく歩いて帰ってきたけど、関節だけは盛り上がっていた。病名はわからなかったが、伝統療法で治療をして、二〇一一年に亡くなりました。

江澤　鉄道建設沿線に病院はあったのでしょうか。

バスリ　病院はシジュンジュンに昔からあったが、それがロームシャ用のものかどうかはわからない。

江澤　薬はあったと言ってましたか。

バスリ　わからない。

江澤　鉄道建設の沿線で一番困ったのはマラリアだと聞いてますけど

バスリ　それも聞いてない。

江澤　寝るところはどうですか。竹で作ったものでしたか。

バスリ　レール沿いに簡易テントみたいなものが作られていた。朝、夕、晩と三交代制で仕事をしていました。

江澤　作業服はどうですか。素っ裸だったという記録もあるんですけど。

バスリ　上半身裸だったとは聞いています。

江澤　歩いて帰ってくるのに食べ物はどうしたのでしょうか。

バスリ　体が衰弱していてふらふらしながら歩いて、ロガスなどリアウ州の家は高床式が多くて、床下には家畜を飼っているので、床下に入り込んで家畜の餌を食べながら帰ってきました。

江澤　ロームシャにはジャワ島の人が多かったと聞いています。

バスリ　ジャワ島の人は多かった。ジャワでは役場がリストを作るどころではなくて、映画館など人がたくさん集まるところへトラックをつけてむりやり乗せて、それから船に乗せて連れてきていた。ドリアン・ガダンにはそういう人たちが動員されていました。

江澤　青年団にはいつ入ったのでしょうか。

（注）「セイネンダン」も「ロームシャ」同様、インドネシア語として残っている。

バスリ　一九四三年頃かな。

江澤　この辺りで何人くらいの青年団員がいたのですか。

バスリ　村役場が音頭をとって三〇人くらいの団員がいて、寝泊まりする寮が作られた。

江澤　どんな活動をしていたのですか。

バスリ　竹槍で訓練してました。訓練は警察官や軍人が担当していました。

江澤　戦う敵はどこを想定していたのですか。

バスリ　そういうのではなくて、敵を想定するというより、村のボランティアの自警団です。

江澤　義勇軍や兵補の軍事訓練が独立に役だったということが言われていますが、青年団は日本の敗戦後、独立に貢献しましたか。

バスリ　勝手に解散してしまったので貢献はしなかった。

（注）一九四五年八月一七日のスカルノ・ハッタによる独立宣言が正式にジャワ島以外の外島に伝えられたのは、一週間後から遅いところでは一か月後など今日から考えると信じがたいほどの日数を要している。この要因には、スマトラが広大であるほか、日本軍が情報伝達に熱心でなかったことがある。たとえ竹槍であっても武器を持つ集団であった青年団は、日本軍にとって義勇軍や兵補に準じる危険因子であったので、「勝手に解散した」というよりは「独立の情報が十分行き届かないうちに日本軍が解散の手を打った」というのが実態ではないだろうか。日本軍が優先したのは、状況を複雑にする因子の排除であった。

バスリ　義勇軍の人は軍人になりました。青年団からも警察官になったり、軍人になったりした者がいました。私は警察官になりましたが、同じ警察官仲間に日本軍政下でロームシャだった人がいました。

（注）日本の敗戦後、解散させられたのは義勇軍も同じであり、青年団も独立戦争で貢献しなかったわけではないので、バスリの発言は特殊事情からのものと考えられる。扱った武器が青年団（半軍事組織）は竹槍、義勇軍や兵補（軍事組織）は銃剣の違いはあった。

江澤　戦時中、兵補になった人は？

バスリ　この近くで二人いました。村役場を介してなったけど、詳しい経緯はわかりません。

江澤　戦後、独立軍の人たちが木を切り倒して道路を封鎖し、日本軍の武器輸送車を襲ったバッサンカル事件（３３４頁）というのがありましたが、この辺じゃないですか。

バスリ　バッサンカルはタナ・ダタール県のバトサンカル市のことで、ここは違います。

キキ・ノファリア　でも、この辺りでもありました。切り倒した木で道を塞いで。二キロメートルくらい先に記念碑が建ってます。

バスリ　ムアロ・シジュンジュンに日本軍の駐屯地があって、この辺の道路は行き来の交通量が多かったけど、一九四五年八月一五日以降はトラックの往来がなくなりました。

江澤　オランダは分断支配のために河には橋を架けなかったということですね。この辺の川にも橋が架かっていなかったのでしょうか。

バスリ　この辺の川にはみんなで自主的に橋を架けて利用していました。

江澤　カンパルキリ河には一九七〇年代になっても橋が架かってなかったという記録もあります。

バスリ　私は知らないが、あり得る話です。

江澤　鉄道建設の目的は何だと聞いていますか。

バスリ　わかりません。

江澤　パカンバルから荷物をどうしようとしていたのでしょうか。

バスリ　わからないなあ。

江澤　戦後鉄道を見ましたか。最後はいつ頃ですか。

バスリ　一九五八年に中央集権に対する蜂起があったときに、中央政府軍の弾圧を逃れてムアロ・シジュンジュンまで行くときに、さっきのトンネルを通ったことがあります。レールはまだ一部残っていました。

（注）一九五八年二月一五日、ブキティンギを首都としてインドネシア共和国革命政府（ＰＲＲＩ）が樹立された。スカルノに反旗を翻した反乱であり、軍、共産党、イスラム政党、社会党、オランダ復古派、経済的混乱、日本の戦争賠償、日本との国交樹立（一九五八年一月）交渉などが絡んだ複雑な権力闘争

写真7-4　リンタウ・ブオ住民独立闘争記念碑。記念碑には次のように記されている。「Monumen Perjuangan Kemerdekaan　Masyarakat Lintau Buo Polam Jopang」それぞれの語の意味はMonumen（碑）、Perjuangan（闘争）、Kemerdekaan（独立）、Masyarakat（社会、住民）、Lintau Buo（リンタウ・ブオ村）、Polam（植物の名前）、Jopang（日本）である。全体で「リンタウ・ブオ住民独立闘争碑　ポラム・ジパン事件」である。ポラム・ジパンは道路をふさいだ樹木の名前でシュロチクヤシ（棕櫚竹椰子）とも言われるようであるが、本書では「ポラム・ジパン事件」とした。

であった。国際的にはアメリカがＰＲＲＩを、ソ連がスカルノを支援する構図であったが、スカルノは岸信介を介してアメリカと接近することになる。スカルノは一九六一年にこの反乱を鎮圧し権力を維持するが、一九六五年に失脚する。

この後、「ポラム・ジパン事件」記念碑を見に行こうということで、休息されるバスリに見送られて出発した。二〇一六年五月にも訪問の希望を伝えたが、体調がすぐれないとのことでインタビューを予定することはできなかった。二月の訪問のお礼を述べるため、五月一五日に短時間面会した。夜間（午後七時半ころ）の訪問になったが、思ったより元気でソファーに座って応対された。わずか三か月の間であるが、ダヌスとバスリがともに体調が思わしくないことを思うと、証言者が年々少なくなっていく現実を厳しく受け止めなければならなかった。

鉄道建設を目的として日本軍（はじめは軍属としての国鉄職員や建設会社社員が多かった）が建設計画沿線に入って来たときは、得体の知れない巨大な不幸が村々を厚く覆ったはずである。そして、敗戦で日本軍が去っていくまでの約二年間、沿線の人々は嵐が過ぎゆくのを待つような気持ちで過ごしていたのであろう。同じようなことが北東アジアから東南アジア全域にわたり、中国などでは少なくとも十五年間も続いたのである。

不幸に巻き込まれることになった人々の人生を目の当たりにしてきたダヌス、バスリとも本来日本軍の悪行に対し怒りに燃えていてもいいはずだが、話し方は淡々としており、「諦観」を持って暮らしているという印象を持った。高齢ということもあるだろうし、宗教的な背景も考えられる。

Aman Pakih Sanggi（アマン・パキー・サンギ）　義父がロームシャ

＊一九二三年生まれ　九三歳　戦前から一貫して教師、戦後は村長を兼職　西スマトラ州タナ・ダタール県リンタウ・ブオ郡ティゴ・ジャンコ村在住

アマン・パキー・サンギの妻 Suriah（スリア）の父ムハンマディア・ムンタリ・スタンはロームシャであった。スリアは一九三七年一一月一七日の生まれ、日本軍がスマトラに入ってきた一九四二年には五～六歳であり、ロームシャとしての父の記憶はあまりない。従って、インタビューにはほとんどアマンが答えている。

なお、途中でアマンはお祈りのため中座した。その際には、集まった孫たち（小学生から社会人）にムハンマディア・ムンタリ・スタンの思い出話をきいたが、主に子供たちの感想なのでここでは記録から外した。

江澤　奥さんのお父さんがロームシャだったそうですね。

アマン・パキー・サンギ　そうです。ロガスで日本軍に使役されていました。

江澤　ロガスは凄惨な鉄道建設現場だったと言われていますが、実際どういう仕事をさせられていたのでしょうか。

スリア　あまりはっきりしないのですが、大工の仕事をしていたということです。

写真7-5　Aman Pakih Sanggi（アマン・パキー・サンギ）　右側は妻スリア・妻の父がロームシャ

江澤　何を作っていたのでしょうか。鉄道に関連して、捕虜やロームシャの家を建てていたとか。

スリア　それがよくわからないのです。

江澤　連れられていったのはどういう状況だったのでしょう。

サンギ　ロームシャとして強制連行される状況は村々、人々によって千差万別です。この村では、「あなたは登録されました」と言われるとロームシャとして出なければなりませんでした。はっきりした規定はありませんが、一六歳から四〇歳の健康な男性が対象でした。

江澤　いままで話を伺った方もほとんど強制連行ですね。

サンギ　登録名簿を作る際の手順ですが、日本軍から県政府の役人に命令があり、村長などの首長や警察を通して名簿を作り、それをもとに勧誘にあたります。特徴的なところは西欧の支配を脱するためにも日本と協力してやっていきましょうという宣伝と、罰金を払えばロームシャとなることを免れたという点です。

江澤　罰金のことは初めて聞きました。義勇軍に入っているとロームシャにならずに済んだということは聞いていましたが、お金を払えば行かなくてもよかったわけですね。

サンギ　そうです。たとえばタヒールさんも罰金を払っていつもどおりの生活をしていました。例外的なことですが。

（注）Tahir Datuk Mentari Sutan タヒール・ダトゥック・ムンタリ・スタンのこと。タヒールはアマンとともに「ポラム・ジパン事件」に連座してムアロ・シジュンジュン拘留所に一か月間勾留されるが、共に逃亡したという。

江澤　相当な資産家なのでしょうか。どういう職業ですか、タヒールさんは。

サンギ　農家ですが、一族の長ですね。

江澤　そういう例外は別で、多くの人たちが名簿にもとづいてロガスに連れられていったわけですね。

サンギ　二回に分けてたくさん連れられていきました。

江澤　ところでアマンさんは？

サンギ　国民小学校文科省管轄の教師をしていましたので、ロームシャにはならずに済みました。

江澤　行く時は条件、たとえば賃金の話はあるのでしょうか。

サンギ　そういう話は事前にはありません。

江澤　どこに行くかもですか。

サンギ　先ほど言った西欧の支配を脱するためにも、鉄道建設や海岸線の防備のためにということは話があったようです。

江澤　それで実際賃金は払われたのでしょうか。

サンギ　払う気などないからはじめから話さないのです。

江澤　住むところや食事とか医療は？

サンギ　医療はまず無いと言っていいでしょう。小屋も竹と少しの木でつくったそうです。食事はうずらの卵ほどのおにぎりだったとか聞きました。

江澤　それでは死ぬのは目に見えてますね。

サンギ　そうです。あんなに連れていって、一人しか戻ってこなかったのです。

（注）うずらの卵大のおにぎりというのは、亡くなるのがわかっている者や意図的な虐待の場合であろう。

江澤　奥さんのお父さんはどうしたのですか。

サンギ　逃亡しました。

江澤　それも帰ってくるのはたいへんだと聞きました。

サンギ　逃亡すると森に入ります。体力的には日本軍にはかないませんが、地理や森のことは知っていますから。でも、森も日本軍がパトロールしていてなかなか厳しい。

江澤　見つかった場合はどうなるのですか。

サンギ　実家に火をつけるぞ、と脅すんです。さもなければ罰金を払って仕事に戻れと。

江澤　農家の床下で飼っている家畜の餌を食べて生き長らえたという話を聞きましたが。

サンギ　それはどうでしょう。見つかったらたいへんだし、森の中はマラリアの危険があるし、とにかく義父は腹が膨れ骨と皮だけになって帰ってきました。

江澤　このへんからブキティンギの防空壕掘りにかり出された人はいませんか。

サンギ　このへんの人も含めていろいろの所から行っていました。

江澤　アマンさんは戦後どういう仕事をされていたのですか。

サンギ　戦前からずっと教員です。それから兼任で戦後初代の村長になりました。

江澤　戦後になって、戦前の村長など日本軍の命令でロームシャを送り出した人が報復されたということはありませんでしたか。

サンギ　それはありませんでしたが、日本軍人の内縁の妻になった女性が三人サワルントへ逃亡しました。

Adjis Gelar Sutan Sati（アジス・グラール・スタン・サティ）　元スマトラ義勇軍

＊一九一五年生まれ　一〇一歳　西スマトラ州リマプル・コタ県アカビルル郡ピラダン村在住

パヤクンブで廃止された鉄道（オランダによって建設された）の跡を追っていて、道ばたのベンチに座っていた人たちの席がひとつ空いていたので、座って話しかけた。偶然右側が元義勇軍のサティで、左側がサティのおいだったことがわかる。義勇軍に入っていたのなら、スマトラ横断鉄道のことはよく知っているだろうと思い、急遽インタビューをさせてもらった。街道沿いで交通量が多く騒音もひどいので、おいに付き添ってもらい道路を横切って自宅に移動して話を聞いた。

アジス・グラール・スタン・サティは一九一五年生まれで、鉄道建設の目的で日本軍が村に入ってきたときは二〇歳代後半、義勇軍であった。スマトラ横断鉄道建設を直接見てはいないが、義勇軍として日本軍側の内部を知る機会があったこと、一九三六年前後にはオランダ植民地政府の指令で中部スマトラ鉄道（ブキティンギ・パヤクンブ間）建設に従事した経験があること、地元に住んでいることなどから、スマトラ横断鉄道の建設に関しては一般の人より詳細に知っているはずである。既出のダヌスとは同じ義勇軍の知己であり、また「こんにちは」などの日本語が時々飛び出してきた。

江澤　日本軍が鉄道をつくっていたのはご存知ですね。
サティ　ブキティンギ・パヤクンブ間の鉄道は知ってます。
江澤　それはオランダの支配下の時代ですね。
サティ　そうです。
江澤　義勇軍にいた頃の鉄道のことを聞かせてください。
サティ　ロガスから無事帰ってきた人もいました。
江澤　何人帰ってきたのですか。

写真7-6　Adjis Gelar Sutan Sati（アジス・グラール・スタン・サティ）　元スマトラ義勇軍

サティ　三人です。

江澤　三人というのは、何人連れていかれて三人なのですか。

サティ　多くの若者がロガスへ連れていかれました。

江澤　どうやってロガスへ連れられていったのですか。

サティ　パヤクンブの映画館にこのあたりの若者たちを慰安旅行だと言って集め、映画が終わるとトラックに連れ込み、ロガスへ連れていきました。

江澤　誰が連れていったのですか。

サティ　日本人です。

江澤　日本人の軍人ですか。

サティ　そうです。

江澤　具体的にどんな仕事をしていたのでしょうか。

サティ　行ったことがないのでわかりません。

江澤　食べ物はどうだったのでしょうか。

サティ　ロガスで何を食べていたかはわかりません。

江澤　そうすると、住んでいたところもわからない。

サティ　ブキティンギで義勇軍に従事していたので見ていません。若者をひどい目に遭わせて…詳しいことは言えません。

サティのおい　サティおじさんはひどいことを知ってるもんだから、話せなくなっちゃうんですよ。

（注）ここで、ひとまずスマトラ横断鉄道の話題から離れて、義勇軍としての仕事を聞くことにした。

江澤　どうして義勇軍になったのですか。

サティ　ロームシャになりたくなかったから。

（注）サティのこの答えは最初「「相互扶助」になりたくなかった」と通訳され、意味がとれなかったが、ダヌスへのインタビューの際にも出てきたとおり、日本軍政下においては、「ソウゴフジョ」という言葉は「キンロウホウシ」とともに「強制労働」のニュアンスがあり、具体的には「ロームシャ」になりたくなかった、という意味であった（「「キンロウホウシ」・「ソウゴフジョ」という名の強制労働」２１１頁）。

江澤　義勇軍ではどんな仕事をしていたのですか。

サティ　東パサマンのボンジョルでロームシャに城塞をつくらせていて、ロームシャの監視をしていました。

江澤　東パサマンのボンジョルと言いますと？

サティ　ボンジョルはブキティンギから北西へ七〇キロメートルほどのところです。車ですと一時間半です。

江澤　何のために城塞をつくっていたのでしょうか。オランダ軍はいないし、米軍なども近々に攻めてくることはなかったでしょう。

サティ　仮にメダンから攻めてきた時のために城塞をつくっていたんです。

江澤　それは完成したのでしょうか。

サティ　東パサマンでは地下壕を二キロメートル掘りました。追加して掘る命令がありましたが、それを除けば完成していました。

江澤　当時の日本軍人の名前などは憶えていますか。

サティ　オオクラタイ、ハラダブタイ、ナンポウグンシレイカンカッカ。

（注）オオクラ隊、ハラダ部隊、南方軍司令官閣下のことであろう。オオクラ隊の大倉中尉は一九四五年三月（一九四四年一一月説もあり）新設されたブキティンギ義勇軍で教官を務めており（諸星達雄「インドネシア元義勇軍将校とその教官」『おとずれ』三十六号、九四会、一九八九、一一六頁）、ハラダ部隊はスマトラ義勇軍の選抜試験を担当したとされる原田隊長（大佐）と考えられ（「スマトラ義勇軍」インドネシア国立文書館編著『ふたつの紅白旗　インドネシア人が語る日本占領時代』倉沢愛子・北野正徳訳、木犀社、一九九六、二四七〜二九六頁）、ブキティンギ防衛のための城塞構築を記憶しているなど、サティの話は間違っていないようである。

江澤　ロームシャの監視はどのくらいの間やっていたのですか。

サティ　東パサマンとブキティンギと合わせて一年半です。

江澤　そのブキティンギの地下壕というのは、今「日本の穴」と呼ばれているものではないですか。

サティ　そうです。

江澤　ロームシャは何人くらい使っていましたか。

サティ　交代制だったので何人というのはよくわかりません。

江澤　交代制というのは、朝昼晩ですか。

サティ　一日交替で、西スマトラ州全体から来ていました。

江澤　衣食住はどんな感じでしたか。

サティ　通ってきていましたから着るものや住居は別にして、食事が出なかったのでみんな弁当を持ってきていました。

江澤　賃金はどうでしたか。

サティ　食事も出ないのに、賃金が出るわけがないですよ。

江澤　先頭の者がつるはし一本で掘り進んでいって、三か月足らずで完成させたと書いてある日本の資料もありますが（本庄弘直「スマトラ・ブキティンギ第25軍防空壕　築造由来概略」日蘭戦時資料保存委員会編、『スマトラ・ブキティンギ　第25軍防空壕　築造由来概略』二〇〇四、一四頁）。

サティ　それはまるで違います。日本軍は食事を出さず、給料はなし、道具もロームシャにツルハシ、スキ、クワ、スコップなどいろいろ持ってこさせていました。ロームシャの人数が多かったこともあるでしょうが、日本軍の道具はほとんど不足していました。

（注）本庄によればブキティンギの「日本の穴」は本庄が設計築造し、工事に際して死者は一人も出なかったと述べている（本庄弘直「スマトラ・ブキティンギ第25軍防空壕築造由来概略」日蘭戦時資料保存委員会編、『スマトラ・ブキティンギ第25軍防空壕築造由来概略』二〇〇四、一四・一六頁）が、戸石泰一の記録は設計者や死者数の点で異なり、次のようになっている。
「クリーをいっぱいに荷台に詰め込んだトラックが、かなりのスピードで走って来て、カーブを曲がる時、二人ほど、こぼれるように落ちた。ふらふらっと、かなりゆっくり、こぼれたように見えたが、即死であった。横穴壕の設計、工事の監督に当ったのは、内地から来ていたオンビリン炭鉱の日本人技師である。」戸石泰一『消燈ラッパと兵隊』ＫＫベストセラーズ、一九七六、二五七頁。
本庄は「下命の時点では、五〇〇キロ爆弾に耐える壕で戦闘司令所、各部部室および全司令部要員を収容でき、長期壕内で生活できる壕でした」と述べているが（前掲書一六頁）、網の目のような構造の広大で強固な地下壕を、大学専門部で法律を専攻した「主計」大尉が設計できるのかという疑問もある。

江澤　東パサマンのボンジョルとブキティンギでロームシャの監視を一年半やった後、どうしたのですか。

サティ　バンキナンの軍抑留所でまた監視の役目をやりました。

（注）バンキナンの軍抑留所には、ＲＡＰＷＩのジェイコブズが救済に赴いている（３７４頁）。

江澤　そこで日本の敗戦になったのですね。それはどんなふうに知ったのですか。

サティ　インドネシア独立に好意的だった朝鮮人の人がいまして、名前は忘れましたが「今から天皇陛下のお言葉を告げる。戦争終わり」と言って戦争が終わりました。

江澤　バンキナンにも連合軍が食料などをパラシュートで投下しましたが、見ましたか。

サティ　それは見ていません。

江澤　義勇軍はどうなりましたか。

サティ　スラウェシ、アチェ、カリマンタン、パダンパンジャン、全ての義勇軍は合流しました。私は小隊長になりました。

（注）サティは思いつくままに地域名を挙げたに過ぎず、いったん日本軍によって解散させられてから再結集した経緯の「解散」を飛ばして話しているものと考えられる。

江澤　抑留されていたオランダ人はどうなりましたか。

サティ　パダンへ送られていきました。日本軍も連合国軍につかまりパダンに連れていかれました。

江澤　サティさん。「慰安婦」に関しては何かご存知ですか。

サティ　「慰安婦」はたくさんいました。このへんの村からも女の人が連れられていきました。

江澤　「慰安所」はどんなところにあったのですか。戦友会誌などによると、ムアロ、パカンバル、パダンなどにあったことが書かれていますが。

サティ　日本軍のいるところにはどこにも「慰安婦」がいたと考えていいです。チケットを買ってその番号の部屋へ行くというのが通常のやり方でした。

江澤　ところで、スマトラの鉄道のことは日本ではほとんど知られていません。事実は事実として明らかにすることがインドネシアのためにも日本のためにもなると私は思っています。ですからサティさん、知っていることがあったら話してもらえないでしょうか。

サティ　日本軍は何のために鉄道をつくったのかわかりません。あんな湿地帯に線路を敷いてもだめなんです。橋にしてもそのへんの木材で作ってもすぐ流されてしまいます。たくさんのロームシャが死んでいきましたが、ロームシャを殺すために鉄道をつくったようなものです。

江澤　「ロガス」というと「死」を意味するそうですね。

サティ　食べるものがないんだからみんな死んでいきます。そうすると、日本軍は「ばんざい」って叫ぶんです。「天皇陛下万歳」って叫ぶんです。食べるものも着るものもありません。

江澤　映画館から拉致されていった若者たちで、帰ってきたのは三人だけだと言ってましたね。

サティ　あんなに連れていかれて戻ってきたのは三人だけです。

江澤　ロガスではたくさんの人が死んでいったと、他のところでも聞きました。

サティ　日本軍はひどかった、三〇〇年間のオランダより三年半の日本のほうがひどかった。

江澤　サティさん、また話を聞かせてください。元気でいてください。

サティのおいは、サティがスマトラ横断鉄道建設や日本軍に関していろいろひどいことを知っているので話せなくなってしまう、という趣旨のことを言っていた。同胞である多くのロームシャが殺されていったが、自分は義勇軍に入って安全なところにいたことに罪悪感があり、話せなくなるのではないかと筆者は感じた。

日本軍がスマトラ横断鉄道を作ろうとしたのは、インドネシアの若者を殺すためだったとも言っていた。そのような目的はあり得ないことだが、非常に多くの若者がロームシャとなって死んでいったことがそういう表現をさせているのではないだろうか。サティは結局スマトラ横断鉄道建設に関して「核心」を語らなかったが、別れの時は筆者の乗った車に近づいてきてもっと話したいという感じでもあった。

故Suman（スマン）一家　ロームシャの長女・孫たち

＊一九二四年生まれ　二〇一五年死去　行年九一歳　元ロームシャ　家族は西スマトラ州シジュンジュン県シジュンジュン郡ドリアン・ガダン村シルカ集落在住

ここからは強制連行されてきたロームシャの二世・三世へのインタビューである。

集合写真（写真7‐9）のとおり一家が集まり、筆者の質問に代わる代わる答えてくれたので、発言者はまとめて「スマン」とした。

江澤　おじいさんは何年生まれですか。

スマン　一九二四年です。

江澤　月日は？

スマン　月日はわかりません。

江澤　ここで生まれたんじゃないですよね。

スマン　ジャワ島です。

江澤　ロームシャになったのはどんなことからですか。

スマン　一九四二年一〇月、一八歳の時、ジャワの市場にいたところを捕まって、「西ジャワにあるスカブミ」という学校に入れてやると言われ、強制的に連れて来られたそうです。

写真7-7　故スマン　KompasTV WachidoC

（注）当時スカブミには警察学校があった。

江澤　一人で連れて来られたのですか。

スマン　トラック一台に六〇人が乗せられてきたそうです。全部では何千人かが連れられて来たらしいです。

江澤　それで鉄道建設工事をさせられたのですか。

スマン　そうです。

江澤　連れられてきた当時、シルカには誰か住んでいたのですか。

スマン　ごく小さな集落があったそうです。

江澤　その何千人かを鉄道沿線に少しずつ降ろしていったというわけですね。

スマン　はい、そうです。

江澤　食べ物はどうでした、十分あったのですか。

スマン　椰子の実の茶碗に入れた米だけで、おかずはなかったそうです。

江澤　住む家はどうしたのですか。

スマン　竹や木材を切ってきて自分たちで作ったそうです。

江澤　着るものは？

スマン　何ももらえなかったので、麻袋を切って衣服にしていました。

写真7-8　椰子の実でつくったロームシャ使用のご飯茶碗。両手で包めるほど小さい茶碗の米では重労働のロームシャには生きていくことが難しかった。

江澤　賃金はもらえたのですか。
スマン　おかずも出さないのに給料が出るわけがありません。
江澤　たくさんの人が亡くなったということも聞いていますけど。
スマン　死んだ人はたくさんいました。
江澤　原因はなのでしょうか。
スマン　疲労や食べ物がなくてたくさん死にました。働けなくなった人はダイナマイトに巻き込まれて殺されました。
江澤　働けなくなった人をクワンタン川に放り投げたということも聞きましたが。
スマン　生きている間に川に投げたということは聞いていませんが、死んだ人は河に投げ込まれて捨てられました。

（注）「骨と皮だけになったロームシャは生きたままクワンタン川に投げ込まれた」例は186頁参照。

江澤　病気にかかる人もいたんじゃないですか。
スマン　マラリアがひどくてたくさん死にました。
江澤　薬や病院はなかったのですか。
スマン　ありません。治療は受けられませんでした。
江澤　おじいさんが戦後まで生き延びた理由はどんなところにあったのでしょうか。
スマン　連れて来られたのは三〇歳以下の者だったらしいのですが、おじいさんは一八歳で力もまだあまりないだろうというので、調理場の仕事になって部落から食料を運んだりしていたので生きながらえたということです。

（注）動画（後出）で見ると、スマンは体格も小さい。スマンが拉致された頃は泰緬鉄道の建設へ送られる可能性もあったのだが、不幸中の幸いでスマトラ横断鉄道へ送られ、かつ調理場の仕事をあてがわれたことで生き延びたようである。

江澤　鉄道はどことどこを結ぶものか知っていたのでしょうか。

スマン　学校へ行かせてやるとだまされ連れて来られたので、何のためにこんなことをしているのかさえわからなかったようです。

江澤　連れて来られた時は独身だったのですか。戦後ここへ住み着いたのですね。

スマン　ここの集落の人と結婚して住みつきました。

（注）奈須川丈夫は「渓谷の中には民家は全く無く」と述べている（104頁）が、スマンは「地元」女性と結婚しており、また河合秀夫の次の記録からは集落があった可能性のほうが高い。
「ムコムコの難所から前方の測量はシジュンジュンからの往復では迚《とて》も無理になったので、愈《いよいよ》ジャングルの中に前線基地を設けることにした。ムコムコから十数個施《ママ》の上流の右岸に四、五軒程の部落を見付け、取り敢えず建築班に十名分の小屋を設営して貰った」河合秀夫『戦火の裏側で』私家版、一九九九、三一頁。奈須川の文章は、伐採を進めていったクワンタン渓谷の「左岸」には民家が無かったことを述べたのであろうか。

江澤　この道路に埋まるようにレールが敷いてあったと思うのですけど、撤去されたのはいつ頃でしょうか。

スマン　レールは徐々に剥がされていって、一九九七年に道路をちゃんと作る際に行政によって完全に撤去されました。

江澤　このへんにトンネルはありませんか。

スマン　五〇メートルのトンネルがありましたが、自然崩落してしまい今はまったくありません。

江澤　滝はありますか。

スマン　ありません。

（注）筆者は、岡村隊の奈須川がクワンタン渓谷を探査した際に道がないので川を舟で下っていき、途中滝が二つあり舟をいったん陸にあげ滝を過ぎると再び舟で下っていったことを聞こうとしたのだが、陸上でしたたり落ちる滝のことを聞いていると思ったらしい。奈須川の記録していた「滝」は、舟では下れないほど落差のある流れのことであることが河合の記録に次のように書かれている。

「両岸が石灰岩で垂直に七、八十米近く切り立って向かい合って居り、河も此処で括れ、百米程離れて二ヶ所の段差が出来ていた。両方を足すと五、六米の落差になる」（河合秀夫『戦火の裏側で』私家版、一九九九、三〇頁）。今日その「滝」は土砂流出の関係で消滅していることが、住民との会話で判明した。

江澤　このへんを訪れる人はいますか。

スマン　機関車の展示場を見に来る人はいます。

江澤　私みたいに鉄道のことを聞きに来る人はどうですか。

スマン　オランダ人や日本人が来たことがあります。

江澤　おじいさんが亡くなったのはいつですか。

スマン　二〇一五年の六月か七月に亡くなりました。風呂場で倒れていて心筋梗塞でした。

江澤　ちょうど一年前くらいですね。何歳でしたか。

スマン　九一歳です。

江澤　ロームシャで使役されたことに対し補償はないのですか。

写真7-9　スマン一家の集合写真。中央が長女。

スマン　どこからですか。

江澤　インドネシア政府とか、日本政府です。

スマン　インドネシア政府からも日本政府からもありません。

江澤　おじいさんは日本軍にひどくこき使われて恨んでいませんでしたか。

スマン　復讐しようというのではなくて、ゆるそうとしていました。

江澤　我々日本人に対しみなさん複雑な感情はありませんか。

スマン　それはありません。こうして話していても複雑な気持ちはありません。

江澤　みんなで写真をとりましょうか。

スマトラ横断鉄道建設とスマンの独白――インドネシアの動画から

故スマン一家へのインタビューを終え帰国してから、スマトラ横断鉄道をテーマにした短い動画（一本五分、全三本）を観る機会があった。動画はインドネシアのKompas《コンパス》TVとWatchdoC《ウォッチドック》が二〇一二年に共同制作したもので、そのなかで生前のスマンが日本軍によるスマトラ横断鉄道建設について次のように回想していた。

＊エピソード3

（ナレーション）

西スマトラ州シジュンジュン県は、パダン市より自家用車で最低でも四時間はかかる道のりです。

この人物は、ドリアン・ガダン村シルカ集落という奥地で生活しています。年齢はすでに八〇を超えており、少なくとも一四人の孫がいます。

スラットマン（スマンのこと・筆者注）は、二二〇㎞とされたムアロ・シジュンジュンからリアウ・プカンバル間の鉄道線路網を建設するために、一九四二年にジャワから連れてこられた何千のロームシャのうちの一人です。

（故スマン）

一九四二年に日本人に連れてこられた。どうやら、スカブミにあるボランティアの学校だという。このムアロについたら、学校ではなくて、鉄道の仕事だった。

二年半鉄道の線路をつくった。その鉄道は、ムアロからプカンバルまでだと。

ああ、悲しかったなあ、食べるのもろくになかった。仕事は、昼夜問わず。

服は無く、何か…つまり何もなかった…。何もなくて…死んだほうがよかった。

（ナレーション）

インドネシア独立後、中部ジャワのウォノソボ出身のこの男性は、お金がないために帰ることができませんでした。そして、ここで子孫を残したのです。

スラットマンの話は、この村に流れ着いた車両の残骸が存在するため、真実味を増しています。長さ八メートル、高さ三メートルの車両は、村道を整備する一九八〇年代に発見されたといいます。しかし、線路の残骸はありません。

それは、一九七〇年代、ジャワへと搬送するために、線路に使われた中古の鉄を撤去する許可を行政が出したからです。線路の中古鉄が、再利用されたのかどうかということは明らかになっていないですが、ただ、確実なのは、シジュンジュンでの線路建設は、血であふれた物語だったということです。

（故スマン）

その段壁の近く、山に向けて二時にダイナマイトを設置した。夜の二時に崩れ、崩れた中にいた人は、みんな終わった。

二五〇人ほどいただろうか。崩れて死んで、終わり。日本へ報告したら、死んでよかったねと。

（ナレーション）

もっとも困難な地点で、もっともたくさんのロームシャの犠牲を出したのが、スラットマンによればこの場所だそうです。
（注）スマン一家の生活しているクワンタン渓谷が凄惨な鉄道工事現場であったことは確かであるが、最も人道にもとる光景の見られたのはロガスだというのが定着している。クワンタン渓谷を下って行った先がロガスなので、クワンタン渓谷からロガス一帯が最も凄惨な工事現場であったということであろう。
（ナレーション）
日本占領期、物資不足のためジャワ、スマトラ、スラウェシの鉄道レールのいくつかは日本軍によって撤去され、ビルマやタイへと移されました。
ムアロ・シジュンジュン～パカンバル線は、シンガポールから追加兵を送り、またサワルントから石炭を運ぶのを容易にするために日本によって建設されました。（後略）
このように、スマンのもとには筆者がインタビューする前にメディアが取材に訪れており、スマンが同様の質問に答えていることがわかった。家族一同もその際の受け答えを知っているし、その取材を機会にスマンの悲惨な青春時代がしばらくの間家族間で話題になったであろう。先に記したインタビューは、どういうことを聞かれるかわかっていたうえでの回答であったということは記しておかなくてはならない。

Ilyas Kian（イルヤス・キアン）　ロームシャ二世

＊生年月日不明　リアウ州プカンバル市リマプル郡プシシール村在住

江澤　お父さんのキアンさんはどちらの出身だったのですか。
イルヤス・キアン　ジャワ島です。
江澤　ジャワ島からロームシャとして連れて来られたのですね。
キアン　そうです。
江澤　拉致されたときはどんな状況だったのですか。
キアン　日本軍が家に来て連れていかれたということです。
江澤　そういうやり方が多かったのですか。
キアン　町中で拉致された人のほうが多かったようですが、まだ若かった父は家にいた時に連れ去られたんだと思います。
江澤　お父さんは何年生まれですか。
キアン　はっきりしません。
江澤　連れ去られたその後は？
キアン　シンガポールを経由してパカンバルに連れてこられました。

写真7-10　Ilyas Kian（イルヤス・キアン）ロームシャ二世

江澤　スマトラ横断鉄道建設には、シンガポール経由と海路パダン港から運ばれた人がいたようですが、どちらが多かったのですか。
キアン　それは聞いていません。
江澤　スンダ海峡を渡って来るルートはなかったのですか。
キアン　スマトラ島の道路は整備されていなかったので、ジャワからスマトラへ渡って連れてくるルートはなかったと思います。
江澤　パカンバルに着いて、そのまま鉄道建設現場へ連れていかれたのですか。
キアン　いいえ、父は鉄道建設ではなく、パカンバルのシンパンチガにあった飛行場建設で使役されたんです。

（注）パカンバルには一九三〇年に開設された飛行場が既にあった（鈴木正夫『スマトラの郁達夫　太平洋戦争と中国作家』東邦書店、一九九五、七〇頁。「朝日新聞」一九四三年二月一六日朝刊二頁）。従って、パカンバルがいくつかの要因で大きくなり、輸送需要の増大に応えて拡張工事が行われたか、シンガポールに飛来する英軍機を避けた待避機のための小飛行場建設であり、キアンも飛行場建設が終われば鉄道建設現場で使役されたと考えられる。

江澤　具体的にどんな仕事だったのでしょう。
キアン　木を切り倒したり、ガソリンをまいて燃やしたりしていたと言っていました。
江澤　ガソリンで燃やすというと?
キアン　はっきりしませんが、整地のようなことでしょうかね。
江澤　給料はもらっていたのでしょうか。
キアン　連れ去ってきた者に、給料は出しませんよ。
江澤　衣食住はどうでしょう。
キアン　衣服の支給はなかったし、食料はいつも不足していたということです。

江澤　住むところは？

キアン　新たに建てたものがあったかもしれませんが、日本軍が住民を追い出してロームシャに住まわせたそうです。

江澤　追い出したのですか。

キアン　そうです。

（注）ロームシャの人数は当時のパカンバルの住民を全員追い出しても足らないほど多く、キアンはたまたま住民の家にすし詰め状態で入れられ、ほかに簡易小屋が建てられたものと考えられる。

江澤　パカンバルでロームシャは全部で何人くらいいたのでしょうか。

キアン　それはわかりません。

江澤　亡くなった方も多いと聞いていますが、お父さんが戦後まで無事だったのはどういう幸運があったと聞いていますか。

キアン　はっきりしないところもありますが、父は逃亡したようです。

江澤　どこへですか。

キアン　どこか遠くということではなく、近くに隠れていたということでしょうか。

江澤　戦後に結婚したのですね。

キアン　三男の私を含め子どもが三人いました。父と同じように生年月日を示す文書がないので私の生年月日もはっきりしません。名前は父

写真7-11　パカンバル駅はこのへんにあった。跡は何も残っていない。パカンバル市内（当時は小さな町）を臨港線が曲線を描いて走っていた。

親が同じにしたと言っていました。

江澤　鉄道のことですけど、ここは港に近いので臨港線が走っていたはずですが。

キアン　今、繁華街になっているところにパカンバル駅があって、そこから港まで臨港線が走っていたということです。

江澤　パカンバル港は石炭の積み出し港でした。

キアン　あのあたりに石炭を積み込む作業場があって、石炭の山があったそうです。

江澤　線路で残っているところはありませんか。

キアン　線路は一九五五年から一九六〇年ころまでに撤去されてしまいました。

江澤　いつまで残っていたかは村々で違いがあるようですが、一九五五年から一九六〇年頃に何かあったのですか。

キアン　それ以前に持ち去られることもありましたけど、当時郵便局を建てるなど市の整備事業関係で撤去されました。

江澤　石炭がどこに運ばれていたか知っていますか。

キアン　聞いていません。

江澤　日本軍のなかに朝鮮人がいたということは聞いていますか。

キアン　聞いていませんし、いたとしてもわからなかったと思います。

江澤　日本軍が来る前このへんにオランダ人はいたのでしょうか。

キアン　それもわかりません。

江澤　お父さんはジャワ島のどこの出身だったのですか。

写真7-12　臨港駅はこのへんにあった

キアン　ジャワのバンドンです。

江澤　今でも親戚などはあるのでしょうか。

キアン　戦後、家族とは手紙でやり取りしていたそうですが、帰らなかったのでもう交流もなくなってしまいました。

江澤　日本軍に「慰安婦」がいたかどうかはわかりますか。

キアン　街中にはいたかもしれませんが、このへんは家も少ないところで「慰安婦」がいたかどうかはわかりません。

江澤　先ほど見せてもらった刀はどうして持っているのですか。

キアン　戦後シアク河を日本軍が逃げていったのか、撤退していったのか、いなくなるときに銃剣や箱に入った爆弾を木の下などに放置していったらしく、使えるものなどを家に持ち帰ったらしいのです。

このあと家を辞し、日本軍が使っていた小型の舟の残骸がキアン宅から三キロメートルほどの川沿い

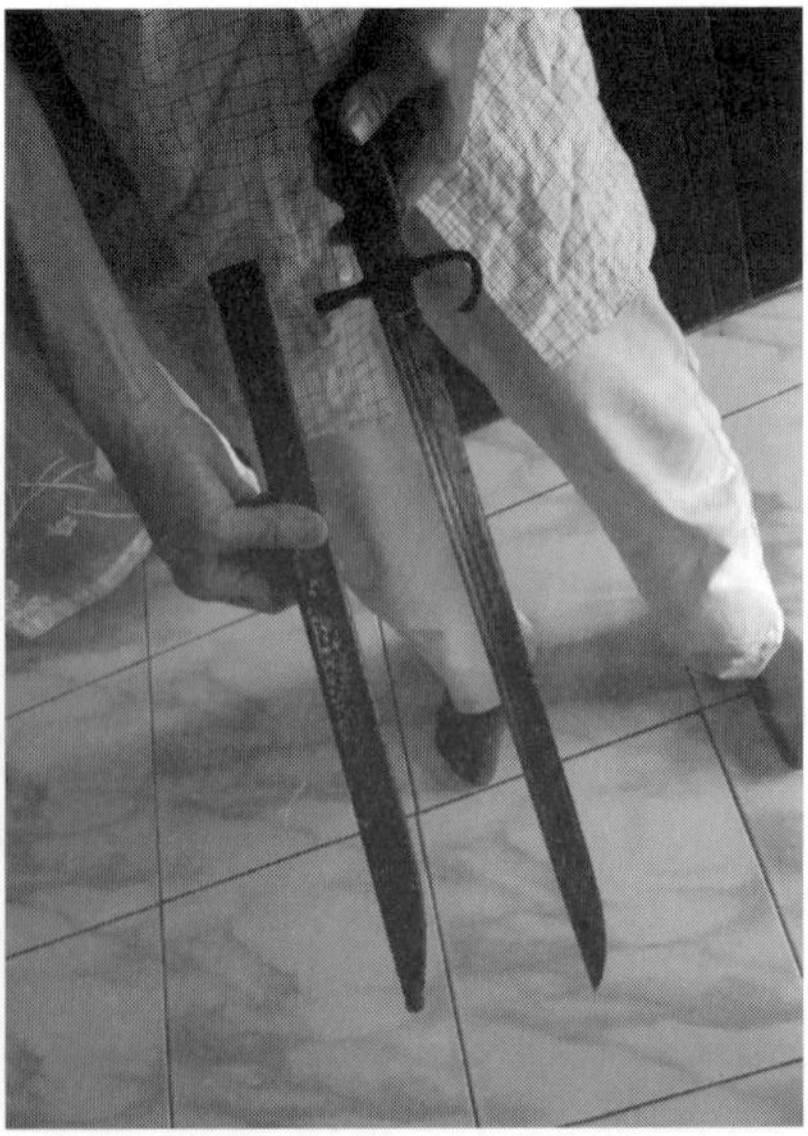
写真7-13　日本軍が遺棄した三八式銃剣の剣部分

写真7-14　日本軍小舟の残骸

にあるというので（以前、舟の近くにはタンクも残っていたという）、キアンの息子Bayu（バユ）（一九八六年生）に案内してもらった。

父親がロームシャとして拉致されたことから、二世には父親の生地バンドンへの帰郷意識というようなものが強く働いているのかと想像したが、バンドンとの交流が全くなくなっているというのは意外であった。また、ロームシャの境遇は日本人なら隠すことになるかもしれないが（日本人は加害も被害も公言しない傾向がある）、父親の境遇を積極的に話すことに対して、日本人である筆者としてはどういう言葉をかけたらいいのか戸惑わざるを得なかった。

Fauzi（ファウジ）　ロームシャ三世

＊リアウ州クアンタン・シンギンギ県シギンギ・ヒリール郡プタイ村在住

スマトラ横断鉄道本線からロガス支線へと分かれるコタバル集落に在住、祖父がロガス炭鉱でロームシャとして働いていた。ファウジがインタビューで強調していたのは、スマトラ横断鉄道を歴史遺産として後世に残せなかったことに対する慚愧の念であった。

江澤　ファウジさんはおじいさんがロームシャだったのですね。
ファウジ　そうです。
江澤　仕事は鉄道の建設ですか。
ファウジ　いえ、炭鉱夫でした。
江澤　支線のロガス線の先にあったロガス炭鉱ですか。

ファウジ　そうです。

江澤　このあたりに支線の駅があって、ずっとむこうへ鉄道が延びていたのですね。

ファウジ　そうだと思います。鉄道が運行されているのをもちろん見たことはありませんが。

江澤　ファウジさんと鉄道との出会いというのはいつ頃のことだったのでしょうか。

ファウジ　今勤めている炭鉱会社が二〇〇〇年初め頃創業する際に、コタバル周辺を重機で掘り返してみると、鉄路やヘリコプター、鉄製のヘルメット、刀など日本軍のものと思われる遺物が出てきたんです。

江澤　そういった遺物の処理はどうなったのですか。

ファウジ　地方行政府の対応は二とおりありました。小さなもので使えるものは持って帰っていいとも言われたので、今でも家や畑などで使用している人もいます。

江澤　鉄道沿線のどこの村でも、規模の大小はありますけど、そんなふうに日常生活で使っているところはありますね。

ファウジ　そのほか、レールやヘリコプター、これらはおそらく日本軍が捨てていったものだと思いますが、地方行政府から撤去せよとの命令があり、保存したいという考えもあったのですが、経済的な収入にもなるので残念ながらそれらを撤去しました。

写真7-15　Fauzi（ファウジ）ロームシャ三世

江澤　それを屑鉄として売り払ったのですね。

ファウジ　そうです。一キログラムいくらに換算してトラックに積み、売り払いました。長い鉄材は大きなトラックが来て持って行きました。

江澤　残そうという人はいなかったのでしょうか。

ファウジ　結局、親戚のおじさんや年長の人も含めてみんな売り払うことに反対しなかった。あちらに小さな集落がありますが、そこに集めて全部でトラック何台分も売りました。

江澤　今は何も残っていないのですね。

ファウジ　大きなものはありません。

江澤　発見された機関車を保存している村を昨日見てきました。

ファウジ　日本軍のこれら掘り出し物は歴史的に意味のあるものなので残しておくべきだったのに、みんな売り払ってしまい悪いことをしてしまったと後悔しています。

江澤　ロームシャを祖父に持って今主張したいことはどんなことですか。

ファウジ　ロームシャの問題はたしかにおおきな問題ですが、私が最初に出会ったスマトラ横断鉄道は遺物として地面の下からでてきたものでした。行政も持ち去る者には罰則でも設け、保存に積極的になれば良かったと思っています。

江澤　ここは支線の分岐点でしたから、賑やかだったのでしょうかね。

ファウジ　三〇キロメートル先の採炭しているあたりは今でも「ＴＡＮＫＯ（タンコー）」と言われています。日本軍政が言葉のうえで残っているのですが、レールや機関車は残っていません。

ロームシャの過酷で残虐な使役の話が中心になると思っていたところ、「負の遺産」としてのスマトラ横断鉄道の保存の問題が話題になったのは意外だった。ロームシャ三世の青年として、スマトラ横断鉄道に対し一世などとは違う問題意識を持っているようだった。しかし、すぐに日本におけるヒロシマ・ナガサキの、韓国における従軍「慰安婦」の、中国における南京大虐殺の、それぞれの負の遺産の保存の問題を思い返し、ここインドネシアでも負の遺産の保存の問題が存在していることは当然のことであると考え直した。

シロケの機関車保存はそのような要請に応えたものと言えるし、パカンバル・シンパンチガの「労働者英雄公園」の整備と機関車保存は先駆的なものだった。シロケでは観光局のザイナル・ワンナが機関車保存に尽力しており、インタビューした様子は次項で見ることとする。

シロケ―ムコムコ峡―シルカ　クワンタン渓谷を踏査する

筆者はムアロ・シジュンジュンからクワンタン川の橋を渡って左岸に移り、舗装と未舗装が交互する川沿いの細い道を下っていった。まず着いたのがシロケ集落につくられた蒸気機関車展示場であった（写真7‐16）。このあたりからは両岸が屹立するようになり、一九四二年に探査にあたった岡村隊の奈須川丈夫がクワンタン渓谷を下っていった記録が残っており、その跡をたどったことになる。

シロケの蒸気機関車展示場には三本の掲示板が建てられており、次のように書かれている。スマトラ横断鉄道の建設が石炭輸送を目的にしていたことは、この掲示板からもうかがえる。これは今日のインドネシアの公式見解に近いものであると思われる。

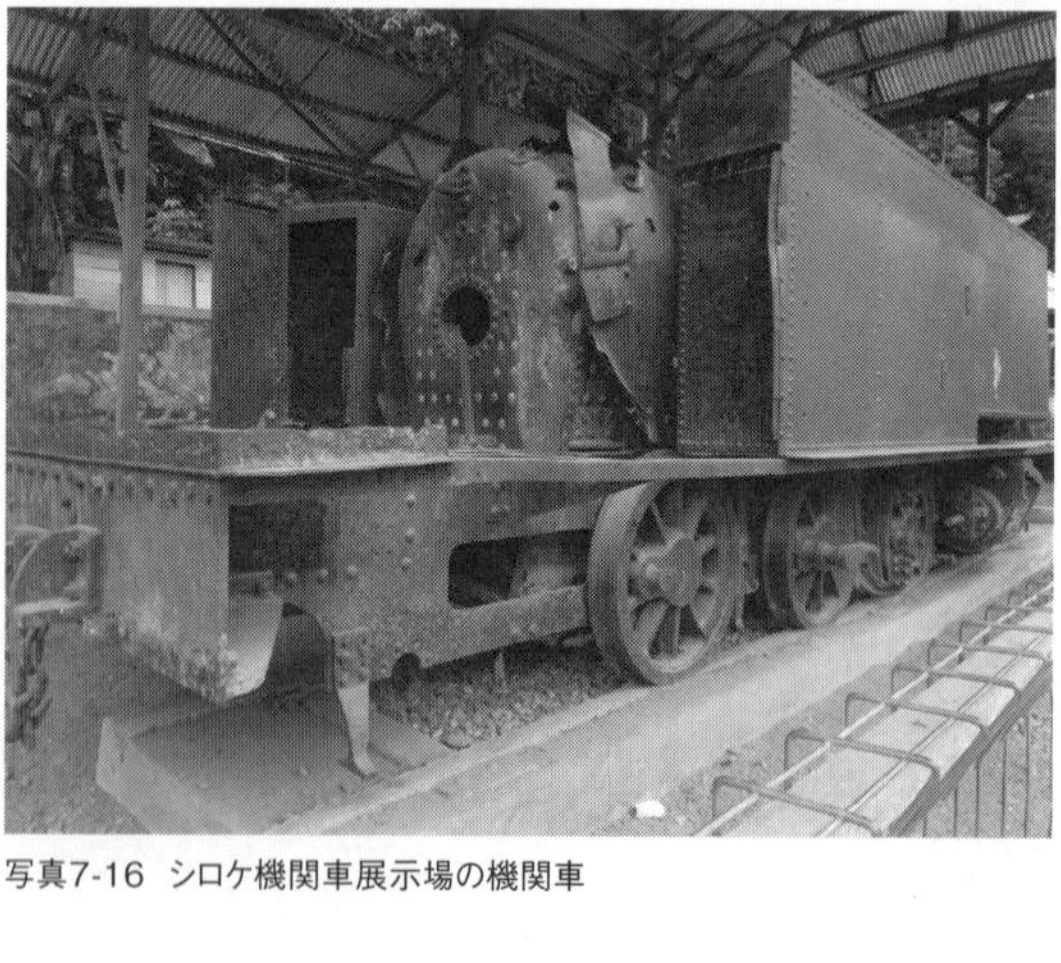
写真7-16　シロケ機関車展示場の機関車

「サワルント・シジュンジュン県観光・芸術文化・青年・スポーツ局とバトサンカル古代遺跡保存局によって行われた２００５年の調査結果に基づき、サワルント・シジュンジュン県シジュンジュン郡ドリアン・ガダン村シルカ集落に存在する蒸気機関車は、特にこのサワルント・シジュンジュン地域において、インドネシアでの日本占領期を証明するものとして、非常に重要な歴史遺産の一つであるとされる。

この蒸気機関車は、１９４３年のムアロ～ロガス間の列車レール建設に関連したものであり、その建設では、大部分がジャワからの労働者（強制労働者）であった。また、この機関車はサワルント・オンビリンからロガス、そしてリアウの地へと石炭を運ぶものと計画されていた。

長さ8・73ｍ、幅2・35ｍ、高さ2・94ｍの蒸気機関車は、シロケ～ドリアン・ガダン～タプス間の道路整備の際、１９８０年にシルカの人々によって発見されたものである。」（写真７‐17）

写真7-17　シロケ蒸気機関車展示場の掲示板(1)

写真7-18　シロケ蒸気機関車展示場の掲示板(2)

写真7-19　シロケ蒸気機関車展示場の掲示板(3)

「文化遺産史跡とその環境を壊すこと、持ち出すこと、移動させること、形や色を変えること、また政府の許可なく修復・移動させることを禁ずる。１９９２年第5号法第15条1および2項」（写真7‐18）

「文化遺産史跡　蒸気機関車　日本占領跡　サワルント・シジュンジュン県政府　観光・芸術文化・青年・スポーツ局」（写真7‐19）

Zainal Wanna（ザイナル・ワンナ）（写真7‐20）は一九五三年二月一〇日生まれの六三歳で、西スマトラ州シジュンジュン県ムアロ・シジュンジュン市プラウ・ブランバイ在住である。シジュンジュン県政府スポーツ青年文化観光局長を二〇〇三年から二〇〇七年まで務めた。その間、住民が一九八〇年に発見したシロケ集落に埋もれていた機関車の保存に尽力した。

展示場の土地は住民から買い上げ、国有地にして機関車を展示している。レールは国鉄から話があって取り払われ、クワンタン川を船便で下ろし、バンドンへ持って行ったという。

シロケの機関車保存小公園からさらに下っていく。左岸にはところどころに小さな集落があり、道中出会った人は県政府の依頼で「調査」をして

写真7-20　Zainal Wanna（ザイナル・ワンナ）　今は退職して食料品店を経営している

いるという。何の調査か尋ねると、住民の居住状況を調べ、住民票を整え行政からの連絡が迅速に届くように、また郵便配達の便宜にも役立てたいと語っていた。また、ドリアン・ガダンには右岸に渡る新しい橋もできていて、前人未踏であったクワンタン渓谷も徐々に開けてきていることがうかがえた。

写真7-22　ここから先車は入れず、徒歩のみである

写真7-23　クワンタン川に並行する「道なき道」

写真7-24　クワンタン川を舟で下る

シルカでインタビューした故スマン一家のあたりから道はすべて未舗装となり、奇岩が頭上を覆い被さるようになる（写真4‐1 106頁）。このあたりは「ムコムコ峡」のなかでも最も険しい地点である。一〇キロメートルほど行くと、ここから先車は入れず、徒歩のみである（写真7‐22）。さらに進むと（写真7‐23）のような「道なき道」が続くようになる。

万が一猛獣に襲われるのを避け、クワンタン川を舟で下ることにした（写真7‐24）。やがて見えてきたのはスマトラ横断鉄道の鉄橋の残骸（写真4‐2 107頁）。並行していた「道なき道」は、このあたりからは途切れ、道は全くなくなる。舟でクワンタン川を引き返した。

第八章　犠牲になった捕虜

本章からは、鉄道第九連隊第四大隊関係者の残した資料、東京裁判・オランダ裁判などをもとに、捕虜に焦点を当てる。

鉄道第九連隊第四大隊の記録

鉄道第八連隊第一大隊より約一か月早くスマトラに渡り、第八連隊がフィリピンに赴いたあともスマトラ横断鉄道建設にあたった第九連隊第四大隊の戦友会は、戦後記念誌を出すなど多くの記録を残している。第八連隊がフィリピンでの戦闘で壊滅し生還者が極めて少なかったのに比べ、第九連隊第四大隊には多くの復員者がいたこと、スマトラ横断鉄道ばかりでなく、先行して従事した泰緬鉄道建設での捕虜虐待が問題視されたことなど（両鉄道建設にあたった弘田栄治中尉は刑死した）が影響し、結果として戦友会活動が活発になったものと考えられる。

既に引用してきたものも含め、鉄道第九連隊第四大隊に所属していた人々によるスマトラ横断鉄道建設に関する記録や、第九連隊第四大隊戦友会「九四会」の発行した記念誌を年代順にまとめると次のとおりである。

① 九四会記念文集編集委員編『光と影　鉄九・四大隊記念文集』九四会、一九六九、A5版、縦書き、全三五五頁。

② 岩井健『C56南方戦場を行く——ある鉄道隊長の記録』時事通信社、一九七八。

③ 富の思い出集編集委員会編『富の歩み　思い出集』富の会、一九八一、A5版、縦書き、全二八一頁。付録五頁。

④ 九四会記念文集編集委員編『残照　鉄九・四大隊記念文集』九四会、一九八三、A5版、縦書き、全三四六頁。

⑤ 森谷虎彦『技術協力の旅』私家版、一九九三。

⑥ 鉄道第九連隊第四大隊年会誌『おとずれ』九四会、一九五四年一二月創刊、一九九五年（敗戦五〇年目）一一月に四十二号で終刊。A5版、縦書き。創刊号のみガリ版刷り。

⑦ 河合秀夫『戦火の裏側で』私家版、一九九九。

⑧ 諸星達雄資料。

⑨ 本庄弘直資料。

第二十五軍（富兵団）戦友会が戦後刊行した回想録『富の歩み』を挙げたが、スマトラ回顧録を書いている二十五軍関係者で鉄道建設作業に直接関わらなかった者（たとえば第二十五軍軍政監部要員がメンバーの中心である「赤道会」の会誌『赤道標』や憲兵大尉だった河野誠）は除いた。逆に、鉄道建設作業に直接関わらなかったものの、第二十五軍司令部主計大尉の本庄弘直は建設現場を四日間視察していること、第二十五軍自動車敞の森谷虎彦は戦後スマトラ横断鉄道跡を丹念に回っていることにより加えた。

鉄道第八連隊と上記の第九連隊関係者による記録のなかで、スマトラ横断鉄道建設をある程度俯瞰できるものには、野島敬吉『スマトラ寸描』、岩井健『C56南方戦場を行く―ある鉄道隊長の記録』、河合秀夫『戦火の裏側で』、『光と影』や『残照』中の記事などがあり、野島は一兵卒、岩井は将校、河合は国鉄所属の軍属という立場の違いから、相互に読み比べることで事実の検証に役だった。

『光と影』や『残照』中の記事で最も詳細に書かれているのは、『残照』に所収された有門巧の「スマトラ記」

（A5 三七頁、四〇〇字詰め一〇〇枚ほど）で、それに次ぐのは『光と影』中の「スマトラ横断鉄道建設作業」（A5 一六頁、四〇〇字詰め四〇枚ほど）である。もちろん小さな記事の中にも重要な事実は記載されている。

泰緬鉄道建設に従事した鉄道連隊元将兵らの回想記には、捕虜への虐待はなかったとの記述が多い。しかし異なった立場からの証言などを総合すればロームシャや捕虜への虐待は動かしがたい事実であり、人数に異説はあっても多くの犠牲者がでたことは疑いようがない。

一方、スマトラ横断鉄道建設に関しては全容が明らかになっていないなか、捕虜を使役していたことについては第九連隊関係資料に散見され、第二十五軍関係者の回想記にその人数については記されているが、死亡者数は明かされていない。難渋を極めた鉄道建設であったという点は強調するが、都合の悪いことには触れないことを暗黙の了解事項としているような気がしてならない。

もっとも、巣鴨プリズンの収監者らが反戦平和運動を起こすなど軍歴にとらわれない活動があったように[1]、『光と影』にも反軍・反戦の投稿が掲載されている。圧巻なのは佐藤徳蔵による四〇〇字詰め三〇枚の「子らにのこす――在隊憤懣と軍部解体＝戦争放棄快哉の綴り」であろう[2]。しかしその投稿が掲載されたのは一九六〇年代最後の年であり、以降に同様の投稿は見当たらない。「九四会」においては会長矢部義郎と投稿者佐藤との軋轢が先鋭化し、会運営に影響があったと『おとずれ』に書かれている[3]。

また後段見るようにGHQに提出された「国籍別捕虜犠牲者名簿」や、東京裁判及びオランダによって行われたBC級戦犯裁判の記録、戦友会発行紙誌などの情報を重ね合わせ検証することで明らかになってくるものがある。スマトラ横断鉄道建設で使役された捕虜の関係者（二世・三世を含む）も情報発信を行っており、捕虜の人数、死亡者などについて情報が得られる。これら被害者側の情報を、加害者側である日本軍によって作成された捕虜死亡者情報と突き合わせることが可能である。

『光と影』が発行されたのは戦後二四年目であり、戦地での平均年齢を二十代後半とすると戦友会の会員年齢は五十代前半である。この記念誌から一四年後に出された『残照』時では六十代半ばになっており、「九四会」名誉会長の矢部義郎は巻頭において、「会員の年齢を考えれば、恐らくこれが最後の文集となろう」と述べ[4]、実際そのとおりになった。

『光と影』はスマトラ横断鉄道建設作業に携わってから二五年後の刊行であり、鉄道第八連隊第一大隊野島敬吉による『スマトラ寸描』(一九八九年)の執筆よりも二〇年早く、一般的に言えば記憶はより鮮明であったと推察される。このように原稿の書かれた時期に留意するのは、時の経過で記憶が薄れるのは避けられず、そのことに自覚的でありたいからである。作家戸井昌造は兵役時のことを戦後二〇年経った頃メモを取り始め二〇年かけてまとめた著作で、「命がけの日々のなかで焼きつけられたはずのものが、しかと思い出せないのだ。四十年の歳月とはそうしたものであり、人間の頭脳なんてその程度のものなのだ。」と述べている[5]。

重ねて重要なのは、戦時中に書かれたものと戦後に書かれたものには峻別しなければならないほどの違いがあるということである。一九四五年八月一五日前後を境に価値観が大きく転換したことから戦後に書かれたもの、特に「戦犯」問題が絡む捕虜等についての記述には注意深く接したい。そして加害者と被害者、勝者と敗者との違いにも気を付けなければならない。概して、加害者はことの重大性を小さくしようとし、被害者にはその逆の傾向が見受けられるからである。

スマトラ横断鉄道建設に従事し、二〇一五年が明けた時点で存命であった鉄道第八連隊の大井彰三と第九連隊の諸星達雄がそれぞれ六月と五月に相次いで亡くなり、証言が得られなくなった。衛生兵として泰緬鉄道、クラ地峡横断鉄道、スマトラ横断鉄道建設にかかわった諸星の残した資料は泰緬鉄道に関するものが最も多い。多くのBC級戦犯をだし「死の鉄道」と言われることの汚名をそそぐことに注力した結果、自ずと泰緬鉄道建設に関する資料が多くなっていったものと考えられる。そのことは諸星が二〇一〇年九月にPOW研究会で戦時体験を話した際にも表れており、発言の中心は泰緬鉄道に関するものであった。一方、大井もスマトラ横断鉄道よりも壮絶な戦いを体験したフィリピンのことに話が向きがちだったが、その背景は諸星とは異なっていたようだ。大井中隊の鉄道第八連隊は壊滅しほとんどの将兵は帰らぬ人となり、そそぐ「汚名」すら存在しなかった。

筆者は講演会、リチャード・フラナガンのインタビュー内容、譲り受けた資料の公開について諸星の遺族から承諾を得たので（講演会の内容は従前から公開されている）、以下それらも反映させて進めていきたい。

諸星が昭南港を発ってスマトラ島に上陸したのは一九四四年四月一七日（「中部スマトラ横断鉄道建設隊」の編成は四月一六日）であり、スマトラで衛生兵として鉄道建設にあたったのは約一年四か月である。同様に鉄道第九連隊第四大隊は四月一六日前後にあいついでパカンバルに上陸している。

パレンバンから移動した捕虜

中部スマトラ地区においてロームシャや捕虜がどのように使役されていたか、その一端としてオンビリン炭鉱での状況について書かれた榊原政春の日記を既にみた（１６９頁）が、一九四四年になると石油基地パレンバンでは捕虜を多数必要とする事態が生じていた。

石油を求めて蘭印を占領し、ボルネオ島とともに手中にしたスマトラ島パレンバンの石油は、オランダによる撤退時の破壊から修復完了次第、日本に還送されていった。しかし、制空権・制海権の喪失が始まると多くの船舶が撃沈され、パレンバン石油基地自体、空襲の危険性が現実味を帯びてきた。

実際、スマトラ島では一九四四年夏からサバン島（スマトラ最北西端の島）がイギリス機動部隊の空襲艦砲射撃を、スマトラ島中部パダンのセメント工場や北部のコタラジャ（今日のバンダアチェ）の飛行場、港湾施設がイギリス艦載機の攻撃を受けるようになった。(6) また、一九四四年七月末にはアチェ州においてイギリスの潜水艦乗員が潜入し、アチェ鉄道のプタダ橋梁が爆破された。(7) 一九四四年八月、Ｂ29の襲撃を受けたパレンバンの状況は、戦後復員局の作成した「スマトラ作戦記録　第五節　島内の掃蕩及敵機の来襲状況」に次のように記載されている。

「八月十日B29数機パレンバンに来襲せり。照明弾にて照明したる後爆弾を投下し又唯一の搬油水路たるムシ河に機雷を投下せり。精油施設に対しては重要箇所に損傷なかりし為昼夜に亘る熱心なる復旧作業により概ね三週間を以て復旧せしが機雷は水路を閉鎖し海軍援助の下に掃海に従事せしも磁気機雷の為作業意に委せず運航再開は十月下旬となれり(8)」

そこで日本軍はパレンバン石油基地防衛のため、いくつかの飛行場を新たにつくり迎撃態勢を整えることになった。内海愛子『朝鮮人BC級戦犯の記録』によれば、この飛行場建設工事にジャワからオランダ人捕虜二八〇〇人が連行され、既にパレンバンにとらわれていた捕虜とともに使役された(9)。総じて占領下の東南アジアにロームシャや捕虜にとって作業しやすいところなどなく、特にパカンバル、パレンバンなどはスマトラ島の赤道直下である。戦局が急を告げてくると長期戦を想定しての食糧備蓄も強化され、結果としてロームシャや捕虜に対する食糧支給が減らされ、過酷な気候と労働、粗末な食事などに苦しめられた。

既述のように、東京高裁判事だった大江保直は「終戦当時スマトラの日本人は約一〇万人で、軍手持の食糧はこれを二年間養うに足る量があった」と述べている(237頁)。しかし一方、パレンバン俘虜収容所やスマトラ横断鉄道建設現場などで出される粗末な食事は、虐待そのものであった(図表6-6「軍政主要食糧配給量」154頁など参照)。

内海愛子は次のように記している。

「俘虜の体力を最も消耗させたのは、食事の量である。飛行場建設が始まった頃は、重労働をする者は、米一日四〇〇グラム、軽労働三〇〇グラム、入院患者は一八〇グラムだった。この時、鄭さん（捕虜の監視にあたっていた朝鮮人軍属・筆者注）たち軍属は一日六〇〇グラムの米を食べていた。それでも腹が減って仕方がなかったというから、一日四〇〇グラムでは重労働に耐えられない。しかも、これは正味四〇〇グラムあったことはないという。(10)」

食生活が多様化し副食が豊富になった今日の日本では、米一日四〇〇グラムなら十分であろうが、ロームシャ同様（154頁）決められた量が支給されず、副食は乏しかった。実態は次のように炎天下での重労働が続くと飢餓状態におちいり、肋骨が筋となって見えるようなやせ細った体になるのである。

「代表的な献立は、朝は薄い粥、昼はお粥に芋の葉、夜は普通のご飯に乾魚または肉である。一九四四（昭一九）年五月以降は、新鮮な肉や魚の支給はまったくなく、乾燥肉と乾魚のどちらかが一日約一〇グラム支給された。カタカタと骨がぶつかるような音をたてながら、幽霊のような俘虜が歩く。(11)」

一九四四年初めに飛行場建設が完了すると、一五〇〇人の捕虜は測量が終了し本格的に建設が始まっていたスマトラ横断鉄道建設現場へと移動させられた。敗戦後、捕虜虐待で起訴されることになった監視役の朝鮮人軍属一一人も、この移動に伴いパレンバンからスマトラ横断鉄道建設地へと移った。捕虜たちはパレンバンでの過酷な飛行場建設作業と粗末な食料で体力が極端に落ちているところに、熱帯ジャングルや湿地帯での鉄道建設作業に投入されることになった。

ＲＡＰＷＩのＧ・Ｆ・ジェイコブズは、スマトラ横断鉄道建設現場や捕虜キャンプへ救出に赴いた体験をもとに次のように書いている。

「パカン・バルーの人びとは、山を越えジャングルを横切ってスマトラ島西部の鉄道網へ連結する鉄道を敷設するために、このスマトラに連れてこられたのであった。彼らのある者は遠く北スマトラのアチェから、またある者はジャワからも徴用されてきた。一九四四年初期には五千名以上のイギリス、オランダ捕虜があつめられ、その後はさらに多くの人員がこの地域に連れてこられた。この人たちが鉄道を完成するには二年近くの時日を要し、そのために犠牲となった人命の総数は信じがたいものであった。[12]」

また第二十五軍戦友会誌『富の歩み』には、「編集を終えて」と題し三者連名の一文が掲載され次のように述べている。

「奇しくも昭和二十年八月十五日の終戦の日に竣工、試運転を行った中部スマトラ横断鉄道につきましては笠谷氏と奈須川氏の詳細な記事にもありますように、第二十五軍司令部のスマトラ移駐前より終戦迄、赤道直下のジャングルと大河と特に深い湿地帯に挑み、本線、支線総延長二五五粁に亘る悪疫、瘴癘の地の建設作業で、恐らくは戦時中スマトラにおける最大の工事ではなかったかと存じます。かの有名なタイ緬鉄道は映画やマーチで博く人口に膾炙されていますが、スマトラにおいても、之に匹敵する難工事が行われていたことを改めて認識するものでございます。(参考迄、タイ緬鉄道は延長四一五粁、東海道線東京—米原間位、スマトラ横断鉄道は同東京—浜松間位の距離に相当し、前者は鉄道二ケ連隊主力、後者は一ケ大隊主力の兵力が参加[13])」

泰緬鉄道に匹敵するほどの難工事であり「悪疫、瘴癘の地」であれば、泰緬鉄道建設の例から見ても病人、犠牲者が出るのは必定のことである。しかし、笠谷と奈須川両名の文章はロームシャや捕虜の「死」について全く触れていない。

捕虜とジュネーブ条約

第一部において、日本は明治維新からわずか六年後、一八七四年の台湾出兵以来一九四五年まで絶え間なく戦争をしてきたという観点から、丸山静雄がその間の年数をとって「七〇年戦争」という呼称を主張しているのを見てきたが、その間日本は捕虜をどのように処遇してきたのであろうか。スマトラ横断鉄道建設における捕虜使役の問題を明治期以降の戦争時と比較するため、日清戦争、日露戦争、第一次世界大戦時の日独戦争、そしてアジア・太平洋戦争における日本の捕虜政策を概観する。

一概には言えないものの、戦争捕虜は古代においては殺害されるか奴隷になるかだったが、中世では身代金や捕虜の相互釈放で生きて帰ることもできるようになり、近代になると捕虜にも人権があるという考え方が次第に認識されるようになったと言われる。一方、戦争に伴う傷病者などの保護を謳った法整備がアジア・太平洋戦争時までに次のように進んできた。これらは締結地の名前から「ジュネーブ赤十字条約」とも言われ、赤十字社を興したアンリ・デュナンの名前はよく知られている。

一八六四年　戦地軍隊ニ於ケル傷者及病者ノ状態改善ニ関スル条約（第一回赤十字条約）
一九〇六年　同条約改定（第二回赤十字条約）
一九二九年　同条約改定（第三回赤十字条約）

第一回赤十字条約の一〇年後、一八七四年にベルギーで開催された捕虜の人道的取扱に関する会議では「ブラッセル宣言」が採択されたが、調印・批准には至らなかった。しかし、宣言では捕虜に関する規定が設けられ、捕虜の人道的処遇に影響を与えることとなった。

捕虜に関する本格的な条約が誕生したのは、オランダのハーグで一八九九年に開かれた万国平和会議で採択された、「陸戦の法規慣例に関する条約（ハーグ陸戦条約）」・同附属書「陸戦の法規慣例に関する規則（ハーグ陸戦規則）」においてである。同条約・規則は一九〇七年の第二回万国平和会議で改定されている（改定ハーグ陸戦条約・規則）。さらに、一九二九年には改定ハーグ陸戦条約・規則における捕虜規定を改定し、「俘虜の待遇に関する条約」がジュネーブで締結され、捕虜に関する条約として強い影響力を持つこととなった。一九二九年にはジュネーブで「俘虜の待遇に関する条約」と「ジュネーブ赤十字条約」の二条約が締結されたので、前者を「ジュネーブ条約」と称して区別することとする。

日本がこれらの条約を批准したのは、第一回ジュネーブ赤十字条約は一八八六年、第二回ジュネーブ赤十字条約は一九〇八年、第三回ジュネーブ赤十字条約は一九三四年であり、ハーグ陸戦条約は一九〇〇年、改定ハーグ陸戦条約も一九一一年に批准している。しかし、一九二九年の俘虜の待遇に関する条約（ジュネーブ条約）を署名はしたが、軍部などの反対で批准していなかった。

次に日本がかかわった戦争を条約との関連でみていく。

日本が最初に経験した本格的な対外戦争は日清戦争（一八九四～一八九五年）であり、捕虜となった一七九〇人の清国兵が東京、大阪、松山など国内外一〇か所の寺院に付設された「俘虜廠舎」に収容された。当時日本は第一回赤十字条約を批准していたが、同条約は戦場での傷病者の看護に重点を置いており、捕虜の取り扱いを規定した条約ではなかった。一七九〇人という極端に少ない捕虜数は、戦場では無差別に虐殺していたことをうかがわせ、特に旅順において兵士と民間人多数を殺害した「旅順虐殺」は後の「南京大虐殺」につながる日本軍の悪行として国際的な非難を浴びた(14)。

日露戦争（一九〇四～一九〇五年）でのロシア軍捕虜は八万名近くにのぼり、人数が多かっただけに国内二九か所に独立した収容所を設けた。将校捕虜の多かった松山収容所では道後温泉での入浴や海水浴を許可するなど

「厚遇」し、その地名はロシア兵にも知れ渡り、投降する際には「マツヤマ！」と叫んだという逸話が残っている。しかし、日本軍はロシア軍捕虜を大量虐殺し、日本刀の切れ味を試すために殺害した事例が、残された軍事郵便をもとに書かれた大江志乃夫の『兵士たちの日露戦争　五〇〇通の軍事郵便から』で報告されている[15]。

このように、日清・日露戦争における日本の捕虜処遇は、捕虜として国内に収容した後は虐待を控えるが、戦場においては虐殺が横行していたという二面性を持つ。また日露戦争において八万人近くの捕虜を厚遇したことには、次のような特殊な理由が存在していた。

① 日露戦争は一八九九年にハーグ陸戦条約が採択された後の最初の大きな国際的戦争であり、日本も批准した同条約に基づいて捕虜に対する人道的な取り扱いが行われるかどうかを世界が注視していた。

② 戦費の半分以上を外債に頼り、欧米諸国金融筋が外債を希望どおり引き受けてくれるかどうか懸念された。

③ 幕末や明治初期に欧米諸国と締結した不平等条約の一連の改正交渉が当時大詰めを迎えていた（日清戦争時も同様）。

これら諸事情のため、奇妙なほどの捕虜厚遇策をとって欧米の歓心を買い、将校用に一軒家をあてがい、アルコールを供したことなどは「鹿鳴館外交」を彷彿とさせる。また、旅順虐殺による国際的な不信を取り除こうとしたことも影響している。

第一次世界大戦では、日英同盟を結んでいたイギリスがドイツに宣戦布告したことからドイツと戦うことになり（一九一四～一九一八年）、ドイツが中国に有していた租借地の青島や太平洋上のドイツ領諸島が戦場になった。約五〇〇〇人のドイツ軍捕虜は批准した改定陸戦条約の下、日本国内の収容所で処遇された。徳島県板東町（現鳴門市）の板東収容所は地域住民との交流によって西洋文化がもたらされ、ベートーベンの第九交響曲が日本で最初に演奏されたことなどが伝えられている。ドイツ軍捕虜の厚遇に関しても特殊事情があり、軍制をドイツに倣い良好な日独関係が存在したこと、当時の大戦景気や大正デモクラシーが好影響を与えたことが考えられる。とは言っても、同時期、久留米俘虜収容所では虐待事件が起こっている。

これら三戦争における国内俘虜収容所での捕虜厚遇は人権を認めての処遇ではなく、「文明国」として振る舞ったに過ぎない点に注意しなければならない。アジア・太平洋戦争時捕虜虐待が突然生じたわけではなく、明治期の日清戦争時から存在していたのである。

ジュネーブ条約の「準用」

日本は一九二九年の「俘虜の待遇に関する条約」(ジュネーブ条約)を軍部などの反対で批准しておらず、その理由が海軍の文書に残っている。外務省から陸軍省、海軍省に対して求めた意見に対する回答として海軍省が「官房機密第一九八四号の三(昭和九年十一月十五日)」において示した次の四項目(要約)である。

① 日本軍には捕虜は本来存在せず条約が片務的である。
② 捕虜の優遇によって敵軍が意図的に捕虜になることにより行動半径を倍加させることの危険性がある。
③ 第三国人が立会人なく捕虜と会談できる規定は軍事上支障がある。
④ 捕虜に対する処罰の規定は条約のほうが優遇されており国内法の改正はできかねる。(16)

対米英蘭戦開戦後、連合国側はジュネーブ条約を履行する旨を中立国スイスなどを通して伝えてくると同時に、日本は批准していないが同条約を相互履行するよう希望を表明していた。これに対し一九四二年一月二九日、日本は同条約を「準用する」(apply mutatis mutandis)と回答し、非戦闘員に対しても同様に「準用」することを同年二月一三日に通知している。

日本側が作成した起案段階と言える文書には、「準用」の箇所から注意書きらしき線が欄外に伸びて「apply mutatis mutandis」と加筆されている(a部分)。これはラテン語で、mutatis mutandis(変更すべきところは変更して）apply（適用）することを意味し、起案段階の仏文にも同様に欄外に「必要修正ヲ加ヘ適用ス」（b部分）となっている。こうして連合国に対する通知は「(apply mutatis mutandis)」付のものとなったのであり、日本側にはもともと条約をそのまま適用する意志はなかったことになる（図表8-1）。

連合国側はこの「apply mutatis mutandis」という表現を、日本が国内法を「変更すべきところは変更して」条約本来の趣旨にのっとり適用すると解釈したのであり、双方の解釈は全く逆であった。しかも「準用」という概念を相手側がどのような意味で使用しているのか、当時はわからなかった。しかし、ジュネーブ条約を批准してはいなかったものの、改定ハーグ陸戦条約は一九一一年に批准していたのであるから、同条約・規則で謳われている捕虜の人権尊重は当然守られなければならず、将兵・軍属に対しての教育と周知徹底は必須であったにもかかわらず怠っていたことになる。その「付け」が捕虜への虐待を招き、敗戦後連合国側の「報復としての処

図表 8-1 ジュネーブ条約「準用」回答の起案文書

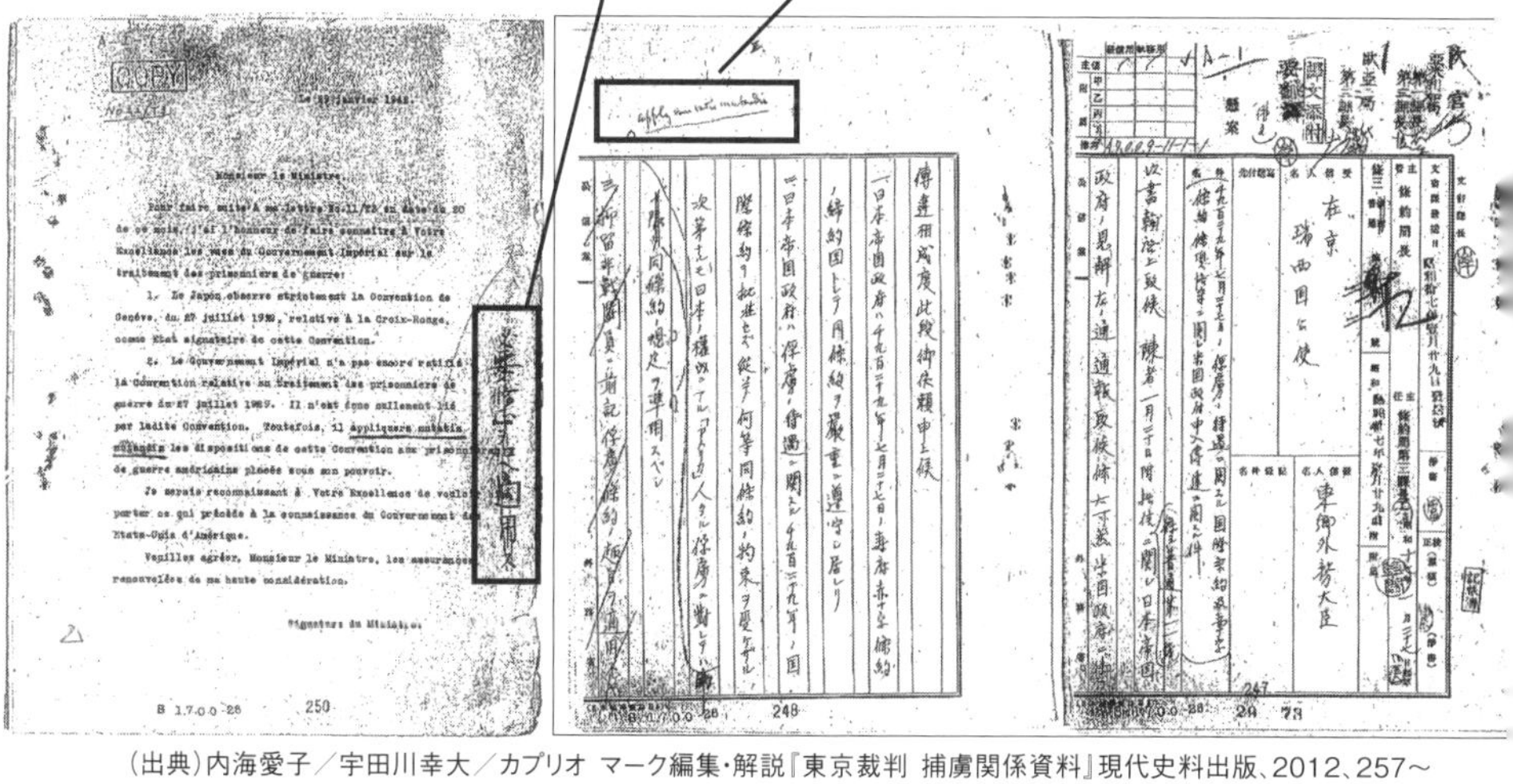

（出典）内海愛子／宇田川幸大／カプリオ マーク編集・解説『東京裁判 捕虜関係資料』現代史料出版、2012、257〜258頁。
（注）日本に対する米国の利益代表国であった中立国スイスを通して照会があり、スイスを通して回答している（宛先は「在京瑞西国全権公使」）ので、起案文もスイスでの公用語（の一つ）であるフランス語である（左）。

罰」を招来したと言える。

日本軍が東南アジアへ侵略していった際に戦った相手は、国家としては英・米・蘭などであったが、戦った軍隊はそれぞれの植民地兵、イギリスであればインド人、ビルマ人、マレー人など、オランダであればインドネシア人、アメリカであればフィリピン人が加わっており、英印軍、蘭印軍・米比軍という混成軍であった。加えて、蘭印の場合はアメリカ、イギリス、オランダ、オーストラリア軍が日本軍の蘭印攻略作戦に対抗して混成部隊を組織していた（170頁）。

東南アジアの占領が終わってみると、日本軍は予測を超える三〇万人近くの捕虜を捕獲していた。これは「大東亜戦争に伴ふ我か人的国力の検討」（一九四二年一月二〇日付陸軍省兵備課作成）に謳った「外地民族を兵力として活用」する（50頁）には好ましい状況に違いなかったが、一挙に三〇万人を「有効活用」するのは困難であった。日本はジュネーブ条約を「準用」すると回答しており、条約どおり処遇するつもりがないとはいえ三〇万人の捕虜では毎日の食料だけでも大きな負担になる。

そこで日本軍は捕虜を白人と非白人に分け、約一三万人の白人を捕虜とし、労働者として中国や満洲、朝鮮、台湾、東南アジア各地、日本内地に送り込んだ。非白人の現地人一七万人弱は基本的には宣誓解放したうえで「ロームシャ」や「兵補」として使役した（混成軍は現地人の割合が高かった）。

捕虜の場合はジュネーブ条約の制約を受けるが、ロームシャや兵補は「好きなように」使えるという利点があった。つまり人権の制約を顧慮せず、安上がりに、時には無給で使役することが可能であったし、アジア人捕虜の宣誓解放は欧米列強からアジアを解放するという「アジア解放論」にも合致していた（英印軍を構成していたインド人の場合は複雑で、その後三とおりに分けられた。201頁）。

捕虜管理の政府機関としては一九一一年批准の改定ハーグ陸戦条約に基づき、敵国からの照会・通報・連絡などに応じる「俘虜情報局」が一九四一年一二月二七日に設立された。また、一九四二年三月三一日には捕虜の労働や収容所の管理を扱う「俘虜管理部」が設置されたが、陸軍省軍務局に置かれたため軍部の意向を無視できなかった。

スマトラにおける「準用」の実態

戦時中、連合国には連合国軍捕虜が虐待されているという情報が頻繁に入って来ており、捕虜の処遇について連合国側が焦燥感を募らせ、重ねて問い合わせてきていたのも無理はない。スマトラに関わる例では、一九四五年三月三〇日「外務省在敵国居留民関係事務室　鈴木公使」から「俘虜情報局長官」宛に「在舊蘭印俘虜及非戦闘員抑留者並に在「タイ」国俘虜の通信に関する件」なる文書が発せられている。

それによれば、旧蘭印（スマトラ・ジャワ）における捕虜や民間人抑留者の通信が滞っており（三年も音信不通の例がある）、改善の依頼文書が在京スイス公使を通じ英国から重光外務大臣宛にきているので（タイではハガキのみに限定され手紙が禁止されていることも含めて）回答してもらいたいとしている。これに対し、俘虜情報局は図表８‐２のとおり郵便物を発送したと回答している。

スマトラ島内の俘虜収容所を本表に載せていないのは、管轄上馬来俘虜収容所だからなのであろうが、英国の求めていたものは

図表 8-2　俘虜と抑留者の郵便発送数

昭和19年	ジャワ俘虜収容所	ジャワ軍抑留所	スマトラ軍抑留所
3月	10,852	不詳	不詳
5月	10,419	不詳	不詳
6月	不詳	7,124	不詳
7月	不詳	13,304	不詳
8月	165	不詳	不詳
9月	不詳	20,468	7,110
10月	2,331	14,493	6,175
11月	130	不詳	125
12月	不詳	不詳	38

（出典）内海愛子編・解説『十五年戦争極秘資料集 第十六集 俘虜取扱に関する諸外国からの抗議集』不二出版、1989、368〜372頁

管轄に関わりなく旧蘭印内（スマトラ・ジャワ）の通信事情である。従ってパカンバル俘虜収容所などスマトラ島内に囚われている捕虜の肉親等関係者から切実な問い合わせがあったと解すべきで、スマトラやジャワも含めての資料が求められていた。またスマトラ軍抑留所の郵便物発送記録は一九四四年三月から八月までの半年間は記録さえ残っておらず、しかも四月は表自体から抜け落ちている。

第百三十八回（一九四六年一二月二四日）の東京裁判において、オランダのシニング・ダムステ検察官はスマトラ島内の通信に関し証人に次のように質している。ダムステは植民地蘭印のバタビアで弁護士を開業していたが、日本軍の捕虜になりジャワやスマトラで使役された経験がある。証言に立ったのは英印陸軍少佐リンガーである。

「ダムステ検察官　俘虜たちは、手紙を書くことを許されましたか。
リンガー証人　許されませんでした。葉書を書く程度でありました。一年二回。そして一つの葉書で、二十五字しか送ることができませんでした。
ダムステ検察官　あなたの知っておられる限り、こういうあなた方の書かれた――俘虜たちの書きました手紙は、宛名人に届いておりますか。
リンガー証人　そうであります。これらの葉書の大部分は、実際到着したのであります。
ダムステ検察官　そしてまた俘虜たちは、手紙を受取りましたか。
リンガー証人　われ〳〵の収容所では、時々手紙を入手することができました。われ〳〵が解放されまして、私がシンガポールへ行きましてから、私のおりました収容所から解放された俘虜の指揮官をしておりました。そしてシンガポールで保管されておって、そこでわれ〳〵まで届けられなかった数千の手紙を渡されたのであります。(17)」

このようにリンガー証人の収容されていた収容所からの通信は葉書しか認められず、一年にわずか二回かつ字数制限があり、葉書の大部分は届いていたものの、外部からの数千通の手紙が届けられずにいたことなど、かなり通信の自由を阻害していた。

本件が収められている『十五年戦争極秘資料集　第十六集　俘虜取り扱いに関する諸外国からの抗議集』には、八三件の抗議・照会とそれに対する回答が収録されているが、連合国軍側からの抗議・照会は七四八件にのぼっており、八三件は回答した件数であり残りは無視したのであろう、と内海愛子は解説している。[18]また、八三件の資料（手書きである）の中には一九四五年八月一五日以降のものも存在することから、GHQの求めに応じて作成されたものと考えられる。GHQは阿南惟幾陸軍大臣の命令による証拠焼却を重く見て、一九四五年一一月二二日に「陸軍省関係の俘虜に関する記録文書の焼却に関する件」を問い合わせている。これに対して第一復員省総務局長から終戦連絡中央事務局次長に対し、「全部焼却してしまったが電文等の原文は外務省に保管されているはず」と一二月五日に回答している。

内海愛子は、「陸軍省が焼却したこの「抗議と回答の写」は、俘虜虐待を重視した連合国の追及の過程で、外務省にある原文が、謄写刷りされて連合軍総司令部法務局に提出されたものと思われる。したがって、この資料は一九四五年一二月末か、翌四六年のはじめに作成されたものと考えてよいだろう」と述べている。[19]なお、終戦連絡中央事務局はGHQとの折衝を担当した政府機関である。

捕虜に対する虐待と拷問

ジュネーブ条約の準用の実態として取りあげた家族との音信不通などの問題は、直接の暴力的なものではないとしても精神的には耐えがたい悪質な虐待であった。この件を含めて連合国側からの問い合わせに対し回答している八三件は、適当に回答しても差し障りはないであろうと考えていた節がある。第六章においてロームシャに対しての虐待・拷問の事例を東京裁判の速記録から引用したが、それらのおぞましい虐待は捕虜に対しても行われていた。

　日本軍はポツダム宣言受諾前後にそれら虐待の証拠を焼却しており、図表8-3に示すのは一九四五年八月二〇日に台湾軍参謀長に宛てた極秘命令書である。これには「俘虜及軍の抑留者を虐待し或は甚だしく俘虜より悪感情を懐かれある職員は此の際速かに他に転属或は行衛を一斉に晦《くらま》す如く処理するを可とす（後略）」（傍線部分）とあるとおり、虐待のあったことを認めた極秘電であり、心当たりのある者が身をくらますことをすすめていた。

　この極秘電はジュネーブ条約の「準用」の実態をさらけ出している。捕虜への虐待に対して処罰することを明記したポツダム宣言第10項を危惧しての同様の「指令」は、国内外の俘虜収容所等に対しても頻繁に出されており、以下に掲げるのは一九四五年八月一六日付、俘虜情報

図表 8-3　台湾軍参謀長宛て極秘命令書

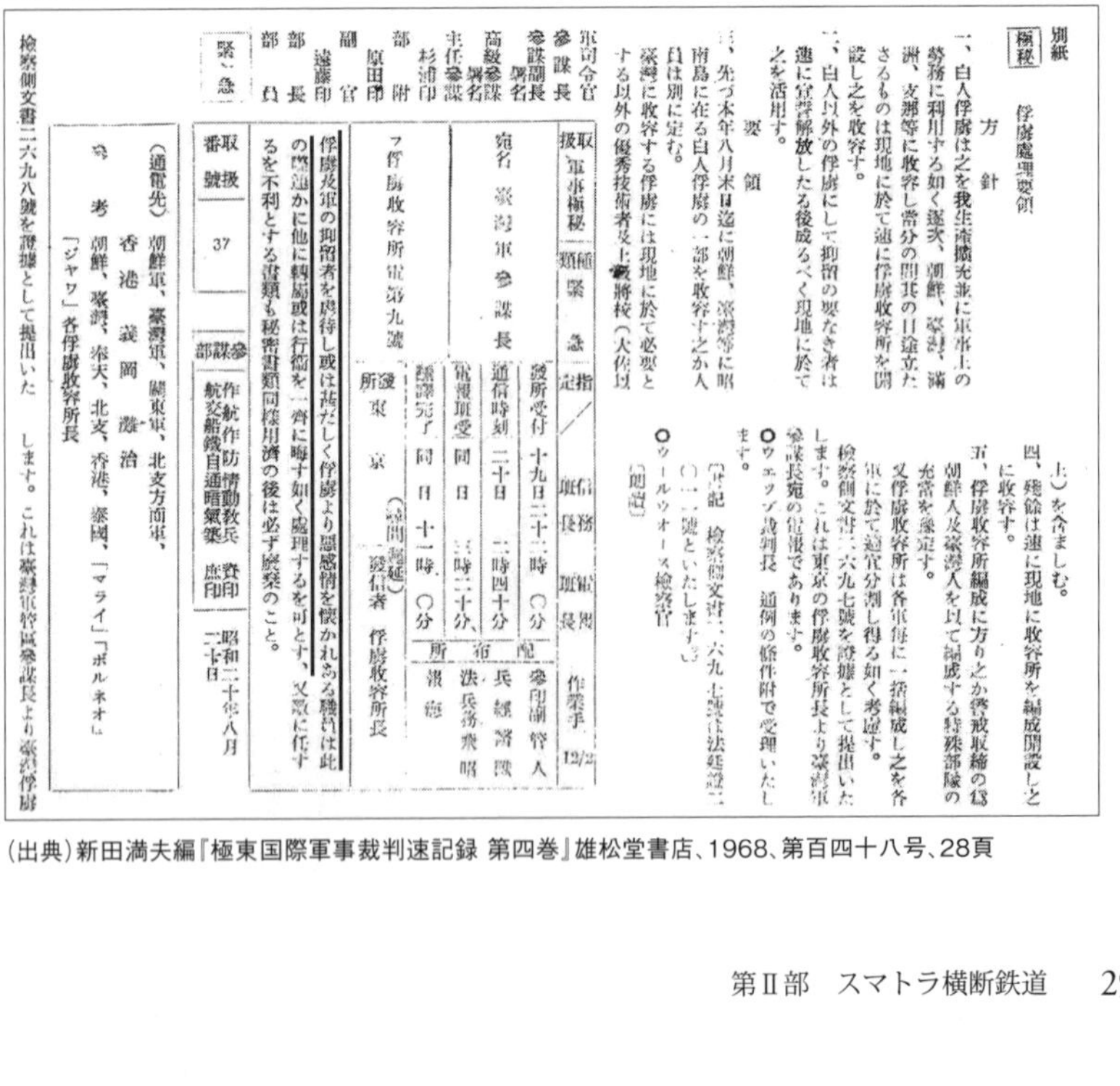

別紙
極秘　俘虜處理要領
方針
一、白人俘虜は之を我生産擴充並に軍事上の勢務に利用する如く逐次、朝鮮、臺灣、滿洲、支那等に收容し當分の間其の目途立たざるものは現地に於て速に俘虜收容所を開設し之を收容す。
二、白人以外の俘虜にして抑留の要なき者は速に宣誓解放したる後成るべく現地に於て之を活用す。
要領
三、先づ本年八月末日迄に朝鮮、臺灣等に昭南島に在る白人俘虜の一部を收容す之か人員は別に定む。臺灣に收容する俘虜には現地に於て必要とする以外の優秀技術者及上級將校（大佐以上）を含ましむ。
四、殘餘は速に現地に收容所を編成開設し之に收容す。
五、俘虜收容所編成に方り之か警戒取締の爲朝鮮人及臺灣人を以て編成する特殊部隊の充當を豫定す。又俘虜收容所は各軍毎に一括編成し之を各軍に於て適宜分割し得る如く考慮す。
檢察側文書二六九七號を證據として提出いたします。これは東京の俘虜收容所長より臺灣軍參謀長宛の電報であります。
○ウェッブ裁判長　通例の條件附で受理いたします。
〔註記　檢察側文書二六九七號は法廷證二〇一一號といたします〕
○ウォールウォース檢察官
〔朗讀〕

軍司令官　參謀長　參謀副長署名　高級參謀署名　主任參謀 杉浦印　部附 原田印　副官 遠藤印　部長　部員
緊急
取扱 軍事極秘　種類 緊急　指定 ／　信務班長　暗號班長　作業手 12/2
宛名 臺灣軍參謀長
發所受付 十九日二十二時〇分　通信時刻 二十日二時四十分　電報班受 同日三時二十分　翻譯完了 同日十一時〇分
發所 東京（時間遲延）　發信者 俘虜收容所長
配布所 參謀副長　兵器　法務　報道
俘虜收容所電第九號
俘虜及軍の抑留者を虐待し或は甚だしく俘虜より惡感情を懷かれある職員は此の際速かに他に轉屬或は行衛を一齊に晦す如く處理するを可とす、又敵に任するを不利とする書類も秘密書類同樣用濟の後は必ず廢棄のこと。
取扱番號 37
參謀部 作戰 航空 情報 通信 船舶 ……
昭和二十年八月二十日
（通電先）朝鮮軍、臺灣軍、關東軍、北支方面軍、香港　議岡　瀧治
參考　朝鮮、臺灣、奉天、北支、香港、泰國、「マライ」「ボルネオ」「ジャワ」各俘虜收容所長
檢察側文書二六九八號を證據として提出いたします。これは臺灣軍管區參謀長より臺灣俘虜

（出典）新田満夫編『極東国際軍事裁判速記録 第四巻』雄松堂書店、1968、第百四十八号、28頁

局長官が俘虜収容所長に宛てた文書である。

「事務連絡

昭和二十年八月十六日

俘虜情報局長官

俘虜収容所長殿

情勢の急転に伴い俘虜の取扱振りに付いては取敢えず左記に注意せられ度

一、俘虜及軍抑留者は敵国側に引渡す迄完全に保護し且其の給養衛生に注意すべきこと

二、俘虜及軍抑留者に対する強制労務に付いては直ちに中止せしめらるるも支障なし但し自発的に野菜園作業等に作業しあるものは此限にあらず

三、俘虜及軍抑留者引渡の時期は未定なるも糧秣は少くも三、四ケ月分を確保する如く手配すべきこと

四、被服は在庫品を残置する必要なきを以て破損甚しきものは全部交換し要すれば附近軍倣より良好なる程度のものを貰い受けて支給すべきこと

五、救恤《きゅうじゅつ》或は慰問の為送付せられし被服、衣薬品、食料品等も全部支給して差支なきこと

六、俘虜及軍抑留者の遺骨、遺留品等は国籍、階級、氏名、近親者の氏名等明記の上成るべく鄭重に整理すべきこと特に遺骨の箱は見苦しきものは新調する等悪感情を抱かしめざる如く処理すべきこと

七、俘虜□務関係書類の整理を良好に行い不要書類の焼却を完全に行うこと又現在内地以外の俘虜収容所に保管しある銘銘票は其儘敵国側に引渡す予定なるを以て整理し置くこと[20]」

次に捕虜に加えられた虐待がどのようなものであったか、その一端を示しておきたい。東京裁判第百三十八回（一九四六年一二月一四日）におけるリンガー証人の証言である。

リンガー証人「白色人種にとりましては、熱帯地方において、炎天下に一日中働くということは非常に重労働でありました。特に食糧が不十分であった折から。（略）たとえば飛行場に於て一日中炎天下で働くということ。或は波止場において、積み下し作業などに従事すること。特に船艙の中に入って、セメントの積み下しの作業などがありました。特に沼地で高射砲及び照明燈の陣地構築など。そしてパカンバル地方において鉄道工事に従事いたしました。」

続いて、ダムステ検察官とリンガー証人のやりとりは、次のように記録されている。

「ダムステ検察官　病者もまた働かなければなりませんでしたか。働くようにさせられましたか。」
「リンガー証人　そうであります。なんとなればもし働かなければ、彼等は食糧の配給が減ったからであります。そこで人々はほとんど死ぬその日まで、働かなければならなかったのであります。（略）監督者は、非常に厳しく、少しでも仕事を怠れば、竹竿或は革帯などで俘虜を殴ったのであります。そしてしばしば俘虜達が炎天下で何時間も、上に木材を負って直立させられたのであります。」
「ダムステ検察官　肉体的懲罰と言われましたが、その肉体的懲罰の種類はどういうものでありましたか。」
「リンガー証人　平手による殴打、棍棒や革のバンドなどでぶつこと。（略）通常倒れるまで殴られ、そうして今度倒れてからは、意識不明になるまで蹴られたのでありました。」

「ダムステ検察官　どういうような拷問を受けましたか。」
「リンガー証人　指の間に竹を入れて、その竹を非常にきつく縛った、そうして指が折れてしまうまでしたのであります。又俘虜は坐らせられて、彼等の膝の下に棒を入れて、そうして警備兵がその棒の上で二、三回跳んだのであります。（略）或る時のことでありますが、夜十時ごろ、われ〱は全員整列させられました。その全員と申しますのは、病院におりました患者を含めてでありますが、朝の四時までそこにおらされたのでありますが、そうして疲労と寒さのために、病院患者のうち三名は翌日死亡しました。（略）一九四二年三月、三名の濠州人は逃走を企てましたが、再び捕らえられて、そうして首を刎《は》ねられました。[21]」

証言はまだ続くが、このような虐待は鉄道沿線に設けられたキャンプのどこかで、連日行われていたものと考えられる。

捕虜虐待の原因

捕虜処遇をめぐるジュネーブ条約の解釈は、戦争が日本の敗北で終結するまで一致点を見出せないままであった。連合国側は許しがたい捕虜虐待が存在するという情報をもとに、ポツダム宣言第10項に捕虜の虐待に対しては処罰することを明記し、日本軍は証拠隠滅のため書類焼却の命令を下した。

しかし、ジュネーブ条約が周知されていなかったことや、「玉音放送」時に朗読されたポツダム宣言は約半分が省略され、第10項の「吾等の俘虜を虐待せる者を含む」などの部分も放送されなかったことも影響して[22]、焼却命令を受けた側はポツダム宣言第10項の意味するところを的確かつ深刻に考えないまま作業にあたった者もいたと考えられる。

捕虜管理の行政機関として設置された「俘虜管理部」は陸軍省軍務局内に置かれており、「俘虜情報局」ともども権限、人員、予算とも限られ、それらの制約が捕虜虐待の遠因になったとも言える。

日中間や日ソ間などの戦争の影響も挙げねばならない。日本は台湾出兵以来ほぼ絶え間なく中国を侵略してきたが、宣戦布告して戦争状態に入ったのは日清戦争だけである。日ソ間の戦争であったシベリア干渉戦争、張鼓峰事件、ノモンハン事件も宣戦布告は行われていない。

宣戦布告した「正式な戦争」であり、「正式な捕虜（軍政上の捕虜）」の存在していた日清戦争や日露戦争でも、虐殺の横行がうかがわれるのであるから（288〜289頁）、正式な戦争ではなく、正式な捕虜も存在しなかった一九三一年の満洲事変や一九三七年の「支那事変」、日ソ間の戦いでは、「正式ではない捕虜（軍令上の捕虜）」は限りなく不適切に処理されたと考えられる。

つまり中国などでは投降したり捕らえたりした敵兵を虐殺してしまう戦場の慣習が日清戦争以来形成され、兵士が出征して最初に赴く地は中国であったこともあり、出征前の教育同様戦場においても捕虜の適法な処遇方法を学習する機会はなかった。そして、正式ではない捕虜は「試し切り」や「刺突訓練」の対象にされ、兵士はそれを取り立てて異常とは思わないほど麻痺していった。

こうして法としてのジュネーブ条約を知らず、捕虜を不当に取り扱う経験を積み重ねていくなかで、アジア・太平洋戦争で捕獲した捕虜に対しても虐待が広がっていくことになった。それればかりか抑留所に収容された民間人や生活している一般人に対しても容赦ない暴力が加えられ、中国での体験は占領地となった東南アジアにおいて、シンガポールやマレーシアでの華僑大虐殺などとなってあらわれた。

また、捕虜の処遇に大きな影響をあたえたのは、東条英機陸軍大臣が一九四一年一月に示達した「戦陣訓」である。「生きて虜囚の辱めを受けず、死して罪禍の汚名を残すこと勿れ」という言葉に代表されるように、捕虜になることは恥ずべきことであり、捕虜になるくらいなら死んだほう（自決や玉砕）がましだという考え方が軍全体に刷り込まれていった。

このような考えを連合国軍兵士にも当てはめることになり、ジュネーブ条約による捕虜の人権を認めるどころか存在自体を否定する風潮を助長し、虐待が横行することになった。さらに東条大臣による一九四二年五月の「一日といえども無為徒食せしむことなく其の労力、特技を我が生産拡充に活用する」との訓示は、捕虜軽視と虐待に拍車をかけた。このような暴力は戦闘相手にばかり向かったのではなく、多くの日本人はいわば体制の捕虜として虐待されたのである。

日本は明治維新以降、アジア・太平洋戦争の硫黄島や沖縄の戦闘で初めて国内地上戦を経験する。明治初期からの「七〇年戦争」によって、ほぼ一方的に他国特にアジア諸国の国土と人々を蹂躙し続けており、日本人が被害者側の心情を理解する力に乏しいと指摘されてきたのは、このような歴史的背景があってのことである。

オランダ発の情報

泰緬鉄道に比べスマトラ横断鉄道建設問題が知られていない理由については「埋もれてしまったスマトラ横断鉄道建設問題」（３５５頁）で検討するが、オランダなどでは書籍やウェブサイトでこの問題が追及されている。オランダ本国がナチス・ドイツに、蘭印が日本軍にそれぞれ占領されたことは、本国と植民地における敗北の象徴であり、後者ではスマトラ横断鉄道で泰緬鉄道建設と同様オランダ軍捕虜が使役され死者が多数出ていることから社会的関心が高く、情報発信が日本より多い。

ただ、オランダ人の間で被害の認識には差があり、ナチスによる被害に比べ、遠いアジアの植民地で起きた日本軍による被害には関心が薄い傾向がある。そうではあっても、一九九一年に訪日したベアトリックス女王、二〇一四年のアレクサンダー国王ともに、天皇皇后両陛下主催の宮中晩餐会で「先の戦争」における「不幸な歴史」に言及する[23]ほどであるから、日本軍の残虐性は尋常ではなかったことがうかがえる。

スマトラ横断鉄道に関するオランダなど欧米情報は日本語を理解できる者が関わっていない場合が多いので、日本の資料を読み込んだうえでの情報ではなく、鉄道建設の目的や当時の歴史的背景の詳細に立ち入っていない。一方、使役された捕虜たちへのアプローチが比較的容易なことから、被害者の労働実態や虐待の細部を告発することが可能であり、日本軍関係者が口をつぐんできた捕虜やロームシャの受難解明に貢献している。

鉄道第九連隊第四大隊など軍関係者の回想は、泰緬鉄道建設には紙幅をさいていてもスマトラ横断鉄道に言及したものは少ない。日本人によるスマトラ横断鉄道建設に関する著作は、旧日本軍関係者の回想的なものを除いては本書が初めてである。また、日本人によるスマトラ横断鉄道建設に特化したウェブサイトも、二〇一八年現在存在しない。

使役された捕虜が泰緬鉄道建設に比べ少なかったこともあり、ロームシャはもとより捕虜でさえまとまった著作を残しておらず、情報は捕虜団体やジャーナリストなどの調査に基づいた記録が主体である。それらの情報は日本においては翻訳出版されておらず、社会的関心を惹起できない理由の一端になっている。スマトラ横断鉄道に関する研究集積は少なく、かつインドネシアとインドネシアを支配していたオランダと日本三国でそれぞれ独自に進められており、今後は足らざるところを補いあう共同研究が求められる。

オランダの出版物とウェブサイト

ここで、オランダ人によるスマトラ横断鉄道（泰緬鉄道や抑留所での苦難を含む）に関する情報の主なものを紹介する。

① Henk Hovinga（ヘンク・ホビンガ　１９３１〜）

オランダのジャーナリストであるヘンク・ホビンガは、ラジオやテレビでのレポーターとして世界五〇か国以上からレポートを送ってきた。オランダのヒマラヤ・アンナプルナ峰遠征隊のレポートを担当したこともある。その後東南アジア特に旧植民地であったインドネシアを二〇回以上訪問し、スマトラ横断鉄道の調査を行った。*Dodenspoorweg door het oerwoud : het vergeten drama van de Pakan Baroe-spoorweg op Sumatra, aangelegd door krijgsgevangenen onder de Japanse bezetting*, Franeker, T. Wever, 1976（日本語に訳すと、『密林の中の死の鉄道　日本軍の捕虜になった兵士たちによってスマトラに作られたパカンバル鉄道の忘れられた悲劇』フラネケル、T.ウェーバー）は最初の成果である。

ホビンガからの筆者宛メール[24]によれば、スマトラ横断鉄道建設での捕虜犠牲者は六九八人であり、順陽丸と治菊丸（元オランダ貨物船ヴァン・ワーウィック号）沈没でのそれぞれの犠牲者一六二〇人と一七六人を含めると合計二四九四人である。六五九三人が使役されたので死亡率は三七・八三％であるとしている（順陽丸と治菊丸撃沈事件については３４２頁）。

②Jan Banning（ヤン・バニング　１９５４〜）

オランダの写真家でありジャーナリストのヤン・バニングの祖父と父は、蘭印で生活していたことから両名とも捕虜として強制労働を強いられ、祖父は泰緬鉄道で、父はスマトラ横断鉄道建設で使役された。また、母も軍抑留所内での生活を経験している。ヤン・バニングの関心の対象は多様であるが、写真集の初期作品 *Traces of War*[25]（戦争の傷痕）では写真家の視点で泰緬鉄道やスマトラ横断鉄道建設で使役された人々のポートレートを主題にし、ジャーナリストの立場からは被写体になった労働者の過酷な状況を記録している。この写真集は二〇〇五年に刊行されており、当時はロームシャの存命者も少なくなかったので、父を含め一四人の情報がおさめられている。

二〇一五年に来日したヤン・バニングは一〇月一二日の講演で、スマトラ横断鉄道建設では捕虜五五〇〇人が使役されその二五％が死亡、ロームシャは一〇万人、そのうち五〜八万人が死亡したと述べている。祖父や父からの聞き取り、実際インドネシアでの撮影、取材活動で得た情報である。[26]

③ **Henk Beekhuis（ヘンク・ベークハウス　1932～）**

ヘンク・ベークハウスの妻の父親は蘭印で捕虜になり、泰緬鉄道建設で命を落とした（一九四三年）。妻は母親や姉妹とともに軍抑留所に収容され、母親は軍抑留所で亡くなった。筆者宛メールによれば、[27]スマトラ横断鉄道建設で使役されたオランダ軍将兵捕虜は四〇〇八名、死亡者は五二六人で、死亡率は一三％である（「hell ship」地獄船（310頁）での海没犠牲者を含まず）。

ベークハウスによる捕虜関係の左記サイトを開く。

www.japansekrijgsgevangenkampen.nl

続いて「Kampen（収容所）」の「Sumatra（スマトラ）」をクリックして、あらわれた「Kampen op Sumatra（スマトラの収容所）」の「Sumatra-spoorweg（スマトラ鉄道）」→「Dodenlijst（死亡者名簿）（下のほうにある）」の順にいくと、PakanBaroe（パカンバル）Sumatra-spoorweg（スマトラ鉄道）M-Sumatra（中部スマトラ）Naamlijst overleden Nederlanders（オランダ人物故者名簿）があらわれる。

このサイトにはスマトラ横断鉄道建設工事で使役され犠牲となったオランダ軍捕虜五二六名の氏名、生年月日、死亡年月日、鉄道建設での埋葬箇所、英霊墓地（再埋葬墓地）の具体的な情報が掲載されている。出典はNeumann en van Witsen, pg 179 e.v. en Oorlogsgraven-Stichting と明示されているので、ノイマンとファン・ウィッツェン共著の *De Sumatra Spoorweg*[28]一七九頁以降及び戦死者墓地財団である。死亡した者の具体的な名前等がわかる情報は、日本にも京都霊山観音の名簿が存在するので項を改めて比較検討する。

④ **Leo Geleijnse（レオ・ゲレインセ　1928～2005）**

レオ・ゲレインセは蘭印生まれのオランダ人であり、一四歳から一七歳までの三年半軍抑留所に収容され、飢えや強制労働、日本軍による暴行に直面した。ゲレインセの自伝『日本軍強制収容所心の旅』によれば、当時のトラウマが原因でオランダに引き揚げた後も社会生活や家庭生活に躓き、やがて宗教的な救済を得る。

ここに示す日本軍の蛮行の数字は訳者難波収の解説中のものであるが、オランダ人であるゲレインセがオランダ語で書き、オランダ在住の難波によって訳されたことでオランダ発の情報として扱う。難波の記すところによれば、スマトラ横断鉄道建設で使役された捕虜の人数は六五九三人、輸送船の沈没で一六二六人、現地で六九六人、あわせて二三二二人が死亡した。死亡率は三五％である。[29] この犠牲者数はヘンク・ホビンガのものとほとんど同じである。

⑤NA・NARA・TNAなど

オランダ国立公文書館NA（het Nationaal Archief）やアメリカ国立公文書館NARA（National Archives and Records Administration）、イギリス国立公文書館TNA（The National Archives United Kingdom）などには、捕虜関係の情報が他のさまざまな史資料とともに保存されている。

この他、オランダ、インドネシア、イギリス、アメリカ、オーストラリア、ニュージーランドなどの団体や個人が一〇を超えるスマトラ横断鉄道関係サイトをつくっている。[30]

霊山観音の連合国軍捕虜死亡者名簿

（1）埋もれている名簿

京都市東山区の霊山《りょうぜん》観音には連合国軍捕虜死亡者名簿が保存されており、簿冊は全七冊である。内訳はイギリスが二冊、アメリカ、オランダ、オーストラリア、その他の国、そして鑑として全体の数値をまとめた冊子がそれぞれ一冊であり、B4大（縦三六センチ、横二六センチ）の縦型で（写真8-1）、箱に収納されている（写真8-2）。この簿冊のもとになったと考えられる一人一枚の死亡者捕虜カード（横一二・六センチ、縦七・七センチ）（写真8-3）が全五万枚近くケースの中に簿冊（国）別・アルファベット順に納められている（写真8-4）。

簿冊はオランダを例にすると、図表8‐4（表紙）〜8‐7（三頁目）のようになっている。四頁目からは一枚に基本的に二〇人の死亡者氏名などの情報が、薄い和紙に横書きでアルファベット順にタイプされている。

国別の捕虜死亡者数は、各国別の死亡者名簿とは別の鑑の簿冊に記載されている（図表8‐8）。下部には「本表数字は日本政府より国際連合へ提出せる報告による」と書かれているが、この名簿はいつ作成され、どのような経緯で霊山観音に保管されているのだろうか。朝日新聞は霊山観

写真8-1　霊山観音の連合国軍捕虜死亡者名簿　和蘭簿冊

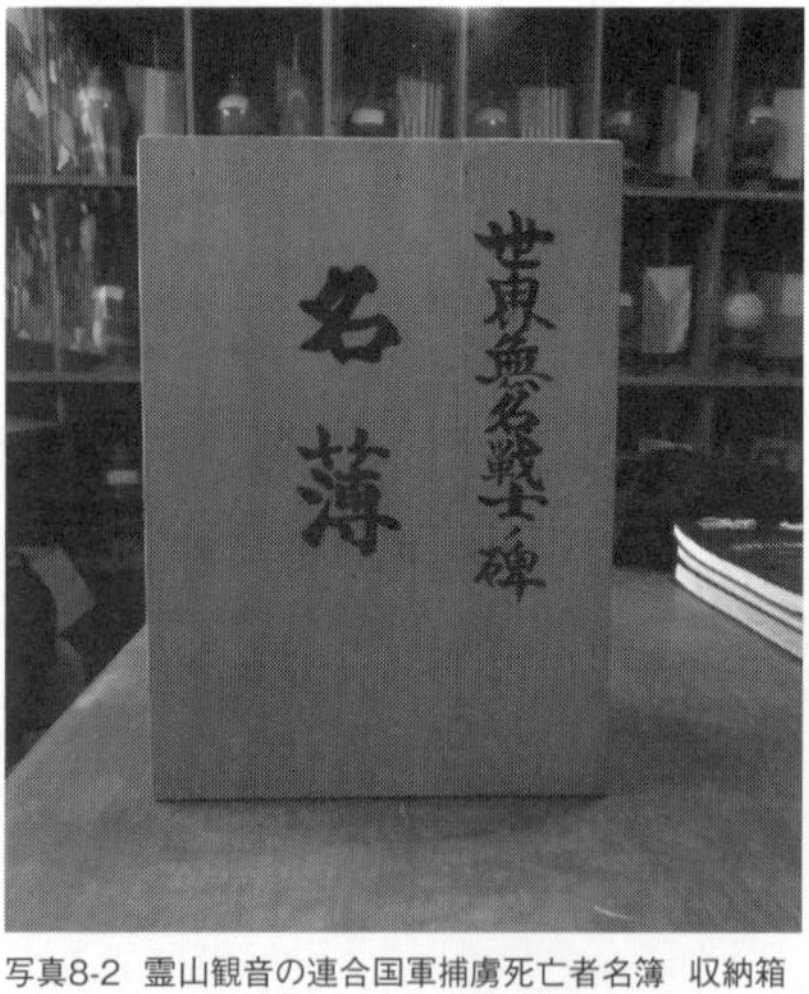

写真8-2　霊山観音の連合国軍捕虜死亡者名簿　収納箱

写真8-3　霊山観音の連合国軍捕虜死亡者カード

写真8-4　霊山観音の連合国軍捕虜死亡者カード 収納ケース

音の捕虜名簿の発見を報じた記事の中で俘虜情報局（２９２頁）が連合国に提出する資料として作成し、厚労省に引き継がれた台帳を霊山観音が複製したのではないかとしている[31]。

捕虜の銘々票は東南アジアなど各地の俘虜収容所で作成され俘虜情報局に発送されていたが、敗戦後、公文書はほぼすべて連合国軍に接収されたので、銘々票もアメリカに渡ったものと考えられる。その後サンフランシスコ条約発効後に日本に戻され、俘虜情報局で管理していた銘々票は一九五四年から一九五六年にかけ連合国各国に返還され（オーストラリアについては３１６頁参照）、一九五七年八月一日に俘虜情報局は廃止された。

このような経緯を考慮すれば、霊山観音が「複製」したのは、銘々票がＧＨＱに接収される前の戦後の混乱期であろう。後述するように霊山観音の死亡者名簿にミスタイプや空白になっている欄が多いのは、戦後の混乱を反映しているものと考えられる。いろいろ「粗さ」が目立つとはいえ、銘々票をもとにし「日本政府が国連加盟時に提出した名簿」であるからには、正確性はある程度担保されていると考えられる。これらの名簿は霊山観音の僧侶心山衆心《むねやましゅうしん》が管理している。

図表 8-4　霊山観音連合国軍捕虜死亡者名簿　表紙

MORTUARY　ROLL
VOLUME Ⅲ
(DUTCH)
THE RYOZEN KANNONKAI　KYOTO

図表 8-5　同名簿 内部（厚紙）　1 頁目

MORTUARY　ROLL
List of Allied personnel,
military and civilian, who
died under Japanese jurisdiction
in Pacific areas
during World WarⅡ, 1941-45

図表 8-6　同名簿　2 頁目

戦没者名簿
第三冊
（和蘭）
一九四一〜四五年に至る第二次
世界大戦中大（ママ）平洋地域に於ける
日本軍管理下に名誉ある戦没をせる
連合国軍人、軍属、人名表
霊　山　観　音　会
京　都

図表 8-7　同名簿　3 頁目

List of Allied personnel,who died under
Japanese jurisdiction
during World WarⅡ,1941-45
自1941年　至1945年の第二次世界大戦中
日本軍管理下に死亡せる連合国人人名表

徳島市在住のデイビッド・モートン（カナダから日本に帰化）の祖父アルバート・モートンは、アジア・太平洋戦争中イギリス軍捕虜として泰緬鉄道建設で使役された(32)。毎年秋から冬にかけ政府の招請などで米・豪・蘭・カナダなどの元捕虜やその家族が五人から一〇人ほどのグループで来日する。その際には来日者と市民との交流会を、POW研究会が担当して開催している。一行の滞日スケジュールに霊山観音訪問を組み込むことがあり、モートンが死亡者名簿を説明する役目を引き受けている。元捕虜の中には名簿中に戦友の名前を見つけ、いつどこで死亡したのかなどを確認しては感極まって涙を流す者もいるという。

（2） オランダ人捕虜犠牲者

霊山観音名簿（以下、「霊山観音情報」という）によれば、アジア・太平洋戦争中（World War II：第二次世界大戦と表記されている）、日本軍の管理下において犠牲になった捕虜全体の人数は図表8－8のとおりである。

図表 8-8 国別連合国軍捕虜死亡者等人数

Country（国名）	Deceased（死亡）	Missing（行方不明）	Total（計）
Great Britain（英国）	14686	3431	18117
United states of Amerika（米国）	10020	1535	11555
Netherlands（オランダ））	7602	956	8558
Australia（オーストラリア）	5380	2250	7630
India（印度パキスタンを含む）	1619	－	1619
Canada（加奈陀）	279	3	282
China（中国）	3	201	204
France（フランス）	152	－	152
New Zealand（ニュージーランド）	10	4	14
Norway（ノールウェー）	7	－	7
Italy（イタリー）	6	－	6
Belgium（ベルギー）	1	－	1
Denmark（デンマーク）	1	－	1
Grand total（総計）	39766	8380	48146

（出典）霊山観音捕虜死亡者名簿　According to report filed with unite nations by Japanese government
（本表数字は日本政府より国際連合へ提出せる報告による）

死亡したオランダ人捕虜は七六〇二人であり、行方不明者九五六人を含め八五五八人が犠牲になっている（民間人を若干含む）。このうち、泰緬鉄道建設では約二五〇〇人[33]、順陽丸撃沈事件ではＡＢＤＡ全体で一五二〇人[34]、治菊丸撃沈事件ではＡＢＤＡ全体で一八〇人[35]、日本国内では八五二人[36]などの犠牲者数がこれまでの調査で判明しており、ある程度は絞り込まれている。

霊山観音情報の「戦没者人名表」にタイプしてあるのは、左から「氏名」「軍種・階級・認識番号」「死亡年月日」「死因」「埋葬法」「埋葬地」であり、この名簿からスマトラ横断鉄道建設での犠牲者を特定することはできない。しかし、スマトラ島では最初期を除けば大規模な戦闘はなかったので、スマトラ島で捕虜が死亡しているとすれば労働力として連行されてきた結果であり、死亡地に「Pakan Bare」（パカンバル）などと記されていればスマトラ横断鉄道建設での犠牲者と考えられる。

馬来俘虜収容所の本所はシンガポール、第一分所がパカンバル、第二分所がパレンバンであったから（326頁）、スマトラ横断鉄道建設で犠牲となった捕虜は第一分所のパカンバル俘虜収容所の管轄であった。もちろん他の理由で、違った場所でスマトラ横断鉄道関係捕虜が死亡していることもあり得る。

霊山観音情報八五五八人の埋葬地（実際は死亡地であることが多い）を、（ａ）日本国内、（ｂ）移送中、（ｃ）日本占領地に分けてみる。

（ａ）日本国内

東南アジアや西太平洋などで捕獲された連合国軍将兵捕虜は中国、朝鮮、台湾、満洲、日本内地へ送られ、出征による労働力不足を補うため使役された。日本国内では、統廃合を含めると約一三〇か所の俘虜収容所に三万六〇〇〇人が捕らえられ、過酷な労働と食料不足、それらに起因する疫病、虐待などで戦争の終結までに三五五九人が死亡した。死亡率はおよそ九・九％である（図表９－４）。

国別ではイギリス人一二一一人、アメリカ人一一一五人、オランダ人八五二人の順であり、この三国で約九割を占めている。オランダ人は全体の二四%、およそ四人に一人であった。俘虜収容所ごとの死亡者名などはＰＯＷ研究会のウエブサイトを参照(37)。日本で火葬が土葬を上回ったのは一九三五年であり、戦時中の農村地帯などでは土葬のほうが多かったが、捕虜の多くは火葬にしている。しかし、薪不足で「生焼け」になり、途中で土葬に切り替えることもあった。

(b)移送中

「死の鉄道」「バターン死の行進」「サンダカン死の行進」など「死」のつく日本軍の蛮行に言及したが(85頁)、船舶で移送中に沈没の場合一隻あたりの死亡者数は極めて多く、同様にhell ship(地獄船)と言われてきた。左に掲げたのは主な船舶名である。

順《じゅん》陽《よう》丸　す江《え》ず丸　豊福《とよふく》丸　阿《あ》里《り》山《さん》丸　鴨緑《おうりょく》丸
玉《たま》鉾《ほこ》丸(TAMABOKO-MARU と打たれている)　門《も》司《じ》丸
治《はる》菊《ぎく》丸(ヴァン・ワーウィック号を改称)　日明《にちめい》丸
KENZAN-MARU(乾山丸か剣山丸のどちらか、両方かは本リストからは特定できない)

オランダ簿冊一枚目の八人目は埋葬地欄が「JUNYO-MARU」になっており、この場合正確には埋葬地とは言えず、埋葬法欄

図表 8-9　「hell ship」の例

NAME (氏　名)	BR. OF SERVICE RANK & SER.NO (軍種・階級・認識番号)	DATE OF DEATH (死亡年月日)	CAUSE OF DEATH (死　因)	MANNER OF BURIAL (埋葬法)	PLACE OF BURIAL (埋葬地)
AAR Evarardus Der	A.Sgt, 91803	18-9-44	Missing on board ship		JUNYO-MARU
ABBLS, Willem M.L.	A.Sld. 20704	28-10-44	Chronic Nephritis	Buried at sea	S 5°- 5′ E119°-19′
BAKKER, Hendric	A.Sld. 200607	28-9-44	Beriberi	Buried at Sea	*on board KENZAN-MARU

(出典)霊山観音捕虜死亡者名簿
(注)(　)内訳は筆者加筆

は空欄、死因欄には「missing on board ship」と記入されている。

また、死因欄に病名が記載され、埋葬法欄には水葬（Buried at sea）、埋葬地欄には経緯度か船舶名が記入されているのは、撃沈ではなく病死しており、記録することのできる状況で死亡したケースである。たとえば、オランダ簿冊一枚目の後ろから二人目は慢性腎炎で死亡し、埋葬地に示してある経緯度（S5°-5' E119°-19'）からするとセレベス島マカッサル付近で水葬にふしている。また、同簿冊一七枚目の前から三人目は一九四四年九月二八日に脚気で死亡し、埋葬法は水葬、埋葬地欄は「＊ on board KENZAN-MARU」となっており、大型船なら乾山丸か剣山丸が考えられる。しかし、両船とも一九四三年に既に沈没しているので、別の KENZAN-MARU か、どこかの欄に誤記があるかである（以上、図表8-9）。

順陽丸はスマトラ横断鉄道建設に使役する目的で六五〇〇余名のロームシャや捕虜を乗船させており、五六四〇人の甚大な犠牲者がでた。項を設けて後述する。

（c）日本占領地

（a）（b）以外（日本占領地の陸上）で死亡したオランダ人捕虜の主な死亡地を挙げる。

カンチャナブリ　コンコイター　サイヨーク　タンビュザヤ　パカンバル　コタバル　ロガス　メダン　パレンバン　小スンダ列島　ラングーン　バタビア　モルッカ　サイゴン　高雄　香港

人数としては泰緬鉄道とスマトラ横断鉄道建設に関係する地名が多いが、掲げた地名以外のアジア太平洋地域に広く及んでいる。

（3）ウェブサイト情報と霊山観音情報の突合

先に示したHenk Beekhuis（ヘンク・ベークハウス）のウェブサイト（以下、「ウェブサイト情報」という）は、死亡捕虜の個人情報であり、霊山観音情報と重なることになる。また、ウェブサイト情報は３０４頁で示した Neumann en van Witsen,pg 179e.v. en Oorlogsgraven-Stichting を出典としているので、霊山観音情報とこれらの出典元も一致するはずである。

ウェブサイト情報一番目の Aalderink, D.（一八九三年三月二五日生まれ、一九四五年七月二〇日死亡、行年五二歳）はパカンバルで亡くなり、Leuwigaja 英霊墓地に再埋葬されている（図表8 - 10）。

霊山観音情報では、一～三人目まではタイのカンチャナブリで死亡しているので泰緬鉄道建設で死亡したことがわかる。四人目にタイプされているのが Aalderink, D. である（図表8 - 11）。

霊山観音情報ではウェブサイト情報以外に次の点が明らかになる

図表 8-10 Pakan Baroe　Sumatra-spoorweg　M-Sumatra　Naamlijst overleden Nederlanders　1 ～ 5 番目

NAAM（氏名）	GEBOREN（生年月日）	OVER-LEDEN（死亡年月日）	GRAF SPOORWEG（鉄道建設地での埋葬箇所）	GRAF EREVELD（英霊墓地・再埋葬墓地）
Aalderink, D.	25-3-1893	20-7-1945	Pakan Baroe	Leuwigaja
Aarts, F.W.J.	29-10-1891	31-7-1945	Pakan Baroe	Pandu
Abbink ,W.	20-11-1888	28-8-1944	Pakan Baroe	BE
Abs, A.A. van	29-12-1906	26-4-1945	Pakan Baroe	Leuwigaja
Admiraal, A.W.	2-4-1899	14-12-1944	Nw Chr Kh PB	Menteng Pulo

（出典）ベークハウスウェブサイト
（注）ウェブサイト情報の1番目から5番目は図表8-10のように記載されている。( )内訳は筆者加筆。

図表 8-11 霊山観音情報　オランダ簿冊　4 番目

NAME（氏名）	BR.OF SERVICE RANK & SER.NO（下記注）	DATE OF DEATH（死亡年月日）	CAUSE OF DEATH（死因）	MANNER OF BURIAL（埋葬法）	PLACE OF BURIAL（埋葬地）
Aalderink, Derk	A.O.O. 79332	20-7-45	angina pectoris	Buried	Pakan Baroe, Diouw, Sumatra.

（出典）霊山観音捕虜死亡者名簿
（注）実際の名簿に罫線は無い。以下同じ。「Buried」は一人目が「Buried」であり、実際は「〃」となっている。( )内訳は筆者加筆。BR.OF SERVICE　RANK & SER.NOは、Branch of Service（軍種）、Rank and Serial Number（階級・認識番号）である。A.A.O.O.の最初のAは軍種のArmy（陸軍）、A.O.O.はオランダ語のAdjudant（准尉）Onderofficier（下士官）を指している。ちなみに、図表8-9に表示のあったSgt.は軍曹、sld.は（将校、下士官以外の）兵である。

（ただし生年月日の記載はない）。
・Dは Derk である。
・軍種・階級・認識番号は、A. A.O.O.79332である（図表8－11の注）。
・死因は angina pectoris（狭心症）である。
・埋葬法は土葬である。

なお、霊山観音情報ではリアウ（Riouw）州の綴りが Diouw（他のところでは Liouw）に、埋葬の buried が beried になるなど打ち間違えが多く、全体にわたって同様の傾向がある。従って判読できず、死亡原因（場所）が泰緬鉄道かスマトラ横断鉄道かあるいは他の地での使役によるものなのか判断できない事例もある。また、埋葬地欄などが空白になっているところもある。

次に、ウェブサイト情報五人目の Admiraal, A.W. は一八九九年四月二日生まれ、一九四四年一二月一四日死亡。パカンバルの Nw Chr Kh で死亡（埋葬）し、メンテンプロ（Menteng Pulo）に再埋葬されている（写真8－

写真8-5　Menteng Pulo（メンテンプロ）英霊再埋葬墓地（ジャカルタ市内）

図表 8-12 霊山観音情報　オランダ簿冊　41 番目

NAME	BR.OF SERVICE RANK & SER.NO	DATE OF DEATH	CAUSE OF DEATH	MANNER OF BURIAL	PLACE OF BURIAL
Admiraal, Aart W	A.Sgt.2kl 87199	14-12-44	cardiac beriberi	Buried	New Christian Cemetery: Pakan Baroe, Liouw, Sumatra.

（出典）霊山観音捕虜死亡者名簿

5）。霊山観音情報では三枚目の一行目（四一人目）にタイプされ、（図表8‐12）のようになっている。

霊山観音情報ではウェブサイト情報以外に、次の点が明らかになる。

A・W・はAart W、軍種・階級・認識番号はA. Sgt.（陸軍・軍曹）2kl　87199、死因はcardiac beriberi（心臓脚気）、埋葬法は土葬、死亡地はパカンバルのNew Christian　Cemetery（ウェブサイト情報の「Nw Chr Kh」）である。

オランダ国立公文書館の捕虜検索サイト

オランダ戦争資料研究所（NIOD：NetherlandsInstituteofWarDocumentation（O=oorlog=war））によれば、日本軍の捕虜になった蘭印軍は四万二二三三人、うち死亡者数は八二〇〇人である（NIODのホームページ https://www.niod.nl/ の「menu」（左上）をクリック→「Veelgestelde vragen（＝FAQ）」をクリッ

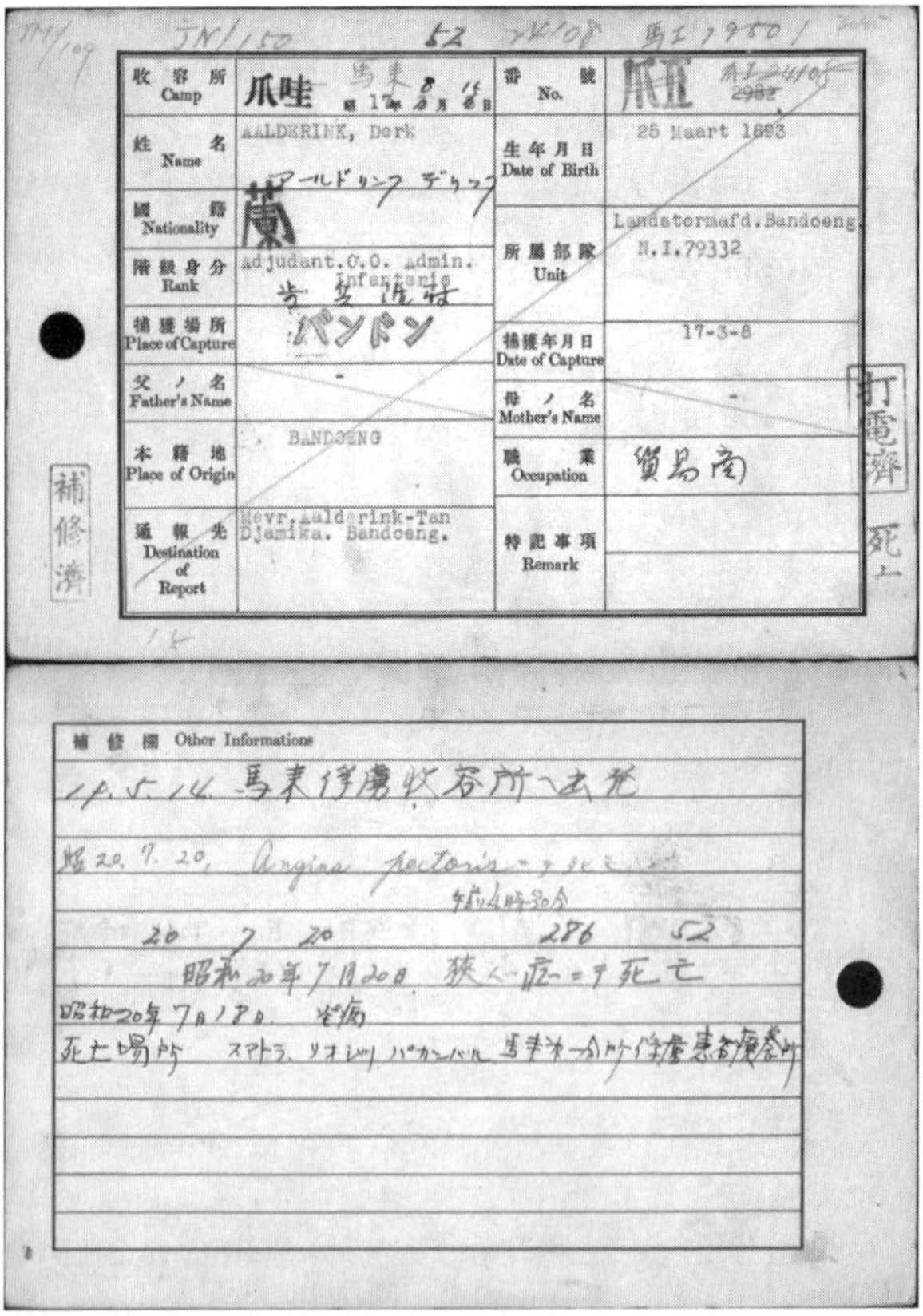

收容所 Camp	爪哇	番號 No.	爪II
姓名 Name	AALDERINK, Dork　アールドリンク　デルク	生年月日 Date of Birth	25 Maart 1893
國籍 Nationality	蘭	所属部隊 Unit	Landstormafd. Bandoeng. N.I.79332
階級身分 Rank	adjudant.O.O. admin. infanterie		
捕獲場所 Place of Capture	バンドン	捕獲年月日 Date of Capture	17-3-8
父ノ名 Father's Name	-	母ノ名 Mother's Name	-
本籍地 Place of Origin	BANDOENG	職業 Occupation	貿易商
通報先 Destination of Report	Mevr. Aalderink-Tan Djamika. Bandoeng.	特記事項 Remark	

補修欄 Other Informations

写真8-6　Aalderinkの銘々票（オランダ国立公文書館所蔵）

図表 8-13　オランダ国立公文書館捕虜検索サイトの Aalkerink

Surname Aalderink (アールドリンク)
Given names Derk (デリック)
Date of birth 1八九3-03-25
Nationality Netherlands (蘭)
Rank Adjudant.O.O.Admin.Infanterie (歩兵　准尉)
Unit Landstormafd. Bandoeng. N.I. 79332
Stamboeknr 79332
Place of capture バンドン; Bandung
Date of capture 17/03/08; 1942/03/08
Occupation n/a (貿易商; trader)
Father's name n/a
Mother's name n/a
Place of origin Bandoeng (n/a)
Destination report Mevr.Aalderink-Tan Djamika. Bandoeng. (n/a)
Remarks n/a
Camp and transfer date 1 爪哇 17/03/08 [17/08/15]; Java POW Camp 1942/03/08 [1942/08/15]
Camp and transfer date 2 馬来; Malay POW Camp
Camp Branch Name and Reg No. 1 爪II (ジャワ俘虜収容所第2分所)2982; No.2 Branch Camp of Java POW Camp 2982
Camp Branch Name and Reg No. 2 爪I (ジャワ俘虜収容所第1分所)24108; No.1 Branch Camp of Java POW Camp 24108
Camp Branch Name and Reg No. 3 馬I (マレー俘虜収容所第1分所)19501; No.1 Branch Camp of Malay POW Camp 19501
Other info 1 Departed for Malay POW Camp on 14 May 1944;
Died of angina pectoris at 4:30 on 20 July 1945;
20 May 1945, 278, 52;
Died of angina pectoris on 20 July 1945;
Fell ill on 18 July 1945;
Place of death: POW Hospital of No.1 Branch of Malay POW Camp, Palembang, Riau, Sumatra.
(19.5.14. 馬来俘虜収容所へ出発;
昭20.7.20. Angina pectoris にて死亡　午前4時30分;
20.7.20, 278, 52;
昭和20年7月20日狭心症にて死亡;
昭和20年7月18日発病;
死亡場所　スマトラ、リオ州　パカンバル　馬来第1分所俘虜患者療養所;)
Other info 3 24108
Scan http://proxy.handle.net/10648/4c702ece-e6e1-418e-a3ee-d9f4630135be
Reference Nummer toegang: 2.10.50.03, inventarisnummer: 417

ク→「Cijfers（数値）」の「Japanse bezetting, Pacific-oorlog en Indonesische onafhankelijkheidsstrijd」をクリックするとあらわれる）。

霊山観音情報八五五八人とは三五八人の違いがある。八二〇〇人説をとれば、三万四〇三三人のオランダ人が過酷な捕虜生活を生き抜いたことになり、死亡率は一九・四％である。捕虜死亡者情報はオランダ国立公文書館の次のサイトで閲覧できる。

オランダ国立公文書館のサイト https://www.nationaalarchief.nl/en の「Research」を

クリックしてあらわれたwww.gahetna.nl　上部にある「Collection」にポインタを持っていく（クリックはしない）と、さらにメニューがでてくる。そのなかの「Indexes」をクリックし、さらにそのなかの「Japanse Interneringskaarten」をクリックするとhttp://www.gahetna.nl/collectie/index/nt00425に行き着く。

たとえば、ウェブサイト情報一人目、霊山観音情報四人目の「Aalderink」を入力して検索すると、図表8-13に示す詳細な情報が得られた（銘々票は写真8-6。B5の用紙を二つに折って使用した）。

ジュネーブ条約は戦後一九四九年に改訂され、当時占領下にあり外交機能を停止されていた日本は、一九五二年のサンフランシスコ条約発効後一九五三年に加入した。それに伴い、接収されてアメリカにあった銘々票は日本に戻され、整理された（銘々票裏面に追加情報が書き込まれ、表面に「補修済」とスタンプが押された）うえ、一九五四年から一九五六年にかけ各国に返還された（オーストラリアは受領を拒否していたが、沈没したモンテビデオ丸で移送中に死亡したオーストラリア人捕虜の情報を得るため二〇一二年に受領）。

しかし、主要な情報は日本語で書かれ、返還された国の一般市民が家族や知人の情報をこの銘々票から得ることは不可能であった。そこで、二〇一〇年から二〇一一年にかけ、返還されオランダ国立公文書館に保管されていた銘々票を英語に翻訳し、一般市民が活用できるようにしたのが、S．O．O（オランダ公益財団法人　アジア太平洋戦争　日本関連史資料および学術連絡支援財団）であり、POW研究会有志も本作業に与った。今日アジア・太平洋戦争における蘭印軍関係者の探索に寄与し、図表8-13に示した情報もこの翻訳作業によって得られたものである。

Aalderinkに関し、ウェブサイト情報や霊山観音情報にはなく、オランダ国立公文書館捕虜検索サイトで明らかになるのは次の点である。

写真8-6の銘々票からわかるのは、Aalderinkの職業は貿易商、捕虜になったのはバンドンで一九四二年三

月八日のことである。また、狭心症で一九四五年七月二〇日パカンバルで死亡はウェブサイト情報や霊山観音情報でわかっていたが、死亡が午前四時三〇分、発病は七月一八日、死亡場所は（パカンバルの）馬来第一分所俘虜患者療養所であることも書かれている。

しかし、銘々票には専門用語や記入上の特殊な約束事などもあり、画像をみても専門知識がないとなかなか理解できない。詳細にわたるが、その点を以下に記す。

銘々票の画像の表面《おもて》（上半分）の左側一行目に、「収容所」という欄がある。そこに「爪哇《ジャワ》」とスタンプが押され、それが赤の二重棒線で消され「馬来《マライ》」となっている。これで「爪哇俘虜収容所」から「馬来俘虜収容所」に移ったことがわかる。

次に、右側一行目の「番号」という欄には「爪Ⅱ」というスタンプが押され、隣に２９８２という番号が書かれている。これは「爪哇俘虜収容所第二分所」の「俘虜番号２９８２」ということを意味している。

これが赤の二重棒線で消され、同じく赤で「爪Ⅰ　２４１０８」と書かれているのは、「爪哇俘虜収容所第一分所」の「俘虜番号２４１０８」という意味である。さらにこれも赤の棒線で消され、上部欄外に赤で「馬Ⅰ　１９５０１」となっており、「馬来俘虜収容所第一分所」の「俘虜番号１９５０１」を示している。

こうして捕虜の収容所間移動を読み取っていくが、何度も移動して欄外に書いてあると、どの収容所が先でどの収容所が後か、どこからどこに移ったかが読み取りにくいことが少なくない。

最初の「収容所」欄の爪哇の日付が昭和一七年三月八日で、それを斜め二重棒線で消して八月一五日と書いてあるが、これは実際に移動したのではなく、三月八日に捕獲され、八月一五日に正式な捕虜になった身分の変化を示している。この場合は爪哇俘虜収容所が八月一五日に開設され、軍令上の捕虜から軍政上の捕虜になったのである（３００頁）。

裏面の「補修欄」には、昭和一九年五月一四日に馬来俘虜収容所に出発と書かれているのは、これが爪哇俘虜

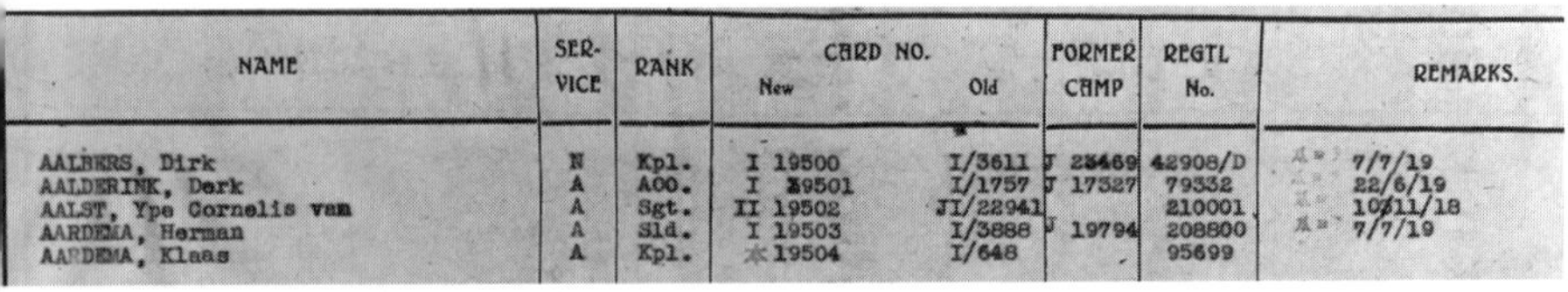

NAME	SERVICE	RANK	CARD NO. New	CARD NO. Old	FORMER CAMP	REGTL No.	REMARKS.
AALBERS, Dirk	N	Kpl.	I 19500	I/3611	J 23469	42908/D	7/7/19
AALDERINK, Derk	A	AOO.	I 19501	I/1757	J 17327	79332	22/6/19
AALST, Ype Cornelis van	A	Sgt.	II 19502	JI/22941		210001	10/11/18
AARDEMA, Herman	A	Sld.	I 19503	I/3888	J 19794	208800	7/7/19
AARDEMA, Klaas	A	Kpl.	19504	I/648		95699	

写真8-7　アメリカ国立公文書館（NARA）のAalderink
（出典）アメリカ国立公文書館（資料提供）Henk Beekhuis、Barbara Duffield

収容所から馬来俘虜収容所第一分所へ移動した日付である。そしてスマトラのパカンバルで亡くなっている。図表8‐13に書かれているのは、このように読み解いたものを整理して載せたのである。

Aalderinkは、馬来俘虜収容所第一分所がスマトラ・メダンからパカンバルへ移動した一九四四年六月にあわせ、一九四四年五月一四日に馬来俘虜収容所へ向けて出発し、馬来第一分所俘虜患者療養所で死亡していることから、あきらかにスマトラ横断鉄道建設で使役されていたと読める捕虜歴である。また、五二歳で死亡していることは、「若くて屈強な捕虜は戦局の悪化で防衛陣地構築などにおける「需要」が多く、捕虜が「払底」していた」（344頁）ことを具体的に示している。

二〇一八年五月一日現在、オランダ国立公文書館のサイトには全捕虜四万二二三三人のうち、死亡者八二〇〇人を含む三万二〇五八人の情報が公開されている。死亡者のほか生年月日が一〇〇年以上前の捕虜の情報も公開しているのである。

以上、スマトラ横断鉄道で使役され、異土に斃れたAalderinkに関して、霊山観音の戦没者名簿やオランダ国立公文書館（NA）の捕虜検索サイトで見てきたが、アメリカ国立公文書館（NARA）に言及した（305頁）ので、同館Record Group（RG）407「陸軍高級副幹官部記録群」内リストBox 118のAalderink, Derkを掲げておく（写真8‐7・上から2行目）。銘々票は戦後アメリカに接収されたと考えられるので（306頁）、オランダ国立公文書館捕虜検索サイトで得られた情報（図表8‐13）は、アメリカ国立公文書館の情報と同一である。

また、蘭印軍の銘々票の翻訳作業中に海軍の銘々票が見つかり、二〇一五〜二〇一六年にかけてS．O．Oによって翻訳されたものが、オランダ国立公文書館ではなくS．O．Oのサイトで公開されている（http://www.s-o-o.nl/ をクリックすると、右上にオランダ、アメリカ合衆国、日本の国旗が表示されており、それぞれの言語での検索が可能である）。

今日では欧米の公文書館や捕虜関係団体、個人などの調査・作成した同様の名簿が複数存在している。死者を弔うとともに平和を希求する意志が、これら諸名簿を完成させてきた。しかし、霊山観音情報の作成された当時はそれに比肩するものがなく（インターネットの検索システム自体存在しなかった）、敗戦国日本が作成したという点でも重要な意味を持っていた。迂遠ではあったが、霊山観音情報から説き起こしたゆえんである。

日本国内の俘虜収容所で死亡した三五五九人については、蘭印軍銘々票の翻訳に先立って二〇〇三〜二〇〇四年に、氏名、国籍、死亡日、死因、年齢、埋葬墓地などをPOW研究会のホームページで公開しており、これはGHQに渡った俘虜情報局作成の名簿（今日、国会図書館憲政資料室所蔵）をPOW研究会がデータベース化したものである。肉親や知人がどのような経緯で日本の俘虜収容所に送られたのか、日本での生活と労働、そして最期の様子はどうだったのか、といった海外からの照会にPOW研究会が応じており、戦後七三年になるが問い合わせの数が減るということはない。照会に応じることのできる情報と体制が整ったことでむしろ増えており、その点でも「戦後」は終わっていない。

霊山観音情報とウェブサイト情報、オランダ公文書館情報によって、オランダ軍将兵の犠牲者を見てきたが、スマトラ横断鉄道建設ではイギリスやオーストラリア、アメリカ軍等捕虜も使役されており、それらを加えるとヘンク・ホビンガなどが示しているように、犠牲者は七〇〇人前後である。ウェブサイト情報の出典元であったノイマンとファン・ウィッツェン共著の De Sumatra Spoorweg にも、オランダ人以外を含めた全犠牲者名七〇六人が掲載されている。また、順陽丸と治菊丸事件の犠牲者はそれぞれ一四六二人と一七八人となっている。

スマトラ横断鉄道建設における捕虜の人数や犠牲者数は、次章で東京裁判、オランダBC級戦犯裁判からの検討を加えたうえでまとめることとする。

第八連隊による捕虜の使役について

先に鉄道第八連隊関係者が残した記録を挙げた（139頁）が、同隊の生存者がごく少数であったことから記録自体かなり少ない。捕虜に関する記述が見当たらないからといって一九四四年当時、同連隊が捕虜を使役していなかったと断定してしまうこともできない。しかし『陣中日誌』の「給養人馬自動車両内燃機関数調査表」には、一か月間ではあるが捕虜人数の記載がない。また大井は筆者のインタビューに対し、鉄道第九連隊では捕虜に重労働を課し使役していたが第八連隊において捕虜は使役していなかった、と述べている。

オンビリン、ロガス両炭鉱では日本軍政下ロームシャや捕虜を使役していた記録が残っており、同じ鉄道建設作業の特定の工区だけ捕虜を使用していなかったということには疑問も生じる。

関わりのあることとして考えられるのは、鉄道第八連隊が千葉県津田沼で編成され、大井中隊は戦闘経験のないままスマトラへ赴いた（鉄道第九連隊は対米英蘭開戦時マレー攻略作戦に当たった）という軍歴や、同連隊の建設工事従事期間が三か月間だけだった点であるが、後者は最初から予定されていたわけではなくフィリピンへの転戦は突然の命令であった。筆者はその点をさらに詳しく尋ねようとしていたのであるが、大井は他界した。

泰緬鉄道では建設全線にわたって捕虜が使役されその実数も六万人余りであったが、スマトラ横断鉄道建設工事では使役捕虜は約五〇〇〇名と相対的に多くはなかった（その理由については第九章343頁以下で考察する）。また捕虜の配属された工区とそうでない工区があったことにより、大井証言のように第八連隊では使役していなかったが、第九連隊では使役していたということはあり得る。

それを裏付ける証言には、本庄弘直主計大尉が鉄道建設工区へ調査出張した様子を記した次の文章がある。

「建設隊本部附主計と共に、工事現場全線にわたって、鉄道建設中隊、土木業者隊、俘虜隊の各工区ごとの責任者に会い、労務管理、労務者給養について指導、懇談し、要望を聴きました。(38)」

これによると捕虜が配置されていた工区とそうでない工区があるようにもとれ、大井中隊のように捕虜を使役していなかった部隊があったことの裏付けとなる。しかし、捕虜キャンプはスマトラ横断鉄道建設沿線にまんべんなく十数か所存在していたことを考慮すると、本庄の言う「俘虜隊」の意味が曖昧になり、結局第八連隊による捕虜の使役の有無の結論は得られない。

第八章注

(1) 活動の成果は次の三作品となっている。亜東書房編『われ死ぬべしや――BC級戦犯者の記録』一九五二、理論社編集部編『壁あつき部屋――巣鴨BC級戦犯の人生記』一九五三、飯塚浩二編『あれから七年――学徒戦犯の獄中からの手紙』光文社、一九五三。復刻版は、飯塚浩二編・飯田進解説『巣鴨プリズン三部作　『われ死ぬべしや』『壁あつき部屋』『あれから七年』』不二出版、二〇一三。

(2) 佐藤徳蔵「子らにのこす――在隊憤懣と軍部解体　戦争放棄快哉の綴り」九四会記念文集編集委員会編『光と影　鉄九・四大隊記念文集』九四会、一九六九、三二六～三三八頁。

(3) 諸星達雄「矢部さんと私」『おとずれ』三十一号、九四会、一九八四、七八頁。

(4) 矢部義郎「「残照」に寄せて」九四会記念文集編集委員編『残照　鉄九・四大隊記念文集　四大隊記念文集』九四会、一九八三、i頁。

(5) 戸井昌造『戦争案内　ぼくは二十歳だった』晶文社、一九八六、一四九頁。文庫では平凡社、一九九九、三一一頁。

(6) 富の思い出集編集委員会編『富の歩み　思い出集』富の会、一九八一、一二五頁。

(7) 九四会記念文集編集委員会編『光と影　鉄九・四大隊記念文集』九四会、一九六九、三四頁。鉄道連隊は復旧作業の命を受け、人員を割いて急遽アチェへ向かったが、カンポンテンガーでの列車脱線転覆事故の復旧作業とともに、スマトラ横断鉄道建設作業に影響を与え、完成が奇しくも「玉音放送の日」と重なる遠因となった（一〇一頁）。

（8）復員局調製「スマトラ作戦記録　第二十五軍　第五節　島内の掃蕩及敵機の来襲状況」一九五一、二五頁。

（9）内海愛子『朝鮮人ＢＣ級戦犯の記録』岩波書店、二〇一五、三五頁。

（10）同右、四〇頁。

（11）同右、四四～四五頁。

（12）Ｇ・Ｆ・ジェイコブズ『モンスーンへの序曲　スマトラの連合国人抑留所解放記』原もと子訳、勁草書房、一九八七、二二七頁。

（13）十時惟剛、中村健三、井上庄司「編集を終えて」富の思い出集編集委員会編『富の歩み　思い出集』富の会、一九八一、付録五頁。

（14）井上晴樹『旅順虐殺事件』筑摩書房、一九九五。内海愛子『日本軍の捕虜政策』青木書店、二〇〇五、六七～七一頁。

（15）大江志乃夫『兵士たちの日露戦争　五〇〇通の軍事郵便から』朝日新聞社、一九八八、二三五～二三九頁。

（16）茶園義男編・解説『十五年戦争極秘資料集　第十一集　俘虜に関する諸法規類聚』不二出版、一九八八、三四〇～三四二頁。茶園義男編・解説『大東亜戦下外地俘虜収容所』不二出版、一九八七、二〇四～二〇六頁。

（17）新田満夫編『極東国際軍事裁判速記録　第三巻』雄松堂書店、一九六八、第百三十八号、六六三頁。

（18）内海愛子「解説」内海愛子編・解説『十五年戦争極秘資料集　第十六集　俘虜取扱に関する諸外国からの抗議集』不二出版、一九八九、「解説」の一五頁。七四八件の出所は内海愛子著の次のウェブサイト。http://ajrp.awm.gov.au/ajrp/ajrp2.nsf/Japanese/A69527B1B521DB71CA256BC000201145C　最終確認日　二〇一八年七月一日。

（19）同右、「解説」の一〇～一一頁。

（20）茶園義男編著『大日本帝国内地俘虜収容所』不二出版、一九八六、一八四～一八五頁。

（21）新田満夫編『極東国際軍事裁判速記録　第三巻』雄松堂書店、一九六八、第百三十八号、六六一～六六二頁。

（22）竹山昭子『玉音放送』晩聲社、一九八九、九八～一〇一・一一一～一一三頁。

（23）「読売新聞」一九九一年一〇月二三日朝刊三〇頁・読売新聞二〇一四年一〇月三〇日朝刊三九頁。

（24）二〇一六年一〇月五日の筆者宛メール。

（25）Jan Banning, *Traces of War Srvivors of the Burma and Sumatra Railways*, Trolley Ltd. 2005.

(26) 二〇一五年一〇月一二日ＲＰＳ（Reminders Project & Reminders Photography Stronghold）での講演。
(27) 二〇一六年三月三一日の筆者宛メール。
(28) Neumann en van Witsen, *De Sumatra Spoorweg*, pg179 e.v.
(29) 難波収「日本とオランダの間に戦争があった――訳者まえがき」レオ・ゲレインセ『日本軍強制収容所心の旅　レオ・ゲレインセ自伝』難波収／トレナール＝藤木きよ／ボム＝三上なをみ訳、手帖舎、一九九五、一六頁。
(30) スマトラ横断鉄道関係のウェブサイトを以下に挙げる。
http://www.shbss.nl/images/upload/Folder%20Pakan%20Baroe%20%20Spoorweg.pdf
https://sejarawanmuda.wordpress.com/2011/07/28/the-death-railway-pekanbaru-muaro-sijunjung-bagian-1/
http://pakanbaroe.webs.com/
http://www.wwwbeeson.co.uk/OldSites/arboretum/railway2.htm
https://web.archive.org/web/20080618213017/http://www.memoryarchive.org/en/The_Death_Railway,_April_1945,_by_George_Duffy
https://sumatrarailway.com/sumatra-links/
http://rantaukamparkiriculturecenter.blogspot.com/2012/04/romusha-dan-jalur-kereta-api-jepang.html
以上、最終確認日　二〇一八年七月一日。
(31) 「朝日新聞」二〇一〇年七月三一日夕刊一頁。
(32) アルバート・モートン『泰緬鉄道からの生還　ある英国兵が命をかけて綴った捕虜日記一九四二～一九四五』デイビッド・モートン監修、チームＰＯＷ訳、雄山閣、二〇〇九。
(33) 三一〇〇人という異説もある。難波収「日本とオランダの間に戦争があった――訳者まえがき」レオ・ゲレインセ『日本軍強制収容所　心の旅　レオ・ゲレインセ自伝』難波収／トレナール＝藤木きよ／ボム＝三上なをみ訳、手帖舎、一九九五、一九頁。
(34) Gregory F. Michno, *Death on the hellships: prisoners at seain the Pacificwar*, NavalInstitutePress, 2001, pp.234-241
(35) 同右、pp.171-173
(36) ＰＯＷ研究会の次のウェブサイト　http://www.powresearch.jp/jp/archive/powlist/index.html　最終確認日二〇一八年七月一日、など。
(37) 同右。
(38) 本庄弘直「田辺軍司令官の思いやり」富の思い出集編集委員会『富の歩み　思い出集』富の会、一九八一、一三五頁。

第九章　オランダ裁判・東京裁判から見たスマトラ横断鉄道建設

東京裁判や米、英、豪、蘭、仏、中国（国民政府）、比（フィリピン）七か国による、日本国内外四九か所（国内はアメリカ裁判横浜法廷のみ）におけるＢＣ級戦犯裁判に関しては、さまざまな問題点が指摘されている。

しかし本書で戦犯裁判について一章を充てるのは、スマトラ横断鉄道建設に関わった人たちがどのような状況下で使役し使役されたかを検証し、建設作業の実態、ロームシャや捕虜の受けた苦難などを明らかにしたいと考えるからである。従ってオランダ裁判や東京裁判の妥当性などについては、鉄道建設の実態を明らかにする範囲で言及する。

オランダ裁判メダン法廷

オランダがＢＣ級戦犯裁判を開いた法廷はインドネシア内一二か所であり、一九四六年八月五日に始まり、一九四九年一二月二七日

写真9-1　「戦没二十五士之碑」（メダン郊外日本人墓地内）死刑判決の24人の内1人が減刑、有期刑の2名が病死、よって24−1+2=25人、戦没「二十五」士之碑となっている。1963年4月1日建立。

にオランダがインドネシアに主権を委譲する一三日前の一二月一四日まで続いた（主権を委譲された「インドネシア連邦共和国」は、今日のインドネシア全域とは異なる）。最初に開廷したのも最後に閉廷したのも、ジャワ島のバタビア法廷であった。

スマトラ島で開廷されたのはメダン一か所であり、スマトラ横断鉄道建設にかかる戦争犯罪もメダン法廷で裁かれた。メダン法廷全体では全五九件、一三六人が起訴され、死刑二四人（写真９‐１）、無期七人、有期一〇二人、無罪三人の判決が下された。[1] スマトラ横断鉄道建設関係では七件、二四人が起訴されている。[2]

鉄道第九連隊第四大隊は泰緬鉄道とクラ地峡横断鉄道建設に従事した後スマトラ横断鉄道建設にあたったので、敗戦をスマトラ島で迎えた弘田栄治中尉のように島外に出ることを禁じられた後、メダン刑務所を経てシンガポール・チャンギ刑務所へ送致され、オーストラリア裁判で絞首刑を言い渡されたケースもある。弘田の起訴理由は、泰緬鉄道建設時難所ヒントク（今日「hell fire pass＝地獄の業火峠」と言われており、当時捕虜の監視に当たったのが李鶴来である。３４４頁）でのオーストラリア軍捕虜虐待であり、スマトラ横断鉄道建設に関わることではない。しかし、捕虜虐待に対する報復感情が激しかったことからすれば、スマトラ横断鉄道建設がBC級戦犯裁判全体に影響していないとも言えない。なお、弘田の遺書のなかには「パカンバル」の地名がでてくる。[3]

軍政初期に陸軍第二十五軍がマレーとスマトラを管轄していたなごりで、マレーとスマトラ（さらにビルマまで）の俘虜収容所は、組織上シンガポールに本所を置く馬来俘虜収容所に属していた。本所とスマトラ島内の収容所は図表９‐１のとおりである。

スマトラ横断鉄道建設で使役された捕虜は、馬来俘虜収容所第一分所の管轄下にあった。馬来俘虜収容所第一分所が一九四四年六月にスマトラ島第一の都市メダンから小都市のパカンバルに移っているのは、スマトラ横断鉄道建設のために多くの捕虜を収容する必要が生じたからである。また、パレンバンでの飛行場建設が完成し一五〇〇名の捕虜がスマトラ横断鉄道建設現場へ移った（285頁）のは、馬来俘虜収容所第二分所から第一分所に管理が変わったことになる。

起訴された将兵・軍属は二四人

メダン法廷のうち起訴理由が直接スマトラ横断鉄道建設に関係する案件は、七件二四人である。

一件目は、第二十五軍の司令官であった田辺盛武中将に死刑、参謀長谷萩那華雄少将、経理部長山本省三主計少将、軍医部長深谷鉄夫医大佐の三名には無期が求刑されたが、四人全員が死刑の判決を受けた案件である。この判決を導いたのが一九四六年六月一日に布告された「戦争犯罪処罰に関する条令」であり、第二十五軍司令部が「犯罪団体」と認定されたため四名とも死刑判決となった。

「戦争犯罪処罰に関する条令」第一〇条一項

「もし戦争犯罪がある団体の業務に関連して犯されたる場合において、その犯罪が団体の責に帰すべきであると考えらるべき状況にあるならば、その犯罪は団体が犯したるものと推定し訴追は団体全員に対しなさるべし(4)」

図表 9-1　馬来俘虜収容所 本所 スマトラ島内 所在地・開設期間・所長

収容所	所在地	開設期間	所長	備考
本所	シンガポール・チャンギ	1942.8.15.～ 1945.8.15.	1)福栄真平少将 (1942.6.1.～) 2)有村恒道少将 (1942.12.1.～) 3)斎藤正鋭少将 (1944.3.1.～)	1942.8.15.チャンギに開設。 1945.8.15.閉鎖
第1分所	スマトラ・メダン (1942.8.15.～1944.6.) スマトラ・パカンバル (1944.6.～1945.8.15.)	1942.8.15.～ 1945.8.15.	1)坂野博暉中佐 (1942.8.15.～) 2)宮崎良平大尉 (19四三.4.～)	1942.8.15.メダンに開設。 1944.6.パカンバルに移動。 1945.8.15.閉鎖
第2分所	スマトラ・パレンバン	1942.8.15.～ 1945.8.15.	松平紹光少佐	1942.8.15.開設。 1945.8.15.閉鎖

（出典）http://www.powresearch.jp/jp/archive/camplist/gaichi_index.html　POW研究会（一部改変）最終確認日 2018年7月1日　内海愛子・永井均編集・解説『東京裁判資料－俘虜情報局関係文書』現代史料出版、1999、176頁。

起訴理由は第二十五軍の責任者として次の五項があげられている。

1. 馬来俘虜収容所長宮崎良平が五〇〇〇名の捕虜を虐待し五七〇名を死亡させたことの責任
2. 北スマトラでの道路建設工事で使役した捕虜五〇〇〇名に対する不当な管理と強制徒歩行軍の責任
3. スマトラ横断鉄道建設工事で使役したロームシャに対する虐待の責任
4. スマトラ横断鉄道建設工事沿線のロームシャ病院の不適切な管理と虐待の責任
5. スマトラ島内各地民間人軍抑留所における抑留所長による虐待の責任

田辺盛武司令官と深谷鉄夫軍医部長の「遺書」が『世紀の遺書』に掲載されている。[5] また、戦後田辺盛武は国際検察局（IPS：International Prosecution Section）の尋問を受けているが、スマトラ横断鉄道にかかわる記録はない。[6] なお、第二十五軍などを隷下としていた第七方面軍の敗戦時の司令官であった板垣征四郎は、A級戦犯として絞首刑を執行されている。

二件目は、一九四四年四月一六日に編成された「中部スマトラ横断鉄道建設隊」の初代隊長である鋤柄政治大佐に対して死刑が求刑され無期懲役の判決が、一九四五年六月から隊長の役を引き継いだ重松《かさまつ》[7]徹大佐には一五年の求刑に対し八年の有期刑の判決があった案件である。起訴理由の概要は次の四点である。

1. 中部スマトラ横断鉄道建設隊隊長として工事に従事させたオランダ人捕虜五〇〇〇名に十分な食料等を与えず五〇〇名を死亡させた
2. 俘虜収容所長の捕虜虐待を容認した
3. ロームシャに十分な食料等を与えなかった
4. 苦力病院における虐待を容認した

三、四件目は、苦力病院長であった医大尉に対する起訴であり、楠本健二タロック苦力病院長は死刑の求刑に対し一五年の、向林喬シンパンチガ苦力病院長は六年の求刑に対し四年の判決があった。両名とも十分な食料を与えず、施設の衛生状態を改善しないまま治療も行わなかったというのが起訴理由である。両名の起訴に関しては本人が戦後行った供述が国立公文書館に所蔵されているので、その内容を後述する(361頁)。苦力病院は三か所にあったが、ムアロ苦力病院長は自動車中隊附軍医(深沢)が兼務していたので起訴されていない。

五件目は、馬来俘虜収容所の管理者四人に対してである。馬来俘虜収容所第一分所第二代所長の宮崎良平大尉は死刑の求刑どおりの判決、その部下土井勇中尉には死刑の求刑に対し無期の判決が、同部下の永井進中尉には八年の求刑どおり、分遣所長であり収容所軍医でもあった石井温義医中尉には五年の求刑に対し四年の判決が下された。起訴理由はいずれの者も捕虜約五〇〇〇名を鉄道建設工事で使役し、沿線のキャンプ等で虐待しあるいは虐待させ、六九八名と思われる捕虜を死亡させた。また監視兵たる朝鮮人部下の戦争犯罪を容認し、遂行させたというものである。

六件目は、宮崎良平馬来俘虜収容所第一分所所長の前任者であった坂野《ばんの》博暉大佐に対する起訴であり、四年の求刑が二年の判決になった。起訴理由は一九四二年九月頃、馬来俘虜収容所第一分所において捕虜に対し逃亡しない旨の宣誓を強要し、拒絶した捕虜たちを監禁し不当の処遇をなした点である。坂野はイギリス裁判シンガポール法廷でも、泰緬鉄道建設時の捕虜虐待で四年の判決を受けている。

朝鮮人軍属一一人については次項で述べるので、ここでは一三人に対しての求刑と判決のそれぞれをまとめると次のようになる(右記順)。

田辺「求刑・死刑→判決・死刑」、谷萩「無期→死刑」、山本「無期→死刑」、深谷「無期→死刑」、鋤柄「死刑→無期」、重松「15年→8年」、楠本「死刑→15年」、向林「6年→4年」、宮崎「死刑→死刑」、土井「死刑→無期」、永井「8年→8年」、石井「5年→4年」、坂野「4年→2年」

第二十五軍の将校三人の判決は求刑を上回ったが、他の被告は三人が求刑どおりで、七人は求刑を下回った。またメダン法廷での起訴状では、スマトラ横断鉄道建設で使役された捕虜の人数はそれぞれ五〇〇〇人で差はなかったが、犠牲者数は案件によって五七〇名、五〇〇名、698名という異なった人数となっている。

起訴された朝鮮人軍属は十一人

七件目は五件目に関連し、俘虜収容所に所属し捕虜の監視にあたった朝鮮人軍属一一人に対する起訴である。対米英蘭戦争勃発後、短期間に多数の捕虜を捕獲した日本軍は、東南アジア各地に俘虜収容所を開設したが、兵員不足のためそれら捕虜の監視要員として朝鮮人や台湾人を募り軍属として日本軍に組み入れた（既述のとおり、朝鮮人は徴用や志願の軍人、雇員・傭人・軍夫の軍属、労働者、従軍「慰安婦」などの「ヒト資源」の対象となった。台湾人もほぼ同様であった。49頁）。

徴用された朝鮮人や台湾人は「捕虜の監視」という仕事内容は伝えられたが、それが実態としてどういう役割なのかはわかるはずもなかった。日本軍人・軍属の場合もそうだったがジュネーブ条約についての教育を受ける機会もなく、二か月間の軍事訓練の後東南アジアへ送り込まれた。おおむね台湾人はフィリピンやボルネオへ、他の地域へは朝鮮人が送られ、契約期間は二年間であったが、期間満了の後故郷へ帰ることは当初から保証されていなかったものと考えられる。

家族と離れ故郷を後にするには不安があったが、志願を強制された者、仕方なく応じた者などに加えて、積極的に志願した者がいたのは給料が月五〇円と高額だったことによる(8)。出発前の軍事訓練は初年兵並みの過酷なもので、一割近くが脱落したという。

捕虜監視の仕事に就いた朝鮮人軍属は俘虜収容所において捕虜と直接対峙したため、捕虜から見れば朝鮮人軍属が虐待の張本人であり、憎悪の対象は朝鮮人に向くこととなった。その結果スマトラ横断鉄道や泰緬鉄道建設に関しては少なからぬ朝鮮人軍属が有罪になるなど、建設現場にいた下位の者が厳しく処断されるという不条理な判決が言い渡されている。

メダン法廷で起訴された朝鮮人一一人もパカンバル俘虜収容所第一分所に所属し、捕虜キャンプなどで監視にあたり、「和蘭、英国、濠州の俘虜に対し組織的威圧行為を加え、屢々理由なく公衆の面前に於て普通の規律にすぎた行為を以て虐待し俘虜を精神的肉体的に虐待した」[9]として起訴された。

一一人の朝鮮人軍属に対しての求刑と判決のそれぞれは次のようになった。

「求刑・15年 → 判決・14年」「15年 → 12年」「12年 → 12年」「12年 → 10年」「10年 → 7年」「8年 → 10年」「8年 → 8年」「6年 → 8年」「6年 → 6年」「6年 → 5年」「5年 → 5年」

判決が求刑を上回ったのは二名のみであり、前項で見た一三人と同様の傾向がうかがえる。このようにスマトラ横断鉄道関係の追及が「緩やかだった」理由については後述する。

なお、スマトラ横断鉄道建設現場において朝鮮人軍属は兵補、ロームシャ、捕虜より階層としては上位にあったが、契約期間の二年が過ぎても故郷に帰れず、祖国が植民地として踏みにじられていることから不満は鬱積していた。このような状況下、インドネシアで日本軍属となっていた朝鮮人によって結党された抗日組織が高麗独立青年党であり、党員が一九四五年一月に暴動を起こしたのがアンバラワの反乱（刑務所襲撃事件）である。

また、インドネシア人の間でも極度に疲弊した統制経済に対する反乱が頻発するようになる。アジアを解放するとしていた日本軍の欺瞞性に対し、ジャワ義勇軍（ペタ）によるブリタル反乱（ジャワ島東南部）、スマトラ義勇軍によるプマタン・シアンタル反乱（メダン南東）、ムスリムによるシンガパルナ蜂起（ジャワ島西部バンドン南東）などが起きている。[10]

起訴対象外のインドネシア人

捕虜を監視していたのは軍属の朝鮮人であったが、ロームシャの場合は同国人（スマトラ人やジャワ人）のマンドルが統率していた。マンドルとは作業人夫頭のことで、大井中隊はスマトラで仕事を間組からではなくマンドルから引き継いだという（137頁）。マンドルにはロームシャに近い待遇の者もいれば、かなりの力を持った者もいたようである。鉄道第八連隊の野島敬吉は、『スマトラ寸描』のなかで次のように書いている。

「労務者等は、十名程のグループ単位で現場付近の仮小屋（飯場）に住居して居た。グループを束ねる人を小マンドル（小親方）其の各グループを統率する人を大マンドル（大親方）と称した。（略）大マンドルともなれば、作業の段取りは元より、労務者の給与の受け払い家族への送金文通等々、私生活の面に於いても、良き相談相手になれる見識の高い人でなければ務まらない。二人の大マンドルは、此れ等の全てを兼ね備えた有能な人物で有った。特にサニンは独立運動が盛んなスマトラ北部のアチエ州出身で、其の指導者として知られる大物だと聞く。彼は妻子（六才の男子）と秘書兼事務員のオノワール夫妻を伴って、当宿舎の向かい側に事務所を構えて居た。[11]」

ただし、これは野島の一体験談にすぎず、特にアチェ人の独立志向は強かったので、スマトラやインドネシア全体におけるマンドルの実態を表しているかどうかは定かではない。ただ、マンドルが日本軍とどういう位置関係にあったかがわかる点で興味深い。

大マンドル・サニンの秘書役であったオノワールが戦後五〇年近く経った一九九三年に在日インドネシア大

使館に対し、一九四四年当時鉄道を建設していた日本軍の人たちを捜してほしいと申し出、これを知った鉄道第九連隊諸星達雄の働きかけで新聞に「尋ね人」として掲載された。調査は難航したものの紆余曲折の末、間組の書類やオノワールが持っていた「惜別之辞」という野島の書いた書（図表9-2）が手掛かりとなり、捜していたのは野島たち第八連隊やその前任者の間組の人たちであることがわかった。しかし同隊は全二〇連隊存在した鉄道連隊でもっとも生存者の少なかった連隊であり、野島も亡くなって四年が経っていた。一方、間組の関係者とはパダンで再会することとなった。

　このエピソードからわかる当時のロームシャとマンドルとの関係は、マンドルやその雇員である秘書はロームシャ側ではなく日本軍側の立場で統率にあたっていたということであり、マンドルについて記した野島の記述はおおむね事実である[12]。そして野島が「マンドルが給与の受け払いも任されていた」と記していることから、「ロームシャに約束の賃金を支払っていなかった例が多々ある」ことが日本軍のやり方であったとしても、マンドルも無関係とは言えないだろう。

　革命家タン・マラカはバヤ炭鉱におけるロームシャの待遇について、次のように述べている。

図表 9-2　野島の「惜別之辞」

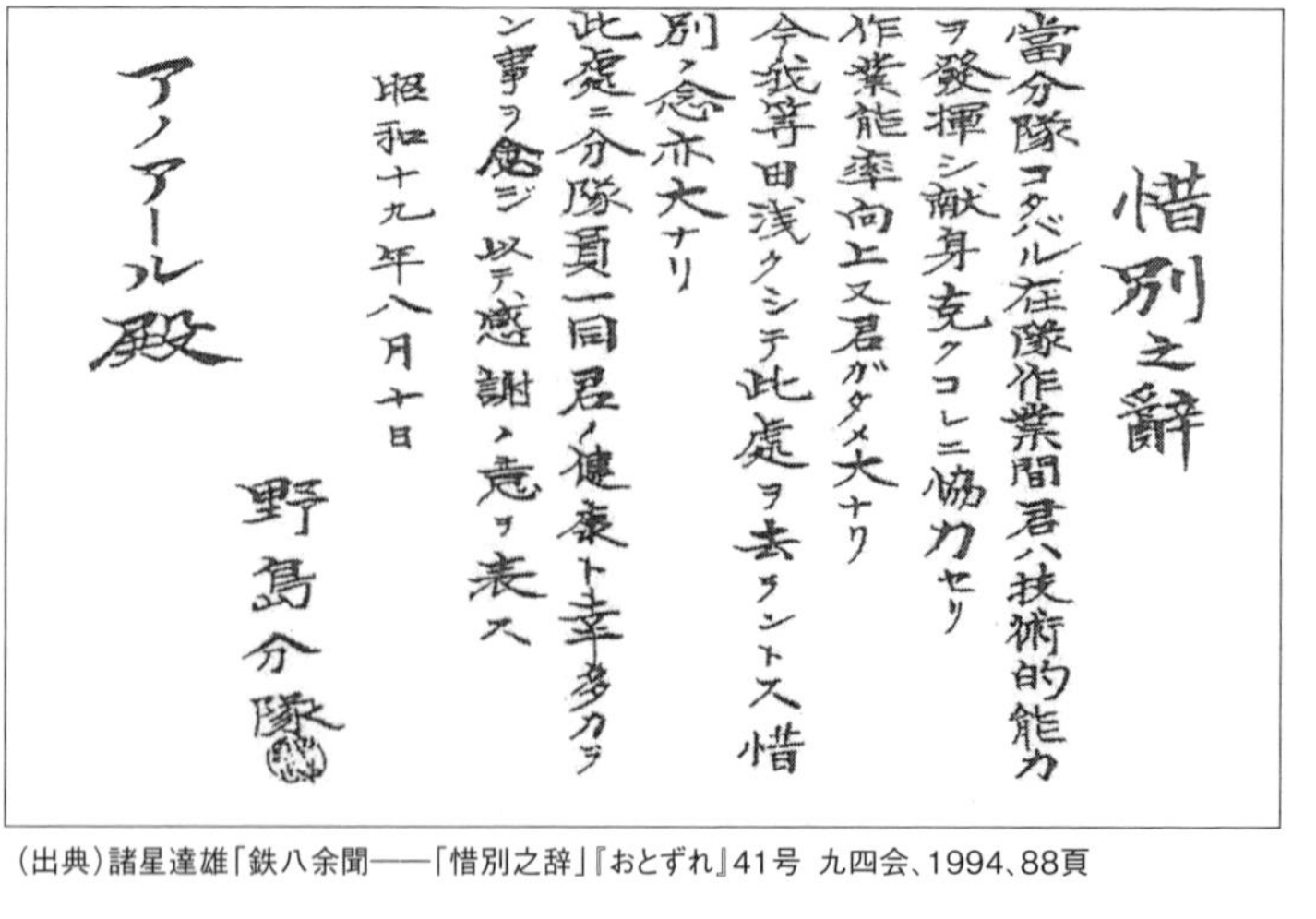
惜別之辞
當分隊ニタバル在隊作業間君ハ技術的能力
ヲ發揮シ献身克クコレニ協力セリ
作業能率向上又君ガタメ大ナリ
今我等日浅クシテ此處ヲ去ラントス惜
別ノ念亦大ナリ
此處ニ分隊員一同君ノ健康ト幸多カラ
ン事ヲ念ジ以テ感謝ノ意ヲ表ス
昭和十九年八月十日
野島分隊
アノアール殿

（出典）諸星達雄「鉄八余聞――「惜別之辞」『おとずれ』41号 九四会、1994、88頁

「バヤに住んでいるロームシャのために、共同食堂ができた。これは、ずっと以前から我々が鉱山側にその建設を提起していたのが、ようやく実現したものだった。一〇〇〇人をこすロームシャが、彼らの寝泊りする飯場のそばに共同食堂ができたことで、ここで食事をとれるようになり、親方《マンドール》の手から解放された。それまでロームシャたちは、この親方に「食費」と称するものを払っていたのだ。ロームシャたちは、共同食堂に一日一〇セント（彼らの報酬は、一日に四〇セント）払う代わりに、朝はコーヒーと芋ないしモチ米《クタン》、昼と夕方はメシ、野菜、それに魚を少し、それぞれ食べられた。私の記憶では、ロームシャ一人当たりの米の量は、一日に三〇〇グラムだったと思う。(13)」

マンドル（親方）はロームシャから「食費」と称し、金額の詳細はわからないがピンハネをしていた。炭鉱という重労働現場での一人当たり一日米三〇〇グラムは、とても健康を維持できる量でないのは捕虜の食料のところで見たとおりである。

朝鮮人軍属が捕虜を監視・統率する際には好むと好まざるとに関わらず強制力すなわち暴力を伴うことがあり、その虐待が起訴理由となってBC級戦犯裁判において有罪になったのであるが、ロームシャを統率していたマンドルがBC級戦犯に問われることはなかった。マンドルに限らず、インドネシア人兵補もオランダ民間人抑留所の監視役を担っていたが、起訴対象から除外された。

「ラングーン協定」下、日本軍とインドネシア独立軍との衝突

ナチス・ドイツに敗北し国土を蹂躪されたフランスとオランダは、仏印や蘭印を再支配する前提としての日本軍武装解除をイギリス軍に頼らなければならなかった。そこで、北緯一七度線以南の仏印（以北は中国国民政府が担任）とインドネシアも英印軍が戦後処理に当たることになったが、英印軍にしても広大な東南アジア全体の

治安を維持するに十分な力を持っていなかった。一九四五年八月二七日に連合国軍東南アジア司令部（最高司令官マウントバッテン海軍大将）は、ラングーンにおいて南方軍（寺内寿一元帥）に「ラングーン協定」を結ばせ、日本軍を利用する形で治安維持の責任を負わせることになった。

英印軍はビルマ、南部仏印、マレーの日本軍を支配下におき、ジャワ島に上陸したのは九月二六日であった。オランダ軍の場合はさらに遅れ、軍司令部が開設されたのは九月三〇日になった[14]。RAPWIが捕虜や民間人抑留者のほか、ロームシャの帰還に当たったことを述べた（174頁）が、遅れて進駐したオランダ軍も同様の機関NEBUDORIを設立している。

「ラングーン協定」のもとでは日本軍の武装解除は行われず、日本軍は武器引き渡しを求めるインドネシア民族独立派からの要求に苦慮し、独立を求める民族運動と連合軍の板挟みの状況に置かれた。実際、日本軍とインドネシア独立軍間の戦闘は、スマラン事件など多数発生した（オランダ人女性を「慰安婦」におとしめた「スマラン事件」とは別の事件）。

スマトラの場合、英印軍の進駐は一九四五年一〇月だったが、蘭印軍のそれは一九四六年一〇月まで遅れた。従って、敗戦後しばらくは英印軍と日本軍、インドネシア独立派の鼎立状態であった。スマトラ横断鉄道建設地近くでも「バッサンカル（リントウ）事件」などが起こり、鉄道建設にあたった日本軍将兵が犠牲になっている（リントウはバッサンカルとパヤクンブ間の村名）[15]。

一九四五年一二月八日に起こったこの事件で犠牲になったのは一二名であり、武装解除されていなかった鉄道第九連隊第四大隊は数日間にわたって行方不明となった将兵の捜索を行い、河合秀夫によれば「部落を焼き払って又捕虜を数名連行して帰って来たのであった[16]」。

一二遺体の埋葬について、『光と影』には次のように記されている。

「これら十二柱の遺骨は夫々名札を附し、ムアロ近傍の山裾に現地人の目を掠め密かに戦友によって作られたコンクリート製墓地に密葬され、ジュラルミンの板に氏名が彫刻されている。この氏名の執筆者は皮肉にも後日戦犯者として絞首刑の極刑に処せられた悲運の弘田栄治副官だったのである。[17]」

埋葬は宮崎若雄が中心になって執り行い、戦後一九七五年に宮崎が遺骨収集に当たったのは既に見たとおりである（202頁）。また、第七章でバスリにインタビューした帰りに寄った「ポラム・ジパン事件」の場所もスマトラ横断鉄道建設地と近接しており、「バッサンカル事件」と同様の事件が鉄道建設沿線の何か所かで発生していたと考えられる。

『南方軍復員史』によれば、武装解除に関する当時の状況は次のようであった。

「3、「スマトラ」方面
全島内治安に任する為、二十一年二月頃には武装解除は未だ実施せられなかった。但し、一般兵器は、治安警備に必要なるものを残置し、二十年十二月上旬より二十一年二月上旬に亘り、処理（海没・爆破・焼却・破壊等）すると共に一部を連合軍に移管した。飛行機は九〇％（一一三機）を焼却した。残りの中、連絡機若干があったが、程度は甚だ不良であった。[18]」

スマトラにおける将兵などの状況は、次のように書かれている。

「2、蘭領地域（A）「スマトラ」
昭和二十一年八月初頭に於ける人員は、南「スマトラ」七、二〇〇名、北「スマトラ」四、一四〇名、計

一一、三四〇名であった。第二十五軍が、当時連合軍から受領していた任務は、一般の治安維持就中《なかんずく》重要都市を確保すると共に、油田地帯の警備に任ずるのにあった。従って、依然小銃五、〇〇〇・軽機一五〇・重機五〇内外の装備を確保していた。完全なる武装解除は、北「スマトラ」は十月二十一日、南「スマトラ」は十一月二日に至り、漸く実行せられた。[19]」

スマトラ横断鉄道建設関係者などが、イギリスやオランダのスマトラにおける戦後処理に納得のいかない感懐を戦友会誌で披瀝している。「ラングーン協定」の実態は次のようであった。

「終戦後も、ラングーン協定によって、スマトラの治安維持は、日本軍がこれに当たり、武装は最後まで解除されなかった。昭和二〇年一〇月、チエンバー少将麾下の英印軍第二四師団が、メダン、パダン、パレンバンの三主要都市を占拠したが、兵力不足と当時熾烈をきわめたインドネシヤ独立運動のため、右都市以外に一歩も出ることができず、かえつて敗れた日本軍が、従来同様、自由に各地に行動できた。通貨も日本軍票がインドネシヤの通貨として通用した。[20]」（大江保直供述）

「英豪軍がトロバイユ《ママ》に入港進駐して来た相だ。防衛は日本軍で受持って呉れ、副食の給与は担当して呉れ、其他虫の良い話だ。戦争が終ればいつまでも我々をスマトラに置いておく筈もあるまい。となれば内地還送と云う事になる、然しこの人数を如何に処理するのであろう。[21]」（『富の歩み』）

「ここにおいて、一旦は武装を解除し、兵器一切は没収されたものの、連合軍は現地の治安維持にまでは手がまわらない。兵器の貸与により日本軍の警備隊が生れたのである。この再武装は皮肉にも以前よりは強固なものになったのである。」[22]（『光と影』）

「日本軍は武装のまま治安維持に当たったが、独立運動側は日本軍に武器や弾薬の引き渡しを要求してきた。（略）年明けの早朝、中隊の３００人ほどで民兵が住む集落を包囲した。（略）突然、ゴム林から屈強な男十数人が大声を上げながら刀を振りかざして突進してきた。わたしの「軽機、撃て」の命令で、軽機関銃２丁が火を噴いた。全員を倒した。[23]」

最後の例は、一九四六年にスマトラ島北部でインドネシア独立軍の一団を撃滅したことについての、「慚愧」の新聞投書（二〇一五年一二月）である。

このように、ラングーン協定上インドネシア独立軍を敵にまわした日本軍の軍抑留所「管理」は、虐待とは異なりインドネシア独立軍の攻撃から抑留者を「庇護」する一面を有するようになった。民間人抑留者にしてみれば、日本軍から庇護を受けるなどという事態はまったく信じられないことであった。この傾向は、ジャワに比べてスマトラにおいて顕著であった。また、ＲＡＰＷＩジェイコブズによる捕虜や民間人抑留者の救出行動が日本軍将校の先導で行われているのは、「ラングーン協定」を拠りどころにしている。

オランダ裁判は日本の敗戦から一九四九年までのインドネシア独立戦争期（「ベルシアップ（bersiap ＝準備する）期」とも称される）と重なっている。オランダはスマトラ島の三大都市であるメダン、パダン、パレンバンなどの主要都市を掌握しているのみで全島の治安維持は依然として日本軍が担っており、混沌とした状況のなかにあった。インドネシア独立軍はイギリス軍やオランダ軍と戦うために日本軍の武器弾薬を求め、日本軍はオランダ人捕虜や抑留者の庇護者になる場合とインドネシア独立軍に加わってオランダと戦う一団もあった。オランダは日本軍の力を借りてインドネシア独立軍と戦う一方、オランダ裁判を開廷して日本軍の蛮行に激しい報復を行っていた。

日本国外でのＢＣ級戦犯裁判が最初に行われたのは、一九四五年一〇月八日のアメリカ裁判マニラ法廷であり、フィリピン裁判はフィリピンが一九四六年七月に独立した後、アメリカ裁判マニラ法廷を引く継ぐ形で始まっている。その特殊事情のあったフィリピンを除けば、旧蘭印への進駐が遅れたオランダ裁判は最も遅く一九四六年八月五日に開始された。オランダはインドネシア独立戦争に敗北して一九四九年一二月二七日に主権を委譲し、それより前一二月一四日には法廷を閉じ（図表9-3）、オランダ裁判の収監者は翌一九五〇年一月に日本（巣鴨プリズン）へ移管された。

ホーランディア法廷

オランダ裁判全一二法廷のなかに、ニューギニア北海岸ホーランディア（何度かの地名変更を経て、今日は「ジャヤプラ」）で開廷された裁判がある。ニューギニアは連合軍の反攻と守勢の日本軍の決戦の場となり、絶対国防圏死守のための飛行場建設が多く行われたところである。

日本軍は食料の補給が途絶え、飢餓状態に陥った。そんなところにも、いやそんなところだからこそインドネシア人などの兵補が送られて行った。ホーランディアの西方サルミに飛行場を建設することになり兵補六三七名と日本軍将兵五二名が上陸したが、食料事情は悪化し殺人と

図表 9-3　裁判の開廷・閉廷日

	開廷	閉廷
ニュルンベルク裁判	1945.11.20.	1946.10.1.
東京裁判	1946.5.3.	1948.11.12.
アメリカ裁判横浜法廷	1945.12.18.	1949.10.19.
アメリカ裁判マニラ法廷	1945.10.8.	1947.4.15.
フィリピン独立	1946.7.4.	
フィリピン裁判マニラ法廷	1947.8.1.	1949.12.28.
オランダ裁判	1946.8.5.	1949.12.14.
オランダ裁判メダン法廷	1947.2.6.	1949.3.10.

人肉食が横行するほどに無法化した。食料を窃取した者は死刑に処すという軍律がつくられたが、それでも食料を盗む者はあとを絶たず、米豪軍との壮絶な戦い、蔓延する熱帯性疫病、そして食料を求めた者の処刑とを合わせると生き残った兵補はわずか三一人であった。

戦後のオランダ裁判ホーランディア法廷では、たとえ食料を窃取した者は死刑に処すという軍律があったとしても、それは日本軍に対して適用されるものであり、インドネシア人たる兵補には適用されないとする法解釈が示された。その結果、食料を窃取した兵補を処刑した日本軍の行為は虐殺に当たるとして、日本軍人に死刑を含む多くの有罪判決が下った。

鉄道第八連隊の『陣中日誌』「給養人馬自動車両内燃機関数調査表」には「印度国民軍」の欄があり、実際クラ地峡横断鉄道建設では宣誓解放したインド人を日本軍が軍属扱いで使役していた。インドネシア人兵補に限らず、日本軍に取り込んだインド人兵補が日本の軍律に違反した場合には処罰した例もあった。これに対してオーストラリア裁判ラバウル法廷でも、日本軍による処罰はインド人への虐待にあたるとする判決が出されている。このように、日本軍が労働力を補う目的で兵補として取り込んだインドネシア人やインド人に対して行った日本の軍律による処罰を、日本側は正当な軍事裁判であると主張したが、ＢＣ級戦犯法廷では虐待として処断した。[24]

捕虜の人数と犠牲者数

スマトラ横断鉄道建設で使役され、犠牲になった捕虜の人数は、泰緬鉄道建設の場合やロームシャと同様に、情報によってばらつきが出てきた（図表９‐４）。使役された捕虜は五〇〇〇～六六〇〇人、犠牲者数は五〇〇～二五〇〇人である。しかし、これら人数の違いは、順陽丸撃沈事件など「hell ship」犠牲者を含めるかどうかによるところが大きい。たとえば、メダン法廷での起訴状において捕虜人数が五〇〇〇人、犠牲者数が五〇〇人～九六八人となっているが、「hell ship」での人数を含んでいないと考えられ、ジャーナリストとしてスマト

図表 9-4　スマトラ横断鉄道建設で使役された捕虜の死亡者数等

情報元（人名・肩書・機関名等）	従事者・在籍者数（人）	死亡者数（人）	死亡率（%）	本書言及頁
ヘンク・ベークハウス （オランダ人のみ:「hell ship」を含まず）	4008	526	13	306
Neumann en van Witsen, De Sumatra Spoorweg pg 179 e.v. en Oorlogsgraven-Stichting	―	706+1462（順）+178（治）=2346	―	320
ヘンク・ホビンガ	6593	698+1620（順）+176（治）=2494	37.83	305
難波収（ゲレインセ著作の訳者）	6593	696+1626（hell ship）=2322	35.22	307
Gregory F. Michno, Death on the hellships : prisoners at sea in the Pacific war	―	1520（順）+180（治）=1700	―	344
ヤン・バニング	5500	1375	25	305
内海愛子「一枚の写真から 忘れられた死者たちのモニュメント『戦争責任vol.12』樹花社、1994	6600	1800	27.3	―
奈須川丈夫 第二十五軍軍政監部司政官（岡村隊）	毎日6千、全盛期3万（含ロームシャ）	―	―	162
メダン法廷・田辺盛武の起訴理由（宮崎良平に対する田辺の監督責任）	5000	570	11.4	329
メダン法廷・鋤柄政治・重松徹の起訴理由	5000	500	10	329
メダン法廷・宮崎良平・土井勇・永井進・石井温義の起訴理由	5000	698	14	330
ジェイコブズ	5000以上	―	―	288
森文雄『軍政手簿』p.1546（馬来俘虜収容所第一分所）	4369	―	―	―

以 下 参 考

旧蘭印内民間人抑留者	100000	16000	16	350
蘭印軍捕虜	42233	8200	19.4	316
泰緬鉄道建設での使役捕虜	約60000	約15000	25	70
日本軍による米・英軍捕虜	132134	35756	27.1	―
日本国内での使役捕虜	約36000	3559	9.9	311
サンダカン死の行進	2500	2494	99.76	86
独・伊軍による連合国軍捕虜（ソ連を除く）	235473	9348	4	―
「シベリア抑留」	約60万	約6万	10	174
独軍によるソ連軍捕虜	570万	330万	58	174
ソ連軍による枢軸側（独軍）捕虜	315（260）万	111万	35	174
ヒロシマ・ナガサキ被爆死（1945年内の急性障害）	約62万居住・滞在	約23万	33.9	―

（出典）「本書言及頁」を参照。（注）（順）は順陽丸・（治）は治菊丸

ラ横断鉄道の問題を追ってきたヘンク・ホビンガが二〇一〇年代に示している人数とそれほどの乖離はみられない。

スマトラ横断鉄道建設に伴う犠牲者数に影響を与える「hell ship」、特に順陽丸と治菊丸については次項で検討する。なお、管見の限り、スマトラ横断鉄道建設での犠牲者数を示している日本人は内海愛子のみであり、スマトラ横断鉄道跡を踏査した数少ない日本人である（３９６頁）。

順陽丸撃沈事件

労働力不足を補うため日本国内に送り込まれた連合国軍捕虜の収容所は、使役する企業内の建物を使用するか、近辺の既存の建物を充て労働現場である企業等に出向く場合もあった。捕虜の監視は軍によって行われたが、使役企業の担当者も監督の役割を担い、スマトラ横断鉄道建設工事でも建設会社の受任した工区で同様の体制がとられていた。次に記すのは、東京裁判でダムステ検察官と証言に立ったリンガー英印陸軍少佐との間での、スマトラ横断鉄道建設工事の「監視」に関してのやりとりである。

「誰がこの労役中、俘虜達の仕事を監督いたしましたか。」
「この監督者は、収容所の警備兵、並びにこれらの俘虜を使用した会社の守衛であります。[25]」。

石油技術者が七〇一九名南方に送られたということは先に述べたが（64頁）、このように企業は戦争に積極的に関わり、監督業務などをとおして捕虜との接触の機会も少なくなかった。

東南アジアなどから捕虜を運んできた船舶は、食料が乏しく衛生面でも人間がまともに生活できるような環境ではなかった。制空権・制海権を失ったなかでの航海は命がけで、「hell ship」（地獄船）と言われ恐れられた。捕虜自身も乗船する前は各地の俘虜収容所で過酷な労働や虐待を受け既に衰弱しており、海に投げ出されれば生き延びることは困難であった。これら捕虜を移送した船舶のうち連合国軍の魚雷等に撃沈された船舶数は二四隻で、乗船者一万八一八一人中一万八三四人が死亡している。死亡率は六割である。[26]

東京裁判では、被告らはジュネーブ条約を「準用」して捕虜を遇したにもかかわらず連合国側が魚雷攻撃などによる友軍攻撃で殺害したと非難し、連合国側は日本軍が制海権の喪失した状況下で捕虜を移送したこと自体を糾弾している。

一九四四年九月一六日、順陽丸はスマトラ横断鉄道建設工事に投入する目的のジャワ人ロームシャ四三二〇人と、ABDA捕虜二二〇〇人、合計六五二〇人を乗せてジャカルタのタンジュン・プリオク港を発ち、スマトラ島パダン港へ向かった。一八日にパダン近くのインド洋でイギリスの魚雷攻撃を受けて沈没し、ロームシャ四一二〇名、捕虜一五二〇名の計五六四〇人が死亡するという、太平洋における海難史上最悪の事故となった。[27]

乗船者六五二〇人のうちの生存者八八〇人は、スマトラ横断鉄道建設現場へ移送された。事故自体悲惨の極みであるうえ、送られて来るはずであったロームシャや捕虜が死亡したことにより、鉄道建設で現に使役されていたロームシャや捕虜にとっては労働強化につながり、疾病やケガによる犠牲者は増大した。生存者八八〇人のうち戦争の終結まで生き延びたのは九六人であった。異説として、東京裁判第百三十七回（一九四六年一二月二三日）でリンガー証人は、乗船者数をジャワ人ロームシャ五〇〇〇人、捕虜二三〇〇人と証言している。[28]

写真9-2　順陽丸追悼の碑（バンドン郊外チマヒ英霊再埋葬墓地内）

順陽丸事件より三か月前の六月二五日、スマトラ横断鉄道建設のため治菊丸はＡＢＤＡ捕虜七二〇人を乗せ、メダンの外港ベラワンからパカンバルへ向かった。翌二六日早朝、ベラワンの南東一六〇キロメートルでイギリスの艦船トラキュレントの攻撃を受けて沈没し、一八〇人の捕虜が死亡している[29]。

建設現場では、両船をあわせただけでも七〇〇〇人余の労働力を必要としていたことになり、スマトラ横断鉄道がいかに巨大な工事であり、日本軍にとって喫緊のものであったかがうかがえる。

泰緬鉄道建設の際に作業現場の変更でキャンプ移動中に事故に遭い死亡した捕虜は、犠牲者としてカウントされている。同様に順陽丸や治菊丸犠牲者の場合もスマトラ横断鉄道建設で使役されることが決まっていたのであるから、スマトラ横断鉄道建設に伴う事故として扱うのが妥当であるという考えがある。

この説に従えば、捕虜犠牲者は建設現場の七〇〇人に順陽丸犠牲者一五二〇人と治菊丸犠牲者一八〇人が加わることになり二四〇〇人、使役された捕虜全体では五〇〇〇人に乗船者約二二〇〇人と七二〇人を加えた七九二〇人となる。死亡率は三〇・三％となり（二四〇〇／七九二〇）、泰緬鉄道の場合を上回る。第八章で見てきたヘンク・ホビンガなどが示している犠牲者数は、順陽丸事故などを加えたものであり、本項が依拠したGregory F. Michno の hell ship 犠牲者数と若干異なっている（図表９‐４）。

使役捕虜が「少なかった」理由

スマトラ横断鉄道の支線を合わせた合計距離二五五キロメートルは、泰緬鉄道四一五キロメートルの〇・六倍である。他の条件を仮に同じとし単純に距離で見れば、後者の建設では六万人の捕虜が使役されたので、前者では三万六〇〇〇人が必要されたとしてもよいことになるが、実際は六六〇〇人であった。スマトラ横断鉄道建設でのロームシャは泰緬鉄道の六〇％程度（総延長距離の比に見合う）が使役されていたが、捕虜は一一％台にとどまった（図表９‐５）。

スマトラ横断鉄道建設における捕虜人数は「少なすぎる」感があるが、その理由は建設時期が泰緬鉄道のそれより一年一〇か月ほど遅く、戦局が一段と悪化していたことにある。

スマトラ横断鉄道建設時、防衛施設構築など労働力としての捕虜の「需要」が多くなり、捕虜は既にそれぞれ必要とされる労働の場で使役されていた。順陽丸や治菊丸の撃沈事件が示しているように、捕虜の移送そのものも困難な状況にあった。新しい捕虜の大量捕獲は考えられず、「大東亜共栄圏」内での捕虜は「払底」し、物資の場合と同様「調達」は困難であって、スマトラ横断鉄道建設現場へ送る余力が無かった。

また、食料不足などによる捕虜の健康悪化も影響している。泰緬鉄道建設初期、大柄な白人捕虜は捕獲前の豊かな食生活の恩恵で体力もあり、大勢の捕虜を少人数の朝鮮人軍属で統率するには恐怖感をおぼえたというのが偽らざる感懐であったという。

泰緬鉄道建設現場で軍属として捕虜の監視にあたった朝鮮出身李鶴来（一九二五〜）は、戦後のBC級戦犯裁判で死刑の判決を受けた。のち減刑されたが、一九五二年のサンフランシスコ条約の発効で日本国籍を失い、軍属の援護立法の対象から外された。しかし、裁判当時は日本人であったという理由で服役は続き、出所後は補償を拒まれ、異国の日本で外国人として生きていかなければならなかった。次に示すのは、泰緬鉄道建設当時を回想した李鶴来の記述（二〇一六年）である。

「九月九日（一九四二年・筆者注）頃だったと思いますが、ここで私たちは初めて、連合国捕虜に会いまし

図表 9-5 泰緬鉄道とスマトラ横断鉄道での人員などの比較

	泰緬鉄道(a)	スマトラ横断鉄道(b)	a：b
総延長距離	415㎞	255㎞	1：0.6
日本軍	1万5000人	1200人	1：0.08
ロームシャ	40万人	25万人	1：0.625
捕虜	6万人	6600人	1：0.11

(注) (b)の1200人は「中部スマトラ横断鉄道建設隊」の人数

た。捕まって間もない捕虜たちは、体格もよく、私たち監視員が見上げる大きさ。しかも千数百名はいたのではないでしょうか。圧倒的多数です。いまでこそ、みなさんもさまざまな国の人と接する機会があると思いますが、当時アジア人と欧米人の体格差は非常に大きいものがありました。しかも、朝鮮の田舎しか知らない私にとっては、大勢の欧米人の捕虜には恐怖感すらありました」。[30]

しかし、後のスマトラ横断鉄道建設時には、若くて屈強な捕虜は泰緬鉄道建設などに送られてしまっており、使役捕虜は総じて年齢が高い。[31] しかも、捕虜は慢性的な食料不足で痩せ衰え、体力的にロームシャと大差なく、捕虜の代替はロームシャでまかなえばいいという考えに変わっていた。実際ジャワ島は「モノ」として使役可能な「ヒト資源」の宝庫であり、ジャワ人の徴発はますます凄まじくなった。

泰緬鉄道建設で使役された捕虜とロームシャの比率が一対六・七（六万人対四〇万人）だったのに対し、スマトラ横断鉄道建設では一対三八（六六〇〇人対二五万人）であり、スマトラ横断鉄道建設ではジャワ人ロームシャの犠牲が増し、相対的に捕虜の人数は少なかった（図表9－6）。

泰緬鉄道やスマトラ横断鉄道建設に関しては戦後における情報発信の有無の関係から、虐待の実態を訴えることのできた捕虜がまず耳目を集めたが、使役された人数は両建設現場ともロームシャが捕虜を圧倒しており、スマトラ横断鉄道ではその傾向はさらに強い。

なお、このように「ヒト資源」の宝庫であったジャワ島であるが、日本軍の伸びきった戦線に伴いロームシャも多方面に徴発され、各地での防衛陣地建設ではさらに需要が高まった。かつ統制経済によって出来した経済の疲弊と飢餓状態は、地域によっては人口減少をも招くに至

図表 9-6　泰緬鉄道とスマトラ横断鉄道における捕虜とロームシャの比率

	捕虜(c)	ロームシャ(d)	c：d
泰緬鉄道	6万人	40万人	1：6.7
スマトラ横断鉄道	6万6000人	25万人	1：38

り、「無尽蔵」であったジャワ島人も「底をつく」ようになっていった。

スマトラ横断鉄道建設関係への追及が「緩やかだった」理由

連合国が開廷したBC級戦犯裁判のなかで、オランダ裁判は当事国のオランダが日本軍との大規模な戦闘を経験していないにもかかわらず、被起訴者数でアメリカに次いで二番目の一〇三八人、死刑判決では最も多い二三六人であった[32]。その理由は一つひとつの事件を構成する訴因を精査しなければならないが、連合国一般に存在した日本軍への報復感情がオランダの場合ひときわ激しかったことが挙げられる[33]。

しかし、オランダ裁判全一二法廷や同じ鉄道建設であった泰緬鉄道のBC級戦犯裁判において重い判決が多く下されているのに比べ、スマトラ横断鉄道建設に関するメダン法廷の結果は厳しいとまでは言えない。

具体的には、第二十五軍の田辺盛武司令官以下四名と馬来俘虜収容所第一分所（パカンバル俘虜収容所）所長の宮崎良平の計五名が死刑になっているが、その他に刑死者を出していない。田辺以下四人は第二十五軍の全体責任を問われたのであるから、スマトラ横断鉄道建設に限っての刑死者は宮崎のみとも言え、これは泰緬鉄道建設にかかるBC級戦犯裁判での刑死者三二人より極端に少ない（起訴されたパカンバル俘虜収容所の他の三人は土井勇が無期、永井進が八年、石井温義が四年の判決であった。もっとも、泰緬鉄道での捕虜犠牲者は一万五〇〇〇人だったので、三二人の刑死はスマトラ横断鉄道建設の場合と「比率」では違わない）。

またオランダ裁判バタビア法廷（ジャワ島）では、フロレス島俘虜収容所の朝鮮人軍属三人に対し死刑判決が出ているが、パカンバル俘虜収容所の起訴された一一人の（北スマトラのクタラジャ軍用道路工事での捕虜虐待で起訴された朝鮮人軍属一二人を加えた全二三人を見ても）朝鮮人軍属は最高刑が一四年である。

泰緬鉄道建設に関わる裁判では朝鮮人軍属九人[34]に対し死刑判決があったが、メダン法廷ではなかった。「中部スマトラ横断鉄道建設隊」の初代隊長である鍬柄政治も死刑が求刑されたが無期懲役の判決にとどまり、隊長の役を引き継いだ重松徹には一五年の求刑に対し八年の有期刑であった。

スマトラ横断鉄道建設は日本軍政下スマトラにおける最大のプロジェクトであり、多くのオランダ軍捕虜が犠牲になったにもかかわらず、日本軍に対する憤怒の最重要部分にはなっていない。その理由は大きく二つに分けて説明しうる。第一に、スマトラ横断鉄道建設問題より激しい怒りの対象が他にあったことによる。第二の理由は、スマトラの「孤立性」にある。

第一の理由は、さらに次の五点に分けて考えられる。

①日本軍はオランダの国家繁栄と豊かな生活の源泉であった蘭印植民地を奪ったばかりか、再支配しようとしているインドネシアに独立の火種を与えたとの苦々しい認識があった。

②他の連合国軍は緒戦こそ敗北したが日本軍との戦闘において最終的な勝者になったのに比べ、オランダ軍は戦闘をほとんど経験せずに敗北した。しかも三年半後日本の敗戦でインドネシアに勝者として最初に上陸したのは英印軍であり、オランダ軍はその後から戻ってきたにすぎない。

③オランダ人女性（インドネシア人との混血を含む）が「慰安婦」にされたことも耐えがたく大きな影響を与えた。[35]

④前項で検討したとおり、スマトラ横断鉄道建設で使役され死亡したオランダ軍を中心とする捕虜はそれぞれ約六六〇〇人と二五〇〇人であり（hell ship 犠牲者を含む）、泰緬鉄道建設のそれぞれ約六万人と一万五〇〇〇人と比較すると「少ない」（ただし、死亡率は泰緬鉄道の二五％に対して三八％とかなり高い）。一方後段述べるように（371頁）、抑留されたオランダ民間人はインドネシア全体で一〇万人、犠牲者数は一万六〇〇〇人にのぼり、スマトラでも相当数存在したことから、捕虜の受けた苦難よりも民間人抑留者の受難がより注目され糾弾の対象になった。

⑤日本軍による蘭印占領後、オランダ軍のスマトラにおける残置スパイ事件（スマトラ工作事件、赤いハンカチ事件）が発覚し、多くのオランダ軍関係者を日本軍が弾圧・処刑した事件[36]に対する強い報復感情があった。

戸谷由麻は著書『東京裁判　第二次大戦後の法と正義の追求』において、ダムステ検察官を中心とするオランダチームが戦争犯罪の類型の中で何を優先して追及したかを、次のように述べている。

「さまざまな戦争犯罪の類型のなかで、オランダ段階でもっとも重要な地位をしめたのは、強制収容所に抑留されたひとびとに対する虐待と殺害だった。オランダ領東インドでは多くのオランダ系市民が収容所に入れられ、そこでの処遇は過酷だった。抑留者は強制労働させられたり、飢えや病気に苦しんでも必要な食料や医療手当をあたえられなかったり、しばしば殴打、拷問、処刑で殺されもした。（略）オランダ段階において収容所問題のほかに注目されるのは、ダムステが「強制売春」を主要な戦争犯罪の類型のひとつとしてあつかった事実だ。このことから、オランダチームがこの種の戦争犯罪についても日本国家指導者の刑事責任を問うたと考えてよい[37]。」

筆者の示した④と③の追及に力を入れたことにより、スマトラ横断鉄道建設問題の重要性が相対的に低下したということとの間接的な言説とみていいだろう。

しかし、民間人の抑留にしろ「強制売春」の問題にしろ、スマトラの第二十五軍ばかりかジャワの第十六軍でも行われ、被害者数ではジャワ島のほうが多かった。それにもかかわらず、第二十五軍が「犯罪団体」に指定されながら第十六軍は指定されず、敗戦時の第三代司令官長野祐一郎中将は無罪になっている。従って、スマトラを統治した第二十五軍のみに関わる憤怒の理由があって初めて、スマトラ横断鉄道建設に関するメダン法廷の判決が比較的緩やかなものになったといえる。それは先の⑤「スマトラ工作事件」であると考えられる。同事件ではメダン収容所に収容されていた蘭軍スマトラ総司令官オベルアッケル少将ら約一六〇名が検挙され、オベルアッケルら二名が処刑されている。

スマトラ横断鉄道建設関係の追及が「緩やかだった」理由の二つ目であるスマトラの「孤立性」も、次の三点に分けて考えられる。

第一に、支配者オランダはスマトラの豊かな鉱物資源やゴム、茶、コーヒー、タバコなどの広大なプランテーションを防衛するために、外部からの干渉や州同士の交流を排除・禁止してきたことにある。日本軍も陸海軍による分断統治によって孤立性を助長し、特にスマトラにおいては州をまたがっての交流を制限した。その結果、スマトラ横断鉄道問題は鉄路の存在した西スマトラ州とリアウ州の中に閉じ込められ、スマトラ全体の問題にはならなかった。

第二に、スマトラ島には歴史的にミナンカバウ族、アチェ族、バタク族などが居住し、他地域の問題に干渉することを避ける傾向にあり、孤高とも言えるこれら諸民族の行動様式はスマトラ横断鉄道問題の拡散を阻害し、メダン法廷で鉄道問題への関心は実態に及ばないことになった。

第三に、スマトラ島は日本の一・三倍の面積がありながら、BC級戦犯法廷の開廷されたのは北方のメダン一か所であった。メダンで法廷が開かれた理由は、①メダンがスマトラ島随一の人口を有し、②日本軍政下において高等法院が存在し（スマトラ島内の高等法院は中部のパダン、南部のパレンバン計三都市にあった）、③1と2に関連し、連合国軍（英印軍）が最初に進駐した都市であったことによるが、中部や南部で起きた事件を切実に取り上げるほど熱は入らなかった。それは、ボルネオ島におけるオランダ裁判BC級戦犯法廷がポンティナアック、バリクパパン、パンジェルマシンの三か所で開廷された場合と比較すると明らかである（ジェッセルトンで開廷したイギリス裁判を含めると、ボルネオ島では四か所で行われている）。スマトラ島が広大であることは、さまざまな局面で大きな影響を与えている。

このようにスマトラ島は幾重にも孤立社会の様相を呈し、スマトラ横断鉄道建設問題は拡散することなく他の事件に比較して緩やかな追及や判決となった。

軍用鉄道と民用鉄道

東京裁判において、被告東条英機は泰緬鉄道建設での捕虜虐待の責任を問われた際、捕虜を軍事的な作業に就かせたジュネーブ条約違反への反論において次のように述べ、泰緬鉄道は軍事鉄道ではなかったとしている。

「本鉄道は戦線より遥かに後方に在り又その附近には当時何等作戦行動はなかったのであります。即ち本鉄道建設の作業はヘーグ条約並に寿府（ジュネーブ・筆者注）条約に俘虜の労務として禁ぜられて居る作戦行動とは認められず[38]。」


しかしこのような主張が受け入れられるはずもなく、泰緬鉄道は軍事鉄道であり捕虜の使役はジュネーブ条約違反と断じられたのであるが、一方そもそも鉄道が軍用か民用かの線引きには難しい点がある。

小林英夫は著書『「大東亜共栄圏」と日本企業』で、インドネシアにおいてアジア・太平洋戦争中は軍事鉄道に比重が置かれ産業開発のための鉄道はわずかしか開発されなかったが、それでもスマトラ横断鉄道、バヤ鉄道、セレベス島のニッケル開発と関連した石炭線の建設が行われたと述べている[39]。たしかにスマトラ横断鉄道はオンビリンやロガスの粘結炭をもとにコークスをつくり、マレー半島に運んで本格的な製鉄所を立ち上げようとしたことから、その目的は産業振興にあったという見方は可能である。

しかし当時は大政翼賛、産業報国、挙国一致の掛け声のもと、産業開発も人々の暮らしを豊かにするという考えにはほど遠く、あくまでも戦争に勝つためのものだった。ましてやスマトラ横断鉄道は戦況を打開する目的で建設され、産業振興とはいっても中核は兵器産業であり、産業振興と軍事鉄道は戦時下では対立概念ではないと考えられる。

鉄道建設にあたりムアロ駅勤務となった鉄道第九連隊第四大隊の蓮見留五郎は、戦友会誌に次のように書いている。

「ムアロ駅は、パダンパンジャンから分岐してムアロまでの中スマトラ営業線の終点であり、私たちが建設したパカンバル、ムアロ間の中部スマトラ横断鉄道の、これまた終点、いわば、営業線と軍用線の連接点だった。[40]」

つまりオランダが建設した既存線と違って、スマトラ横断鉄道は軍用線であることを意識して任務にあたっていたということである。

特設鉄道隊の一員として測量に当たった河合秀夫は、「建設線は鉄道の性格上軍政線ではなく軍令線、従って軍政幹部《ママ》を通さず直接軍の指揮下に入る事になって居た」と述べている。[41] 実際、建設工事は当初特設鉄道隊や建設業者が中心になって進め、一九四四年四月一六日に鉄道連隊も加わった「中部スマトラ横断鉄道建設隊」を立ち上げ、さらに一九四四年一〇月二〇日には

写真9-3　現存するムアロ駅の一部

軍政監部から軍組織の「スマトラ鉄道隊」（富第１０９３１部隊司令官塩島荘夫少将）に編成替えした[42]経緯からしても、スマトラ横断鉄道は軍事鉄道そのものであった。

ムアロ駅舎の一部は二〇一八年現在も当時のまま残されており（写真９‐３）、建物の中には入れないが駅舎の中には待合室とベンチが備え付けられているのがわかる（写真９‐４）。これは物資輸送だけでなく、パダン方面に旅客も運んでいたからである。これに比し、スマトラ横断鉄道は物資だけの輸送を目的とする軍用鉄道だったので、旅客用の駅舎やプラットホームはなかったはずである。

泰緬鉄道での駅の存在は「泰緬連接鉄道要図」（防衛省防衛研究センター所蔵[43]）によって詳細に知られているが、スマトラ横断鉄道では全線のどこに駅があったのか全容は明らかではない。本書でこれまでに出てきたスマトラ横断鉄道の駅名は、タブイ駅（１１７頁）、パカンバル駅（１２１頁）、臨港駅（２６９頁）ムアロ駅（３５２頁）であり、このほか『陣中日誌』六月一六日別紙第一「第一中隊作業日報」には「サロサ」、同六月一八日別紙第一「第一中隊作業日報」には「リパカイン」両駅が構築中と記載されている。また、ロガス支線との分岐点にはコタバル駅、支線の終点にはロガス炭鉱駅が当然作られたであろう。

写真9-4　ムアロ駅待合室

国際協力事業団（ＪＩＣＡ＝今日の国際協力機構）の委託を受けた地質調査専門家森谷虎彦が、スマトラ横断鉄道沿線を精力的にまわっていることは後述する（３９４頁）が、森谷の残した動画[44]によると、一九八二年には右記以外にシンパンチガ駅、クボンドリアン駅などの跡を確認し、後者については住民から当時の駅長と助役の氏名も聞くことができたという。また、このほかにも反対方向の列車とのすれ違い、燃料の補給、運転手など乗務員の交代のため、いくつかの駅は設けられたであろうが、運行計画を推測することのできる手がかりになり得る全駅のありかや規模などの資料は見つかっていない。

なお、スマトラ横断鉄道の完成が「玉音放送の日」であったにもかかわらず、クボンドリアン駅では駅長と助役がそれ以前に仕事に就いていたのは、同駅はロガス支線分岐点よりパカンバル寄りにあり、全線完成に先行してロガス支線がパカンバルまで開通し、コークスが搬送されていたためである。

泰緬鉄道の建設着工に先立って行われた日本軍とタイ政府間の協議において、鉄道が軍事鉄道であるかどうかを含め鉄道全般にわたって協議が行われたが、話し合いは難航し延々と一か月近くも続いたのは、タイ政府が「戦後」を見据えて軍用と民用のどちらが「独立国としての国益」に適うかを模索したからであろう。[45]

第一次世界大戦以降、国家間の戦争は次第に総力戦の様相を濃くし、軍事、科学技術、経済、文化など多局面での戦いとなっていた。戦いは職業軍人だけのものではなくなり、「銃後」の老若男女までもが動員され、また攻撃対象となった。従ってジュネーブ条約第三一条の「捕虜を作戦行動に直接関係ある労働に就けてはならない」という規定は戦争が総力戦になる度合いが高まるにつれ解釈に困難な場合が生じていたのである。総力戦が通常の戦争形態になった以上、どんなに産業振興を掲げ

写真9-5 1982年当時の臨港駅近辺 機関車と民家の併存 森谷寅彦提供

て着手した鉄道であれ、それは軍事鉄道でもあるというのが実態であった。そして、総力戦を担う「ヒト資源」として捕虜が対象になってきたのも、第一次世界大戦からであった。[46]

マレー半島における製鉄所の役割の変化――「大東亜共栄圏」の分断

ここで再びスマトラ横断鉄道建設の目的について、戦局の推移を踏まえて考えてみたい。前段（110頁〜）で得た仮説的な結論では、①東京からインド洋までを打通する大東亜縦貫鉄道構想を背景に、②スマトラとシンガポール間の輸送を円滑化し、制空権・制海権の喪失による代替ルートの機能を持たせ、③オンビリンやロガスの粘結炭をもとにコークスをつくりマレー半島へ搬送し本格的な製鉄所を建設する、というのがスマトラ横断鉄道建設の目的であった。これらの背景にはオーストラリアを「生存圏」に組み入れようとする思惑もあった。

敗戦後設置された復員庁の第一復員局（陸軍省の後継）がまとめた「スマトラ軍政の概要」（一九四六年）は、スマトラ横断鉄道建設の目的に関し次のように述べている。

「石炭は西海岸州「オンビリン」及「パレンバン」州に生産し「スマトラ」の需要を充足せる外「ジャワ」及馬来に輸出せり　尚「リオ」州に粘結炭埋蔵せられあるを開発し大いに製鉄事業を興さんと企図し右石炭搬出の為パカンバル―ムアロ間に鉄道（所謂「スマトラ」横断鉄道）を新設中終戦となれり[47]」

「中部スマトラ横断鉄道は防衛上及物資輸送上極めて必要にして第二十五軍未だスマトラ移駐前既に計画し諸調査を遂げありたり路線はパダンを起点とする鉄道を延長、中央部を横断してパカンバルに至らしめ同所よりシヤク河の水運を利用してシンガポールと結ばんとするに在り　新設線路の延長二二三粁建設費約三、二〇〇萬円、十九年度末竣工の予定を以て建設するに決し作戦鉄道として十九年十月までに一応日量六〇〇屯の輸送能力を付与する様整備することゝなり鋭意工事を続行中十分なる成果を見ずして終戦となれり」[48]

ここには、鉄道建設の目的が戦局の悪化によって変化したとは書かれていない。しかし戦局の悪化が進むと、「大東亜共栄圏」は日満支と南方とに分断されてしまい、その影響で内地と南方間との便がなく、往来に相当の日数がかかるようになってしまった。以下はその例である。

日本軍は東南アジア占領地で新聞社・通信社などに地域を割り振って邦字紙を発行させた。読売新聞編集局参事だった梅津八重蔵は、蘭印セラム地区での邦字紙発行のため一九四三年四月に東京を出発し、マニラまで飛行機で行き、そこで乗船した鎌倉丸は魚雷攻撃で沈没し、スールー海を漂流中に救助される。マニラで飛行機便の空きを探し、アンボンに着いたのが八月中旬、四か月かかったと述べている。[49]

また、既に見てきたように、スマトラ横断鉄道建設に当たっていた鉄道第八連隊第一大隊は転戦命令を受けてスマトラ島を後にするが、八月から一〇月の三か月間シンガポールでフィリピン行きの配船を待つことになる。

このような状況下、スマトラ横断鉄道の建設目的自体は変わらなかったが、計画どおりマレー半島に製鉄所が建設されたとしても製品を内地へ送ることは不可能になり、東南アジアなど南方は内地と分断状態で戦うこととなり、「自給自戦」のための製鉄所建設へと役割は変化していった。実際、既存木炭銑製鉄所の製品や他の物資が日本へ搬送されることは稀であり、一九四五年の蘭印からの石油還送実績もゼロであった（65頁）。

埋もれてしまったスマトラ横断鉄道建設問題

東京裁判では泰緬鉄道建設に関する問題、なかんずく捕虜虐待の問題は厳しく追及された。戸谷由麻はこれが可能だった理由として、比較的証拠が豊富で虐待などの規模が大きく、状況を証言できる生存者が存在し、事件が同時期的に世界に知れわたっていたことを挙げている。[50]

この戸谷説から逆にスマトラ横断鉄道建設問題が厳しい追及に晒されなかった理由をみると、証拠や証言者が十分得られず、同時期的に知れ渡っていなかったということが言えよう。これらの理由に関して、スマトラの「周縁性」とインドネシア独立の高揚の中で問題が埋もれてしまったという観点から考えてみる。

第二十五軍軍政監部付軍属としてシンガポール、のちにブキティンギで勤務した前野健男（153頁）は、一九八八年に「スマトラの産業政策を語る」と題するインタビューを受けた際に「スマトラとシンガポール間の物資輸送」について語っているが、スマトラ横断鉄道について全く触れていない。(51) スマトラ横断鉄道はスマトラとマレー間の物資輸送に大きな影響を与えるプロジェクトであったし、なかでもスマトラの粘結炭からコークスをつくりマラッカ海峡を越えてマレー半島に搬送することは、本格的な製鉄所を可能にするという点で極めて重要な意味を持っていたはずである。前野が「特産課」の仕事をしていたにもかかわらず全く言及していないのは不可解と言っても過言ではない。出席者からは質問も出ていない。

このようにスマトラ横断鉄道建設の全容が明らかにされていないばかりか、建設の目的が戦史の中で正しく捉えられておらず、そのことに当事者が気付いてもいない。その理由は大きく分けて二つある。一つが、スマトラ横断鉄道建設問題がインドネシア独立戦争の混乱と独立の高揚の中で相対的に重要度が低下してしまったことであり、さらに一つは、鉄道建設がスマトラ島という「周縁」で起こったこととして捉えることができるのである。この「周縁性」に関し泰緬鉄道の建設と比較してみると、次のようなことが考えられる。

泰緬鉄道とスマトラ横断鉄道では建設距離に差があり、前者はタイとビルマ二国間にまたがっていたという点で注目度はスマトラ横断鉄道より高い。建設で使役されたロームシャの出身地は泰緬鉄道ではビルマ、マレー、インドネシア、タイ、ベトナム、インドなど広範囲にわたっているが、スマトラ横断鉄道ではほぼジャワ島・スマトラ島に集中しており国際的な広がりに差がある。同様に、両鉄道建設で使役された捕虜はともに英・豪・蘭・米など多国籍ではあったが、スマトラ横断鉄道の場合オランダ兵の比率が高く、人数も少なかったので問題の広がりに欠けるところがあった。

さらに記録の継承という点でもオランダ語は英語よりも使用人口が少なく、情報発信力は英語の持つ国際性とは比較にならない。また、泰緬鉄道建設に加わりのちに作家となったビルマ人リンヨン・ティッルウィンが、ロームシャの立場から現場の惨状を記録して後世に残し得たのは、状況を明らかにするうえで特筆すべきことである。しかしスマトラ横断鉄道建設ではインドネシア・リアウ州政府発行の歴史書がロームシャの惨状に言及し、複数の作家も鉄道建設を創作テーマに据えてはいるが、建設作業で実際に使役されたロームシャの書いた記録は存在していない。また、ジャーナリストで政治家でもあったアディネゴロは、日本軍によって『この世の地獄ロガス』の刊行を断念させられている（188頁）。

泰緬鉄道では『戦場にかける橋』という「娯楽映画」やそのテーマソングが人口に膾炙したのに比べ、スマトラ横断鉄道は全線完成後もグローバルな関心を引くことはなかった。日本軍関係者にしてみれば軍事的に有用な運行をしないうちに敗戦となり、見捨てられた鉄道に言及するのがはばかられたということもある。

「ビルマ地獄・ジャワ極楽」という言葉をそのまま受け入れては戦争の本質を見誤るおそれがあるにしても、インパール作戦などの地獄絵図に比肩される大規模な戦闘は蘭印のジャワ・スマトラでは発生していない。蘭印攻略作戦時のスマトラ・パレンバン石油基地に対するパラシュート部隊の降下作戦は戦史の中でしばしば登場するが、戦局が悪化した後も連合軍の空爆は少なく、その点でもスマトラに対する注目度は低い。しかし、「何もなかった」わけではなく、特に占領されたスマトラの人たちにとっては「極楽」どころではなかった。

日本軍によって崩壊させられたインドネシア経済はオランダとの独立戦争でいっそう疲弊し、スマトラ横断鉄道建設の悪業を追及する余裕はなかった。また親日的な初代大統領スカルノのもと、鉄道建設に関わる日本軍の悪行を告発する大きな機運も生まれなかった。

そして、「埋もれている」のは以上の理由などによって結果としてそうなったのであるが、重要なことは「地政学的な周縁」とともに「意識上の周縁」とも言うべき点に思いをいたさなければならないということである。
多くの犠牲者を出したスマトラ横断鉄道に関して戦後七二年が経ってもその詳細が明らかになっていないのは、本来責任をとるべき日本国、軍、国鉄[52]、建設会社などが責任を回避して意図的に沈黙してきたことも大きな要因である。戦争責任、戦後責任の認識を政府はじめ組織・団体、関係者の多くが持ち合わせていないのである。ほとんどの日本人はスマトラ横断鉄道という存在すら知らず、そのような意識の上での「周縁化」によってスマトラ横断鉄道建設問題は埋もれてしまったと言える。

「スマトラ新聞」の発掘とスマトラ横断鉄道撮影隊

日本軍は対米英蘭戦争で東南アジアを占領すると、新聞社・通信社などに地域を割り振ってジャワではジャワ新聞、フィリピンではマニラ新聞、ビルマではビルマ新聞などと、各地で日本語新聞を発刊させた（355頁）。スマトラでもパダンを本社として「スマトラ新聞」が一九四三年六月から一九四五年の敗戦時まで発行され、スマトラ島唯一の邦字紙だったので購読者は全島にわたっていたが、主にパダンや軍都かつ行政都市ブキティンギを中心として、その区域内に含まれる交通の要衝パダンパンジャン、軍駐屯地だったパヤクンブ、炭鉱の町サワルントなどを購読地域にしていた。また、主な読者層は軍人、官僚、企業関係者などで二〇〇〇部ほど発行されていた。

東南アジア各地のこれら邦字紙は敗戦時に軍部から焼却命令が出され大方は消失してしまったが、少数部数がインドネシア国立図書館やインドネシア研究で名高いアメリカ・コーネル大学などに保存されており、これらを底本として日本では復刻版が出版され、多分野の研究に寄与している。しかし、同盟通信が中心となってパダンで発行していた「スマトラ新聞」は戦後長い間存在を確認できず、幻の新聞となっていた。中国文学者鈴木正夫は、東南アジアにおける日本軍政下スマトラに避難し、潜伏生活を送っていた中国人作家郁達夫（47頁）が殺害された事件の調査過程で、一九九二年、インドネシア国立図書館にて「スマトラ新聞」を「発見」した。それまで存在が確認されていなかった新聞の発見は快事であり、世界唯一の現存紙は非常に貴重な史料だったが、どういう理由か再び行方不明となってしまった。

筆者も鈴木同様スマトラ横断鉄道を調べるなかで、「スマトラ新聞」に同鉄道の記事が掲載されていないか確認したいとの思いから行方を捜すことになった。ジャカルタのインドネシア国立図書館で担当者とともに捜したが見つからなかった。重ねての調査を依頼しておいたところ、二〇一六年三月に見つかったとの連絡を受け、五月に初めて「スマトラ新聞」を見ることができた。

発掘した「スマトラ新聞」は一九四三年一〇月一日から一九四四年一月二〇日まで、全体約六五〇号の九四号分である。それをもとに二〇一七年四月には複刻版を刊行するところまで進んだ。[53] 複刻版に収めたなかでスマトラ横断鉄道に関する記事を探してみたところ、二度掲載されていた。

一つは撮影隊の件である。日本軍は大きなプロジェクトには宣伝班撮影隊を派遣しており、泰緬鉄道建設には泉信次郎などを建設現場へ送り、そのフィルムが今日も保存されている。しかし、スマトラ横断鉄道の場合は鉄道そのものがほとんど明らかになっていなかったことから、撮影隊に関してもまったくわからなかった。「スマトラ新聞」の発掘で撮影隊も判明し、日本映画社（日映）が派遣されることになった、と一九四三年一〇月一一日の記事は次のように報じている。

「横断鉄道打合せ　日映の撮影準備も進む

スマトラの○○と○○を結ぶ横断鉄道建設は、既に劃期的工事として日夜分たぬ□□準備工事が進行しているが、軍政監部交通総局では、今後の本格的工事運営のため来る十四日ブキチンギに於いて工事現場首脳者との打合会を開催することになった。尚、□工事の建設状況について日本映画社では、記録映画として後世に残すため近く撮影を開始すべく準備中である。[54]」

しかし、日本映画社撮影によるフィルムはすべてオランダのSound and Visionが所蔵しており、Sound and Visionは筆者の照会に対し、たしかに日本映画社撮影による多くのフィルムを所蔵しているが、鉄道関連は一本もないとの回答を送ってきた。「スマトラ新聞」同様スマトラ横断鉄道建設の撮影に関しても、建設現場で実際に撮影が行われたのか明らかではなく、フィルムは「幻」以前のことである。スマトラ横断鉄道建設関係のフィルムは存在していないということだが、日本映画社の撮影した膨大な歴史資料が戦後の混乱のなか戦勝国オランダに持ち去られ、戦後七〇余年を過ぎても返還されていないというのは正常とは言えない。

もう一か所は一九四四年一月五日号に、「決戦スマトラの交通」と題して壺田修軍政監部交通総局長が書いている記事である。それは、「一、鉄道関係　二、自動車関係　三、海運関係」にわかれており、「一、鉄道関係」のなかにスマトラ横断鉄道が出てくるが、次のように単に建設に触れているだけである。

「本年は中部「スマトラ」横断鉄道の建設、主要駅□駅に於ける線路其の他の改良、鉄道防空施設の整備、鉄道輸送力の増□、鉄道工□の整備拡充、鉄道通信施設の整備鉄道輪□資材の整備拡充、鉄道要員の養成等鉄道□設の整備拡充を図る計画である[55]」

一九四四年一月から本格的な工事が始まっているので、特集記事が掲載されてもいいのだが詳細には全く触れていない。

また、スマトラ横断鉄道ではないが、一〇月二二日号には小幡鉄道省動員課長の南方視察の記事があり、スマトラでは「原住民の職員が非常によく働き、日本語で何でも用が足せる」と述べたと掲載されている。[56]しかし、スマトラ横断鉄道建設の議が起こるきっかけとなった、一九四二年六月の増永元也軍政顧問や桑原弥寿雄技師等一行六名のスマトラ視察は、本複刻版以前の出来事であった（91頁）。

なお、一九四三年一〇月二六日号では大東亜縦貫鉄道について次のように報じている。

「東京 ↕ 昭南大鉄道計画 〝汽笛一声〟驀《まっしぐ》ら 仏印地区計画成る

（河内《ハノイ》同盟）敵潜水艦の脅威を受くることなく東京と昭南又はラングーンを鉄路で結ぶ大東亜共栄圏縦断鉄道建設計画は、その後、我が国鉄道技術の推進により着々進捗し支那大陸を始め各地においては、既に実質的工事を開始している所もあるが、この度仏印地区の建設計画につきこの程大体の目安がついたのでこの現地案が中央に提出された(57)。」

大東亜縦貫鉄道に関しては、ビルマ新聞にも掲載されている。たとえば、「東京 昭南 超特急列車 大東亜線の建設計画着々進む」「支那大陸縦貫五千粁 わが戦略態勢確立 昭南・ビルマへの鉄道打通も近し 鉄路一年で竣工 東京―昭南間は九日半」などの楽観的で勇ましい見出しで報道されている(58)。

苦力病院長への聴取

海軍大佐であった豊田隈雄（一九〇一～一九九五）は、一九八〇年から約一一年間、一三〇回ほど海軍軍令部参謀が非公式に会合を持ち、「先の戦争」について意見を交わした「海軍反省会」の一人で、第五三回以降の会合での発言記録が残っている(59)。

海軍は陸軍に引きずられてアジア・太平洋戦争へ突入したという「海軍善玉イメージ」が強いが、これは海軍関係者が意図的に流布させたものである、と歴史学者笠原十九司は糾弾し、豊田ら海軍の東京裁判対策を戦後における「第二の戦争」と称して次のように述べている。

「天皇の戦争責任を免責し、嶋田繁太郎（対米英蘭開戦時の海相。東京裁判で無期刑の有罪となった。筆者注）の極刑を回避するために、「東条に全責任を負わせる」ことで海軍とＧＨＱの「談合」が秘密裏に成立した。[60]」

その豊田らが中心となり復員庁関係者がＢＣ級戦犯に面談しており、それらの記録はスマトラ横断鉄道建設でのロームシャの犠牲者数などを明らかにするうえで重要資料になりうる。

第一復員省は陸軍省を、第二復員省は海軍省をそれぞれ改組して一九四五年一二月一日に開庁され、一九四六年六月一五日に統合後復員庁となった。一九四七年一〇月一五日に復員庁は廃止され、第一復員局の復員業務は厚生省に、第二復員局の復員業務も総理府を経て厚生省に引き継がれた。

復員庁第二復員局調査部長を努めた豊田はＢＣ級戦犯裁判の被告、担当弁護士などに面談して事情聴取し、所属部署の統廃合は変遷したが、最終的に法務省官房司法法制調査部において中佐であった井上忠男とともに参与職として調査を引き継いだ。[61]それらの記録は国立公文書館に所蔵されている。ここでは、メダン法廷で裁かれたスマトラ横断鉄道建設に関係する七件二四人のうち、井上によって面談聴取された楠本健二と向林喬、二病院長のケースをとりあげる。

既に刑期を終えた楠本と向林が面接聴取を受けたのは一九六一年であり、裁判に影響するという懸念から作為的な発言をすることは考えられず、豊田・井上も法務省の「戦争裁判関係資料収集計画」にのっとり、戦争裁判の批判検討はしないことを旨として事情聴取にあたっているので、記録にバイアスはないと考えていいだろう。病院長としてロームシャに日々接していたことから、ロームシャの実態を明らかにするうえで二人の発言は有益である。

楠本健二はタロック苦力病院長（医大尉）で、メダン戦犯法廷で死刑を求刑されたが、一五年の有期刑の判決を受けて収監された。のち巣鴨プリズンに移り、出所後、一九六一年二月一五日午前一〇時から一一時三〇分まで、居住地和歌山市で行われた参与井上忠男による調査に次のように答え、業者の不徳を指摘しかつ軍自体の責任にも言及している。

「最初鉄道の建設を、鉄道省が担当し、区間入札をやって業者を引き入れることとなり、このような問題（ロームシャの衰弱死など・筆者注）が起こったと思う。業者は、軍命令による完成期日に追はれ、苦力を酷使した。入院した時は死んでいるというような荒い使い方をした業者にも責任はあるが、軍がもっとあらゆる面で援助すべきであったと思う。現地に来ている業者にはよい人間が少なかった。タロックの夜の市で、業者が大金を賭けているのを見てびっくりしたこともあった。[62]」

業者が大金を賭けていたかどうかは判断のしようがないが、ロームシャが往々にして入院時には既に手の施しようがないほど重篤であったということは、内海正軍医の証言（157・176頁）等からも事実であることは疑い得ない。また、建設を急ぐようにとの上からの命令でロームシャや捕虜にしわ寄せがいっている状況は泰緬鉄道でも見られ、証言のように業者が軍命令の完成期日に追われていたことも当然あり得た。

なお、楠本がまともにロームシャを治療していなかったという、ジェイコブズ少佐の告発については187頁。

向林喬も医大尉軍医であり、楠本健二と同様の起訴理由で六年を求刑され四年の判決を受けた。向林が苦力病院長を務めていた時期は一九四四年八月から同年一二月までの五か月間であり、既に帰国していたところを敗戦後スマトラに引き戻され起訴された。ＢＣ級戦犯裁判の被告には運不運がつきまとうことがあり、向林が遅れてメダン法廷に立たされた時、日本軍に対する報復感情で荒れ狂っていた裁判が落ち着きを取り戻しており、そのことが量刑に幸いしたと向林は次のように述べている。

「苦力病院は楠本健二軍医がタロックに開設しているだけだったのでシンパンチガにバラックを建てて苦力病院を開設した。オランダの捕虜軍医四名が配当され、極めて良好な関係で診療にあたった。ロームシャは一日に三〇〜四〇人が死んでいった。赤紙一枚で召集された人々が、Ｂ・Ｃ級戦犯として処刑されていったことについて釈然としない(63)。」

楠本・向林両名の証言、特に向林の「一日に三〇〜四〇人が死んでいった」をもとにしたロームシャの死亡者数については１８２頁を参照。

第九章注

（１）東京裁判ハンドブック編集委員会編『東京裁判ハンドブック』青木書店、一九八九、二二三頁。
（２）茶園義男編・解説『ＢＣ級戦犯和蘭裁判資料・全巻通覧』不二出版、一九九二。
（３）巣鴨遺書編纂会編『世紀の遺書』巣鴨遺書編纂会刊行事務所、一九五三。巣鴨遺書編纂会編『復刻　世紀の遺書』講談社、一九八四、四〇九〜四一一頁。広池俊雄『泰緬鉄道　戦場に残る橋』読売新聞社、一九七一、三・四二一〜四二八頁。田原総一朗監修・田中日淳編・堀川惠子聞き手『日本の戦争　ＢＣ級戦犯・60年目の遺書』アスコム、二〇〇七、一九九〜二〇五頁。小林弘忠『遙かな空　泰緬鉄道――その生と死』毎日新聞社、二〇一三。
弘田は「遺書」に相当すると思われるもののほか、遺文や詩歌など多くを遺しており、ここに挙げたほか多数の著者から言及されている。小林弘忠は多く（六〇頁）を割いて弘田の「人柄」の良さを述べており、当番兵を務めた諸星達雄が弘田を慕っていたことなどにも言及している。これらの記述の背景には、BC級戦犯裁判が連合国による報復裁判であり、刑死した弘田は命令に従って行動し、悪事を働いたわけではないという同情があるものと考えられる。しかし、オーストラリア人捕虜からは「ヒロタは残酷で、乱暴で―」と告発されている（内海愛子『ある戦犯の手記』解説　鉄道小隊長による記録」樽本重治『ある戦犯の手記　泰緬鉄道建設と戦犯裁判』現代史料出版、一九九九、四五三頁）。

泰緬鉄道建設に従事した鉄道第九連隊第四大隊第三中隊の塩田源二中尉も、一九四七年一一月二日ラングーンで刑死している。しかし戦友会の九四会は一九六七年に初めてその事実がわかったとして、『おとずれ』十四号一九六七年、一八頁において編集部による「鉄九、三中、塩田中尉、法務死の経緯」を掲載するなど、弘田に比べ注目のされ方には相当の違いがある。巣鴨遺書編纂会編『世紀の遺書』（一九五三年）には塩田の遺書が収められている（二九五～二九七頁）ので、戦友会が塩田の刑死を確認したのはそれより一四年後ということになる。しかも同遺書には「詳しい事は先輩菅野廉一様に依頼して居りますから、その方からお聞き下される様御願ひ申上げます。」と書かれており、九四会は菅野と交流があったのだからもっと早く事情を知っていていいはずであった。戦友会誌では「塩田源治」と誤記している。

また、九四会は鉄道第八連隊がスマトラ横断鉄道建設に従事していたことは当然わかっていたであろうが、一九九四年の「おとずれ」において、「（鉄道第八連隊は）「ルソン島の戦闘により部隊の大半は壊滅、終戦時、南方軍に属す。個別に復員、全鉄道隊中、最も悲惨な終局を迎えた連隊」とあったのを見て私は愕然となった。」諸星達雄「ああ鉄道第八連隊」『おとずれ』四十一号、六七頁、と戦後四九年目にして初めて特集記事を掲載するなど、塩田源二の件ともども釈然としないところがある（『おとずれ』は四十二号で終刊）。

（4）坂邦康編著『蘭印法廷（1）』東潮社、一九六八、九五～九八頁。憲兵隊にも第10条が適用されて「犯罪団体」となり、サバン憲兵分隊荻久保福平准尉は求刑一二年のところ死刑が宣告された。

（5）巣鴨遺書編纂会編『世紀の遺書』巣鴨遺書編纂会刊行事務所、一九五三。巣鴨遺書編纂会編『復刻　世紀の遺書』講談社、一九八四。田辺盛武については二三四～二三五頁、深谷鉄夫については一九六頁。

（6）粟屋憲太郎・吉田裕編集解説『国際検察局（IPS）尋問調書』第47巻、日本図書センター、一九九三、Case #399.

（7）メダン戦犯公判第三十六号の事件概要を記した文書には笠松徹を訂正して重松徹としてある。国立公文書館所蔵。

（8）内海愛子『キムはなぜ裁かれたのか　朝鮮人BC級戦犯の軌跡』朝日新聞出版、二〇〇八、六五～六六頁。

（9）茶園義男編・解説『BC級戦犯和蘭裁判資料・全巻通覧』不二出版、一九九二。

（10）内海愛子・村井吉敬『赤道下の朝鮮人叛乱』勁草書房、一九八〇。林えいだい『インドネシアの記憶　オランダ人強制収容所』燦葉出版社、二〇〇〇、二〇三～二一一頁。東門容『ムルデカ　インドネシア独立戦争と日本兵』本邦書籍、一九八四など。

（11）野島敬吉『スマトラ寸描』一九八九、六頁。

（12）顛末は、諸星達雄「トアン・アノアールの手紙」『おとずれ』三十二号、九四会、一九八五、八五～一〇一頁、諸星達雄「あれから一〇年―尋ね人―」『テラタイ発足10周年記念文集』ファリダ・イドリスノ、一九九七、一六～一八頁に詳しい。

（13）タン・マラカ『牢獄から牢獄へ　タン・マラカ自伝Ⅱ』押川典昭訳、鹿砦社、一九八一、三五六頁。

（14）内海愛子『キムはなぜ裁かれたのか　朝鮮人BC級戦犯の軌跡』朝日新聞出版、二〇〇八、一五七頁。

（15）岩井健『C56南方戦場を行く――ある鉄道隊長の記録』時事通信社、一九七八、二二六～二三〇頁。岩崎健児は「バッサンカル」としているが、通常「バトサンカル」と表記している。

（16）河合秀夫『戦火の裏側で』私家版、一九九九、八九頁。「捕虜」とは文脈からして連合軍のことではなく、インドネシア人を拘束したことを指している。

（17）九四会記念文集編集委員編『光と影　鉄九・四大隊記念文集』九四会、一九六九、四〇頁。

（18）浜井和史編集・解題『復員関係史料集成第六巻　南方軍復員史』ゆまに書房、二〇一〇、四九頁。

（19）同右、二〇一頁。

（20）和蘭　メダン戦争裁判資料　供述者　大江保直（元メダン高等法院長司政長官）聴取者　井上忠男　日時　昭和三九年三月一八日　一二・三〇から一三・三〇まで　場所　東京簡易裁判所判事室（国立公文書館蔵）。

（21）草ヶ谷宣正「私は転属して来た」富の思い出集編集委員会編『富の歩み　思い出集』富の会、一九八一、一六〇頁。

（22）九四会記念文集編集委員編『光と影　鉄九・四大隊記念文集』九四会、一九六九、三九頁。

（23）「朝日新聞」二〇一五年一二月二日、朝刊、八頁。

（24）岩川隆『孤島の土となるとも　BC級戦犯裁判』講談社、一九九五、二四九～二五三頁。

（25）新田満夫編『極東国際軍事裁判速記録　第三巻』雄松堂書店、一九六八、第百三十八号、六六一頁。

（26）茶園義男編『十五年戦争重要文献シリーズ　第八集　俘虜情報局・俘虜取扱の記録（付）海軍兵学校『国際法』』不二出版、一九九二、二三〇～二三一頁。POW研究会の下記ホームページ　http://www.powresearch.jp/jp/archive/ship/index.html　最終確認日　二〇一八年七月一日。

（27）Gregory F. Michno, *Death on the hellships: prisoners at sea in the Pacific war,* Naval InstitutePress, 2001,pp.234-241.

(28) 新田満夫編『極東国際軍事裁判速記録　第三巻』雄松堂書店、一九六八、第百三十七号、六五六頁。

(29) Gregory F. Michno, *Death on the hellships : prisoners at sea in the Pacific war*,Naval Institute Press,2001, pp.171-173. 異説として、一九四六年一二月二三日の東京裁判で、リンガー証人は七〇〇名のうち二五〇人が死亡と証言している。新田満夫編『極東国際軍事裁判速記録 第三巻』雄松堂書店、一九六八、第百三十七号、六五五頁。

(30) 李鶴来『韓国人元ＢＣ級戦犯の訴え――何のために、誰のために』梨の木舎、二〇一六、一〇頁。

(31) Esther Captain and Henk Hovinga, *Retracing the War An Historical Introduction*, Jan Banning, *Traces of War Srvivors of the Burma and Sumatra Railways*, Trolley Ltd. 2005, p.18.

(32) 東京裁判ハンドブック編集委員会編『東京裁判ハンドブック』青木書店、一九八九、二一九頁。

(33) フィリピン裁判では被告総数一五一人の五二％にあたる七九人が死刑判決を受けており、「報復」かつ「苛烈」裁判と言われたが、死刑執行は一七人にとどまった。永井均『フィリピンと対日戦犯裁判――１９４５―１９５３年』岩波書店、二〇一〇、二二一～二二五頁。

(34) 泰緬鉄道建設関係ＢＣ級戦犯裁判の刑死者数、内朝鮮人数は、内海愛子『朝鮮人ＢＣ級戦犯の記録』岩波書店、二〇一五、一九四頁。

(35) マルゲリート・ハーマー『折られた花　日本軍「慰安婦」とされたオランダ人女性たちの声』村岡崇光訳、新教出版社、二〇一三など。

(36) 全国憲友会連合会編纂委員会編纂『日本憲兵正史』全国憲友会連合会本部、一九七六、一〇四五～一〇四六頁。「スマトラ新聞」昭和一八年一一月一日一～二頁、昭南新聞会。江澤誠監修・解題『スマトラ新聞』復刻版、ゆまに書房、二〇一七、五九～六〇頁。鈴木正夫『スマトラの郁達夫　太平洋戦争と中国作家』東邦書店、一九九五、二三一～二三三頁。

(37) 戸谷由麻『東京裁判　第二次世界大戦後の法と正義の追求』みすず書房、二〇〇八、二五五～二五八頁。

(38) 新田満夫編『極東国際軍事裁判速記録　第八巻』雄松堂書店、一九六八、第三百四十四号、二〇八頁。

(39) 小林英夫『「大東亜共栄圏」と日本企業』社会評論社、二〇一二、一四二～一四六頁。

(40) 蓮見留五郎「ムアロ駅」『おとずれ』三十八号、九四会、一九九一、九九頁。

(41) 河合秀夫『戦火の裏側で』私家版、一九九九、一五頁。

(42) 深見純生編『日本占領期インドネシア年表』インドネシア研究会、一九九三。

(43) 「昭和19・8末現在　泰緬連接鉄道要図　南方軍野戦鉄道隊付鉄道官作成　防衛研修所戦史室」防衛省防衛研究所所蔵

(44)森谷虎彦が一九八二年に撮影した8ミリ映画フィルムを一九九〇年に編集したもの。
(45)吉川利治『泰緬鉄道――機密文書が明かすアジア太平洋戦争』雄山閣、二〇一一、四七～六七頁。
(46)大津留厚『捕虜が働くとき　第一次世界大戦・総力戦の狭間で』人文書院、二〇一三。
(47)第一復員局『南西作戦に伴う占領地行政の概要　第五章南方占領地行政に関連ある南方諸地域の政務処理の概要　別冊その三スマトラ軍政の概要　六、産業の開発及現地自治』一九四六、九頁、防衛省防衛研究所所蔵。石川準吉『国家総動員史　補巻』国家総動員史刊行会、一九八七　別冊其ノ三「スマトラ軍政の概要」第二十五　南方作戦に伴う占領地行政の概要　第五章南方占領地行政に関連ある南方諸地域の政務処理の概要八一三頁。
(48)第一復員局『南西作戦に伴う占領地行政の概要　第五章南方占領地行政に関連ある南方諸地域の政務処理の概要　別冊その三スマトラ軍政の概要　八、交通通信』一九四六、一三頁、防衛省防衛研究所所蔵。石川準吉『国家総動員史　補巻』国家総動員史刊行会、一九八七　別冊其ノ三「スマトラ軍政の概要」第二十五　南方作戦に伴う占領地行政の概要　第五章　南方占領地行政に関連ある南方諸地域の政務処理の概要八一四～八一五頁。
(49)梅津八重蔵「大東亜戦争下における南方新聞設営余話」『日本戦争外史　従軍記者』全日本新聞連盟、一九六五、八二一～九八八頁。建設費は、「スマトラ軍政の概要」では三二〇〇万円、日本国有鉄道編『鉄道技術発達史　第一篇』桜井広済堂、一九五八、二四一頁及び疋田康行編著『「南方共栄圏」』多賀出版、一九九五、五九〇頁では五〇〇〇万円となっている。ちなみに泰緬鉄道は「泰緬連接鉄道建設要綱」の六に「所要経費七〇〇万円」と記載されている（防衛庁防衛研修所戦史室『戦史叢書59　大本営陸軍部〈4〉昭和十七年八月まで』朝雲新聞社、一九七二、三二九頁）。
(50)戸谷由麻『東京裁判　第二次世界大戦後の法と正義の追求』みすず書房、二〇〇八、一七五頁。
(51)インドネシア日本占領期史料フォーラム編『証言集　日本軍占領下のインドネシア』龍渓書舎、一九九一、一二九～一三二頁。
(52)『日本国有鉄道百年史』は写真史などを含めると全一九巻であるが、国鉄職員が「外地」での鉄道建設で「活躍した」例としては、泰緬鉄道の名前が出てくるだけである。全一〇二巻の『戦史叢書』においてスマトラ横断鉄道建設に関しての言及がわずか四か所、合計三〇行である（97頁）のに似て、多くの国鉄職員軍属が建設に携わったにもかかわらず、『日本国有鉄道百年史』においてはスマトラ横断鉄道の名前さえあらわれない。
(53)江澤誠監修・解題『スマトラ新聞』復刻版、ゆまに書房、二〇一七。
(54)「スマトラ新聞」昭和一八年一〇月一一日　二頁、昭南新聞会。江澤誠監修・解題『スマトラ新聞』復刻版、ゆまに書房、二〇一七、二四頁。〇〇による伏せ字はスマトラ横断鉄道の起点と終点を明らかにすることを避けるためである。同様の例はバヤ鉄道建設の記事が「ジャワ新聞」に掲載された際にもあり、〇〇地方、〇〇鉱山、〇隊、〇〇隊、〇〇キロ等の伏せ字がある（「ジャワ新聞」 昭和一九年四月五日 二頁、ジャワ新聞社）。

(55)「スマトラ新聞」 昭和一九年一月五日 一頁、昭南新聞会。江澤誠監修・解題『スマトラ新聞』復刻版、ゆまに書房、二〇一七、一六九頁。

(56)「スマトラ新聞」 昭和一八年一〇月二二日 二頁、昭南新聞会。江澤誠監修・解題『スマトラ新聞』復刻版、ゆまに書房、二〇一七、四四頁。

(57)「スマトラ新聞」昭和一八年一〇月二六日 二頁、昭南新聞会。江澤誠監修・解題『スマトラ新聞』復刻版、ゆまに書房、二〇一七、五〇頁。

(58)「ビルマ新聞」 昭和一八年三月四日、三頁・一九年一二月一四日、一頁・一九年一二月一九日、二頁。

(59)戸高一成編『〈証言録〉海軍反省会』ＰＨＰ研究所、二〇〇九〜。豊田が海軍反省会で発言したのは、第五三・五四・五五・五七・六〇・六二・六四・六五・六七・六九・七三・七五・九二回である。

(60)笠原十九司『海軍の日中戦争 アジア太平洋戦争への自滅のシナリオ』平凡社、二〇一五、四一七頁。

(61)豊田隈雄『戦争裁判余録』泰生社、一九八六、四六〇〜四八二頁。

(62)蘭・メダン裁判事件番号第二六号 スマトラ横断鉄道建設関係事件 供述者 楠本健二（元第四師団第一野戦病院附陸軍軍医大尉） 調査者 参与 井上忠男 昭和三十六年二月十五日 一〇・〇〇から一一・三〇まで 場所 和歌山市（国立公文書館所蔵）。

(63)蘭・メダン裁判事件番号第五六号 スマトラ横断鉄道建設関係事件 供述者 向林喬（元第四師団第四野戦病院附陸軍軍医大尉） 調査者 参与 井上忠男 昭和三十六年二月十七日 一〇・〇〇から一一・三〇まで 場所 和歌山県海南市〇〇〇向林宅（国立公文書館蔵）。

第十章　民間人抑留者と「慰安婦」

民間人抑留者の苦難

インドネシアを支配していたオランダの蘭印在住民間人は、日本軍による占領後抑留所で自由を奪われ過酷な生活を強いられた。日本軍政がいかに苛烈なものであったかということの証左として、これら民間人抑留者が受けた凄惨な体験を見ておきたい。多くの民間人抑留者が受けた苦難が捕虜のそれを上回っていると人々のあいだで受け取られ、また実際上回っていた事例もあったことが、スマトラ横断鉄道建設に関係したＢＣ級戦犯の量刑に影響を与えた可能性のあることは既に述べたとおりである。民間人抑留者が直接スマトラ横断鉄道建設にかかわったわけではないが、抑留者の苦難を述べなければスマトラ横断鉄道建設問題を十分明らかにしたことにはならず、泰緬鉄道建設問題とは異なる点の一つである。

一九四一年一二月八日対米英蘭戦の際のアメリカに対する宣戦布告に関しては、日米交渉の打ち切り通告文書がこれに当たるのか、当たったとしても真珠湾攻撃後に手交している点が常に問題になってきた。また、天皇の発した「宣戦の詔書」は日本国民に対するものであり、イギリスに対する宣戦布告になり得るかの疑念があり、ましてやオランダは含まれていなかった。

しかし既に半月前の一一月二六日には「占領地軍政実施ニ関スル陸海軍中央協定」が成立し、陸海軍による東南アジアや蘭印の分割統治が決定されていた。開戦前蘭印で生活していた日本人は約七〇〇〇人であり、戦争になるのではないかという情報が日本人の間に広がり、また政府も帰還船を出して日本人の帰国を促した。約五〇〇〇人が開戦直前までに蘭印を離れたが、約二〇〇〇名は開戦後日本軍が迫るとオランダ当局によって拘束され、オーストラリアのアデレード北方に抑留された[1]。

一九四二年三月に蘭印を占領した日本軍は軍政を敷き、陸海軍で分割統治した（44頁）。抑留されていた一部の日本人が抑留者交換により三か月ほどでインドネシアに戻ったのと並行して、統治のため多くの日本人がインドネシアへ渡り、軍政監部や進出企業のもとで職に就いた。捕虜となった蘭印軍（ＡＢＤＡ所属の英・豪・米軍を含む）のうち、白人は労働力として、蘭印内はもとよりアジア各地や日本に送られ、非白人のインドネシア人は基本的には宣誓解放され、ロームシャや兵補として使役された（１９９頁）。

開戦前東南アジアの植民地には宗主国の人々が居住しており、その数はイギリスやアメリカの植民地であるビルマやマレー・フィリピンではそれぞれ一万人台であったが、蘭印にはオランダ人約一〇万人が居住していた。その内ジャワ島にはオランダに帰国できなかった約六万五〇〇〇人が取り残され、宗主国国民としてインドネシア人を支配していた人々は、一転、抑留者として日本軍の支配を受けることになった。

日本軍は一九四二年四月一一日公布の布告第七号「外国人居住登録に関する件」において、インドネシア人を除く一七歳以上の「外国人」に「外国人居住登録」と「誠意の宣誓」を義務づけた[2]。国籍、出生地、出身地、氏名、年齢、現住所、職業、在留年数、配偶者の有無や家族数などの家族関係を届け出て「外国人居住登録宣誓証明書」の交付を受け、証明書には顔写真を貼付、親指の指紋を押捺、常時必携しなければならなかった（登録料も徴収された）。

こうして登録させた者を敵性濃厚者、居住制限者、指定居住者に分けて管理する政策がとられた。敵性濃厚者（元高級官僚・重要企業幹部・敵性華僑など）は各地に設けられた抑留所に国籍別、男女別に収容された（約五〇〇〇人）。一六歳から六〇歳までの男子は居住制限者として指定した刑務所、学校、あるいは居住区に強制収容され（約一万五〇〇〇人）、指定居住者は前二者以外の者（女性、一六歳未満と六〇歳以上の男性）であり、当初は比較的自由に行動ができた（約四万七〇〇〇人）。（人数はジャワ島の数字）。

続いて一九四二年九月九日、布告三三号「和蘭本国人等家族居住地指定に関する件」[3]が公布され、指定居住者も日本軍の設けた指定居住区（ジャワ島では六か所）に移動、鉄条網のなかでの生活を強いられた。これらの政策によって家族は離れ離れに生活せざるを得ず、経済上はもとより精神的な苦難に直面していった。

その後日本軍の戦況悪化により、抑留者はさらに過酷な生活を余儀なくされた。従前は軍政監部が管理に当たっていたが、一九四三年一一月七日通達の陸軍省「軍抑留者取扱規程」（陸亜密第七三九一号）に基づき、一九四四年には俘虜収容所に併設して、軍司令官が管理に当たる軍抑留所が東南アジアの占領地に設置された。抑留者数が多かったジャワ島では、ジャカルタに本所と第一分所、バンドンに第二分所、スマランに第三分所の軍抑留所が開設され、それぞれの分所のもとにいくつかの分遣所が、その分遣所のもとに多くの抑留所が設けられた。

一抑留所には建物などの規模により一〇〇人から一万人が収容され、一九四五年六月末時点では三三の抑留所に約七万人が収容されていた。[4]同一抑留所での長期間の抑留は抑留者間や抑留所外のインドネシア人との接触の機会を増加させ、情報交換が容易になる。日本軍はこれを嫌って抑留所間を頻繁に移動させた。こうしてオランダ人全てが乏しい食料や劣悪な医療などの環境下に置かれ、加えてしばしば虐待が横行し、最終的には抑留者のうち一万六〇〇〇人が死亡したと言われている。[5]これはスマトラ横断鉄道建設での捕虜犠牲者数よりはるかに多く、泰緬鉄道建設での捕虜死亡者数と同じか上回っている。

対米英蘭戦争の開戦によって大量の捕虜ばかりか双方に一〇万人を超える民間人抑留者（アメリカにおける日系人抑留者は一二万人を超えた）が発生したが、このような事態は想定されていなかった。捕虜に関してはジュネーブ条約が存在したものの、民間人抑留者については国際的な条約もなかった。日本は批准していないジュネーブ条約を「準用」すると連合国側へ回答しており、民間人抑留者に対しても適用するよう求められると在米日系人の安全に配慮して、これも「準用」することに同意していた。

しかし、日本軍による民間人抑留者への陰惨な管理の実例には事欠かず、大規模なチデン軍抑留所（ジャカルタ）での苦難の一端は次のようであった。

「一万二〇〇〇人を収容しているキャンプの衛生状態は悪く、浄化槽はすぐいっぱいになる。溝を掘っては、排泄物をひしゃくやバケツでくみ出して流す、これも抑留者の仕事だった。一週間ごとにこの仕事がまわってきたと書いているが、悲惨なのは、仕事を終えても手を洗う水も石鹸もなかったことだろう。敗戦まじかの頃は、抑留者の一日の水の割当てはコップ一杯、これが飲み水、洗濯、体を洗うすべてに利用できる水だった、と著者は書いている。(6)」

日系アメリカ人収容の場合は自国民を収容した点で同列には論じられないものの、飢え死にするとか、身にまとうものがないとか、排泄物を素手で処理するとか、そういった虐待に相当する状況はなかった。反対に日本軍は準用するとの回答に反し、凄まじいほどの虐待を加えていた。

スマトラの軍抑留所

第二十五軍の軍政下、マレーやスマトラでは富政令第二号、富監令第一号（ともに一九四二年九月二六日）により、「適性人取締令」と「適性人取締令施行規則」が定められていた（「富政令」、「富監令」については90頁）。これらは第十六軍軍政下におけるジャワの抑留者処遇と同様の内容である。また同様に、陸亜密第七三九一号「軍抑留者取扱規程」によりスマトラにも「軍抑留所」が設置された。

第二十五軍司令部は『戦時月報（一九四二年三月～一九四三年四月一九日）』で、マレーとスマトラの軍政状況をまとめている。一九四三年四月二〇日以降、マレーについては昭南軍政監部や馬来軍政監部のまとめた『戦時月報（軍政関係）』がその役目を引き継いだが、ブキティンギに移った第二十五軍によるスマトラ軍政については、『戦時月報（軍政関係）』に相当するものが作成されたのかどうかも含めて詳細は不明である。

　ここでは、代わりに抑留者統計は森文雄の『軍政手簿』と戦後に俘虜情報局が作成した記録（３７８頁）を引用する。森文雄の『軍政手簿』「抑留者数調」（昭二〇年八月一五日現在）によれば、日本の敗戦時スマトラにおける抑留者はジャワ島の七万人よりは少ないとはいえ、一万一〇〇〇人以上であった（図表10‐1）。

　スマトラの軍抑留所が実際どのような状況であったかを、ＲＡＰＷＩジェイコブズ少佐の記録で見ていく。ジェイコブズは日本軍将校を先導させ、全島の抑留所をまわって状況の把握に努めた。その一つパカンバル俘虜収容所については既に第一部で触れた（84頁）が、その他次の抑留所、収容所などを訪問している。

①アエクパミンキ軍抑留所［女性を収容］（メダン南東二〇〇キロメートルのラントープラパト地域）

②シ・リンゴリンゴ軍抑留所［男性を収容］（同右、①と②は二〇キロメートル離れている）

③バンキナン軍抑留所［男性・女性を収容］（パカンバル西南西約八〇キロメートル）[7]。

図表 10-1　スマトラの抑留者数

区	分	英（濠）	米国	和蘭	其の他	合計	備　考
抑留者	本　所	135	7	6640	128	6910	ラントウプラパット
	第一分所	98	3	3077	29	3207	バンキナン
	第二分所	248	2	964	22	1236	ルブリンゴウ*
	合　計	481	12	10681	179	11353	

（出典）森文雄『軍政手簿』1546頁。
（注）「*ルブリンゴウ」は「ルブクリンゴウ」の誤り

④ルブクリンゴー軍抑留所［男性・女性を収容］（パレンバン南西約一五〇キロメートルのラハトを経由して北西に約一〇〇キロメートル）

⑤ロガスキャンプ（スマトラ横断鉄道ロガス支線）

これらのうち、アエクパミンキ女子民間人軍抑留所、ロガスキャンプ、ルブクリンゴー女子抑留所について述べた部分を取り上げる。

東京裁判で「Nippon Presents」（日本の見せかけ）というフィルムが映写された（第百三十九回・一九四六年一二月二六日）。このフィルムはもともと日本軍が連合国を対象に作成した「Calling Austraria」（オーストラリアへの呼び声）というプロパガンダ映画に抑留所や収容所の実態を挿入・対比させることで、虐待のすさまじさを訴えたものである。俘虜収容所とオランダ民間人軍抑留所における、衣類を着けずあばら骨が出ているやせ衰えた捕虜、不衛生な抑留所での上半身裸、裸足の子供たち、粗末な衣服の女性たちの様子が法廷で映写されたことで、日本軍による虐待が証人による証言以上の衝撃を与えた。

ジェイコブズの記録にもフィルム同様壮絶な虐待が記されている。ジェイコブズが最初に訪れたのはアエクパミンキ女子民間人軍抑留所であり、ここには子供と男子老人を含め数千人(8)が収容されていた。

「老婦人もありまだほんの子供もいたが、誰の上にもみなひどい生活の疵痕が刻まれていた。大ていの者は痩せほそり、ある人たちは文字通り骨と皮ばかりであった。大部分はヨーロッパ系だったが、なかにはいろいろな度合いの欧亜混血児《ユーラシアン》もいた。彼女らはあきらめ切った様子で黙って立っていた。日本人にどなりちらされるときは、いつもこうなのだろう。着物とは名ばかりで、多くは南京袋でつくった粗末なショーツとか胴衣を身につけ、大半はぼろをまとっていた(9)。」

ジェイコブズが救出に来た連合軍少佐であることが告げられると、集まった人たちの精神に激しい混乱が生じた。

「一瞬あたりはしんと静まりかえった。すると、小さな女の子がくすくすと笑った。ずっとうしろにいた女たちが拍手した。次の瞬間、数百人の熱狂した聴衆からヒステリーじみた喝采が爆発した。三年あまりの間うっ積していたもろもろの感情が、突然この瞬間に捌け口を見出したようであった。笑う者、泣く者、そして叫び出す者。まるで合図があったかのように全員こぞって押しよせ、後方にいたものはもっとよく見ようと気狂いのように押しまくり、まわりじゅうから押し合いへし合い、とうとうわれわれは摑もうとさし出す手また手の渦のなかに巻きこまれてしまった[10]。」

ジェイコブズはこのように抑留所を訪問し、所在地や状況を無線でコロンボ（セイロン）やシンガポールの連合軍に報告して食料等の投下の手はずをとった。またポツダム宣言第10項に謳った捕虜虐待など日本軍の戦争犯罪にあたることがらの収集を併せて行った。

メダンから第二十五軍司令部の置かれているブキティンギへ飛び、パダン、パカンバル、バンキナンを訪問した。その後はパカンバルへは戻らずそのまま車でブキティンギへ行くことにし、日本軍が建設したロガス支線の最奥の炭鉱にまだとどまっているはずの捕虜を探した。

「此処には、かつてジャングル鉄道で働いていた分遣隊の残りのオランダ人捕虜が数百人いると聞いていた。行ってみてわかったことだが、この人たちは外の世界から完全に切りはなされていて、戦争が終ったことさえ知らなかった。ジャングルのなかに取りのこされて、彼らは想像を絶した原始的な暮しをしていた。多くの者は生き続けるために木の皮や草の根を食べることをおぼえた。[11]」

ジェイコブズのこの記述が正確であるとすると、鉄道連隊は使役していた捕虜を置き去りにしてパカンバルへ移動したことになる。スマトラ横断鉄道の本線は敗戦後少なくとも七か月ほどは使用されていたが、ロガス線は採炭のために困難を承知で狭軌路線に格下げして敷いた鉄路である。従って、状況が変わりいったん見捨てられると執着の失せるのも早かったことが考えられる。遺骨収集の旅やスマトラ横断鉄道再訪の旅に出た「九四会」のメンバーは日本兵の亡きがらや機関車には涙して供養したが、使役したロームシャや捕虜には関心を示さなかった（２０４頁）。ロガス炭鉱にいた日本軍も、捕虜を見捨てることなどなんとも思わなかったのかもしれない。

ブキティンギに戻ったジェイコブズは飛行機でメダンに帰り、後日パレンバンへおもむいた。この視察のなかで、ラハト北西のルブクリンゴーにも抑留所があることをやっと日本軍から聞き出し、出向いた。ここに抑留されていた女性のなかに、バンカ島事件に巻き込まれて生き残った看護婦たちがいた。バンカ島事件とは、オーストラリア軍看護婦六五名と民間人約二〇〇名が、一九四二年二月一五日のシンガポール陥落の数日前に船で避難しようとしてスマトラ島沖で日本軍戦闘機に銃撃され、バンカ島に漂着して降伏したものの無抵抗の人々多数が後方から撃ち殺されたという事件である。

「ほかの多くの者は海岸にとり着こうとしているうちに溺れ、あるいはキャンプに入れられているあいだに死亡し、当初の全員数からすればほんの一部分にすぎぬたった二十四名が、今生き残っているのであった。この人たちの生活といえども、生き長らえるための絶えざる闘いであった。数カ月間は餓死しそうな給食量で、ときたま闇市でどうにか玉子一箇を買うことができたおかげで生きのびたのであった。[12]」

ルブクリンゴーに抑留されていた看護婦の中には後にオーストラリア看護大学学長を務め、泰緬鉄道建設現場で多くの人命を救ったダンロップ軍医などともに、第二次世界大戦の英雄となったヴィヴィアン・ブルウィンケル陸軍看護師隊大尉も含まれていた。彼女は一九四六年一二月二〇日、東京裁判第百三十六回法廷に証人として出廷し日本軍の残虐行為を証言した[13]。

東京裁判でのヴィヴィアン・ブルウィンケルの証言が注目を浴びたことで、もともと凄惨な事件であったバンカ島事件はさらに人々の知るところとなった。オーストラリアの歴史学者ハンク・ネルソンもバンカ島事件とヴィヴィアン・ブルウィンケルについて書いており[14]、東京裁判でのヴィヴィアン・ブルウィンケルの証言、ジェイコブズの記述、ハンク・ネルソンの記録の間には相違点も存在するが、三者が起こった出来事のすべてを述べていないことで生じているものと考えられる。いずれにせよ軍抑留所での飢えとの闘いは壮絶なものであった。

日本側の記録として、当時メダンの南東六〇キロメートルのシャンタルで軍務についていた、輜重兵萩谷朴の回想記（一九九二年）をとりあげる。萩谷によれば、一九四五年一〇月末か一一月初めにコタラジャから異動してアエクパミンキ民間人抑留所勤務になった。この「異動」からうかがえるのは、敗戦国の兵士が戦勝国の抑留者を管理・庇護するという奇妙な状況が続いており、民間抑留者の帰還がはかどっていなかったことである。戦時中は、管理の日本兵による女性抑留者への強姦があったことも示唆されている[15]。

また、俘虜情報局によって作成された記録（一九五五年）には次のように書かれている。

「第二章　連合国軍抑留者及衛生部員

第一　軍抑留者

別冊　敵国人生活困窮者処理に関する件

スマトラ軍抑留所

昭和十七年三月、日本軍がスマトラ進駐と同時に、各部隊が所在地の適性国人を抑留管理していたが、昭和十八年五月、之等抑留者を各部隊から各軍政支部に引継ぎ管理の統一を図り、逐次全島四十個所に亘る抑留所を整理集結する事になった。昭和十八年十一月「軍抑留所取扱規程」に基いて業務の統一を計る為、第一、第二、第三次と逐次移動集結を実施して、昭和十九年四月一日、スマトラ軍抑留所が編成された。スマトラ軍抑留所は本所（メダン）、第一分所（バンキナン）、第二分所（バレンバン《ママ》）の三個所で、この下に九個所の分遣所を設け、軍抑留所編成当時の抑留人員は一一、八六五名で、軍政監部で管理していた当時解放した人員は、二、二九六名であった　軍抑留所へ移管後は「□□規程」に基いて公正な取扱を行い、給与に就いては精米、甘藷、玉蜀黍等主食□に砂糖、食塩、食油等は□□所から補給を受け、野菜、生肉、魚等は市場等で調達し、何れも定量を支給する事が出来た。戦局の進展に依って物資が逼迫した折も、休閑地等を利用して各種野菜を栽培させ、自給自活の道を講じた為、衛生状況も特に憂慮する事態の発生せず、平穏裡に抑留する事が出来た。[16]」

抑留者数は先の『軍政手簿』と大きな違いはないが、「本所」「分所」などの名称が実際とことなっている。また、報告書は「平穏裡に抑留する事が出来た」と結んでおり、ジェイコブズや東京裁判、軍抑留所に関する諸記録と照らし合わせてみると正確な記述であるとは考えられない。

なお、男性民間人抑留所の一つシ・リンゴリンゴ軍抑留所には、第二次世界大戦後作家として活躍したオランダ人ルディ・カウスブルック（一九二九〜二〇〇九）が収容されていた（当時一〇代中ころ）。カウスブルックは日本軍の残虐性とともに（ある場合はそれ以上に）、自国オランダがインドネシア人を虐待したことを告発している（170頁）。このように被害と加害の問題に敏感で深い洞察を加える人がいる一方、カウスブルックによる自国オランダの告発を利用するかたちで、「大東亜共栄圏」構想やアジア太平洋地域への侵略を正当化しようとする日本人が少なからず存在している。

スマトラ横断鉄道の「慰安婦」

制空権・制海権の喪失によって朝鮮・中国から「慰安婦」を東南アジア占領地へ送れなくなり、日本軍は「慰安婦」を人口の多いジャワ島に求めることになった。将兵不足の穴埋めのためジャワの人々を兵補や義勇軍として、またロームシャを労働力の「供給」源としたのと同様、ジャワの女性を冒涜したのである。

ロームシャが、行政組織と一体となった労務供出のための「労務協会」を中心として「ジャワ奉公会」や「隣組」なども含めた強制労働徴用システムとも言うべきものの犠牲となり、ジャワ島内外での苦役に駆り出されたのと同様、「慰安婦」も性奴隷徴用システムとも言うべきものの犠牲になって性奴隷（「慰安婦」）へとおとしめられた。

強制連行実行者が日本軍かあるいは日本軍の作ったシステムによったインドネシア人などであるかの違いがあったとしても、「強制」に変わりはない。極端な軍事的統制経済のもと「大東亜共栄圏」内の経済は疲弊・混乱し（57頁）、飢餓状態に追い込まれた子どもや乳幼児を助けるため、現地人女性やオランダ人女性が仕方なく「慰安婦」になったとしても、それは「強制」である。

スマトラ横断鉄道建設に伴い将兵用につくられた「慰安所」は鉄道の起点（パカンバル）と終点（ムアロ）の建設地にあった。以下はその記録である。

「ムアロには、すでに慰安施設があり、休日にムアロ駐留部隊、主として建設隊であったが、利用した。軽食堂もあったが、料理という程の代物ではなく、現地の食料を並べているといった程度であった。[17]」

「ムアロに、私は（略）当地区にも上司のご配慮により慰安所が設けられ[18]（後略）」

「このうさを散ずるにはこの小さな町（パカンバル・筆者注）にはなにもないので、現地人を集めて設けた慰安所に行くくらいが関の山で[19]（後略）」

また、スマトラ横断鉄道建設と関わりが深く、第二十五軍司令部のあったブキティンギやインド洋側の最大都市パダンにも同様の「慰安所」があった。

「中部スマトラの高原にある、美しいコタブキチンギ（中略）、何より兵隊のいろいろの欲望を満してくれた渇望のところで、そこには十分な食慾、性慾のハケ場所があって、そうしたザワメキのある花の都なのでした。[20]」（コタは町の意味・筆者注）

（ブキティンギの・筆者注）「将校用の慰安所兼料理屋には、「治作」という店と「立花」という店と二軒あった。「治作」というのは、もちろん、築地の店の名をとったものだろう。（略）ここには、司令部の将校だけが出入するわけではない。ブキ・チンギ周辺の町にも、いくつかの部隊が駐屯しているし、さらに、軍政部の高等官の軍属、商社や銀行、新聞社の特派員など、いわゆる民間人も来る。[21]」

「「このブキチンギ附近のようなところが文化的な土地である。（後略）」と、参謀はまずわれわれを驚かしておいて、次に、中国では日本軍が強盗・強姦などあらゆる悪事をやったために困難な戦いになったと、またもどぎもを抜くようなことを言った。（略）「性欲は慰安所で処理する。但し、兵隊と一緒に並んじゃ、いかんぞ。兵隊や会館の外出日でない、普通の日の夜行け[22]」」

「この連隊はパダン市近くの山の中に駐屯していた。ところが山の中で兵隊の慰安所が無かったので連隊長のお声がかりで、現地人の慰安婦十数人を集めて山の中で慰安所を開設していた[23]（後略）」

ＢＣ級戦犯の問題が微妙に影を落とし、戦友会誌などに書かれた文章は捕虜についてほとんど触れていない。ロームシャについては少なからず言及され、その惨状でさえ「屈託なく」文章化しており、「慰安婦」に関しても以上の記述を見るかぎり躊躇は感じられない。こういったところにも、東南アジアの人々への蔑視がうかがえる。

また、第七章でインタビューに応じてくれた人たちの多くが、住んでいた村から若い女性が「慰安婦」として連れ去られていったことを証言しており、「慰安所」は右記以外にも存在したと述べている。「慰安婦」も民間人抑留者同様直接スマトラ横断鉄道建設に携わったわけではないが、鉄道建設現場の身近に多数存在し建設を担った人たちとかかわっていたのである。

ＢＣ級戦犯裁判においてオランダ裁判が苛烈であった理由の一つに、オランダ人女性が「慰安婦」にされたことも影響しているであろうことは既に述べた（３４７頁）。一九四四年二月にオランダ人女性が日本軍によって連れ去られ性奴隷におとしめられた事件は「スマラン（白馬）事件」と言われており、人権を踏みにじる卑劣な事件であった。この事件が起きてから七〇年目の二〇一四年になって、イタリア在住の日本人女性歴史作家がオランダ人「慰安婦」問題に関し次のような文章を書いた。

「われわれ日本人にとって、欧米を敵にまわすのは賢いやり方ではない。オランダ人の女も慰安婦にされたなどという話が広まろうものなら、日本にとっては大変なことになる。そうなる前に、早急に手を打つ必要がある。[24]」

「スマラン（白馬）事件」などの性奴隷事件があったということは欧米でも知られており、オランダ人女性が「慰安婦」にされたことはそれほど知られていないということを前提にして「話が広まろうものなら」としているのは事実誤認であり、イタリア在住の歴史作家はこれほどの事件を詳しく知らなかったということになる。

そして「スマラン（白馬）事件などに早急に手を打たないと大変なことになる」という趣旨の言葉には、何万人、何十万人かのアジア人女性が性奴隷になったことには「手を打たなくとも大変なことにはならない」という考えが透けて見える。そしてまた、「欧米を敵にまわすのは賢いやり方ではない」という言い回しには、「途上国」などは敵にまわしても金で解決できるといった傲慢さが感じ取れる。

オランダ人「慰安婦」の場合は「スマラン（白馬）事件」などと事件名が付いているが、膨大な数のアジア人「慰安婦」には事件名すらついていない。西洋人女性と違い、手を打たなくとも大変なことにはならない「些末」なことには事件名などつかないのである。また、多くのアジア人「慰安婦」が存在したにもかかわらず、戦後の戦犯裁判の対象になったのは限りなく少なく、性奴隷におとしめられたアジア人女性は自ら名乗り出て闘わなければならなかった。韓国人金学順が名乗り出て日本国を提訴したのは、二一世紀も近い一九九一年のことである。彼女の無念と孤独と勇気は言葉では表し得ない。そして既に戦後七二年が過ぎたが「慰安婦」問題は解決していない。

第十章注

(1) 倉沢愛子「解説」ジャン・ラフ＝オハーン『オランダ人「慰安婦」ジャンの物語』渡辺洋美訳、木犀社、一九九九、一九四〜一九七頁。
(2)『ジャワ年鑑　昭和一九年』復刻版、ビブリオ、一九七三、三九九〜四〇〇頁。倉沢愛子編『治官報　第一巻』龍渓書舎、一九八九、三頁。
(3) 同右、四一一〜四一二頁。同右、一三頁。
(4) 内海愛子　H・L・B・マヒュー＆M・ファン・ヌフェレン『教科書に書かれなかった戦争　Part 24　ジャワ・オランダ人少年抑留所』川戸れい子訳、梨の木舎、一九九七、四〇〜四一頁　表①ジャワ・軍抑留所の機構。
(5) 難波収「日本とオランダの間に戦争があった―訳者まえがき」レオ・ゲレインセ『日本軍強制収容所　心の旅　レオ・ゲレインセ自伝』難波収／トレナール＝藤木きよ／ボム＝三上なをみ訳、手帖舎、一九九五、一九頁。
(6) 内海愛子「解説　忘れられた戦争の被害者たち」『教科書に書かれなかった戦争　Part 23　ジャワで抑留されたオランダ人女性の記録』梨の木舎、一九九六、一七八頁。
(7) バンキナン軍抑留所の監視にあたった義勇軍の一人が、第七章のアジス・グラール・スタン・サティである。
(8) ジェイコブズは三〇〇〇人としている（G・F・ジェイコブズ『モンスーンへの序曲　スマトラの連合国人抑留所解放記』原もと子訳、勁草書房、一九八七、七〇頁）が、ベークハウスのサイト http://www.japanseburgerkampen.nl/KampsterktenE.htm によると四七〇〇人である。最終確認日　二〇一八年七月一日。
(9) G・F・ジェイコブズ『モンスーンへの序曲　スマトラの連合国人抑留所解放記』原もと子訳、勁草書房、一九八七、七三頁。
(10) 同右、七四頁。
(11) 同右、一四四頁。
(12) 同右、一七八頁。
(13) 新田満夫編『極東国際軍事裁判速記録　第三巻』雄松堂書店、一九六八、第百三十六号、六三四〜六三九頁。
(14) ハンク・ネルソン「収容所にほうり込まれた女たち」『日本軍捕虜収容所の日々――オーストラリア兵士たちの証言』杉本良夫監修／リック・タナカ訳、筑摩書房、一九九五、一五一〜一七九頁。
(15) 萩谷朴『ボクの大東亜戦争　心暖かなスマトラの人達、一輪重兵の思い出』河出書房新社、一九九二、二七七〜二八四頁。
(16) 茶園義男編『十五年戦争重要文献シリーズ　第八集　俘虜情報局・俘虜取扱の記録（付）海軍兵学校『国際法』』不二出版、

一九九二、二一七〜二一八頁。
(17) 有門巧「スマトラ記」九四会記念文集編集委員編『残照　鉄九・四大隊記念文集　四大隊記念文集』九四会、一九八三、二六六b頁。
(18) 三吉元看護長「戦線珍談」『おとずれ』五号、九四会、一九五八、五二頁。
(19) ワンポン太郎（井深功）「虎の髭」『おとずれ』九号、九四会、一九六二、五七頁。
(20) 河村孝順「桑原政喜さんの憶い出」九四会記念文集編集委員編『光と影　鉄九・四大隊記念文集』九四会、一九六九、一八一頁。
(21) 戸石泰一『消燈ラッパと兵隊』ＫＫベストセラーズ、一九七六、二五七〜二五八頁。
(22) 戸石泰一「私の軍隊——赤道標・二つ」日本民主主義文学同盟編『民主文学』日本民主主義文学同盟、№１１９、一九七五年一〇月号、一四五頁。
(23) 河野誠『赤道直下の血涙』心交社、一九八七、二三六頁。
(24) 塩野七生「朝日新聞の〝告白〟を越えて「慰安婦大誤報」日本の危機を回避するための提言」『文藝春秋』二〇一四年一〇月号、一九五頁。

第十二章　「大東亜共栄圏」の崩壊と敗戦後のスマトラ横断鉄道

「玉音放送の日」の開通式・最後の運行

材料敞岩崎大尉はスマトラ横断鉄道建設工事が完成間近であること、同時に「大東亜共栄圏」の崩壊が迫っていることを次のように記している。

「(一九四五年・筆者注) 八月上旬、横断鉄道建設作業は、パカンバル起点一七八キロ地点のタルサンチキ付近の連接点に向かって、パカンバル側から第八中隊、ムアラ側から第七中隊と、レールは着実に歩み寄っていた。しかし一方、通信室に入感する外国放送は、『日本帝国の壊滅近し』を、日毎に声を大にして報じた。まさに追い詰められ、身動きのできなくなったとしか思えない『大日本帝国』の姿がそこにあった。[1]」

開通式の日取りが八月一五日に決まったが、東京からの放送はポツダム宣言の受諾と無条件降伏を伝えてきた。

「われわれの建設する中部スマトラ横断鉄道は、ようやく工事を完成し、開通式は昭和二十年八月十五日と決まった。私は開通式に参列するため、八月十四日の朝、混乱の坩堝と化したという日本国内の事情を知ることもなく、ロガスの鉄道工場を鍋谷兵長の運転する車で出発し、連接点に向かった。その日の午後早く、インデラギリ川に沿った開通式場近くの第八中隊指揮斑のあるルブアンバンジャンに着いた。私は急いで無電室に入ったが、レシーバーから聞こえる東京からの放送は、ポツダム宣言受諾による無条件降伏について、日本の前途を憂える悲愴な語調の論説だった。聞こえてくる言葉は、『民族』『国体護持』『天皇』『祖国』という語句に満ちあふれていた。そして徹頭徹尾、悲壮感がみなぎり、論説は暗い響きで終始した(2)」

八月一五日の開通式は、泰緬鉄道のそれとはまったく様子を異にしていた。

「八月十五日の朝からタルサンチキとパダンラップの中間にあたる、連接点の一七八キロ地点に向かって、開通式場に人員を運ぶ軽列車が繁く往復した。泰緬鉄道の開通のときと異なり、高射砲も、金モールの高官の姿も見当たらなかった。開通式は第二十五軍司令官の代理として出席した、リオー州防衛隊長笠《ママ》松大佐臨席のもとに、参列者もごく内輪のものだけに限って、二一〇キロにわたる新線の誕生を、形ばかりにそくさと祝った。泰緬鉄道のときのように、B29の飛来もなく、至極平穏に見えたが、その場の雰囲気は、誰の心の奥底にも、陰うつさがよぎっていることを見逃すことができない状態だった(3)。」

オランダ人ジャーナリストヘンク・ホビンガは、その場の状況を次のように描写している。

「昼近く午前一一時半に開通式は始まった。太陽は雲一つ無い天空高くに輝き、うだるように暑かった。重苦しい空気のなか、短い祝辞が述べられた。何人かの部下によって金色をした犬釘が最後の枕木にゆるく打ち込まれ、ハンマーを渡された上官はその「金」の犬釘を二、三撃力強く打ち付けた。束の間、静寂が支配し、続いてバンザイの声が大きく響いた。しかし、「バンザイ、ニッポン」の声はどことなく頼りなく、疑念と焦燥にいろどられていた。森で待機していた兵士たちは緊張し無言のままだった。日本兵にも捕虜たちにも、真のやすらぎはなかった(4)」

スマトラ横断鉄道建設に関し『戦史叢書』の記述に誤りがあることを既に指摘した(97頁)が、完成時期等についての次の記述も誤っている。すなわち、「十九年七月初め、鉄道第八聯隊主力」「終戦直前」は誤りで、それぞれ「一九四四年四月一六日、鉄道第九連隊第四大隊」「八月一五日・玉音放送の日」が正しい。

「スマトラ中部横断鉄道の建設　本鉄道の建設については一部既述したように、第七方面軍は十九年七月初め、鉄道第八聯隊主力を投入してその建設促進に努めた。しかし、労力、食糧の不足や洪水等の障害のため、計画どおりの完成が危ぶまれたが、実施部隊は突貫工事を行い、終戦直前の八月中旬には開通するに至った。(5)」

スマトラ横断鉄道の完成が一九四五年八月一五日であったというのは「大東亜共栄圏」の虚妄性を表すのに十分であるが(そもそも「大東亜共栄圏」の確定した圏域は存在していない、と第一部で述べてきた)、敗戦後、同鉄道が全く使用されなかったというのではない。八月一五日をもってスマトラ横断鉄道沿線における権力構造の実態が全く変わったわけではなく、「ラングーン協定」によって戦後の治安維持を日本軍がしばらくの間受け持たされたのと同様に、鉄道は翌年まで暫時必要に応じて運行されていた。

ヘンク・ホビンガが、一九四五年九月一日の捕虜の移送がスマトラ横断鉄道の最後の運行であったと述べているの(6)は、日本語資料に接していないことによる誤謬であろう。スマトラ横断鉄道研究の先駆的な位置にあるヘンク・ホビンガが、このように誤ることの背景には、スマトラ横断鉄道問題が埋もれていたこととともに、インドネシア、オランダ、日本三者間において情報共有がなく、共同研究も行われてこなかったことがある。スマトラ横断鉄道でも泰緬鉄道同様、日本軍の敗残兵が自ら作った鉄道に乗って連合国軍指定のパカンバルへ集合した。一九四六年二月に最初の移動命令を受けたのは国鉄職員主体の特設鉄道隊であり、河合秀夫の回顧録には鉄道連隊（軍人）とは違って「喜び」が満ちている。

「我々を喜ばしたのは自分達で手塩にかけて完成させた線路を列車でパカンバル迄行ける事になった事だった。出発が決定すると皆んな興奮状態に陥って不眠症に罹る者も出た程であった。無蓋車数両に分乗してムアロ駅を出発し、苦闘した百二十米のオンビリン橋梁を無事渡り終わると期せずして拍手が起こった。右折してカンタン渓谷十数粁は懐かしい我々の現場である。機関車は薪を燃料にしてる為火の粉が盛んに飛んで来る。我々は気にも止めずに火の粉を払い退けたらひたすら自分達が手塩にかけた現場をまるで我が子と離別するような激しい目差しで眺めて居た。渓谷の中でも燃料補給の為停車したが其の短い時間にも殆どの者は貨車から飛び降りて路盤を歩き回った(7)」

オランダ軍捕虜や、ブキティンギやパダンなどで生活していた民間日本人の移送、工作機械や武器などの集積にも運行された。鉄道第九連隊は最後にムアロを後にした。次は『残照』に掲載された有門巧の記録である。

「鉄道第九連隊第四大隊が沿線から撤退し、マレーにおける労役要員としてパカンバルに集結することになったのは、昭和二十一年三月であった。鉄道隊員の運転する最後の列車がムアロを発車したのは、三月二十六日であった(8)。」

以下は戦犯容疑者を残して、パカンバルに向かう材料廠岩崎の回顧である。

「集結命令とともに第二十五軍司令部から届いたものは、第七中隊小隊長をやったあと大隊副官になった弘田大尉と、小隊長の永町中尉、牛端少尉の三人にたいするスマトラ島内足止めの命令だった。（略）身の潔白を信じ、残留を覚悟した三人を残し、離島することにしたわれわれは、自分たちの骨身をけずって建設した中部スマトラ横断鉄道を、自前で運転する軽列車に乗って、ムアラからパカンバルに移動した。(9)」

捕虜がすべてスマトラ島を離れたのは、ヘンク・ホビンガによれば一九四五年一一月二五日であり、(10)戦友会誌によれば鉄道連隊がＪＳＰ(11)（Japanese Surrendered Personnel）となって、最後にスマトラ島をあとにしマレー半島へ向かったのは一九四六年四月九日であった。(12)

インドネシア独立後のスマトラ横断鉄道

「ラングーン協定」により日本軍にゆだねられていた秩序維持と、オランダとインドネシア間の独立戦争という三者鼎立状態は、独立戦争におけるインドネシアの勝利によっていわば収まるべきところへ収まった。それに伴いスマトラ横断鉄道に関与可能なのはインドネシアに限られることになったが、鉄道がどうなったかは二五五キロメートル沿線の各地で多様である。それらの一端は、第七章においてインタビューに応じてくれた現地の古老たちが、それぞれの居住地においての状況を語っている。

日本軍が東南アジアの占領地において建設したスマトラ横断鉄道、泰緬鉄道、クラ地峡横断鉄道、バヤ鉄道などの戦後に関しては、主に二とおりの誤解が生じている。

一つは、これらの鉄道が日本の敗戦後、泰緬鉄道の一部を除き廃線となったことは確かではあるが、戦後すぐに、極端な場合には一九四五年八月一六日から日本軍の手を離れ、一度も運行されることなくジャングルのなかに埋もれるか、線路が地元の人によって持ち去られてしまったという誤解である。実際は、スマトラ横断鉄道は敗戦後七か月ほど、泰緬鉄道では一年余り日本軍によって運行されていた。

二つ目の誤解は、運行が終わった後の線路や機関車がどのように処分されたかに関してである。東南アジアの既設鉄道から線路を引きはがしてきた経緯からすれば、廃線にするのであれば元の場所に戻すことが優先されてしかるべきであったが、実際は全部が元に戻されたわけではない。泰緬鉄道ではイギリスが再植民地支配のために戻り、勢力を維持している間にビルマ側・タイ側双方の線路などを「敵産」として処分し、捕虜などに対する補償に充ててしまった。

スマトラ横断鉄道の場合は独立戦争を勝ち抜いたインドネシア政府の管轄下に入ったが、独立後の無法化した状況のもと実際は沿線住民の半ば共有財産となり線路が持ち去られるということもあった。また、戦後の爆発的な人口増加の影響でパカンバルやムアロなどの都市部では線路の上に不法に住宅が建てられ（写真9－5 353頁）、今日でも法的な権利関係とは別に住宅内に線路が残っている事例もある。

そして最も知られていないことは、ジャングルや原野に敷設してあった線路が一九七〇年代にスハルト開発独裁政権によって組織的に撤去・処分され、末端の権力者である村長を始めとして中央政府に至るヒエラルキーの不法な財産形成に与るなど、戦後の腐敗した権力構造と深く関わってきたことである。また、最終的に撤去された年月は村々によって異なり、戦後すぐであったところもあれば二〇一〇年代まで残存していたところもある。このようにさまざまな事例が存在するのは、泰緬鉄道ではイギリスの方針によって線路の撤去が早々と決まったのに対し、スマトラ横断鉄道では支配者が変遷したことや、スマトラ島に製鉄所がなく島外に持ち出すことも含め処分のあり方が多様だったからである。

一九四二年六月にスマトラを視察した鉄道省の増永元也軍政顧問は、一九五二年（戦後七年目）の著書でスマトラ横断鉄道の戦後に関し極めて楽観的な見解を述べている。

「わが国の無条件降伏で、この横断鉄道はあまり利用しないうちに接収されましたが、インドネシア合衆国にとっては、こよなき贈物となり、これから大きな役割を果すだろうと思うと、感無量なものがあります[13]」

この記述からわかることは、増永などの指導的立場にあった者が戦争中に国家の方向を誤り導いたばかりか、敗戦後にあっても東南アジアの動向や国際情勢を正しく分析する力を持ち得ていなかったことである。

インドネシア政府は新しい国作りに多忙を極め、スマトラ横断鉄道を有効活用するような余力はなかった。また、国立アンダラス大学人文学部学部長のグスティ・アスナンは、ジャワ島を除き独立後のインドネシアが鉄道を放棄したのは、一種のナショナリズム政策だったのではないか、と述べている[14]。鉄道は新時代のイメージに合わず、それまでのオランダや日本軍による鉄道の建設と運営から脱却して、モータリゼーションを推進することは「脱植民地主義」の標榜であった。

一九五八年二月、スカルノに反旗を翻してインドネシア共和国革命政府（ＰＲＲＩ）が西スマトラ州を中心に樹立され、スマトラ横断鉄道の沿線もその地域内だった（「第七章」でハサン・バスリが中央政府軍の弾圧を逃れるためスマトラ横断鉄道のトンネルを通って避難した体験を語っている）。このように、スマトラ横断鉄道の戦後はジャワの中央政府とスマトラとの抗争の影響を受けつつ進行していった。

一九六〇～一九七〇年代のスハルト政権時代にはジャワの政商が関与し、「脱植民地」を掲げて組織的に線路を撤去したことがあり、レンガット（地図４‐１）を経由してジャワに送られた。線路の組織的撤去は「ビジネス」として展開することとなったのである。その際撤去に与った村長や州知事も利益を得て急に羽振りがよくなったが、最も濡れ手に粟だったのは線路の最終所有者となったジャワの政商であった。組織的な鉄路撤去についてはグスティ・アスナンやAbdi Pendidikan単科高専教員のFikrul Hanif（フィクルル・ハニフ）[14]（２３５頁）のほか、インタビューに応じてくれた人のなかにも同様の証言者がいる。当時、村長や州知事は中央政府によって任命され、多くの軍人が就任していた。

このようにスハルト開発独裁政権と政商のビジネスの対象となった以外、スマトラ横断鉄道に関与できたのは地元の人たちであり、日本軍の建設した鉄道に愛着は無く、住民が屑鉄などとして持ち去った。そのほか密林の中に埋もれたまま、今日線路の痕跡を見分けるのが困難なものもある。

インド洋側に連なるバリサン山脈から流れ下る幾多の大河がマラッカ海峡までの船運を可能にしたため、スマトラ島の交通は河川が担ってきたという歴史があり、鉄道に人々の関心が集まることは少なかった。河川交通の発達した中部スマトラではその傾向は特に顕著であった。

敗戦後の日本人とスマトラ横断鉄道との関わり

敗戦後日本人が最初にスマトラ横断鉄道と関わりを持ったのは、インドネシア独立戦争に身を投じ復員しなかった将兵などを除けば、一九七五年（戦後三〇年目）にムアロで遺骨収集を行った鉄道第九連隊第四大隊の宮崎若雄などであった（２０２頁）。それより先一九七二年八月には「赤道会」が主催してのスマトラ旅行があったが、赤道会のメンバーは第二十五軍軍政監部要員が中心であり、スマトラ横断鉄道の跡をたどることはなかった[15]。

なお、その頃からヘンク・ホビンガ（*Dodenspoorweg door het oerwoud : het vergeten drama van de Pakan Baroe-spoorweg op Sumatra, aangelegd door krijgsgevangenen onder de Japanse bezetting*, Franeker, T. Wever, 1976）や*De Pekanbaroe spoorweg*, Neumann, H. / Mulier,1982によってスマトラ横断鉄道の存在がオランダ社会に知られるようになった。

次に、一九八四年に鉄道第九連隊第四大隊の戦友会「九四会」のメンバーが三九年ぶりにスマトラを再訪したことについては第六章で言及したが、その二年前一九八二年には、中スマトラ燃料工廠（164頁）の「中スマ会」関係者一〇名がスマトラへ渡っている。しかし、スマトラ横断鉄道跡に向かった記録は残されていない(16)。そして、同年には西スマトラ州とリアウ州境のコトパンジャン（軍抑留所のあったバンキナンから二〇キロメートル、パカンバルからは車で二時間ほど）に建造するダムの企業化事前調査に国際協力事業団（JICA）の委託を受けて参加した森谷寅彦が、それほど遠くないところにあったスマトラ横断鉄道の跡を探索している（森谷の撮った写真は、今日の様子と対比させるため、写真9-5　353頁に掲載している）。

森谷は大学在学中に招集されてスマトラ島に赴き、敗戦時はメダンの第二十五軍自動車廠に所属し、マレー半島におけるJSPの後、復員している。森谷自身は戦時中スマトラ横断鉄道とは関わりを持っておらず、戦後仕事で再びインドネシアを訪れることになったのは偶然であり、スマトラ横断鉄道とは初めての邂逅であった。

一九八三年発行の『残照』には森谷撮影のスマトラ横断鉄道の写真が掲載されており、戦友会誌作成に際し会員でない森谷の写真を借用したのは、それ以前に鉄道連隊関係者（宮崎若雄を除く）が鉄道跡を訪れていないことのあらわれである。コトパンジャンに造られたダムは政府開発援助（ODA）と立ち退きによる生活権の侵害、環境破壊が絡む大きな問題となったが、現地住民の日本での裁判闘争を支援した人たちのなかにはスマトラ横断鉄道の存在を知らなかった人がいたほどに「埋もれた鉄道」である。そのほか鉄道マニアの探訪記が鉄道雑誌に掲載されていないか探したが、見当たらなかった。

森谷虎彦は私家版『技術協力の旅』のなかで、スマトラ横断鉄道のルートを辿る記録を残している。

「パカンバルから来てリパイ河の橋を渡って左折して約800米行くと新しい開墾地らしいところに出る。（略）よく見ると付近に貨車のものらしい車台が2台分、車輪が付いたまま路床の横の崖に立て掛けてあった。

又その近くには軸がついたままの車輪が転がっていた。レールは1本もない。日本軍が引き揚げるとともに住民がてんでんに外して持ち去ったと案内してくれた人が言う。(17)」

また、スマトラ横断鉄道の鉄路が村人たちによって「活用」されていた様子を、次のように記している。

「コタバルから南20キロのムアラレンブ部落の入口にある小学校の校庭の柵に鉄道レールが使われている。これも横断鉄道のものに違いない。で部落の人に聞いて見ると今の小学校があるところに昔駅があったのだと教えてくれた。(17¥8)」

このように柵に転用されるなど鉄道レールがそのまま使われるほかは、スマトラに製鉄所が整っていないことから島外に持ち出して再生使用することが多かった。同じ森谷の私家版『ジャワ日記』（一九八五年）には次のように書かれている。

「敗戦後この鉄道線路は住民により全部持ち去られてしまって、僅かに路床が残るのみとなっている。然るに不思議にも一九七四年版米国政府発行世界航空図にこの鉄道が記載されているのである。この地図は航空宇宙局が宇宙衛星写真から作成したもので比較的権威あるものとされている地図である。(19)」

これは敗戦後、鉄道レールなどが全部持ち去られてしまったという森谷の先入観による誤解ではないだろうか。鉄路は村々によって異なる経緯をたどったものの、大方はスハルト独裁政権時代にまとまって撤去され、その処分によって懐を温めた人たちのいたことは既に検証したとおりである。

しかし、「スハルト開発独裁政権のビジネスの対象となった以外、スマトラ横断鉄道に関与できたのは地元の人たちである」と述べたように、スマトラ横断鉄道においては地元の人たちによって短距離間を列車が走っていたこともあるという。遺骨収集の旅に出向いた宮崎若雄は戦友会誌に次のように書いている。

「今回のムアロの作業では多くの人に大変お世話になった。(略)そうした話の中で彼はいうのに〝横断鉄道は建設当時のままであるが、橋は全部ない。今、シロケに機関庫があり、No.26の機関車が二十二粁の間運転されている〟ということで、驚いた次第である。[20]」

宮崎の遺骨収集は一九七五年のことであるが、一九八二年に訪れた森谷虎彦の著書にも、一九八四年の「九四会」メンバー七名の回想記にもスマトラ横断鉄道が部分的に運転されている様子は記されていない。国立アンダラス大学人文学部学部長のグスティ・アスナンも戦後一九七〇年代に機関車が運転されていたというようなことは聞いたことがないと述べている。[21]

機関庫は機関車を収める大きな建物と通常解されるが、単に機関車が展示されているというのであれば、実際シロケに機関車展示場があるのは写真7－16(274頁)で見たとおりである。しかしこの機関車が展示保存されるようになったのは、一九八〇年代に Zainal Wanna(ザイナル・ワンナ)などが尽力した結果である(第七章)。筆者も現地で尋ねてみたが、戦後機関車が走っていたという証言は得られなかった。

その後年代は下り、一九九三年八月にスマトラ横断鉄道建設と捕虜やロームシャに関心を持ち、当地を探査したのが村井吉敬と内海愛子である。村井の書『ぼくが歩いた東南アジア』には、シンパンチガの労働英雄公園(写真6－1　168頁)に立つ碑文(写真11－1)が紹介されている(村井訳)。

「労働英雄
嗚呼、民族の花よ
汝、権力者日本に連れられ
働き、働き、働いた
汝の運命は卑しめられ
ここに汝はともに眠る
己が家族も知ることもなく
名もなく、儀式もなく
汝のなせる業を民族は覚える
汝は労働英雄なり
我らは彼らに祖国を捧げる
彼ら英雄をゆるし給え(22)」

写真11-1　労働英雄公園 碑文

第十一章注

(1)岩井健『C56南方戦場を行く――ある鉄道隊長の記録』時事通信社、一九七八、二一〇頁。
(2)同右、二一一頁。
(3)同右、二一一〜二一二頁。
(4)Henk Hovinga, *The Sumatra Railroad: Final Destination PakanBaroe*, 1943 - 1945, KITLV Press Leiden, 2010, p276.(訳は筆者)。
(5)防衛庁防衛研修所戦史室編『戦史叢書92　南西方面陸軍作戦　マレー・蘭印の防衛』朝雲新聞社、一九七六、四三六頁。
(6)Henk Hovinga, *The Sumatra Railroad: Final Destination PakanBaroe*, 1943 - 1945, KITLV Press, Leiden, 2010, p.327.
(7)河合秀夫『戦火の裏側で』私家版、一九九九、九六頁。
(8)有門巧「スマトラ記」九四会記念文集編集委員編『残照　鉄九・四大隊記念文集』九四会、一九八三、二五四頁。

（9）岩井健『C56南方戦場を行く――ある鉄道隊長の記録』時事通信社、一九七八、二三二頁。

（10）Henk Hovinga, *The Sumatra Railroad: Final Destination PakanBaroe*, 1943 - 1945,KITLV Press Leiden, 2010,p.327.

（11）ＪＳＰ（Japanese Surrendered Personnel ＝日本降伏軍人）。戦争中に敵側にとらわれた将兵はPOW（Prisonners of War ＝捕虜）であるが、戦争が終結した後敵側（連合国）にとらわれた多数の日本軍将兵が発生した。このような事態は国際法が想定していなかったこともあり、ＪＳＰとして連合国軍にさまざまな作業で使役され、復員が遅れることになった。

（12）有門巧「スマトラ回想」『おとずれ』二十六号、九四会、一九七九、八五頁。

（13）増永元也『東南アジアとその資源』鱒書房、一九五二、一〇一頁。

（14）インドネシア国立アンダラス大学人文学部学部長Gusti Asnan（グスティ・アスナン）へのインタビューによる。二〇一六年二月一三日午前一〇時～一一時半。

（15）田中正佐久「懐かしきスマトラを尋（ママ）ねて」富の思い出集編集委員会編『富の歩み　思い出集』富の会、一九八一年、一八二～一八四頁。伊藤義雄「義務教育制実施への苦闘」佐藤多紀三編『赤道標』赤道会事務所、一九七五、三三〇～三三三頁。

（16）井上謹治編『中スマ会　想い出の文集（後編）』中スマ会文集刊行委員会、一九八三。中スマトラ燃料工廠はリアウ州で石油採掘やパイプライン敷設等の任務についていたので、スマトラ横断鉄道のことは当然知っていたはずである。しかし、一九八二年のスマトラ訪問旅行記にシンカラ湖からタロックへ車で移動したという記録はあるが、スマトラ横断鉄道への言及はない。また、毎夜の宴会内容は詳しく書かれていても、ジャワ人ロームシャを使役した（１６５頁）ことには全く触れられていない。

（17）森谷虎彦『技術協力の旅』私家版、一九九三、二〇九頁。

（18）同右、二一一頁。なお、大井彰三率いる鉄道第八連隊第一大隊第一中隊が本部を置いたのがムアラレンブであった（一〇〇頁）。

（19）森谷虎彦『ジャワ日記』私家版、一九八五、三頁。

（20）宮崎若雄「遺骨還送について」『おとずれ』三十二号、九四会、一九七六、一三頁。

（21）インドネシア国立アンダラス大学人文学部学部長Gusti Asnan（グスティ・アスナン）へのインタビューによる。二〇一六年二月一三日午前一〇時～一一時半。

（22）村井吉敬『ぼくが歩いた東南アジア』コモンズ、二〇〇九、一四四頁。

あとがき

スマトラ島がどこにあるか、を正確に示すことのできる人はまれではないだろうか。スマトラ沖地震（二〇〇四年）で二〇万人以上の犠牲者が出たことの記憶すら薄れており、ましてや「スマトラ横断鉄道」を知る人はまずいない。

筆者がスマトラ横断鉄道建設問題に本格的に取り組み始めたのは二〇一五年であった。当初は鉄道建設におけるロームシャや捕虜の使役実態を明らかにすることを主な執筆目的にしており、それでひとまず完成させるつもりだった。泰緬鉄道についてはロームシャや捕虜の使役実態がある程度明らかになっており、スマトラ横断鉄道建設における「ヒト資源」の問題についても、侵略者側の日本人として誰かがやらなければならないという気持ちだった。

しかし、スマトラ横断鉄道について書くとなるとその建設目的に触れないわけにはいかず、「大東亜共栄圏」や「生存圏」内で鉄道が担ってきた役割を明らかにし、スマトラ横断鉄道を戦史のなかに位置づける必要性が生じ、上梓までには予想を上回る月日を要した。

スマトラ横断鉄道に関しては情報が少なく、建設に携わった人たちも死去するか高齢になっている。使役されたインドネシア人の存命者を捜したが、聞き取りは沿線の古老や家族、二世・三世などに対するインタビューにとどまった。一方、『陣中日誌』などの日本軍関係資料、東京裁判、オランダ裁判、日本、インドネシア、オランダ資料の渉猟からは、スマトラ横断鉄道建設の目的や建設に関して多くの成果が得られた。

また、日本軍政下スマトラ島で発行されていた邦字紙「スマトラ新聞」は、戦後長いあいだ存在が確認できず「幻の新聞」と言われていたが、スマトラ横断鉄道を調査している過程で発掘することができ、二〇一七年に復刻版の刊行にこぎ着けた。

筆者にとってちょうど一〇冊目の上梓になる本書は、スマトラ横断鉄道についての日本人による初めての著作物であり、『スマトラ新聞』復刻版とともに幻と言われていたものを闇の中からすくい上げた感がある。それも、謝辞に述べるとおり、多くの方々の助力のたまものである。

「玉音放送の日」後のスマトラ島に入ったRAPWIジェイコブズ少佐の抱いた言い知れぬ恐怖の対象は、鉄道建設で使役された捕虜やロームシャの凄惨な状況であったが、それにとどまるものではなかった。ジェイコブズは日本軍の持つ「何をしでかすかわからない狂気の塊」に怖気を振るったのである。普通の日本人が個としての存在から集団の一員になった時に現れる狂気は、いつ蘇るかわからないという点において、被害者のみならず加害者側の我々自身が恐れなければならない対象である。

戦後七二年が過ぎ、沖縄戦、東京大空襲、ヒロシマ・ナガサキにおける大虐殺の責任が問われないとしたら、東京裁判や各地のBC級戦犯裁判も敗者の責任だけが糾弾され勝者の犯罪は追及されないことになるが、それでもなお我々は加害者としての責任を十分に果たしているかどうかを問い続けなければならない。「あの戦争はアジアを解放するためだった」という主張がいまだ消えず、むしろ声高にさえなってきた昨今の状況を見るにつけ、我々日本人に課せられた戦後責任はいつ終わるともしれない感を深くする。その意味では、歴史の闇に埋もれていたスマトラ横断鉄道建設を知ることは、十五年戦争における日本の加害と被害の問題に従来とは異なる視点から考える材料を提供できるであろう。

スマトラ横断鉄道に送り込まれたロームシャには、街中で拉致され、少量のコメしか与えられず、全裸であるいは全裸に近い状態で労働を強いられる例もあった。オランダ軍などの捕虜も劣悪な環境のもと鉄道建設で使役され、多くの将兵がジャングルや湿地帯で斃れた。それらの惨状は、アジア・太平洋戦争時の日本軍が生み出した凄惨な生き地獄であった。

しかし、異なった位相の人々を「体制の捕虜」として使役したスマトラ横断鉄道建設は決して過去の問題ではなく、今日も同様の「ヒト資源の」問題は根絶されてはいない。世界中で幼児労働や奴隷状態での労働を強いられている人々は正確な数はつかめないものの、億の単位と言っても過言ではない（ケビン・ベイルズ『第二版グローバル経済と現代奴隷制 人身売買と債務で奴隷化される二七〇〇万人』大和田英子訳、凱風社、二〇一四、参照）。「ロガス」はこの世から姿を消してはいないのである。スマトラ横断鉄道建設を知ることは「懐古趣味」ではなく、二一世紀の現実を知ることにつながる。

また、スマトラ横断鉄道の線路撤去が開発独裁政権であったスハルト大統領のもと、関係者の懐を潤したという証言を現地でのインタビューで何度か聞いたが、さらに見逃してならないのは、スマトラ横断鉄道近くに日本のＯＤＡ事業によってコトパンジャンダムが建造されたことである。

戦後、日本政府はインドネシアに対して多くのＯＤＡ事業を展開してきたが、ＯＤＡ事業が対象地域住民の生活向上に必ずしも貢献せず、関わった日本企業の利潤獲得のほうが目立つ例はしばしば見受けられる。コトパンジャンダム建造は、援助されたダム周辺住民が日本政府を環境破壊と生活権の侵害を理由に補償を求めて日本の裁判に訴えたということで、ＯＤＡ事業や日本とインドネシア間の経済関係に問題のあることを白日の下にさらしてしまった。

スハルト大統領在任中には、スマトラ島トバ湖から流れ出るアサハン川の水流を利用してアサハンダムもＯＤＡ事業としてつくられたが、スマトラ北部住民の生活向上に貢献したかは疑わしい。ＯＤＡ事業に関わった日本企業の立ち位置は、クラ地峡運河掘削に水爆を使用するプロジェクト（76頁）進行に関わった企業同様、アジア・太平洋戦争によって国土を荒廃・廃墟にさせた後も変わらなかった。

『スマトラの郁達夫』の著者鈴木正夫は埋もれてしまったスマトラ横断鉄道問題について、「泰緬鉄道の問題点を相対化してより明確にするためにも、共通した条件の多いスマトラ横断鉄道についても、究明の必要があるように思われる。」と述べている（鈴木正夫「スマトラ横断鉄道工事――知られざる第二の泰緬鉄道」田々宮栄太郎編『史』第八六号、現代史懇話会、一九九四年、四九頁）。

日本軍の建設したスマトラ横断鉄道、クラ地峡横断鉄道、バヤ鉄道、ボルネオ鉄道、セレベス鉄道などにはそれぞれ特有の事情はあるが共通の背景もあり、一つの発見が他の鉄道についての発見につながり得る。スマトラ横断鉄道同様これら埋もれている鉄道の研究も待たれる。

二〇一八年現在、スマトラ横断鉄道建設にあたった日本軍将兵の存命者は恐らく一人のみではないだろうか。また、建設に関して話を伝え聞いている可能性のある二世の方々もすでに高齢になりつつある。時間がない。埋もれたスマトラ横断鉄道の詳細をさらに明らかにするため、事情を知っている関係者の出現することを期待したい。

また、本文でも述べたがスマトラ横断鉄道の研究はインドネシア、オランダ、日本とほとんど独自に進められており、情報共有と共同研究が求められている。そのためにも本書が広範な人々に読まれ、可能であれば速やかにインドネシア語、オランダ語、英語へ翻訳されることを希望する次第である。

二〇一八年七月八日

江澤　誠

謝辞

本書の上梓は多くの方々の助力なしには成し得なかった。

鉄道第八連隊第一大隊第一中隊の大井彰三氏にはインタビューに応じていただいた。そして病床にあっては筆者の質問に大井恒夫氏、大島幸子氏親族二人の協力を得て答えていただいた。

鉄道第九連隊第四大隊第七中隊の諸星達雄氏には生前直接お目にかかれなかったが、妻の恵美子氏のご厚意で泰緬鉄道、クラ地峡横断鉄道、スマトラ横断鉄道、戦友会に関する資料を譲っていただいた。

諸星氏はＰＯＷ研究会で東南アジア占領地での鉄道建設に関し体験をお話しいただいたことがあり、同会代表で捕虜問題に詳しい内海愛子氏には捕虜問題やインドネシアでの調査などに関し助言をいただいた。

諸星氏講演の際のＤＶＤやオーストラリアの作家リチャード・フラナガン氏と諸星氏とのやり取りなどに関しては、同研究会事務局長の笹本妙子氏から、銘々票の翻訳作業に関しては小宮まゆみ氏から、それぞれ情報を得た。また、ＰＯＷ研究会会員の皆様には多くの点でご教示いただいた。同じく、筆者も会員である戦後責任研究会の皆様からも多くの示唆をいただいた。

スマトラ横断鉄道をテーマにして調査を始めたのは、マレー半島・シンガポール戦跡の旅を長年行い華僑大虐殺の真相究明と慰霊につとめている高嶋伸欣氏や、同じく同地で平和活動を行っているMPPC（Malay Peninsula Peace Cycle）の倉知博氏両氏のツアーに参加した際の啓発に負っている。

『スマトラの郁達夫』の著者であり中国文学者の鈴木正夫氏からは、筆者が監修し解題を執筆した『スマトラ新聞』復刻の際同様、スマトラ及びスマトラ横断鉄道に関し資料の提供とご教示をいただいた。また、同じく現役を退かれている社会学者の加藤剛氏、大木晶氏にもインドネシア特にスマトラに関する長年の研究からアドバイスをいただいた。

インドネシア・スマトラ調査に際しては女たちの戦争と平和資料館（ｗａｍ）の池田恵理子館長、大阪大学の松野明久教授のお世話になった。西スマトラ州パダン市の国立アンダラス大学人文学部学部長Gusti Asnan（グスティ・アスナン）氏、Danoes（ダヌス）氏、Hasan Basri（ハサン・バスリ）氏、Aman Pakih Sanggi（アマン・パキー・サンギ）氏、Adjis Gelar Sutan Sati（アジス・グラール・スタン・サティ）氏、故Suman（スマン）氏家族、Ilyas Kian（イルヤス・キアン）氏、Fauzi（ファウジ）氏にはインタビューに応じていただいた。インタビューほかインドネシア語通訳は国立アンダラス大学の招聘教員坂井美穂氏の、ミナンカバウ語の通訳はAbdi Pendidikan単科高専教員（Sekolah Tinggi Keguruan Iimu Pendidikan＝ＳＴＫＩＰ）のFikrul Hanif（フィクルル・ハニフ）氏と学生のKiki Novalia（キキ・ノファリア）さん、Refira Andrimi（レフィラ・アンドゥリミ）さんに負っている。

オランダのHenk Hovinga（ヘンク・ホビンガ）氏、Jan Banning（ヤン・バニング）氏、Henk Beekhuis（ヘンク・ベークハウス）氏からは、スマトラ横断鉄道に関する情報を送っていただいた。同じくオランダ在住のタンゲナ鈴木由香里氏にはオランダ語に関し、また中沢陵子氏にはオランダの捕虜関係諸団体と犠牲者事情などに関しご教示いただいた。

京都市霊山観音の僧侶心山衆心氏には連合国軍捕虜死亡者名簿を数日にわたり閲覧させていただき、祖父が泰緬鉄道で使役された捕虜であったモートン・ジョージ氏にもお世話になった。森谷寅彦氏は一九八〇年代にスマトラ横断鉄道沿線を探索し、当時の様子を八ミリフィルムに収めて亡くなられたが、貴重なフィルムを森谷明・晴美氏から拝借、ＤＶＤ化と本書への掲載にご了解いただいた。KompasTVとWatchdoC両社には、二〇一二年に共同制作したスマトラ横断鉄道に関する動画からの転載についてご了解いただいた。また、情報収集に際しては国内外各地の図書館、パダン公文書館などの公文書館にお世話になった。

彩流社の出口綾子氏は、スマトラ探訪の体験に基づく適切な助言と豊富な経験に裏付けされた編集で立派な書籍に仕上げていただいた。また、広報部と営業部の方々の支援と、むずかしい状況のなかで出版を引き受けていただいた彩流社に感謝申し上げる。

これら多くの方々、そしてここにはお名前をあげられなかった多くの方々の助力で本書はできあがったが、至らぬ点があればその責任は筆者にある。読者の皆様のご叱正を賜れば幸いである。

地図——目次

図表——目次

写真——目次

人名

索引

地名

事項

江澤 誠（えざわ まこと）
評論家。1949年千葉県生まれ。同志社大学法学部政治学科卒業、横浜国立大学環境情報学府大学院博士課程修了・環境学博士。
スマトラ横断鉄道の調査のプロセスで、戦時下の幻の新聞『スマトラ新聞』を発掘、復刻した。
主著：監修・解題『スマトラ新聞（復刻版）』（ゆまに書房、2017）、『脱「原子力ムラ」と脱「地球温暖化ムラ」いのちのための思考へ』（新評論、2012）、『地球温暖化問題原論 ネオリベラリズムと専門家集団の誤謬』（新評論、2011）、『増補新版「京都議定書」再考！－温暖化問題を上場させた“市場主義”条約』（新評論、2005）、『欲望する環境市場－地球温暖化防止条約では地球は救えない』（新評論、2000）他多。

「大東亜共栄圏」と幻のスマトラ鉄道

2018年9月21日　初版第一刷

著　者　江澤 誠 ©2018
発行者　竹内淳夫
発行所　株式会社 彩流社
〒102-0071 東京都千代田区富士見2-2-2
電話　03-3234-5931
FAX　03-3234-5932
http://www.sairyusha.co.jp/

編集　出口綾子
装丁　福田真一［DEN GRAPHICS］
印刷　モリモト印刷株式会社
製本　株式会社難波製本

Printed in Japan　ISBN978-4-7791-2498-3 C0021
定価はカバーに表示してあります。乱丁・落丁本はお取り替えいたします。